1. 商务饭店

2. 会议饭店

3. 度假饭店

4. 饭店大厅

5. 会议设施

6. 饭店内部环境

7. 西餐厅

8. 中餐厅

9. 多功能厅

10. 总统套房（客厅）

11. 总统套房（卧室）

12. 客房（大床间）

普通高等学校旅游管理教材

饭店管理概论
Concepts of Hotel Operation and Management

（第 3 版）

王天佑　张　威　主编

清华大学出版社
北京交通大学出版社
·北京·

内 容 简 介

饭店是生产和销售住宿产品、会展产品、餐饮产品和休闲产品的企业，饭店、旅行社和旅游交通被称为旅游业经营的三大要素。通过本书的学习，可对国际饭店业和饭店经营业务有全面的认识，了解国际饭店业的发展和饭店种类与特点，掌握国际饭店经营组织和经营原理，熟悉国际饭店经营设施和设备，了解饭店产品的构成与质量管理，掌握现代饭店经营方法、企业文化与职业道德，从而适应现代饭店经营管理的需求。

本教材适用于高等院校旅游管理和饭店管理专业教学，也可作为饭店管理人员的培训教材。

本书封面贴有清华大学出版社防伪标签，无标签者不得销售。
版权所有，侵权必究。侵权举报电话：010-62782989　13501256678　13801310933

图书在版编目（CIP）数据

饭店管理概论/王天佑，张威主编. —3版. —北京：北京交通大学出版社：清华大学出版社，2015.11（2018.1重印）
（普通高等学校旅游管理教材）
ISBN 978-7-5121-1411-1

Ⅰ. ①饭… Ⅱ. ①王… ②张… Ⅲ. ①饭店-企业管理-高等学校-教材 Ⅳ. ①F719.2

中国版本图书馆 CIP 数据核字（2015）第 259745 号

策划编辑：吴嫦娥　责任编辑：刘　蕊
出版发行：清 华 大 学 出 版 社　邮编：100084　电话：010-62776969　http://www.tup.com.cn
　　　　　北京交通大学出版社　邮编：100044　电话：010-51686414　http://www.bjtup.com.cn
印　刷　者：北京鑫海金澳胶印有限公司
经　　销：全国新华书店
开　　本：185 mm×260 mm　印张：17　字数：421千字　彩插：2
版　　次：2015年11月第3版　2018年1月第2次印刷
书　　号：ISBN 978-7-5121-1411-1/F·1560
印　　数：3 001～5 500册　定价：35.00元

本书如有质量问题，请向北京交通大学出版社质监组反映。对您的意见和批评，我们表示欢迎和感谢。
投诉电话：010-51686043，51686008；传真：010-62225406；E-mail：press@bjtu.edu.cn。

第 3 版前言

《饭店管理概论》自 2006 年出版以来,至今近十年。由于该教材的设计是基于饭店核心业务的运营管理基础理论,并在取材、结构和内容上紧紧联系饭店房务、餐饮与会展运营管理的理论与实践,因此受到了高校师生和饭店管理人员的好评,成为很多高校选用教材及饭店管理人员的工作手册。然而,随着时间的推移,当今我国及国际饭店业不论在管理理论和运营模式方面都发生了变化,特别是现代饭店运营中不断地使用新的管理理论、新材料、新设备和新技术及实施智能化,以提高其竞争力及适应 21 世纪知识经济和信息发展及市场对产品的需求变化。因此,为了培养符合知识经济时代需要并具有国际饭店运营管理能力的人才,编写组对本教材的内容和结构进行了修订和调整。这次修订的指导思想是,立足于介绍新思想、新方法和新信息,进一步突出专业理论并贴近国际饭店运营管理实践。本次修订保持了原教材的框架结构,吸收和增加了近年来国际饭店业管理的研究成果和实践经验,力求由浅入深、循序渐进、简明扼要,便于初学者理解和掌握。在内容取舍与安排上,力求做到体系完整而又重点突出;根据每一章的教学内容,增加了相应的案例以帮助学习者更好地理解其知识点。修订后的教材完善了每章后的练习题,使学习者便于复习和巩固;同时,更具有时代特色和前瞻性,使之更符合经济全球化和知识经济的饭店管理人员对知识和能力的需要。

本教材主编王天佑教授为中国欧美同学会饭店管理专家委员会成员,曾赴美国学习旅游与饭店管理,回国后从事高等旅游教育,特别是饭店管理教育。张威副教授和崔淼均有多年的教学经验、丰富的饭店管理理论与管理实践。本教材结构设计者为王天佑和张威,王天佑编写第 6、7、8、12 章,张威编写第 1、2、3、4 章,崔淼编写第 5、9、10、11 章,案例由崔淼编写。本教材适合高等院校旅游管理和饭店管理专业学生使用。同时,可作为饭店管理人员的培训教材和工作指导手册。本教材在编写过程中得到来自北京钓鱼台大饭店、北京国际饭店和天津喜来登饭店等的中外专家的支持和帮助,在此表示感谢并恳请读者给予指正。

编 者
2015 年 7 月 23 日

目 录

第1章 饭店概述 ·· 1
1.1 饭店种类与特点 ·· 1
1.2 饭店业发展 ·· 7
1.3 饭店等级及评定体系 ·· 10
1.4 饭店产品 ··· 15
第2章 饭店管理理论与方法 ··· 21
2.1 饭店管理职能 ··· 21
2.2 饭店管理理论 ··· 27
2.3 饭店管理方法 ··· 37
第3章 饭店组织管理 ·· 42
3.1 饭店组织概述 ··· 42
3.2 饭店组织结构 ··· 44
3.3 饭店组织设计 ··· 47
3.4 职能部门与管理团队 ·· 51
3.5 饭店组织创新与变革 ·· 54
第4章 饭店营销管理 ·· 63
4.1 饭店营销概述 ··· 63
4.2 饭店营销环境 ··· 71
4.3 饭店目标市场营销 ··· 80
4.4 饭店营销策略 ··· 92
第5章 饭店人力资源管理 ··· 108
5.1 饭店人力资源管理概念 ·· 108
5.2 饭店人力资源规划 ·· 111
5.3 饭店职工配备 ·· 114
5.4 职工培训管理 ·· 118
5.5 职工职业发展管理 ·· 121
5.6 职工激励与薪酬管理 ··· 123
5.7 职工考核管理 ·· 128

第6章 房务经营管理 ... 134
- 6.1 房务管理概述 ... 134
- 6.2 前厅接待管理 ... 136
- 6.3 客房服务管理 ... 142
- 6.4 洗衣房管理 ... 149

第7章 餐饮经营管理 ... 153
- 7.1 饭店餐饮管理概述 ... 153
- 7.2 餐饮生产管理 ... 156
- 7.3 菜单筹划管理 ... 159
- 7.4 餐饮服务管理 ... 161
- 7.5 餐饮成本控制 ... 166

第8章 会展经营管理 ... 174
- 8.1 会展概述 ... 174
- 8.2 会展销售管理 ... 178
- 8.3 会展合同管理 ... 181
- 8.4 会议服务管理 ... 184
- 8.5 展览会服务管理 ... 187

第9章 饭店质量管理 ... 193
- 9.1 饭店产品质量概述 ... 193
- 9.2 饭店全面质量管理 ... 196
- 9.3 顾客满意的质量战略 ... 207

第10章 饭店战略管理 ... 213
- 10.1 饭店战略概述 ... 213
- 10.2 饭店战略环境分析 ... 218
- 10.3 饭店战略管理环节 ... 224

第11章 饭店文化管理 ... 230
- 11.1 饭店文化概述 ... 230
- 11.2 饭店文化组成 ... 234
- 11.3 饭店文化建设 ... 237
- 11.4 现代饭店跨文化管理 ... 244

第12章 饭店伦理与职业道德建设 ... 251
- 12.1 饭店伦理概述 ... 251
- 12.2 饭店伦理问题 ... 253
- 12.3 饭店的社会责任 ... 256
- 12.4 饭店职业道德建设 ... 257

参考答案 ... 266

第 1 章 饭店概述

本章导读

饭店是指依法设立,从事住宿产品等的生产和销售,以营利为目的并承担社会责任,自主经营并实行独立核算的企业。通常,饭店常由一座或数座设备完善的建筑物组成,该建筑物应有符合顾客需求的客房、餐饮、会展、休闲和健身设施,有特色商品店和礼品店等。通过本章学习,可掌握饭店的含义与特点、了解饭店分类方法和国际饭店业的发展,掌握世界各国饭店等级与评定的概况,掌握饭店产品的种类及其组成。

1.1 饭店种类与特点

1.1.1 饭店含义与特点

饭店(Hotel)是生产和销售住宿产品(房务产品)、会展产品、餐饮产品和休闲产品等的企业,饭店可称为宾馆、旅馆和饭店等(见图 1-1)。

饭店由一座或数座设备完善的建筑物组成,该建筑物应有符合顾客需求的客房、餐饮、会议或会展、休闲及健身设施,有特色商品店和礼品店等。饭店作为企业,必须经政府主管部门批准,有固定的名称和经营场所,有完善的组织机构和规章制度,有独立支配的财产并承担社会责任,为公众开放,具有经营自主权,独立核算,自负盈亏,提供满意的服务,包括房务服务、会展服务和餐饮服务等。饭店尽管以营利为目的,但是它必须提供优质

图 1-1 Hotel(饭店)

的客房、设施、菜肴、酒水和服务，取得合理的利润，讲究产品质量和特色，有一定的知名度和美誉度。为了保证产品品种、质量、成本等满足社会和目标顾客的需求，饭店必须加强内部管理并及时对市场变化做出反应。

1.1.2 饭店分类

饭店有多个种类和分类方法。主要根据规模、坐落地点、经营特色和产权形式分类。

1. 根据规模分类

饭店规模指饭店客房数目的多少。在饭店经营中，客房数目与饭店坐落位置、饭店种类及其设施布局紧密相关。因此，饭店业常根据饭店的客房数，将饭店分为不同的规模。

（1）小型饭店

小型饭店常在150间客房以下（不包括150间客房），生产和销售房务产品、餐饮产品、小型会展产品等。此外，一些小型饭店还常常具有本企业的特色产品，包括高尔夫球场、滑雪场或垂钓中心等。当然，小型饭店有各种不同的类型和级别。欧洲饭店业将100间客房以下的饭店称为小型饭店。

（2）中型饭店

中型饭店客房在150间至299间，其设施和服务项目常常比小型饭店多，是普通商务和大众旅游者的理想场所。中型饭店生产和销售舒适而方便的房务产品、餐饮产品、会议产品和休闲产品。中型饭店常包括各种类型和级别，从豪华级至经济级饭店。

（3）大型饭店

客房在300间至600间范围的饭店称为大型饭店。其设施和服务项目齐备，环境幽雅。饭店有各式客房，包括单人间、标准间、商务套房、豪华套房及总统套房等。饭店设有各种餐饮设施，如扒房、咖啡厅和风味中餐厅，还有销售世界各地小吃的食街。饭店设有各式健身和娱乐设施，包括保龄球馆、高尔夫球场、游泳池、网球场和健身房等。饭店常设有各种会议室、谈判室、多功能厅及展览馆。饭店服务项目包括方便的网上客房预订服务、机场接送顾客服务、行李服务、客房送餐服务、餐饮服务、会展服务和商务服务等。大型饭店多以豪华级和中等级别服务模式为主。根据饭店的种类，其主要的服务对象，可分为商务、会议、旅游和休闲等市场。近年来，根据市场需求，饭店设施显现多功能的趋势。

（4）特大型饭店

特大型饭店指客房在600间以上的企业，其设施和服务项目非常齐备。目前，中国、美国等国家均有2 000间以上客房的特大型饭店。特大型饭店常以商务、会展和常住顾客为主要目标市场。

2. 根据坐落地点分类

（1）机场饭店（Airport Hotel）

机场饭店是指在机场附近的商务饭店和会议饭店，其规模包括大型、中型或小型的饭店。其饭店等级包括经济型至5星豪华型饭店。

（2）城市饭店（City Hotel）

主要指坐落在城市中心区的商务饭店和常住型饭店。其饭店等级从经济型至豪华型。

（3）郊区饭店（Suburban Hotel）

指坐落在城市郊区的经济型、商务型或常住型饭店。其饭店等级从经济型至豪华型。

（4）度假地饭店（Resort Hotel）

度假地饭店也称作度假饭店，主要是指旅游度假区的度假饭店，有各种不同星级的饭店。其规模从小型饭店至大型饭店都有。

（5）高速公路饭店（Highway Hotel）

主要指经济型至3星级的中型或小型汽车饭店。

3. 根据经营特色分类

（1）商务饭店（Commercial Hotel）

商务饭店是为了满足商务、会议和旅游等顾客需求而设计的带有综合服务设施的饭店。通常坐落在城市交通便利的商务区或郊区，甚至机场附近。其服务设备和服务项目齐全，有各种不同种类的客房、中式和西式餐厅、各种规模和功能的会议室、酒吧和康乐设施等。这种饭店注重通信设施、商务设施、会议设施、交通工具及相应的服务，如电话和传真机、客房计算机和网络系统、同声传译系统、复印机。此外，饭店还提供翻译、复印、打字、机场接送等服务。饭店等级从经济型至豪华型。当然，越是高星级饭店，其服务项目越齐全，其服务水平越高。近年来，商务饭店还充分考虑旅游者和度假者的需求，增加一些风味餐厅和健身设施。在欧美各国，中小型商务饭店有时称作Inn（见图1-2）。

（2）度假饭店（Resort Hotel）

度假饭店常位于交通方便、气候宜人的风景名胜地区或名山秀水附近，主要目标顾客是度假、休闲和会议顾客。其经营特点是提供休闲环境，有舒适的房间和特色的餐饮产品及完善的康乐设施。目前，许多度假饭店增加了各种会议设施和服务以满足会议团队的需求。早在罗马时期，人们就修建了度假饭店，通常建在温泉附近等。由于顾客消费目的是为了休憩和度假，因此这种饭店与其他饭店相比，更呈现休闲的气氛，饭店管理者希望通过丰富的休闲活动和体贴式的服务为顾客提供美好的记忆。现代度假饭店的康乐活动包括

图1-2　商务饭店

远足、跳舞、骑马、游泳、驾船、滑雪、网球和高尔夫球等，聘请专业人士策划和组织康乐和文娱活动。近年来，度假饭店特别关注个性化的餐饮产品，使其餐饮产品更具有特色和特点（见图1-3）。

图1-3　度假饭店

（3）长住饭店（Residential Hotel）

长住饭店是适应长期住宿顾客的需要，通常坐落在交通方便的城市或城市郊区，以房务产品以套房为特色的饭店。每套客房包括客厅、卧室、厨房、卫生间和洗衣房等。这种类型饭店特点是，套房内的各种设施和家具比商务饭店齐全，厨房有炉灶和冷藏箱；套房内有洗衣房并装有洗衣机和烘干机等。长住饭店的

套房常包括各种式样和级别，如单间卧室套房、2间卧室套房、多家卧室套房、越层套房、家庭套房和豪华套房等。长住饭店的经营方法、计价方法和服务方法都比较灵活，房价可以按天、周、月、季度或年为计算单位，清扫客房可以是每天、隔天或顾客自己清扫，房间用品可以由饭店提供，顾客可以自己准备。除此之外，长住饭店有健身中心、康乐设施和餐饮服务。一些长住饭店把餐饮服务包给饭店外部的餐饮公司经营。小型长住饭店，常在50套至100套房间范围，称为套房饭店（All-Suite Hotel）。

（4）汽车饭店（Motel）

汽车饭店崛起于第二次世界大战以后的美国，其坐落地点主要在城郊、高速公路和飞机场附近，目标顾客是长途驾车的旅行旅客，包括商务、探亲和旅游方面。传统的汽车饭店客房数常在50间以下，通常为两层楼。饭店内有免费的停车场，在公路旁设有广告牌。此外，饭店还带有天然游泳池和儿童游乐场所，游泳池四周常以灌木围绕。现代汽车饭店的客房数已扩展到200间，其设施和服务范围完全可以与中小型商务饭店媲美，可通过网络提供客房预订、住宿和餐饮服务，客房价格实惠。当今，汽车饭店已遍布欧洲和美国的主要公路及城市边缘（见图1-4）。

图1-4 汽车饭店

（5）会议饭店（Convention Hotel）

尽管大部分商务饭店都有会议场所，但是会议饭店是专门针对会议团体设计。此类饭店关注的焦点是会议市场，强调可使会议成功的一切设施和服务。会议饭店常位于风景名胜区、旅游区或交通方便且不太繁忙的城市街区及郊区。其设施和服务主要包括多功能厅、多媒体、同声传译系统、国际餐饮，广泛的康乐设施等。会议饭店除主要接待会议团队外，也接待少量的旅游、度假和常住顾客，目的是填补少数空余的客房。根据国际会议协会的标准，会议饭店至少应有60%的销售收入来自会议业务，60%的空间供各类会议使用。会议饭店规模通常是中型至特大型，房间从250间到2 000间不等。会议饭店的会议室种类齐全，可供各种展览、会议和谈判使用。一些会议饭店称为会议中心，每20个房间就有一个会议室。一些新型的会议饭店，将顾客运送到不同的停车场，把散客和会议团队分配到不同的接待地点去办理入住手续，减少了大厅的噪声和拥挤。会议饭店通常有良好的隔音装置以方便各会议团队安排不同的活动。此外，会议饭店可向会议组织者收取一次的综合费用，包括房费、餐费、会议室服务费及其他相关费用方便管理。某些现代大型会议饭店实际上已成为会展饭店，这类饭店设有各种大中型展览厅，各类多功能厅和会议室，可提供各类会展服务（见图1-5）。

（6）机场饭店（Airport Hotel）

机场饭店通常建在飞机场附近，其设施和服务与商务饭店很相似，主要的客源是转机和被延误的旅客及航班机组人员等。机场饭店规模通常为大型或小型，客房由100间至600间。

图1-5 会议饭店

其服务等级从经济型至豪华型。机场饭店提供免费的顾客接送服务并在机场有明显的订房和接送电话标志，方便顾客。现代机场饭店增加了会议设施和餐饮设施以吸引专程出席会议并希望节省时间的顾客。此外，现代机场饭店的经营业务不断扩展，吸收机场附近企事业单位来此举办中小型会议（见图1-6）。

（7）休闲饭店（Lodge）

休闲饭店通常是小型饭店，客房常在100间以下，其主要客源是度假或度周末及参加专项休闲活动的顾客。例如，参加高尔夫球、网球、滑雪、骑马和钓鱼等休闲活动。休闲饭店服务设施和服务项目与长住饭店很相似，顾客居住时间在1天至7天之间。

图1-6　机场饭店

（8）经济型饭店（Bed and Breakfast）

经济型饭店常坐落在市区、城郊或高速公路旁，其规模常在50间客房至100间内。饭店主要负责顾客的住宿和简易的早餐（大陆式早餐）服务。经济型饭店常为提供早餐和住宿的饭店。顾客在这种饭店住宿，费用比较实惠。一些经济型饭店突出当地的历史文化和习俗习惯。现代经济型饭店规模不断扩大，可有600余间客房并配备会议室，提供经济实惠的自助餐和大众化国际餐饮产品。

（9）招待所（Hostel）

招待所是仅有出租房间业务的小型饭店。这种饭店没有餐厅和洗衣房，顾客需要的各种用品和餐饮可由顾客自己解决，也可以通过饭店配备房间用品，由服务员清洁房间。招待所的房间价格常以周或月计价，价格便宜，饭店入住登记，出店手续和住宿时间管理比较规范。

（10）培训中心（Training Center）

培训中心相当于中型或大型的商务饭店，通常有200间至600间客房。其设施与商务饭店很相似，有多个餐厅并备有多间教室。由于其经营目标主要是企业和事业单位的培训业务。因此，其服务比商务饭店逊色。通常培训中心坐落在风景区。

（11）分时度假饭店

分时度假饭店在欧美国家称为业主型饭店，指顾客购买了某套客房的数年中某一时段的住宿权并成为该套客房在这某一时段的业主。同时，业务可通过饭店管理部门将该套房间的某一时段使用权转让或与他人在其他地方的客房使用权进行交换。这种饭店在欧洲和北美的度假区比较普遍。分时度假饭店主要的特征就是将自己购买的使用权与异地业主交换而方便顾客到各地度假。

4. 根据产权形式分类

（1）个体经营饭店

个体经营饭店由业主个人经营，即1个人出资和经营，饭店财产归个人所有，是资产所有权和经营权完全统一的饭店。其特点是饭店所有财产归个人所有，利润属于个人。个体独资饭店经营灵活，决策迅速，能保持企业的经营特色，在竞争中易保守机密。但个体经营形式规模较小，发展缓慢，缺乏稳定性，对企业负无限连带责任，风险大、资金占用多，一旦规模超过限度，经营将变得难以控制。

(2) 合伙经营饭店

合伙经营饭店是指由2个以上的合伙人订立合伙协议，共同出资，合作经营，共享收益，公担风险，对合作饭店债务承担无限连带责任的企业。该饭店合伙人可有多种类型，如负有无限责任的普通合作人、有限责任的合作人及不参与具体管理的合作人等。这种经营形式与个体经营饭店相比，合伙饭店扩大了资金来源，增强了信用能力，提高了决策水平。但是，合伙经营的饭店权力分散，决策缓慢，经营理念分散，资本规模有限。因此，这种饭店与个体经营饭店的本质没有根本区别，很难适应现代饭店业的发展需要。

(3) 饭店公司

饭店公司是20世纪出现的住宿业经营组织，通常是由2个以上出资人兴办，每个出资人以出资份额的多少对该公司拥有规定的权利并承担相应义务。由于饭店公司所有权、管理权，决策工作和执行工作的职能化，提高了公司整体管理水平和竞争水平。饭店公司有较大的灵活性和适应性，不论在经济萧条还是在经济危机时期都显示了较强的生命力。由于饭店公司拥有资金实力和先进的设备，经营规模较大，便于集中管理和控制。因此，在经营管理中有举足轻重的作用。根据不同的分类方法，饭店公司可分为无限责任公司和有限责任公司。我国饭店公司基本上都是有限责任公司。有限责任公司由50个以下股东出资设立，每个股东以其所认缴的出资额对公司承担有限责任并享受权利，公司以其全部资产对债务人承担责任。通常有限公司的出资标的以财产为限，不得以劳务和信用出资，全部资产划分为等额股份，公司向股东签发出资证明书，不发行股票。公司的股份转让有严格的限制。有限责任公司的资本额较少，营业规模有限。我国《公司法》规定，有限责任公司应设立股东会、董事会和监事会。饭店总经理由董事会聘任。

(4) 股份有限公司

股份有限公司简称为股份公司，是指公司资本为股份所组成的饭店公司，股东以其认购的股份为限对公司承担责任，享有权利。通常，设立股份有限公司，应当以2人以上、200以下为发起人，注册资本的最低限额为人民币500万元。同时，股份有限公司的饭店全部资本由等额股份构成，通过发行股票或股权证筹集资本，这些股票可以交易和转让。当然，股东个人财产和公司财产分离，股东对公司的债务仅就其认购的股份为限承担责任，公司的债权人不得直接向公司的股东提出清偿债务的要求。基于股份有限公司的饭店，每年将会计师审验的公司损益表和公司负债表向股东公开。根据我国《公司法》的规定，股份有限公司必须设立股东会、董事会和监事会分别行使公司的重大事项决策权。

(5) 饭店集团

饭店集团是指拥有或管理2家以上的饭店并使用统一的品牌、管理模式和服务标准，进行联合经营的企业。实际上，饭店集团由多个法人企业联合在一起，多种纽带联系在一起组成。其中，每个成员企业都与集团存在共同的利益，它们在资金、产品、设备、技术、管理等方面紧密联系，对集团的经营要素进行重组和优化配置以实现集团成员的共同利益。饭店集团常由核心企业、半紧密层企业和松散型的企业组成。世界各国都有著名的饭店集团。例如，万豪集团（Marriott）、假日集团（Holiday Inns Inc.）、希尔顿集团（Hilton Hotel Corp.）、质量集团（Quality International）等都是著名的饭店集团。

1.2 饭店业发展

随着社会进步、科学技术发展，饭店作为现代商务、会展、旅游、度假和休闲不可缺少的服务型企业不论在建筑物、设施、产品、服务方面还是经营管理方面都在不断地完善和发展（见表1-1）。回忆饭店业发展的历史，古代客栈只不过向旅行人士提供简单的食宿。而今，饭店业经过约3 500余年的历史和发展，特别是近几十年的发展，已成为商务、旅游、会展、度假和休闲活动的中心。近年来，全球的商贸和旅游活动不断增长，饭店的投资和兴建也不断增加，饭店规模和专业化水平不断提高，以至于当今的饭店业成了一个庞大的产业。同时，越来越多的新知识和新技术用于现代饭店经营管理。实际上，饭店经营管理已成为一门现代的应用科学。总结饭店业发展的历史，可将饭店业的发展分为4个阶段：古代客栈时期、豪华饭店时期、商务饭店时期和现代饭店时期。

表1-1 世界饭店设施与技术发展

时间	饭店设施与技术发展
1846	中央供热系统（Central heating）
1859	蒸汽客梯（Steam elevator）
1881	电灯系统（Electric lights）
1907	客房电话系统（In-room telephone）
1927	客房收音机系统（In-room radio）
1940	饭店空调机系统（Air-conditioning）
1950	电梯（Electric elevator）
1958	客房电视机（Free television）
1970s	电动收款机（POS system），电动钥匙系统（keyless locks），彩色电视（Color television），电话信息灯（Message lights on telephone），计算机房态显示系统（Front office computer system followed by room status），免费电话预订系统（Toll-free reservations）
1980s	客房内电影系统（Free in-room movies），饭店管理系统（Property management systems），客房内办理离店系统（In-room guest check-out）
1990s	房间内个人计算机系统（In-room personal computers），电话计费系统（Call accounting systems），饭店全球预订系统（Global reservations system）
2000	饭店计算机预订系统（Computer reservations）
2015	无线上网设施、大屏幕高清液晶电视机、多媒体连接器

1.2.1 国际饭店业发展

1. 古代客栈时期

公元11至18世纪被认为是古代客栈时期。那时，饭店主要面对传教士、信徒、信使和商人，为他们进行简单的食宿服务。从文献中发现，最早期的客栈是一些为过路旅客提供住宿的私人住所。早期英国客栈始于 11 世纪，出现在英国伦敦，然后向乡间发展进而延伸到欧洲各地。1282 年欧洲出现了较大规模的旅游活动，当时意大利的佛罗伦萨将饭店作为专业生意开始运作。1425 年英国著名的天鹅客栈（The Swan Inn）和黑天鹅客栈（The Black Swan Inn）开业，至今约 600 余年历史（见图 1-7）。1685 年英国出现了公共马车，为当时

图 1-7　天鹅客栈标志

的饭店业发展提供了契机。当时，在每一条马车经过的路线上，都出现了小旅馆（inns, taverns）。目前英国约有 200 家早期的客栈还在营业中，这些古老的客栈经过改造、重建或易名，保留了一些古代传统的文化，增添了现代服务设施而受到旅游者的青睐。美国最早期的旅馆出现在 17 世纪初，在主要港口兴建，由私人住宅的一部分或马房及农舍等作为住宿设施，没有服务和商业色彩。17 世纪中叶，饭店的设施和服务质量有了显著的改善，尤其在欧洲大陆，其经营和服务逐渐走向成熟。当时的旅馆不仅作为食宿设施，也成了重要的社交场所。1794 年第一座美国式的旅馆——城市旅馆（City Hotel）在纽约开业，拥有 73 间普通房间，是当时美国最大的旅馆，也是纽约著名的社交中心。这一时期的饭店业，主要的特点是规模小，独立经营，设备简陋，仅提供基本的食宿。然而，客栈的发展为豪华饭店的出现和管理提供了条件和经验。

2. 豪华饭店时期

18 世纪末，产业革命为现代旅游的发展注入了生机，科技发展首先引发交通工具的革命。1807 年美国发明了第一艘载客轮船，自此人们更热衷于海上旅行。1814 年英国出现了蒸汽机车，火车很快博得人们的喜爱，成了 19 世纪欧洲最主要的陆上交通工具。然而，轮船和火车的普及方便了人们的出行，港口和车站成了游人聚集的地方。因此，旅馆像雨后的春笋不断拔地而起。根据记载，19 世纪饭店经营进入了豪华时期，豪华饭店时期的主要的顾客来自王室成员、富有商人和社会名流等。其特点是建立在繁华的城市，产品价格高，造型富丽堂皇，大厅设计为宫殿式且讲究内部陈设。同时，饭店服务应用宫廷式服务并延续作为社交中心。当时，入住饭店成了展示身份、富有和权利的象征。1829 年影响美国饭店业深远的特伦蒙特饭店（Tremont House）在波士顿落成（见图 1-8）。从此，饭店有了个人专用客房（Private Room），开始重视个人生活。饭店的客房分为单人间和双人间，每间客房都配有钥匙，房间内放有饮用水和水杯、免费的肥皂并有行李员帮助顾客运送行李。该饭店是美国最早安装上下水管道的建筑物之一。此外，该饭店还设有扒房（Grill Room），提供法式餐饮服务，而这些设施和服务特色为现代饭店奠定了的基础。此后，更为完善的饭店相继出现。1834 年纽约市的利顺德饭店（Astor Hotel）开始营业，该饭店二层楼，共计 309 间客房，是美国第一家

图 1-8　特伦蒙特饭店（Tremont House）

宫殿式饭店，客房采用黑桃木家具，铺有纯毛地毯。1848年美国波士顿市的新英格兰饭店（New England Hotel）开业，该饭店设有顾客专用的保管箱，替顾客保管贵重物品。1875年，在旧金山市，被称为世界最大的饭店——帕丽斯饭店（Palace Hotel）开业，该饭店共有800间客房。当时，这一饭店耗资5 000万美元。1880年美国加州的克罗纳多饭店（Del Coronodo）开业，该饭店是美国第一家豪华的度假饭店（Luxury Resort Hotel）。此后，国际饭店业开始了细分市场。

3. 商务饭店时期

19世纪欧美经济快速发展，商务活动更加频繁，交通工具不断发展和更新，从而使更多的人士参与经商和旅游。从20世纪初至20世纪50年代国际饭店业的发展进入商务饭店时期。该时期饭店主要的市场目标顾客是商务旅行者和普通旅游者，饭店产品以舒适、方便、清洁、安全和实用为主，不追求豪华和奢侈。饭店收费合理，注重服务和管理。1907年美国纽约市的伯菲勒·斯泰特勒饭店（Buffalo Statler）建成并开业。该饭店以人名命名，于1923年改名为伯菲勒饭店（Buffalo Hotel）。该饭店有300余间客房并全部带有卫生间，客房内有收音机和电话，并将冰水引入客房以方便顾客饮用。一些饭店设备和服务的新理念引进该饭店的房务服务和餐饮服务中，包括将电灯开关装在客房的门旁，将客房门锁和门把合成一体，客房内设有写字台和台灯以方便顾客看书和写字，房间里装有穿衣镜和衣橱，衣橱里装有电灯。此外，还免费为顾客提供洗衣服务，提供免费报纸、文具以及盥洗用品并公开房价。当时，饭店投资人和管理者斯泰特勒还提出了营销口号——A room with a bathroom for a dollar and a half（本饭店经营带有浴室的客房，每天房价只售1.5美元）。他还提出了独特的经营理念，"一个好的饭店的职责是满足顾客的需求""顾客永远是对的"等。1907年以后，美国各地相继出现了规模更大和设施更现代的饭店，1912年纽约市的麦克阿尔宾饭店（Mc Alpin Hotel）开业，该饭店具有25层高，有1 700间客房。1928年在芝加哥市落成的斯蒂文斯饭店（Stevens Hotel），当时耗资2.8亿美元，有客房2 400间，职工2 200名。1945年，该饭店被康拉德·希尔顿（Conrad Hilton）购买并改名为康尔德·希尔顿饭店（Conrad Hilton）。1929年在纽约开业的纽约人饭店（Hotel New Yorker）拥有客房2 500间，是43层高的建筑物。1947年美国希尔顿饭店首先开始国际连锁经营。19世纪70年代，饭店业的另一个里程碑表现在饭店联盟组织（Referral Organization）的发展。这一组织由非连锁饭店凭借自身的产品特色和知名度联盟而成。

4. 现代饭店时期

20世纪50年代饭店进入现代饭店时期，现代饭店以普通旅游者和商务顾客为主要客源，饭店功能呈多样化，集住宿、商务、餐饮、会展、健身、休闲和购物为一体，为顾客提供舒适、安全、卫生、方便和有特色的饭店产品。现代饭店更注重经营管理，连锁经营不断扩大，出现了跨国饭店管理公司。1963年纽约希尔顿饭店（New York Hilton）落成并开业，该饭店46层高，有2 131间客房，约1 800名职工，耗资5.2亿美元，饭店内共有12部高速客用电梯、4部扶梯，每小时可为5 000人次服务。此外，还有6部工作电梯。该饭店有客房送餐服务（Room Service），方便顾客用餐。该饭店的大型宴会厅可容纳1万人，饭店经营和服务采用计算机管理。20世纪中期，由于交通工具和高速公路的发展，欧洲和美国不断出现了连锁经营的机场饭店和汽车饭店。20世纪70年代欧美饭店业市场竞争加剧，促使了饭店集团的发展，开始创建饭店品牌。从20世纪90年代开始，国际饭店业更加关注市场

饭店管理概论

细分策略，不论从饭店地理位置、建造规模、装修风格、服务设施、产品特色还是价格策略都经过周密考虑，满足目标市场的需求。同时，饭店集团化和全球化通过兼并和联合方式不断扩大和发展。当今，美国有约60%的饭店属于连锁饭店。这一时期，不仅饭店业在发展，还涌现了世界著名的饭店企业家：伯菲勒·斯泰特勒（Buffalo Statler）、康尔德·希尔顿（Conrad Hilton）、威拉德·马里奥特（J. Willard Marriott）霍华德·约翰逊（Howard Johnson）、瑞伊·舒尔茨（Ray Schultz）等。

1.2.2 我国饭店业发展

根据历史记载，我国饭店业发展已有3 000余年的历史。在春秋时期孔子周游列国时，已经有了旅馆服务；到了战国时期，各地人们往来更加频繁，旅馆业成为社会的必要设施。在唐朝由于经济、政治、军事、文化和艺术的发展，人们为游学、经商和游览等外出旅行十分频繁，旅馆业得到普及。19世纪中期我国沿海和长江流域的通商口岸城市，设立租界区并兴建了一批饭店。1886年在天津落成的利顺德饭店和1900年在北京开业的北京饭店就是典型的案例。新中国成立后到改革开放前，我国建立了一些国营招待所和宾馆，主要接待国际友好人士，属于事业型单位，靠国家财政拨款和补贴管理。1978年我国实施了改革开放政策，饭店业经营管理发生了根本的变化。1978—1988年是我国饭店业的转轨时期，饭店由事业型单位向企业型转化，饭店实行自负盈亏，开始注重管理和服务。1988年以后饭店作为企业完全进入了市场，开始学习欧美优秀饭店的管理经验，注重经营效益。近年来，随着中国经济的快速持续增长，中国饭店业迎来了前所未有的发展机遇；同时，也带来了巨大的挑战。

1.3 饭店等级及评定体系

1.3.1 饭店等级概述

饭店等级是由世界各国饭店协会和旅游管理机构等根据饭店的设施和服务特色与质量对饭店产品进行的总体评价。饭店实施等级评定可方便顾客购买饭店产品，保护消费者利益。同时，方便各国旅游组织和饭店业的管理与营销工作。世界上有各种不同的等级名称和评定方法。当今，大多数国家将饭店分为4~5个等级。

1. 饭店实施等级的目的与作用

由于世界各国经济和旅游业发展及生活习惯的不同，不同国家和地区，饭店等级标准和评定方法也不尽相同。至今，国际饭店业对饭店等级尚未有统一的标准，因而没有国际饭店等级标准。但是，国际饭店业仍然实施行业内公认的规则。总体而言，饭店实施等级的目的和作用主要表现在以下几方面。

（1）维护和促进顾客权益

任何顾客在旅途中都会根据自己的需求选择饭店，而饭店等级制度使顾客了解饭店服务特点和产品价格,更加满足顾客对饭店产品等的需要。饭店等级制度涉及饭店设施、饭店产品特点及服务质量等各方面因素,评定标准与过程比较规范,具有一定的可信度和客观性并用特定的符号表示以方便顾客识别与选择。同时,饭店等级可保证与顾客消费水平相符合的服务质量,从而保证消费者的利益。随着饭店等级制度在世界范围内的普及和完善,饭店等级标志已成为饭店产品质量的保证。

(2) 利于饭店经营和发展

饭店实行等级制度,对饭店业发展有很大的促进作用。首先,为饭店的硬件和服务规定了标准,从而使饭店在运营中有了遵循目标,减少了管理中的盲目性、主观性和随意性,促使了饭店管理的科学化和规范化。其次,饭店等级制度对饭店营销和宣传有极大的促进作用,有利于同行业的公平竞争,发现本企业的优势和劣势,取长补短,共同发展。同时,对完善饭店设施和服务、提高管理水平起着促进作用。此外,饭店实施等级制度保护了企业的合法权益,使顾客遵守饭店的各项规定,按饭店等级标准付费。

(3) 便于饭店业管理和监督

饭店作为企业,其经营管理行为不仅为了自身利益和消费者利益,同时也肩负着社会责任,具有社会效应。饭店业除了使饭店遵守国家和地方的法律和法规,还制定了行业管理和监督手段。通过规范饭店硬件和服务质量,为饭店管理提供依据,从而控制了饭店业整体的经营水平,杜绝了行业不正当的竞争及危害公众利益的行为,促使饭店业向规范有序的方向发展,从而促进国家对饭店业的宏观调控。当今,饭店业是多元化的产业,面对不同的消费需求和顾客群体,一家饭店不可能同时满足所有消费者的需求,这就要求饭店明确自己的目标顾客,针对特定消费群体为本企业产品定位。同时,由于顾客消费需求不同,要求饭店的消费水平与顾客消费需求相适应,从而使国家主管部门和行业协会能根据市场对具体需求引导企业投资。

2. 饭店等级评定的标准与符号

在世界各国,饭店等级评定标准和符号多种多样。这些标准主要是根据饭店的建筑、地理位置、周围环境、饭店设施、客房种类与面积、餐厅种类与面积、健身设施与设备、客房设施和用品、服务项目与服务水平等划分。随着科学技术的进步,消费水平和消费需求的发展,饭店设施和服务水平不断提高,饭店的等级标准也在发展和变化。目前,各国采用的饭店等级表示方法有星号、钻石型符号、英语字母和数字等。

星号表示法:从一颗星至五颗星系统,一颗星代表一星级饭店,二颗星代表二星级饭店,星号越多,饭店等级越高。一星级和二星级饭店为经济级饭店,主要满足顾客基本的食宿需求。三星级和四星级饭店为中等级别饭店,主要面向需要周到服务的顾客,满足他们住宿、餐饮、商务和社交活动的需要。五星级饭店称为豪华级饭店,可为顾客提供豪华和个性化的住宿、餐饮、商务、会议和健身服务。星级制是世界各国广泛采用的饭店等级表示方法,在欧洲尤其普遍。我国目前也采取五星级制。美国汽车协会采用钻石型符号代替星号。一些国家用英文字母 A、B、C、D、E 表示饭店等级,即从 A 到 E 由高到低将饭店分为不同等级,还有一些国家用数字表示饭店的等级。

1.3.2 我国饭店等级及评定体系

为了提高我国饭店管理水平,保护企业和顾客的利益,20 世纪 80 年代中国饭店业实施

饭店管理概论

了饭店等级制度。目前，中国饭店星级标准采用国际饭店业通用的方法，以星号数量表示饭店的等级，以此反映饭店设施水平、服务水准和管理水平。根据国家技术监督局和国家旅游局制定的《中华人民共和国星级饭店划分及评定》，我国将饭店分为5个等级，它们是一星级饭店、二星级饭店、三星级饭店、四星级饭店、五星级饭店（包括白金五星级饭店）。饭店星级愈高，饭店的等级愈高，其设施愈豪华，服务愈周到，饭店产品的价格也愈高。

1.3.3 美国饭店等级及评定体系

美国饭店业自18世纪末以后发展迅速，20世纪美国饭店业开始了等级评定制度。美国经过近百年的发展和完善，其饭店等级制度已经形成了一套规范而完整的体系，被行业和旅行者广泛接受。美国饭店等级评定由民间团体自行实施，不由国家主管部门颁布标准，其可信度和客观性非常高。美国饭店等级评定最著名的体系是美孚旅行指南（Mobil Travel Guide）体系和美国汽车协会体系（American Automobile Association，AAA）。美孚旅行指南体系是由美孚石油公司采取的饭店星级评定制度，它为美国和加拿大的9 000多家饭店评定级别。该体系以星号为符号代表饭店的级别，从一星至五星，由低到高排列。美国汽车协会（AAA）为美国、加拿大、墨西哥和加勒比海地区约31 500家饭店评定等级。该组织根据饭店设施和服务质量把饭店评为1至5颗钻石级别。5颗钻石代表最高级别的饭店。根据调查表明，26%的美国家庭是AAA的会员，而依赖AAA旅行手册选择饭店的旅行者高达91%。该饭店评级体系非常规范和严谨，整个评定过程达300多项，从而确保消费者获得物有所值的饭店产品。任何饭店加入AAA体系，必须符合27项基本标准，这些标准涉及饭店外部和内部的公共区域、餐饮服务设施、客房安全、客房清洁和维护、家具和照明、卫生间设施及用品等质量。该组织评定工作由经验丰富的专职调查员完成，为了保证饭店产品质量水平的真实性，饭店调查的具体时间不通知饭店，调查员匿名与普通顾客一样去饭店消费。在美国还有其他的饭店评级体系。例如，一些旅游咨询网站都提供饭店预订业务，各网站根据自己的评定标准为饭店评定等级。但是，这些体系的片面标准和不严格的评定程序影响了其评定效果，顾客常因为其评定的饭店等级与实际服务质量不符合而感到失望。

美国饭店等级的评定主要包括以下几种情况。

1. 豪华级饭店（Luxury Service）

在美国豪华级饭店常称作五星级饭店、五钻石级饭店或最高级别饭店（World-Class Service）。其主要的目标顾客是企业高级管理人员、高级行政人员、富有商人和高消费会议及庆典团体等。豪华级饭店设施包括高级餐厅和酒吧、华丽的会议室和贵宾餐厅。饭店装饰豪华与精致，客房宽敞，带有高级家具并摆设艺术品使房间显示高雅，房间内设有客房食品中心，客房内有烫熨过的长绒毛巾、大块香皂、高级洗发液等。客房清扫和整理服务每日2次，包括夜床服务，每天有免费的杂志和报纸服务。饭店公共区域宽敞，设施齐全。饭店设有多种风味餐厅可满足不同国家和民族的顾客需求。饭店有零售商店、礼品店、服装店、首饰店、精品店和国际杂志和报纸店等。豪华级饭店强调个性化的服务和金钥匙服务，其服务员对顾客的人数配置比例高于其他级别的饭店。同时，金钥匙服务员必须掌握英语、法语和日语等多种日常用语。

2. 中等级别饭店（Mid-Range Service）

在美国，三星级与四星级饭店称为中等级别饭店。中等级别饭店可提供住宿、餐饮和商务活动必要的服务，提供礼宾服务、机场接送和客房送餐服务。该级别饭店设施包括特色餐厅、咖啡厅并提供酒水服务。通常商务顾客、会议团体、旅游散客和度假旅游顾客喜爱入住中等级别饭店。由于中等级别饭店比豪华级饭店提供的服务项目少，房间面积小于豪华级，设施相对比较少，因此客房价格低于豪华饭店。中等级别饭店主要吸引那些需要实惠价格和实用服务项目的顾客。

3. 经济级饭店（Economy）

经济级饭店常称作有限服务级的饭店（Limited Service），这种饭店可提供干净、舒适和价格实惠的房间，吸引那些需要基本服务的商务和旅游顾客。一些顾客住宿精打细算，只需要舒适的房间和必要的设施，不需要高消费的服务。这些顾客包括带小孩的旅行家庭、旅游团队、普通商务人员、度假游客、退休职工等。经济级饭店提供电视机、游泳池、大众化的餐饮、中型和小型会议室等，通常不提供客房送餐服务、礼宾服务、洗衣服务和宴会服务，甚至不提供传统式或正规的餐饮服务。但是，每天早上在饭店大厅可能提供免费的大陆式早餐等。

4. 行政楼层（Executive Floors）

行政楼层常作为饭店级别的代用名称，尽管它本身不是饭店级别，然而它确实是任何级别饭店中最高级别的房务产品。在豪华级的饭店或中等级别的商务饭店，行政楼层常称为金钥匙楼层或俱乐部楼层（Concierge Floors 或 Club Floors），是一个饭店中所有楼层的客房设施和服务水平最优秀的楼层。这一楼层或数个楼层提供个性化的家具和服务，客房面积比普通房间大，装饰豪华并提供周到而细致的客房服务、餐饮服务和商务服务。客房内有小食品中心、鲜花和新鲜水果，顾客的浴衣上常绣着顾客的姓名。该楼层有金钥匙服务员为顾客进行商务服务和礼宾服务，有专用电梯通往该楼层并仅允许该楼层的住宿顾客使用。较高级别饭店的行政楼层常带有小型餐厅并提供早餐、午餐和晚餐。同时，在楼层内提供方便的秘书服务并可办理入店和出店手续。

1.3.4 欧洲饭店等级及评定体系

欧洲作为旅游业最发达的地区之一，其饭店发展的历史悠久，多年来处于世界饭店业发展的前列。在欧洲，饭店等级制度已经普及，尤其是法国、英国、德国、意大利和瑞士等国家。然而，欧洲饭店等级划分制度的规范标准远不及美国，这是由于欧洲的国家多，每个国家都有自己的评定标准，饭店多为独立经营，约占饭店总数的70%以上。至目前，欧洲国家采用的饭店等级评定体系主要包括官方体系、民间体系或官方与民间合办的饭店等级评定体系。例如，英国最著名的饭店等级评价体系包括3家：英国旅游局（Visit Britain）、英国汽车协会饭店等级评定体系（Britain, Automobile Association, AA）、皇家汽车俱乐部饭店等级评定体系（Royal Automobile Club, RAC）。当今，法国已成为世界主要的旅游目的地之一，平均每年约有7 800万外国旅游者进入法国，而每年的旅游收入约占其国民总收入的6%。因此，近年来法国政府规范了其饭店等级评定体系以帮助旅游者更好地选择饭店。2012年法国旅游管理部门通过现代化的检查方法，评估饭店的设施和服务质量，将饭店分为 5 个等级，前 4 个等级授予红色的 1 颗星至 4 颗星标识，5 星级饭店授予金色的 5 颗星标识。此外，还有为法国饭店等级评定的民间组织体系：米其林红色指南体系（Michelin Red guide），在法国和欧洲也很著名。德国约有 8 000 个饭店，各地旅游局根据德国饭店与餐厅协会（German Hotel and Restaurant Association）制定的评定标准为德国饭店评定级别并每三年检查一次。实际上，欧洲任何国家的饭店评定体系，其饭店等级评定的内容和特点基本相同，主要是强调饭店的硬件水平。例如，客房大小及其设施、饭店大厅的面积、餐厅的数目等，而对服务的内容和方法比较宽松。根据调查，目前在欧洲最具影响力的饭店等级评定体系有：欧洲饭店等级评定联盟体系、法国米其林红色指南体系和英国汽车协会体系等。

1. 欧洲饭店等级评定联盟体系

欧洲饭店等级评定联盟体系（European Hotelstars Union）是一个由 32 个饭店协会和 24 个欧洲国家组成的联盟组织创建的饭店评定体系。2004 年在挪威的培尔根市（Bergen）的一次联盟会议上，成员们达成了一个欧洲饭店等级评定体系以协调原欧洲各国的饭店等级评定体系的协议。2007 年该联盟启动了欧洲饭店业等级评价体系（EHQ）项目。根据记录，最初创建该联盟体系的国家有奥地利、捷克、德国、匈牙利、荷兰、瑞典和瑞士。2009 年 1 月 14 日这些国家的饭店等级评定组织在布拉格正式宣布了欧洲饭店等级评定联盟体系并于 2010 年 1 月在上述国家正式生效。后来，2011 年至 2013 年期间，爱沙尼亚、拉脱维亚、立陶宛、卢森堡、马耳他、比利时、丹麦和希腊等分别加入该组织。然而，这一饭店等级评定体系是在德国饭店等级评定系统上建立起来的，而德国的饭店等级评定体系在欧洲的中部有着广泛的影响力，其五星级标识见图 1-9。这一体系的评价内容包括 21 大项和 270 个具体条款。其中主要涉及饭店的硬件质量、服务水平、环保与安全等。

图 1-9　德国五星级饭店标识

2. 米其林红色指南体系

米其林红色指南体系（Michelin Red Guide）是由法国民间团体自行制定和执行的饭店等级评定体系。该体系由法国米其林集团于 1900 年在公司创始人安德里·米其林的倡导下，推出的一本简易方便的旅行手册开始。最初，该手册作为汽车司机的实用旅行手册，后来发展为法国和欧洲饭店等级评定的指导系统。该体系因其严谨的评价制度得到旅行者的信任而声名大振。目前，米其林红色指南体系对饭店的评选范围从法国扩展到全欧洲，逐渐成为旅行者在欧洲的必备之物。米其林评级工作主要依靠专职评定员，身份对外保密。该体系将饭店分为 5 个等级，从高到低，依次为豪华传统级（Luxury in the traditional style）、最高舒适级（Top class comfort）、非常舒适级（Very comfortable）、舒适级（Comfortable）、比较舒适级（Quite comfortable）并以星的数目表示级别，最高级别饭店授予 5 个星，其他级别的饭店依次递减。

3. 英国汽车协会体系

英国汽车协会自 1908 年采用标准体系：英国汽车协会体系（Automobile Association，AA）为英国及欧洲一些国家的饭店评定等级并被广泛认为是英国的国家体系。英国汽车协会体系根据饭店的设施和服务质量将饭店分为五个等级，一星级饭店为其中最低级别，五星级饭店为最高级别。该体系针对协会 700 万个会员。这一体系融合了传统的英国国家旅游局评定体系（National Tourist Boards）及英格兰旅游协会（Visit England）、威尔士旅游协会（Visit Wales）、苏格兰旅游局（the Scottish Tourist Board）和北爱尔兰旅游局（the Northern Ireland Tourist Board）等评定体系。综上所述，这种统一制定的评定体系是将以上各组织的体系协调在一起，从2008年以来对英国和一些欧洲国家的饭店业及餐饮业进行等级评定。

1.4　饭店产品

1.4.1　饭店产品含义

所谓产品即"过程的结果"（ISO 9000：2000）。饭店产品由满足顾客需求的某种物质实体和非物质形态服务构成。物质实体包括饭店建筑、设施、用具、菜肴和酒水等，称作有形产品。非物质形态服务包括声誉、等级、特色、气氛、温度和礼节礼貌等，称为无形产品。有形产品从产品外观可以看到；无形产品从产品外观看不到，但是顾客很容易感受到。饭店有形产品和无形产品共同组成完整的饭店产品。饭店产品核心是产品的功能和效用，如客房的可住性，餐饮的可食性等。随着人类环境意识的增强，人们认识到饭店产品不仅是上述内容，即正式或非正式合同规定的产品，还包括经营活动的结果，即非预期的产品。例如，饭店产品不会造成环境污染等。

1.4.2　现代饭店产品组成

（1）根据产品种类，饭店产品由房务产品、餐饮产品、会展产品和康乐产品等组成。

房务产品由各种客房、客房设施和房务服务等组成。客房包括：单人间（Single Room）、标准间（Standard Room）、大床间（Big Bed Room）、商务套房（Business Suite）、豪华套房（Deluxe Suite）、总统套房（Presidential Suite）、公寓套房（Apartment）等；客房设施主要包括浴室和家具等；客房服务主要包括客房预订、机场接送服务、前台接待服务、行李服务、客房清扫服务和电话通讯服务等。

餐饮产品由各种餐厅、酒吧、服务设施、菜肴、酒水和餐饮服务等组成。餐厅包括咖啡厅（Coffee Shop）、自助餐厅（Cafeteria）、多功能厅（Function Room）、贵宾厅（Private Dining-room）、特色餐厅（Specialty Dining-room）。例如，法国餐厅、意大利餐厅、俄国餐厅、西班牙烧烤餐厅等。酒吧包括大厅酒吧（Lobby Bar）、主酒吧（Main Bar）、餐厅酒吧（Restaurant Bar）、保龄球酒吧（Bowling Bar）和湖畔酒吧等（见图1-10）。菜肴包括中餐的名菜、各地区的特色中国菜、法国菜、意大利菜、美国菜、俄国菜、日本菜和韩国菜等。酒水常包括发酵酒、蒸馏酒、配制酒、鸡尾酒及

图1-10　饭店湖畔酒吧

各种冷饮和热饮。餐饮服务包括餐饮预订、餐厅迎宾、摆台、点菜、上菜、斟酒水和结账等。

会展产品由各种会议室（Convention Room）、展览厅（Exhibit Hall）及会展服务组成。康乐产品由各种康乐设施和服务组成。包括游泳池（Swimming-pool）（见图1-11）、健身中心（Fitness Center）、保龄球（Bowling）、棋牌室（Chess and Board Game Room）、高尔夫球及相应的服务。

图1-11 饭店室外游泳池

其他产品包括商务中心（Business Center）、各种特色商品店（Specialty Store）、礼品店（Gift Store）、花店（Flower Shop）、书屋（Book Room）及相应的服务组成。其中，商务服务包括翻译服务、文秘服务及代售飞机票和火车票服务等。

（2）根据产品特点，饭店产品由有形产品和无形产品组成。

饭店有形产品包括饭店建筑、饭店外部环境（停车场、草地、绿树等）、饭店内部环境和公共设施（大厅空间、饭店布局、电梯等）、客房（种类、面积、设施、家具及布局）、客房日用品（床单、毛毯、三巾、梳子、香皂、洗浴液等）、餐厅与酒吧（种类、布局、家具和设施、餐具与酒具、菜肴与酒水、康乐设施（造型与布局）、园林和绿化（规模、造型）、职工服装、仪表仪容和举止行为、饭店内外标识、广告、宣传品、办公用品、饭店艺术品等。

无形产品包括饭店各空间（大厅、客房、餐厅和酒吧）的温度和湿度，前台接待、电话服务、餐饮服务及客房服务的效率，大厅、客房、餐厅、酒吧、康乐设施的安全，客房、餐厅和酒吧的舒适度，办理出入店手续和电话通讯等的方便程度，饭店服务的礼节礼貌，饭店信誉和知名度，顾客满意度等。

1.4.3 现代饭店产品特点

1. 现代饭店产品紧跟目标市场需求，将有形产品和无形产品有机结合，使产品更加完整

在饭店中，完整的房务产品包括舒适的房间、适用的设施和家具、理想的日用品和周到的房务服务等；而完整的餐饮产品包括菜肴与酒水（原料、工艺、包装、颜色、造型、气味、味道）、餐厅阳光、绿化、设施、音乐、艺术表演、用具、餐具和餐饮服务（速度、方式、程序）等因素。

2. 现代饭店为顾客提供方便，产品具有多种功能

饭店产品的多功能首先表现在饭店多功能、客房多功能、餐厅多功能等。这里的功能是指饭店产品的效能和作用，是饭店产品最基本的特性。饭店多功能包括住宿功能、餐饮功能、会议与展览功能、商务功能、健身功能、购物功能和休闲功能等；客房多功能包括客房具有住宿功能、洗浴功能、化妆功能、办公功能、读报功能、看电视功能、聊天功能和用餐功能。当今，餐厅已不仅是销售餐饮产品的场所，更是一个包括休闲、宴会和交际等的多元化场所。因此，现代餐厅不论在空间、家具、照明、色彩和风格等方面的设计，还是在背景音乐、室内温度和湿度等方面设计都考虑到餐厅的特色和使用效果。同时，餐厅应使顾客感受到不同民俗和文化。例如，西餐厅外观和内部装饰应以欧式风格为主，餐厅摆设艺术品、装饰品和反映欧洲传统餐饮文化的物品。包括绘画、雕刻、传统的欧洲酒水、面包和奶酪等。中餐厅以中国宫殿或花园为背景，餐厅内陈设中国传统的字画和艺术品等。

3. 现代饭店产品应呈现个性化和特色化

现代饭店的个性化和特色化主要体现在建筑特色、设施特色、客房特色、环境特色、餐饮特色、服务特色及办公用品特色等。例如，客房的布局和风格可以是中国传统风格、欧洲风格、中西合璧风格等。

4. 现代饭店产品趋向自动化和智能化

现代饭店的自动化与智能化主要表现在饭店计算机管理系统、客房管理系统、客房VOD多媒体信息服务网络系统、火灾自动报警与联动控制系统、建筑设备自动监控系统、电子门锁管理系统、智能照明控制系统、多媒体会议系统、饭店智能管理平台等。

5. 现代饭店强调顾客的安全与舒适

当今，饭店业将采取严格的措施保证顾客的生命和财产安全。同时，完善各种设施和服务使顾客在入住和消费期间感到舒适和满意。现代饭店的房间所有灯光及电器控制开关均按区域控制，就近设置于墙上。这样，既体现客房的安全舒适又符合人们传统的居家习惯。同时，饭店房间安装有无人实时检测、房间空调设置温度和实际温度的实时检测、房间空调风机运行位置显示、客房勿扰与清理显示、SOS紧急呼叫响应系统、客人叫醒时间显示、进入房间者身份显示、非法进入房间者或员工私自开房报警系统，顾客房门未关好报警系统等为顾客的安全提供了保障。一些饭店安装了楼层与通道人员检测与监控系统。

当今，饭店经营管理人员不仅要了解饭店所在地的风俗习惯，而且要清楚主要国家的风俗与文化；饭店不仅要提供符合本国和本地区旅游者所需要的住宿产品和餐饮产品，而且要满足国际旅游者对饭店产品的需求。例如，适合高度的床铺，丰富的床上用品，安全与舒适的卫生间及其设备与用品，包括卫生间的电视机，高质量的棉织品、洗发液与洗浴液等。

本章小结

饭店作为企业，经政府主管部门批准，有固定的名称和经营场所、完善的组织机构和规章制度，拥有独立支配的财产，承担社会责任，为公众开放，提供各种饭店服务。饭店可根据规模分类，根据坐落位置分类，根据经营特色分类，根据产权形式分类等。随着社会进步，科学技术的发展，饭店作为现代商务、旅游、度假和休闲不可缺少的企业，不论在建筑物、设施、产品、服务还是经营管理方面都在不断完善和发展。

饭店等级是由世界各国饭店协会和旅游管理机构等根据饭店设施和服务的特色和质量对饭店进行的总体评价。饭店实施等级制度可方便顾客购买饭店产品，保护消费者的利益。同时，方便各国旅游组织和饭店业的营销和管理工作。饭店产品由满足顾客需求的某种物质实体和非物质形态服务构成。

思考题

1. 单项选择题

（1）（　　）开创了世界饭店业的先河，是世界上最早的现代化饭店之一。同时，推动了美国及至欧洲饭店业的蓬勃发展。

　　A. 城市旅馆　　B. 特伦蒙特饭店　　C. 利顺德饭店　　D. 派力斯饭店

（2）由一定数量发起人组成，全部资本由等额股份构成，且由认购股份金额方式对公司承担财产责任的成员组成的饭店公司是（　　）。

　　A. 合伙经营饭店　　　　　　B. 饭店公司
　　C. 股份有限公司　　　　　　D. 饭店集团

2. 多项选择题

（1）（　　）内容属于饭店实施等级制度的目的与作用。

　　A. 维护和促进顾客权益
　　B. 利于饭店经营与发展
　　C. 有利于提高饭店经营者的管理水平
　　D. 便于饭店管理与监督

（2）目前在欧洲最具有影响力的饭店等级评定体系有（　　）。

　　A. 米其林红色指南体系（Michelin Red Guide）
　　B. 欧洲饭店等级评定联盟体系（European Hotelstars Union）
　　C. 美国汽车协会体系（American Automobile Association，AAA）
　　D. 英国汽车协会体系（Automobile Association，AA）

3. 名词解释

饭店　　商务饭店　　度假饭店　　长住饭店　　汽车饭店　　会议饭店　　机场饭店　　休闲饭店　　经济型饭店

4. 问答题

（1）简述饭店的分类方法。
（2）简述国际饭店业的发展。
（3）简述我国饭店业的发展。
（4）简述我国饭店等级评定概况。
（5）论述饭店实施等级的作用。
（6）论述美国饭店等级评定概况。
（7）论述饭店产品组成与特点。

案例分析

饭店企业家——埃尔斯沃思·斯塔特勒（Ellsworth Statler）

埃尔斯沃思·斯塔特勒凭着他认真钻研业务的勤奋和超前的经营意识，在饭店经营中取得了极大的成功。从13岁作为礼宾部服务员时，他就对饭店经营管理的每个方面产生了强烈的好奇心，他向房务部、餐饮部至工程部等所有业务部门的职工学习和请教，了解工作中的程序、细节和质量标准。由于他工作认真，效率高，被提升为管理职务。作为管理人员，他开始研究并实施提高利润的策略和方法，他说服业主在饭店设置美国第一个预订火车票的服务项目。

1908年埃尔斯沃思·斯塔特勒在自己开设的饭店——伯菲勒饭店（Buffalo Hotel）的客房中设计了浴室和壁橱，提供24小时的冰水服务，房间安装电话，门旁设电灯开关，在每个床前设台灯，客房中配有带文具的写字台。当时，人们认为该饭店是最现代的。1927年他在克利夫兰、底特律和圣路易斯等地方经营自己的饭店。后来，在纽约市，建起了当时最大的，拥有2 002间客房的宾夕法尼亚饭店（Pennsylvania Hotel）。斯塔特勒为顾客和职工提供了尽可能多和周到的服务。他对职工实行1周6个工作日的工作制度，为职工提供带薪假期和免费的医疗服务及设计了利润共享的职工激励策略，使饭店的职工自由持股。1928年，斯塔特勒发生意外，离开了人间，其遗孀爱丽丝·斯塔特勒沿着斯塔特勒的管理理念将该饭店公司继续发展和壮大。美国饭店业著名刊物《饭店月刊》（*Hotel Monthly*）的编辑和出版商约翰·威立（John Wiley）曾这样描述埃尔斯沃思："斯塔特勒先生的天才既在于它的创造性和适应性，又在于它在增添饭店特色方面表现出来的精明。他身上既有理想家的特征，又有实干家的长处。"

讨论题：
1. 基于埃尔斯沃思·斯塔特勒的饭店经营理念和策略，总结世界饭店业发展历史。
2. 结合世界饭店业的发展，总结饭店管理理念和饭店产品的变化与发展。

参考文献

[1] 摩登. 管理学原理. 崔人元，译. 北京：中国社会科学出版社，2006.
[2] 达芙特. 管理学. 高增安，译. 北京：机械工业出版社，2009.
[3] 希尔. 管理学. 李维安，译. 北京：机械工业出版社，2009.
[4] RUE L W. 管理学技能与应用. 刘松柏，译. 13版. 北京：北京大学出版社，2013.
[5] 姚莉娜. 新编现代企业管理. 北京：北京大学出版社，2012.
[6] 彭家平. 新编现代企业管理. 2版. 北京：北京理工大学出版社，2013.
[7] 李启明. 现代企业管理. 4版. 北京：高等教育出版社，2011.
[8] 格里芬. 管理学. 9版. 北京：中国市场出版社，2008.
[9] 田建军. 现代企业管理与发展. 北京：清华大学出版社，2008.
[10] 卢进勇. 跨国公司经营与管理. 北京：机械工业出版社，2013.
[11] 克拉耶夫斯基. 运营管理. 9版. 北京：清华大学出版社，2013.
[12] 周荣辅，王玖河. 现代企业管理. 2版. 北京：机械工业出版社，2012.
[13] 王天佑. 饭店管理概论. 2版. 北京：北京交通大学出版社，2010.
[14] 龙建新. 企业管理理论与实践. 北京：北京师范大学出版社，2009.
[15] 赖利. 管理者的核心技能. 徐中，译. 北京：机械工业出版社，2014.
[16] RUSSELL R S. Operations management. 4th ed. New Jersey：Prentice Hall, Inc. , 2003.
[17] BARROWS C W. Introduction to management in the hospitality industry. 9th ed. New Jersey：

John & Sons Inc., 2009.

[18] POWERS T. Management in the hospitality industry. 8th ed. New Jersey: John Wiley & Sons, Inc., 2006.

[19] OKUMUS F. Strategic management for hospitality tourism. Ma: Elsevier Ltd, 2010.

[20] BURROW. Business principles and management. Mason: Thomson Higher Education, 2008.

[21] BARROWS C W. Introduction to management in the hospitality industry. 9th ed. New Jersey: John & Sons Inc., 2009.

[22] WALKER J R. Introduction of hospitality management. 4th ed. New Jersey: Pearson Education Inc., 2013.

第 2 章 饭店管理理论与方法

本章导读

饭店管理是指在一定的环境下,管理者通过计划、组织、领导、控制和协调等职能,整合饭店各种资源,实现饭店既定的经营目标的过程。同时,一些管理理论和方法至今已成为带有普遍指导意义的原理与方法。这些理论和方法为饭店经营管理提供了基础和依据。通过本章学习可了解饭店管理中的五大职能,掌握饭店管理的基本理论与方法。

2.1 饭店管理职能

饭店管理职能是指饭店管理的职责和功能。包括饭店的计划职能、组织职能、领导职能、控制职能和协调职能(见图2-1)。

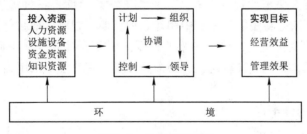

图 2-1 饭店管理职能

2.1.1 饭店计划职能

饭店计划职能是指管理者为实现饭店经营目标对未来工作所进行的规划和安排,是饭店管理的首要职能。计划职能的基础是饭店的资源,包括人力、财力、物力和销售渠道等。饭店在制订计划时应考虑当前的工作、未来的发展以及管理人员和职工的意见。同时,应明确饭店的任务和目标，明确实施计划的原因、时间、地点和方法等。饭店计划工作的程序应包括选择目标、编制计划和实施计划等。

1. 计划种类

饭店的计划有多个种类。其中，长期计划指超过5年的计划，是表达饭店长远目标和发展方向的计划；1年或1年内的计划称为短期计划或年度计划；1年以上和5年内的计划称为中期计划，中期计划主要是协调饭店长期与短期计划之间的关系。中期计划比长期计划的内容更详细，更具体。饭店具体计划是指有明确目标的计划。例如，某饭店在2016年计划其人力成本降低5%。指导计划是指说明工作重点的计划，而不把管理者限定在具体目标上。饭店建立的总体目标和整体规划称为战略计划；而饭店总体目标中的细节计划称为经营计划或运营计划。战略计划与经营计划在时间、范围和目的等方面各不相同。饭店战略计划的核心是长远发展规划，而经营计划的周期通常是1年。此外，饭店计划还可根据工作程序、组织层次和表现形式等分类。

2. 目标管理

饭店计划中常涉及目标一词。目标是饭店在一定时期内期望达到的成果，是计划组成的要素之一，是必须完成的工作或应达到的计划标准。通常，饭店的经营目标比经营任务更具体，并更具有测量性。当今量化的经营目标具有鼓舞职工士气、提高工作效率的作用，已成为饭店管理人员鼓励职工的有效手段。同时，饭店经营目标并非单一的，而是多样化的。在这些目标之中有主次之分，主要目标常处于表面，容易被认识和发展；次要的目标常被忽视。目标管理的重点是使饭店全体管理人员和职工围绕工作目标进行充分沟通，在工作中实施自我控制并努力完成各自的工作目标。

3. 计划原则

饭店的计划首先应明确目标；然后，根据预测的数据和信息制订计划。饭店的计划必须是可行的并留有一定的空间以便根据实际情况进行调整。在计划执行中，饭店各部门和各层次有关人员应充分协调和交流。

4. 计划方法

饭店计划的制订效率很大程度上取决于计划方法。目前，各种饭店的计划方法应运而生。其中，滚动计划法是将短期计划、中期计划和长期计划有机地结合起来，根据近期计划的执行情况和环境的变化情况，调整未来的计划。由于在计划工作中确定未来的目标很困难，因此计划期越长，不确定性就越大，为提高计划的有效性，采用滚动计划法很有必要。

2.1.2 饭店组织职能

饭店组织是由职工、职位和职责组成的相互联系和信息沟通的整体，是实现饭店经营目标的工具。通常饭店组织分工得越细，协调越困难。此外，随着饭店内外环境的变化其组织结构必须做出相应的调整。

1. 组织要素与功能

饭店组织是为达到特定的经营目标，在分工协作的基础上的职工集合。组织的关键要素包括组织的目标与任务、组织人员与职务、岗位、权利、组织合作与协调。在饭店组织中，各层次管理人员是实现饭店经营目标的核心力量。根据调查科学的饭店组织可使组织成员互相尊重、互相支持、互相信任、互相关心，对企业有归属感、责任感和向心力。高效的饭店组织具有合理分工、保持与外部环境良好关系的功能。

2. 组织目标与任务

饭店组织必须有具体的经营目标和经营任务。经营目标和经营任务是饭店存在的前提。不同类型的饭店，其经营目标和经营任务不同，组织结构也不同。例如，商务饭店以商务和事务旅行者及会议团队为主要的目标顾客，其经营任务是商务旅行者和事务旅行者的房务业务和餐饮业务，会议团体的房务业务、会议业务与餐饮业务等。因此，商务饭店组织结构、部门设置、设施配备和服务特色都应以它的经营目标和经营任务为基础。

3. 职工与职务

饭店职工是构成饭店组织的基本要素，包括各级管理人员和普通职工。不同种类、规模和管理模式的饭店，设置的职务名称、职责和数量各不相同，其需要的专业运营知识和技术也不同。在饭店运营中，职工的素质和能力是导致饭店经营成功与失败的关键。同时，饭店工作人员的合理匹配、职务及其工作范围的制定都是影响饭店经营能力的关键要素。

4. 职责和权利

职责是饭店各部门和各职位的工作权利和责任，也表示饭店组织的上下级关系。在饭店管理中，上级职能部门或上级职务具有对下级职能部门或下级职务进行业务指导的责任；下级职能部门和职务具有对上级管理部门和人员汇报工作及接受业务指导的责任。权利是上级领导授予的职权，这种职权不是个人的职权，而是对下级部门或职工进行工作指导的权利。饭店组织中的各部门和各职务应有适当的权利和责任。

5. 合作与协调

合理的组织应利于饭店各部门和职务间的合作与协调，通过将各职能部门和各职务的沟通与协调将饭店组织联成整体。通常，饭店组织由多个职能部门和职务组成，为了完成饭店既定的经营目标和经营任务，他们必须合作与协调。

2.1.3 饭店领导职能

饭店领导职能是指饭店总经理和业务总监等高级管理人员运用职务权利和个人影响力指挥、引导、带动和激励全体职工，为实现饭店的经营目标而努力工作的过程。其中，职位权利是指管理者的职务及上级赋予他的管理权利；个人影响力是指管理者自身素质和业务能力。领导职能是饭店运营中主要的管理职能之一，贯穿于饭店运营的各方面和各环节的工作中。

1. 领导作用

根据调查，饭店目标是通过全体职工集体活动实现的，即使饭店制定了明确的目标，由于饭店各成员对目标的理解不同，对技术的掌握以及个人利益、知识、能力和信念等方面的差异，在认识上会发生分歧，在行动上会偏离目标，在工作中会出现摩擦。因此，饭店领导者的关键作用是协调职工朝着共同的目标前进。通常，总经理应作为带头人，调动全体职工的积极性，引导职工为实现经营目标做出贡献。

2. 领导效果

饭店领导效果常取决于3个方面的作用，包括领导者的素质、被领导者的素质和领导者的工作环境。饭店总经理是饭店经营管理工作的主要领导者，其本身的教育背景和经验及价值观念等都会影响饭店目标的确定。首先，领导者的素质是影响饭店经营效果的关键因素之一。其次，主要领导者的背景、经验、知识、能力、责任心、个性及他们对企业的要求等都会对领导工作产生影响。同时，饭店领导职能总是在一定的环境中进行并受到环境的制约。这种特定的环境包括职工的规模与类型、工作任务与目标、工作压力、上级领导的期望、职工关系及饭店文化等。因此，饭店领导者为了适应特定的环境，必须采取有效的领导方式。

3. 领导权使用

为了有效地使用领导权，饭店领导者应谨慎地使用手中的权力。在饭店管理中，少数领导者试图用权威树立自己的形象。然而，招致职工的反感和厌恶，损害了其自身的形象，降低了管理效率。因此，领导者应珍惜自己的权力。当然，必要时应当机立断，使用权力维护企业和职工的利益。此外，作为领导者不要简单粗暴，应关注工作中的细节，应公正和廉明，维护饭店的规章制度。

2.1.4 饭店控制职能

饭店在经营实践中，由于受内外环境因素的影响，很可能使管理工作偏离既定的计划和目标。为了保证各项计划和目标的实现，饭店实施控制职能很有必要。所谓饭店控制职能，是指为确保饭店既定的计划和目标而进行的各项检查、监督和纠偏工作。饭店控制职能既可以理解为饭店一系列的管理活动，也可以理解为是检查、监督和纠偏的过程。饭店控制职能与计划职能紧密相关。饭店计划工作是饭店控制职能的前提。为了饭店控制职能的有效进行，饭店管理者必须及时取得各项计划和目标的执行情况并将这些信息与原计划和目标进行对比。控制职能的作用是可使复杂的经营活动协调一致，避免管理失误，减少经营中的各种损失。

1. 控制特点

饭店控制职能具有整体性和动态性特点，饭店控制职能的整体性表现在，完成饭店计划是全体职工的共同责任，参与控制工作是全体职工的共同任务。由于饭店外部环境及内部资源不断变化，因此饭店经营管理不是静态的，饭店控制工作应具有动态的特征。这样，控制方法不仅是监督和检查，更重要的是指导和帮助。因此，管理者必须制订纠正偏差的计划。

2. 控制类型

饭店计划工作一旦付诸实施，就会产生许多信息。这些信息可由不同的方式通过不同的渠道反映到饭店管理人员中。然后，经分析和整理，管理人员对不同的控制对象确定不同的控制方法。例如，现场控制、反馈控制、前馈控制、任务控制、绩效控制和战略控制等。现场控制是指业务主管人员通过深入餐厅、楼层和厨房等工作现场，亲自监督检查和指导，进行控制。反馈控制是指在工作结束后进行控制的方法，是通过对工作结果进行测量、比较分析并采取措施，纠正偏差的方法。前馈控制是指通过预测，将可能出现的结果与计划进行比较，预先确定可能发生的偏差并提前采取措施加以纠正的方法。任务控制也称运营控制和业务控制，是针对基层生产和服务的直接控制活动。例如，服务质量控制和各项业务成本控制等。绩效控制是指财务控制，是利用财务数据观测企业的经营状况，以此考评各职能部门的工作实绩,从而控制饭店整体经营工作。战略控制是对饭店战略计划和目标实现程度的控制。

3. 控制程序

饭店控制职能尽管是针对不同部门和各工作环节进行的检查和监督活动,然而饭店各项控制活动都有相同的过程。这一相同过程称为控制程序。饭店控制工作常包括 4 个环节:制定控制标准、评估工作绩效、进行偏差分析和采取纠正措施。

(1) 制定控制标准

制定控制标准是控制职能的基础工作,控制的标准形式有实物质量标准、工作质量标准和经济价值标准等。控制的标准方法有标准法、统计法、经验法和技术法。标准法是根据国际标准、国家和地区的行业标准等进行控制;技术法实际是工程技术方法或称为工程技术标准。饭店管理者应根据工作性质选择适当的控制标准形式和控制标准方法。

(2) 评估工作绩效

评估工作绩效是指对饭店各项计划工作执行结果或状态的客观评价,是计划执行的信息收集与输入过程。评估绩效工作直接关系到纠偏措施的实施。通常,饭店管理者获取工作信息可通过各种报表、书面报告、询问和直接观察等。在各种工作绩效的评估中,管理人员亲临现场是获得翔实和准确的工作信息的有效途径。当管理人员的管理工作幅度较大时,口头报告是一种很好的替代实地观察的方法。此方法可与职工双向沟通并可进行追踪分析。书面报告的信息不仅可用来了解计划的实施情况,还可存档供以后使用。饭店评价绩效的方式包括定性与定量两种方式。在获取有关计划执行情况的信息中,可用数值量化表示的,其评价工作难度相应小一些。但是,有些工作的绩效难以用量化方法来衡量,只能采用定性方法说明。

(3) 进行偏差分析

进行偏差分析时,管理人员将各项实际工作的绩效与既定的标准进行比较,若没有偏差或没有超出偏差允许的范围时,一般不需采取纠偏措施;对超出范围的偏差,管理人员应深入地分析其原因并应从饭店管理职能的角度分析问题,包括计划本身存在的问题、计划执行中存在的问题、管理人员的指导与激励问题等。

(4) 采取纠正措施

饭店管理人员对发现的偏差采取措施予以纠偏。通常纠偏措施主要有重新委派管理人员、组织机构调整、增加人员、改善指导方法和激励策略、调整经济和技术手段及增加资金或设备的投入等。

4. 控制原则

为确保饭店控制职能的成效,饭店应以明确的工作目标作为控制工作的基础。首先,控制职能应有专职部门和人员及健全的信息反馈渠道作为工作的保证。其次,饭店控制职能的前提是,饭店控制工作应有一套切实可行的控制标准,科学地选择控制点,突出控制重点,及时准确地发现问题并可分析和解决问题。饭店控制职能应重视控制的准确性,提高控制工作的灵活性,应有各种应变方案。此外,有效的饭店控制职能还必须将资源投入与可能得到的效果相比较,从中选择适合的控制点,注意采用先进的控制方法和手段,不断提高控制职能的效率和效果。

2.1.5 饭店协调职能

饭店协调职能是指通过协调饭店内外关系，为企业发展创造良好的条件，促进饭店各项目标的实现过程。由于饭店经营需要各部门共同努力才能完成，而各职能部门的工作目标并不一致。这样，经常出现工作矛盾和冲突。因此，协调是饭店管理不可缺少的职能。

1. 协调作用

饭店协调工作对于饭店经营管理起着关键作用。通常职工为了满足个人需要，部门需要、个人目标、部门目标常与企业目标不能完全一致。饭店管理者可通过协调使职工个人目标、部门目标与企业目标相一致，从而促进企业目标的实现。在饭店经营中，职工与职工、部门与部门、饭店与供应商、中间商及其他相关者之间的矛盾不可避免。饭店管理者通过协调，使他们相互合作和配合，使各项工作紧密衔接。

2. 协调原则

饭店协调工作的原则包括目标原则、效率原则、责任原则和沟通原则。饭店的协调工作应使全体职工充分理解企业的目标和任务，使个人目标、部门目标与企业目标相一致，从而促进企业总目标的实现。当然，饭店管理者的协调工作必须围绕企业总目标进行。从这个意义上，目标管理是实现饭店分工和协调的有效工具。饭店协调工作可通过发现问题，解决问题，使部门之间和职工之间更好地分工与合作，从而提高企业效率。同时，饭店协调工作使职工更加明确各自责任，明确各部门和各岗位在完成饭店总目标中承担的工作任务和职责范围。此外，作为饭店工作人员除了要明确自己的职责，还要明确相互协调的责任。沟通是饭店协调职能的关键，饭店管理者在实施协调工作中，要掌握有效的沟通技巧，合理地选择沟通渠道，积极地排除沟通中的障碍，充分发挥信息在协调中的作用。

3. 协调内容

饭店协调职能的内容包括饭店内部之间的协调及饭店与外部环境的协调等。饭店要顺利地运营必须根据企业的总目标，对各要素进行统筹安排和合理配置并使各经营环节相互衔接，相互配合。其次，饭店规章制度是协调工作的基本保证。例会是饭店工作中不可缺少的协调方式。通常，饭店部门每周至少举行1次例会，而饭店横向例会经常每月召开1~2次。饭店与股东的关系是企业生存和发展的基础。饭店通过加强与股东间的信息沟通，争取股东和潜在的投资者的信任和支持，可最大限度地扩大企业的资金来源。在协调饭店与股东的关系时，应完善企业的法人治理结构，在饭店所有者和管理者之间形成相互制约机制和有效的激励机制，而最大限度地提高企业经营效率。饭店内部人际关系的协调是提高职工对企业的归属感、认同感，增加企业凝聚力的重要保证。有效的内部协调使全体职工团结一致，共同为实现饭店的经营目标而努力。因此，饭店管理人员在实施协调时，应相互尊重，平等待人，互助互利，诚实守信。

饭店与外部环境的协调主要包括饭店与顾客、供应商、中间商、金融机构、行政主管部门及其他相关机构之间的协调。饭店应与顾客建立和维护良好的信任关系，其目的是促进企业与消费者的有效沟通，在饭店与顾客之间建立信任和相互依存的关系，使饭店及时准确地掌握顾客需求及发展趋势，为顾客提供有价值的产品和服务。饭店管理人员在协调中应做好市场调查和预测，改进和完善服务体系，认真对待顾客投诉，积极寻求政府支持，协调与政府的关系,提高办事的效率并利用一切机会扩大企业的影响和信誉。饭店应与供应商和中间商进行友好的合作及合理的利益分配。饭店应借助媒体扩大影响,塑造自己的良好形象,应尊重新闻界人士,保持经常联络,增进双方信任和了解。饭店必须搞好与社区的关系以取得社区支持,因为饭店的发展依靠社区的支持与服务。

2.2 饭店管理理论

2.2.1 古典管理理论

1. 泰勒科学管理理论

科学管理理论发展至今约有百年历史,对饭店经营管理有着较高的实用价值。科学管理理论创始人——弗莱德瑞克·温思罗·泰勒(Frederick Winslow Taylor,1856—1915)(见图2-2),生于美国宾夕法尼亚州的律师家庭,做过普通职工、工长、总技师、总工程师。他通过自学,于1883年获机械工程学学位,长期从事企业管理工作,具有丰富的实践管理工作。他热衷于科学调查和科学管理的研究工作,相继发表了《计件工资制》《车间管理》和《科学管里原理》等著作。他认为,科学管理的根本目的是谋求最高的工作效率,而最高的工作效率是企业和职工共同达到富裕的基础。企业管理应当运用科学管理的方法代替旧的经验管理,应建立各种明确的制度和标准,使企业管理科学化和标准化。科学管理的核心是管理人员和职工双方在思想上的彻底变革,管理人员和职工应互相负责,将注意力集中在企业的发展和盈利方面

图2-2 泰勒

以使双方共同受益。多年来,泰勒的科学管理理论在饭店运营中收到了很好的效果,不仅提高了经营效率,还降低了成本、提高了职工的工资等。至今,泰勒的科学管理理论在饭店管理中得到了广泛的运用。泰勒的科学管理理论主要内容包括以下内容。

(1) 合理利用工时,工作标准化

通过对职工的操作方法和工作效率的研究,提出了科学合理地利用工时,建议采用工艺流程、工作定额及标准化的工具、机械、材料和工作环境。

(2) 执行有差别的计件工资制

按照工作标准、时间定额和不同的职务,对完成和超额完成工作定额的职工,以较高的工资支付;对完不成定额的职工,按较低的工资支付。

(3) 选择和培训优秀的职工

所谓优秀的职工,是指最能胜任工作又有进取心的职工。企业在制定工作定额时应以优秀的职工长年累计的绩效为标准。管理者的责任在于为职工找到最适合的工作并且通过培训使他们成为最优秀的职工。

(4) 分离管理职能与执行职能

管理者应当把企业日常运行的具体工作授权给下级工作人员。同时，管理者应致力于计划、监督和控制等管理工作。此外，双方应紧密配合以保证企业按照预定的计划进行工作。

2. 法约尔经营管理理论

法约尔（Henri Fayol，1841—1925）是世界公认的经营管理理论的创始人，被称为"现代经营管理之父"。其代表著作有《管理的一般原理》《国家管理理论》和《公共精神的觉醒》等。他与泰勒是同时代人，出生于法国，1860年毕业于国立矿业学院，他长时间在法国的煤矿公司工作，由一名工程技术人员发展为了企业的总经理，积累了丰富的经营管理经验。他还曾在法国军事大学任管理学教授并对其他行业的管理进行了广泛的调查。退休后，法约尔创办了管理研究所。法约尔认为，管理理论是指经过普遍检验和得到论证的一套管理原则、方法和程序等内容完整的体系。管理理论应当带有普遍性，凡是组织的活动就需要管理。他认为，普通职工应做技术工作，而管理人员的责任是经营管理。法约尔的经营管理理论主要包括以下内容。

1）经营与管理的概念

法约尔认为，经营与管理是两个不同的概念，经营是指导或引导一个整体组织趋向目标，经营活动的内容包括六大类，而管理仅是其中的一项，但是，是最重要的一项。

① 技术活动，包括技术设计和工艺制造。
② 商业活动，包括采购、销售和交换。
③ 财务活动，包括资金筹集和运用。
④ 安全活动，包括职工的工作安全及设备的使用安全。
⑤ 会计活动，包括资产负债表的制作及成本核算和统计等。
⑥ 管理活动，包括计划、组织、指挥、协调与控制。

2）管理的职能

管理包括计划、组织、指挥、协调和控制5项职能。

3）管理的原则

（1）分工（Division of Work）

工作中的分工应遵循自然规律，分工的目的是取得工作投入的最佳效果，分工的结果是职务专业化。

（2）权利与责任（Authority of Work）

权利是指挥并要求他人服从的力量，权利和责任必须统一，有权必有责。同时，应区别职务权利和个人权利，职务权利由职务产生，个人权利来源于个人的智慧、经验、道德、领导能力和资历等。个人权利是职务权利不可缺少的条件。

（3）纪律（Discipline）

纪律的实质是企业与职工必须遵守并达成的协议，企业应对职工详细地解释协议，协议必须明确而公正。纪律的基础是职工与管理人员之间的互相尊敬，而不以恐惧为基础。各级管理人员应当称职。在纪律遭到破坏时应采取公正的惩罚措施，纪律是企业经营成功的保证。

（4）统一指挥（Unity of Command）

职工在工作中只接受一位上级管理人员的指挥并向其汇报工作。违反这一原则，权利和秩序会受到损害。

（5）统一领导（Unity of Direction）

企业在做同一目标的工作时，只能在一个上级管理者和一个计划前提下进行。这是企业运营中的统一、协调和集中的前提。

（6）个人服从整体（Subordination of Individual Interest to General Interest）

为了企业的整体目标，个人或局部的利益应服从企业的整体利益。管理人员应树立良好的榜样并不断地进行评估和监督。

（7）职工报酬（Remuneration of Personnel）

企业应保证职工报酬的公平合理，使职工和企业双方满意。同时，对有贡献的职工进行奖励。企业应关心职工的健康、道德和培训，关注和改善职工的工作环境和生活条件。

（8）集中（Centralization）

企业集权和授权的程度不应是千篇一律，而应根据企业的规模、条件和管理人员的道德品质、业务能力和可靠性而定。

（9）等级链（Scalar Chain）

等级链是企业各级管理人员形成的权利线，用以贯彻企业的管理工作以保证管理的统一和高效并保证信息传递的秩序。

（10）秩序（Order）

在企业管理中，职工应分配到适合他们工作的职务或岗位；设施和物品应放在正确的位置，从而保持企业高效地运行。

（11）公正（Equity）

管理人员应亲切、友好、公正地对待职工，善于处理人际关系。职工受到公平的待遇后会忠诚于企业，努力地完成工作。

（12）稳定的任期（Stability of Tenure of Personnel）

管理人员应采取措施，鼓励职工长期为企业工作，保持稳定的工作团队。尤其是关键的管理人员和技术人员。为了正常地运转，应及时补充各职务的短缺。

（13）创造精神原则（Initiative）

管理人员应赋予职工主动创造和发挥特长的机会，鼓励职工认真思考问题并提出建议。

（14）团队精神原则（Team Work）

企业内部应建立和谐的工作气氛，提倡团队精神。

3. 韦伯组织体系

马克斯·韦伯（Max Weber，1864—1920）是著名的德国社会学家，被认为是"组织理论之父"。他出生于德国律师家庭，1882年毕业于爱丁堡大学法律系。一生中他担任过教授、政府顾问、编辑和作家，他撰写的著作有《新教的伦理》《经济史》和《社会和经济组织的理论》等。韦伯认为，传统的权力和超凡的权力形式不宜作为行政组织管理体系的基础，应基于理性和法律规定的权力。管理应以知识为依据，应体现规章制度、管理知识和技术能力。根据调查，行政组织体系可提高工作效率，在精确性、稳定性、纪律和可靠性等方面优于其他组织体系。在现代饭店管理中，韦伯组织体系的知识化、专业化、制度化、标准化、正式化和权力集中化等理论为饭店业的发展提供了高效率、合乎理性的管理体制。目前，饭店业普遍采用的高、中、低三个层次的管理体系就是源于他的理论（见图2-3）。其内容主要包括以下几个部分。

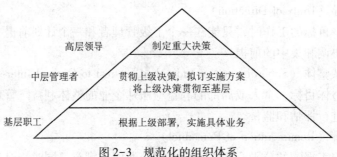

图 2-3 规范化的组织体系

（1）职能分工

为了实现组织目标，应将组织中的全部活动划分为不同的职能并将各职能作为明确的任务分配给组织中的成员。

（2）组织体系

组织体系应以等级为原则，并规定每一层次的职位的权利和义务。同时，下级应接受上级的指挥和控制，形成一个组织指挥系统和规范化的体系。

（3）人员任用

组织中的人员任用完全根据职务要求，通过正式考试或培训后进行挑选，每个工作人员必须称职，不能随意免职。

（4）管理人员

管理人员不是企业的所有者，是有固定薪酬的职业管理人员，应接受聘任。管理人员必须严格遵守组织中的各项规则和纪律并按照组织的规则晋升。

（5）工作原则

组织中的各级管理人员必须完全以理性为指导，不受个人感情的影响，应客观、合理地处理各项事务。

2.2.2 行为科学理论

1. 梅约人际关系理论

人际关系理论常称为霍桑实验（Hawthorne Studies）。该理论来自美国教授乔治·埃尔顿·梅奥（George Elton Mayo，1880—1949）和夫瑞斯·罗特列斯伯格（Fritz Roethlisberger，1898—1974）在霍桑工厂作的"人际关系"实验的结果。该实验的目的是研究工作条件对生产效率的影响，寻求提高劳动生产率的途径。梅奥是美国行为科学家，人际关系理论的创始人。其原籍是澳大利亚，1899年取得逻辑和哲学硕士学位，后在美国宾西法尼亚大学任教。他的著作有《工业文明的人类问题》和《工业文明的社会问题》等。1926年，他进入哈佛大学工商管理学院从事工业研究。以后，一直在哈佛大学工作，直至退休。夫瑞斯·罗特列斯伯格原籍为美国，获得文学士和理学士双学位，后取得文科硕士学位，曾任化学工程师，后在哈佛大学研究室工作。由于现代饭店管理的经营成功是以满足内部职工满意度为基础的。因此，人际关系理论是指导现代饭店营销与管理的座右铭。人际关系理论包括以下4

个方面的观点。

① 企业的职工是社会人。他们除了追求经济收入外，还有社会和心理等需求。这些需求包括职工间的友情、安全感、归属感、受人尊敬等。因此，企业必须从社会和心理等多方面鼓励职工才能形成动力，从而提高工作效率。

② 企业除了正式组织外，还存在非正式组织。非正式组织和正式组织相辅相成，对企业生产率的提高有很大影响。非正式组织是职工在工作中，通过人际关系自然形成的一些行为准则。

③ 生产效率的高低主要取决于职工的工作态度。即职工的士气，士气越高，生产效率就越高。职工士气是指职工工作的积极性、主动性和协作精神。企业提高生产效率的前提是提高职工满意度。职工满意度和职工工作效率与被上级管理人员、同事和社会认可及认可度紧密相关。

④ 企业应采取新的领导方法，邀请职工参加各项决策，改善与职工的关系，重视上下级的沟通，建立管理人员与职工的面谈制度，消除不良的人际关系等。

2. 马斯洛需求层次论

阿伯拉翰姆·马斯洛（Abraham H. Maslow，1908—1970）是著名的心理学家和行为科学家，生于美国纽约，1934年获心理学博士学位。他的著名著作有《人类动机理论》和《动机和人格》等。需求层次论认为，人是有需求的，其需求取决于人们已经得到了什么，尚缺少什么，只有未满足的需求才能影响其行为。人的需求有高低层次，较低层次需求得到满足后，较高层次需求才出现（见图2-4）。人的需求可以划分为5个层次：从低级向高级排列，生理需求、安全需求、感情需求（归属需求）、尊重需求和自我实现需求。

图 2-4　马斯洛需求层次理论

较低层次需求没有得到满足，高一级的需求不会成为人们的行为动力；低一级需求满足后，它不会再成为激励因素。根据研究，生理上、安全上和感情上的需求主要通过外部条件满足。尊重和自我实现的需求必须通过内部因素才能满足，而且一个人对尊重和自我实现的需求是无止境的。在同一时期，一个人可能同时存在几种需求。但是，每一时期总有一种需求占支配地位。此外，一个人的任何一种需求都不会因为有更高层次的需求而消失，各层次的需求有时是相互依赖和重叠的。根据马斯洛的需求层次论，现代饭店管理的前提是关心职工和关心顾客。

（1）生理需求（Physiological Needs）

人们行为的最基本需求是生理需求，包括衣、食、住、行、医药等生活必需品，是一切需求中的基本需求。生理需求得不到满足，其他需求都不会构成激励因素。

（2）安全需求（Safety Needs）

通常，安全需求包括生产中的人身安全、财产安全和工作安定，没有失业威胁，并可享受退休养老金等。当人们的生理需求得到满足后，其最大的激励因素应当是安全需求。

（3）感情需求（Belongingnees of Love Needs）

感情需求是指友谊、爱情和归属感等方面的需求。例如，希望自己与同事之间保持良好的人际关系，朋友之间的友谊和忠诚，对家庭和孩子的爱，使自己有所归属等。这一需求是基于安全需求得到满足为前提的。

（4）尊重需求（Esteem Needs）

尊重需求包括自尊和受别人的尊重、赞美和赏识等需求。同时，还包括受到更高一级职务的聘用及对能力、知识、成就和名誉地位的需求等。这种需求得到满足可带来自信和荣誉感。

（5）自我实现需求（Needs for Self-actualization）

自我实现需求是马斯洛需求层次论中最高级的需求。马斯洛认为，这种需求是指希望自己充分实现个人的才能并在成就和职位等方面达到所希望的高度。

3. 赫茨伯格双因素论

美国心理学家弗雷德里克·赫茨伯格（Frederick Herzberg）获得纽约市立学院的学士学位和匹兹堡大学的博士学位，在美国和其他三十多个国家从事管理教育和管理咨询工作。他的主要著作有《工作的激励因素》。20世纪50年代后期，他和博那德·莫斯那（Bernard Mausner）及芭芭拉·斯奈德曼（Barbara B. Snyderman），为了研究人的工作动机，对匹兹堡地区的200名工程师和会计师进行了深入的访问和调查。研究结果表明，能够维持职工工作现状的因素与工作环境有关，能够调动职工积极性的因素与工作性质和工作内容相关。赫茨伯格把前者称为保健因素，后者称作激励因素。

保健因素（Maintenance Factors）包括企业的政策、管理方法、职工与上下级的关系、职工工资、工作安全、工作条件和职工地位等。当保健因素低于职工可接受的水平时，会引起职工的不满，当这类因素得到改善、达到职工的理想水平时，职工的不满会消除。然而，根据调查，保健因素对职工不起激励作用，这种因素只能维持职工的工作效率。

激励因素（Motivating Factors）是指可调动职工的工作热情，产生激励作用的因素。包括工作成就感、受到上级的重视、职务的提升、工作本身的特点、个人的发明和工作责任等。在现代饭店管理中，管理人员一方面应改善职工的工作环境，消除职工的不满情绪；另一方面应注意职工工作的丰富化，防止工作的枯燥感，给职工适当的自主权，让职工及时了解工作成果以调动职工的积极性。同时，应对职工完成的工作做出及时的肯定和表扬。

2.2.3 现代管理理论

1. 系统原理

理查德·约翰逊（Richard A. Johnson）、费力蒙特·卡斯特（Fremont E. Kast）、詹姆士·罗森思维克（James E. Rosenzeig）和米勒（J. G. Miller）等学者将系统原理用于企业管理。他们认为，系统是由两个或两个以上的相互联系、相互制约的要素通过有效地结合，形成具有特定功能的有机整体。根据研究，系统可分为自然系统和人工合成系统；系统还可细分为分系统或子系统，从而构成系统的网络体系。当然系统还可分为开放系统和闭合系统以表明系统与环境的关系，而事实上闭合系统很少。任何系统都具有整体性、相关性、目的性、层次性和环境适应性等特征。基于系统原理，饭店就是由若干个分系统和子系统构成的人造系统。它与周围的环境，包括顾客、竞争者、供应商、中间商和政府等存在着动态的相互作用并且可以不断地自行调节以适应环境和自身的需要。因此，有效的饭店管理，企业应将自己视为有机的统一体并且从总体上分析各要素、各部门和各职务之间的相互关系，从而把管理的重点放在饭店整体经营的效益上（见图2-5）。

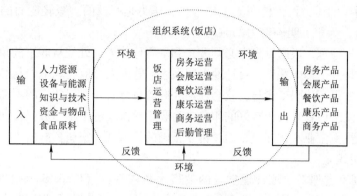

图2-5　饭店组织系统

2. 人本管理

人本管理是指在企业管理中把职工作为最重要的资源及管理对象进行管理的理论。一些学者认为，人本管理应包括5个方面的内容：情感管理、民主管理、自主管理、人才管理与企业文化管理。

基于人本管理理论，饭店管理者应明确，做好饭店运营管理的基础是使职工与企业利益一致，使每个职工能充分发挥聪明才智，主动完成本职工作。人本管理的原则是协调饭店与职工的利益、运用有效的激励方法及适度分权与集权。人本管理承认饭店职工的现实利益，充分考虑职工的利益和职工职业发展的需求。因此，管理人员在安排职工的职务、专业培训和工作环境时，应充分考虑职工的潜能和职业发展，而不仅从企业短期的功利目标出发。同时，饭店尽量在内部选拔管理人才，允许内部职工申请空缺的管理职务。当内部所有申请者没达到该职务需要的标准时，饭店才招聘外部人员。管理人员应相信每个职工都有专长，珍惜每个职工在企业的作用。人本管理要求饭店管理人员对职工的工作进行科学的分析，寻求有效的方法激励职工，使他们充满热情并努力工作。管理人员应具备激励职工热情的能力。饭店应建立学习机制，激发职工的潜能，为饭店储备更多的人才。根据人本管理理论，职工取得成绩时需要管理人员诚心诚意的表扬。表扬方式有多种，包括口头赞扬、在刊物上公布名单及其事迹等。虽然物质鼓励很有必要，然而促使职工取得优异成绩的因素远不只是物质。同时批评职工要讲策略，批评的目的是指出错误，而不是指出错误者。管理人员要创造交换意见的气氛，对职工既要关心，又要严格管理，无论批评什么事情，都必须找些值得表扬的事情，绝不当众批评人。人本管理要求饭店管理者应适度地分权和集权，发挥职工工作的主动性和积极性，请职工参与管理，实施民主管理。管理人员应正确运用工作职权，平等友好地与职工相处，共同努力完成既定的工作目标。管理人员必须倾听职工的意见，既要职工承担责任，又要向他们授权，不授权会损害职工的自尊心。

饭店的人本管理方式主要包括制定规划，营造良好的工作环境；树立民主，增进紧密合作的精神；重视企业文化，塑造良好的人文环境。饭店管理人员应制定自我提高的规划，不断提高企业管理水平，营造良好的工作环境，使职工热爱本职工作。管理人员应以身作则，身教重于言教，不应只简单地发号施令，应树立好的榜样。管理人员应作为解决企业运营问题的能手并敢于承认问题，认真分析问题，选择解决问题，实施经营战略，重视经营成果。一个优秀的管理人员会把职工的压力减轻到最低限度。但是，不要彻底地消除压力，而是区别不同的压力。如果适当的压力可促使职工工作进步，压力是有益的。减轻压力的方法包括：创造友好的工作气氛，为职工明确努力的方向。

贯彻人本管理原理，饭店管理者必须公正和平等地待人，处处从职工的角度考虑问题，把企业和职工看成是一个整体并千方百计地挽留人才。管理人员应让职工参与经营决策。在涉及职工的利益时，如果不让职工参与，就会损伤他们的自尊心，引起他们的不满。管理人员应敞开办公室大门，使来访者对饭店有好的印象，为职工提供增进了解与彼此合作的机会。饭店实施人本管理必须注重企业文化建设，通过树立正确的价值观，塑造良好的人文环境。

3. 学习型组织

1990年美国麻省理工学院管理学院的彼得·圣吉教授（Peter Senge）出版了他的享誉世界之作《第五项修炼：学习型组织的艺术与实物》，引起世界管理界的关注。从此，建立学习型组织，进行五项修炼成为企业管理理论与经营实践的热点。圣吉认为，由于世界复杂多变，企业应是一个不断适应环境并具备变革能力的学习型组织。企业不能只依靠少数领导者运筹帷幄，应使全体职工不断地学习和创新。企业职工必须经过五方面的修炼，包括自我超越、改善思维模式、建立共同愿景、团队学习和系统思考，才能成为一个学习型组织，从而使企业在未来的竞争中立于不败之地。基于现代饭店运营的发展，管理人员应将本企业作为学习型组织，应积极主动地学习，不断地完善企业运营管理，提高企业经营效率，从而获得成功。学习型组织实际上是饭店为适应知识经济时代和市场竞争的需要而进行的管理创新。根据学习型组织的管理理念，饭店被视为一种生命机体，职工通过学习和自我调整以适应经营环境的变化，使饭店求得生存与发展。其管理程序与营销管理很相似。主要是通过市场调查和营销分析，深刻理解顾客的需求，研究并开发适应市场需求的新产品及调整企业营销策略的过程。

（1）系统思考（Systems Thinking）

圣吉认为，系统思考是以认识事物整体和系统性为基础，不仅对事务处理方式用系统性观点，而且必须考虑到事务的发展及其动态。同时，系统思考不仅要观察事务的表面现象，更重要的是要认真研究深层次的原因和结构并总结规律，从局部问题看到整体的发展趋势。饭店是个复杂的人造系统。其内部组成由职工的知识与技能、资金、建筑物、设备与各种信息等经营要素组成。饭店管理人员在经营管理中应充分考虑饭店的外部环境，考虑自身的条件与资源，扬长避短，使企业不断地发展与壮大。

（2）自我超越（Personal Mastery）

圣吉认为，学习型组织的第一项修炼技能是自我超越是指培养全体职工不断进取精神和可持续的创造力。这里，自我超越既是指企业要自我超越，又指企业中的全体职工要自我超越。自我超越首先要使职工建立愿景（Vision），客观地对待当前的事务，集中精力，培养耐心，找出与愿景之间的差距并不断努力地学习，开发创造力，实现自我超越。愿景是指职工未来的工作向往和目标。自我超越的关键问题不是短期的收益，而是长远的发展目标。在饭店管理中，全体职工应当达成共识，方向一致，为饭店的总体经营目标而奋斗。

（3）改善思维模式（Improving Mental Models）

所谓改善思维模式，是指管理人员在处理问题时，要超出自我传统的思维模式，找出团队的共识，减少企业中的各种障碍。圣吉认为，不同的人对同一事物的看法不同，因为他们的思维模式不同。人们在分析事物时，常以传统的认识或经验为基础，甚至没有顾及环境的变化，从而使用了错误的方法。如果企业管理人员或领导使用错误的方法，制定错误的战略，那么企业经营就会出现困难甚至带来灾难性的结果。基于改变思维模式，饭店管理应强调集体的智慧和集体的决策，强化团队的向心力。

(4) 建立共同愿景（Building Shared Vision）

企业作为一个组织，应以职工的愿景为基础。企业一旦建立了职工的共同愿景，实际上是建立了全体职工认可的目标，就能充分发挥职工的能动性和主动性。企业的共同愿景不应是企业领导人单方面的设计，而是在全体职工深刻交流的前提下，经过协调，使每个职工愿景融合在一起而达成的共同目标。当代的饭店管理反对传统的固执己见的作风，赞同团队学习和不断地创新。

(5) 团队学习（Team Learning）

团队学习是指发挥全体职工的团队精神，开发和凝聚集体智慧，使每个职工的个人力量通过集体得以实现。团队学习的目的是避免企业无效的矛盾和冲突，其重要的形式是通过职工间的讨论，达到深度的理解，尤其对企业重大而又复杂的经营决策要进行开放性的交流，使每个职工能表达自己的观点并了解其他职工的建议。现代饭店管理理论认为，基于饭店产品互相关联的特点，职能部门之间、管理人员之间、管理人员与全体职工之间必须进行充分的交流以减少工作中的偏差并相互协作和配合才能取得经营成功。

4. 企业流程再造

企业流程再造，也称作业务流程重组（Business Process Reengineering，BPR），是根据企业环境和顾客的需求变化，企业对业务流程、组织结构和管理制度进行重新思考和设计，创造新的业务流程、组织结构和管理制度以求在时速、质量、成本和服务等各项绩效中取得显著的改善。企业流程再造理论于20世纪90年代初，基于企业管理理论发展而成。1993年，迈克尔·海默（Michael Hammer）与詹姆士·钱皮（James Chanpy）合著了《企业再造工程》一书。该书总结了过去几十年来世界成功企业的经验，阐明了生产流程、组织流程在企业竞争中的决定作用并提出了企业应对市场变化的新方法——企业流程再造。

企业流程再造理论的实质是从业务流程上能以最小的成本，向顾客提供更优秀的产品和服务质量，是以先进的信息系统和技术为手段，以顾客中长期需要为目标，通过最大限度地减少无实质作用的流程环节并建立科学的组织和业务流程，使产品的质量和规模发生质的变化。企业流程再造的效果是精简组织结构和人员，增强饭店的应变能力，降低经营成本，提高顾客的满意度，提高资源的利用率，提升饭店的核心竞争力，提高企业的综合效益。当今，我国饭店业面对全球化的竞争，需要饭店快速地培养核心竞争力，实现跨越式发展，这就要求饭店采用信息技术、高新技术和先进的管理理念对企业进行改造和变革，而这一经营战略的本质就是要求饭店进行业务流程的再造。

饭店实施业务流程再造，首先是企业的高层管理人员必须经过专家的培训，领悟业务流程再造的内涵。然后，统一思想，达成共识并明确发展方向和坚定工作信心，从而转变传统的思维模式，重建企业文化，重塑运营模式，再造组织结构并成立企业流程再造小组。同时，对饭店职工进行流程再造的宣传和培训，使企业与职工达成统一的愿景，精简业务部门和人员，降低成本和顾客的投诉率，提高顾客的满意度。根据成功的饭店经验，饭店进行流程再造，必须满足顾客的需求为前提并识别饭店的关键业务流程，分析流程再造的必要性并关注供应商、中间商和其他相关者的利益。饭店流程再造的程序包括流程再造分析、流程再造设计和流程再造实施。

5. 顾客关系管理

顾客关系管理（Customer Relationship Management，CRM）是以顾客为中心，以满足顾客需求为目标，以发展顾客关系为导向，以识别和管理有价值的顾客及其关系为重点的经营管理模式。顾客关系管理内容包括：顾客接触（Contact Management）、顾客关注（Customer Care）、电话服务和顾客资料存储等程序和内容。顾客关系管理起源于20世纪80年代，于20世纪90年代形成一套完整的管理体系。传统的企业管理模式以产品质量为中心，关注企业内部的运行模式和经营效率。随着经济全球化及产品的同质化，企业已认识到满足顾客的个性化需求的重要性。基于这一变化，企业将关注重点由产品转向顾客，从内部运营管理扩大至外部市场营销，从吸引顾客策略延伸至对顾客消费（Customer Life-time）的管理。从而维护了企业现有的顾客并将顾客价值作为衡量企业经营成果的业绩之一（见图2-6）。

图2-6 以产品为中心向以顾客为中心发展

21世纪是知识经济时代，饭店的资源内涵和外延都发生了变化。早期的饭店资产仅指有形资源，包括土地、建筑物、设备、原材料和资金等，至工业化的中期扩展到饭店的无形资源，包括品牌、商标、专利和知识产权等。近年来，管理者认识到人力资源是饭店最重要的资源。21世纪，饭店业面临知识经济时代，知识和顾客成为企业发展的最重要的资源（见图2-7）。根据调查，顾客的需求和导向决定着饭店的发展和命运。因此，顾客关系管理是饭店可持续发展的重要资源管理。在顾客关系管理系统中，管理人员将企业、顾客、职工与供应商等整合在一起，满足饭店对顾客个性化的需求，减少饭店传统营销体系的中间环节，缩短了销售时间，提高了销售效率，减少了销售成本。基于这一理论，饭店可快速响应顾客的需求，以便及时开发和生产他们需要的房务产品、会展产品和餐饮产品等。同时，顾客关系管理可促使每个职工参与市场营销，形成了企业内外的互动营销。

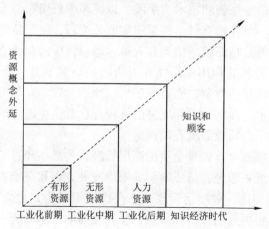

图2-7 饭店资源的扩展

根据营销的调查,忠诚的顾客是饭店最希望获取的顾客,这些顾客不仅自己购买大量的饭店产品,而且还向其他顾客推荐并乐于将自己经验告诉朋友和相关者并一起分享。根据分析,影响顾客对饭店忠诚的因素包括顾客满意的产品、企业与顾客的情感联系、顾客对企业的信任感等。满足以上因素,可使顾客对饭店维持较长时间的交易。

根据调查,在顾客关系的管理中,当产品预期质量等于或高于顾客的预期时,顾客会愉悦,称为顾客满意。因此,饭店营销人员应不断地了解顾客的预期质量,分析顾客预期质量与实际产品质量间的差距,努力掌握未能满足顾客预期质量的原因,避免顾客流失(见表2-1)。

表2-1 顾客流失原因

猎奇感	顾客寻求个性化饭店新产品的好奇心
不满意	实际产品的质量低于顾客预期的质量水平
相对优势	顾客感受其他饭店产品的价值高于本企业
冲突	顾客潜在的需求与本饭店产品种类与质量不一致,无法调和
失去信任	顾客对本饭店的产品质量失去信心
需求中止	本饭店产品的种类与性能不再被某些顾客需求

饭店实施顾客关系管理,首先要明确顾客的价值并为顾客提供一流的产品和服务。同时,饭店与顾客之间应建立紧密的联系,邀请有关顾客免费参加各种活动。此外,向经常光顾企业的顾客发送电子邮件,告知新产品或发送感谢信等。这些联系方法的作用是,降低顾客转换其他饭店的可能性,提高顾客对企业的忠诚度。当然,饭店应运用价格折扣、产品免费升级等对经常购买本企业产品的忠诚顾客给予优惠,这也是顾客关系管理的重要组成部分。

2.3 饭店管理方法

饭店管理方法是指为实现饭店经营目标,管理者组织和协调饭店经营要素的方法和手段。通常,饭店管理方法包括经济方法、行政方法、法律方法和社会心理方法。

2.3.1 经济方法

经济方法是指运用各种经济手段,按照客观经济规律,调节职工的物质需要而实现饭店经营目标的方法。基本上,饭店所有的管理活动都使用经济方法。经济方法可体现市场经济的科学规律,以规范的经济指标体现工作绩效。饭店实行的经济方法有经济责任制、定额管理、职工薪酬和福利管理等。经济方法被企业广泛采用,是饭店管理最基本和最持久的方法。这种方法具有平等性、物质利益性、广泛性和有效性等特征。然而,饭店运用经济方法应注意其局限性,过分强调或单一的经济方法易于造成职工的短期经济利益观,影响其工作的主动性和创造性。

2.3.2 行政方法

行政方法是指依靠职务权力，借助行政手段，采取行政命令对饭店经营进行管理的方法。行政管理方法主要的手段包括计划、组织、指挥、监督、检查和协调等。在饭店管理中，使用行政方法的优点是直接，信息传递速度快，便于资源的分配和利用。但是，行政方法的实施必须符合客观规律，管理者必须认识到行政方法的实施不等于强迫和命令。单纯运用行政方法容易引起职工的抵触心理而且不易持久。

2.3.3 法律方法

法律方法是指通过国家和地方的法律、法规和企业制度，调节饭店各种经营活动，约束企业和职工行为的管理方法。法律管理方法在饭店内部表现为饭店规章制度、劳动合同、岗位责任制、饭店领导体制及企业法和公司法等。饭店运用法律方法进行管理具有权威性、规范性、强制性和稳定性等特征。同时，运用法律方法管理饭店可增强职工自觉守法、守纪的意识，提高饭店经营管理水平，增加经营效益。

2.3.4 社会心理方法

社会心理方法是指饭店通过社会学和心理学原理，运用教育、激励和沟通等手段，引导职工树立正确的行为动机，调动职工工作的积极性的管理方法。该方法要求职工有较高的文化素质和道德修养。饭店运用社会心理方法管理经营活动的主要手段包括职工培训、思想沟通、职工激励等。这种管理方法的特点是时间持久、形式广泛并具有艺术性等。然而，应用社会心理方法实施管理应坚持理论联系实际，密切联系职工，坚持正面教育并以表扬为主。

本章小结

饭店管理职能是指饭店管理的职责和功能，包括饭店的计划职能、组织职能、领导职能、控制职能和协调职能。一些著名的企业管理理论对饭店运营管理起着重要的指导作用。根据调查，科学管理理论对饭店生产效率的提高具有很高的促进作用；经营管理理论可指导饭店的运营秩序；行为科学理论对饭店重视职工、培养人才和发挥职工的主动工作精神方面起着指导作用。饭店管理方法是指为实现饭店经营目标，管理者组织和协调饭店的经营要素的方法和手段。这些方法包括经济方法、行政方法、法律方法和社会心理方法。

思考题

1. 单项选择题

(1) 表达企业长远目标和发展方向的计划是（　　　）。

A. 短期计划 B. 年度计划
C. 中期计划 D. 长期计划

(2) 饭店管理人员对发现的偏差采取措施予以纠偏的行为属于（　　）。

A. 饭店计划职能 B. 饭店组织职能
C. 饭店控制职能 D. 饭店协调职能

2. 多项选择题

(1) 关于马斯洛的需要层次论描述正确的是（　　）。

A. 人是有需求的，只有未满足的需求才能影响其行为
B. 人的需求有高低层次，较低层次需求得到满足后，较高层次需求才出现
C. 人的需求可以划分为5个层次：从低级向高级需求排列
D. 较低级的需求满足后，它不会再激励人们行为

(2) 下列属于人本管理原则的是（　　）。

A. 把职工的利益放到第一位 B. 协调饭店与职工利益
C. 运用有效的激励方法 D. 适度分权与集权

3. 名词解释

企业流程再造　　学习型组织　　顾客关系管理

4. 问答题

(1) 简述泰勒科学管理理论。
(2) 简述法约尔经营管理理论。
(3) 简述饭店的人本管理。
(4) 简述学习型组织。
(5) 对比分析饭店管理的各种方法。

案例分析

胜利饭店的目标管理

胜利饭店张总经理在一次培训中学习到很多目标管理的知识。他对于这个理论的理解，应该是简单而又清晰。他认为，目标管理是一种全面而系统的现代企业管理方法。目标管理可将企业管理中的许多职能有机地结合起来。通过目标，企业员工可以了解所要实现的结果。他决定在饭店内部实施目标管理。首先，他为饭店的各部门制定了工作目标。刘经理认为，各业务部门的目标会决定整个饭店的发展及业绩。因此，由他为这些部门确定业务目标会提高整个饭店的工作效率。于是，他确定了饭店的总目标和各业务部门的分目标后，他就将各部门的任务书及其要完成的目标送发至各部门负责人，要求他们如期完成并说明在任务完成后会按照要求进行考核和奖惩。然而，他没有想到的是，这些部门经理在收到任务书的第二天，就分别表示无法接受这些任务，致使胜利饭店的目标管理方案无法顺利实施。于是，张总经理感到很不理解。

讨论题：

1. 根据目标管理的基本思想和目标管理实施的过程，分析张总经理的管理方法存在的问题。

2. 胜利饭店张总经理应该如何实施目标管理？

参考文献

[1] GRIFFIN R. 管理学. 刘伟, 译. 8版. 北京：中国市场出版社, 2007.

[2] 姚莉娜. 新编现代企业管理. 北京：北京大学出版社, 2012.

[3] 彭家平. 新编现代企业管理. 2版. 北京：北京理工大学出版社, 2013.

[4] 李启明. 现代企业管理. 4版. 北京：高等教育出版社, 2011.

[5] 格里芬. 管理学. 9版. 北京：中国市场出版社, 2008.

[6] 田建军. 现代企业管理与发展. 北京：清华大学出版社, 2008.

[7] 卢进勇. 跨国公司经营与管理. 北京：机械工业出版社, 2013.

[8] 克拉耶夫斯基. 运营管理. 9版. 北京：清华大学出版社, 2013.

[9] 焦晓波. 现代企业管理理论与务实. 合肥：合肥工业大学出版社, 2009.

[10] 魏江. 管理沟通：成功管理的基石. 北京：机械工业出版社, 2010.

[11] 奥罗克. 管理沟通. 康青, 译. 北京：机械工业出版社, 2010.

[12] 周荣辅, 王玖河. 现代企业管理. 2版. 北京：机械工业出版社, 2012.

[13] 赖利. 管理者的核心技能. 徐中, 译. 北京：机械工业出版社, 2014.

[14] 摩登. 管理学原理. 崔人元, 译. 北京：中国社会科学出版社, 2006.

[15] 希尔. 管理学. 李维安, 译. 北京：机械工业出版社, 2009.

[16] RUE L W. 管理学技能与应用. 刘松柏, 译. 13版. 北京：北京大学出版社, 2013.

[17] 傅国华. 分层次管理. 北京：经济科学出版社, 2013.

[18] 侯光明. 组织系统科学概论. 北京：科学出版社, 2009.

[19] BOTTGER P. Leading the top team. Cambridge：Cambridge University Press, 2008.

[20] SCHEIN E H. Organization culture and leadership. 2nd ed. New Jersey：John Wiley & Sons, Inc., 2006.

[21] RAO M M. Knowledge management tools and techniques. Ma：Elsevier Inc., 2008.

[22] HAMILTON C. Communicating for results. Mason：Thomson Higher Education, 2008.

[23] BURROW. Business principles and management. Mason：Thomson Higher Education, 2008.

[24] BARROWS C W. Introduction to management in the hospitality industry. 9th ed. New Jersey：John & Sons Inc., 2009.

[25] OKUMUS F. Strategic management for hospitality tourism. Ma：Elsevier Ltd, 2010.

[26] SHORE L M. The Employee-Organization relationship. New York：Taylor & Francis Group, 2012.

[27] DAVIS B, LOCKWOOD A. Food and beverage management. 5th ed. New York：Routledge Taylor & Francis Groups, 2013.

［28］ WALKER J R. Introduction of hospitality management. 4th ed. New Jersey：Pearson Education Inc.，2013.

［29］ POWERS T. Management in the hospitality industry. 8th ed. New Jersey：John Wiley & Sons, Inc.，2006.

［30］ OKUMUS F. Strategic management for hospitality tourism. Ma：Elsevier Ltd，2010.

第3章 饭店组织管理

本章导读

　　饭店组织是为了实现特定的经营目标，在分工合作的基础上构成的职工组合。饭店组织以专业化分工为基础，由各职能部门、业务管理层和所有职工组成。在饭店组织中，各层次管理人员有不同的责任和权利。通过本章学习可了解饭店组织的含义、组织类型和组织结构，掌握饭店组织设计和饭店组织创新与变革。

3.1 饭店组织概述

3.1.1 饭店组织含义

　　饭店组织是为了实现特定的经营目标，在分工合作的基础上构成的职工组合。饭店组织可以分为静态组织和动态组织。饭店静态组织是指饭店的组织结构，反映组织中的部门、职务、工作和它们之间的特定关系；饭店动态组织是指饭店组织必须根据自己的经营特点和发展目标建立组织结构，并不断调整本企业组织结构以适应外部环境的变化、市场的变化和饭店本身的发展。

3.1.2 饭店组织类型

　　饭店存在着正式组织、非正式组织、机械组织、有机组织、实体组织和虚拟组织。

1. 正式组织

　　饭店正式组织是有明确的经营目标和职责范围的组织体系，经饭店管理者设计而成。饭店正式组织以完成饭店经营目标为中心，借助饭店组织系统图和职务说明书等明确组织成员的职责。饭店正式组织反映饭店管理的理念和模式，有明确的组织目标、任务和职能，有明确的责任、权利和行为规范。

2. 非正式组织

饭店非正式组织（见图3-1）是指职工在共同的工作环境中，以共同的爱好或利益与需要为基础，自发形成的群体。饭店非正式组织没有固定的编制，其成员间的关系、权利、义务和职责以自愿形成特点，其共同行为规范是约定俗成。饭店非正式组织形成的主要原因是共同的利益、共同的价值观、类似的经历和背景。非正式组织有较强的合作意愿和凝聚力，对饭店正式组织有较强的影响力，是饭店组织管理不可忽视的群体。如果该群体成员有表达思想的机会，被管理者有效地指导和利用，可提高职工士气并促进饭店组织的稳定性，还可提高职工自信心，减少工作紧张感，为饭店经营发挥重要的作用。但是，当非正式组织目标与饭店经营目标不一致时，将成为饭店经营管理的障碍。

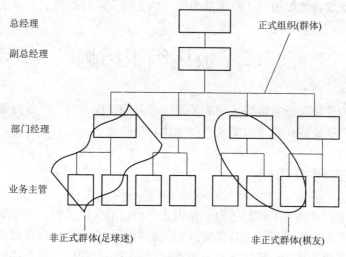

图3-1　非正式组织

3. 机械组织

饭店机械组织是指管理跨度小、等级层次多，有较多的规则和标准的组织结构。该组织系统分工细，工作程序多，管理制度严密，常根据职能部门和职责授予不同管理人员决策权或管理权。机械组织是有效的饭店管理组织。目前，多用于饭店连锁集团，特别是用于特许联营组织。

4. 有机组织

饭店有机组织是指管理跨度大、等级层次少的组织。该组织成员有较高的素质和专业技能，并具有根据本企业特色制定的发展目标的工作能力。这种组织的职工经营行为和工作方法以本企业文化为指导，因此各职能部门和管理人员的职权有较大的空间。

5. 实体组织

饭店实体组织是指有明确的经营目标、明确的职权范围和相互关系的组织体系，经饭店管理者设计而成。因此，该组织有固定的组织层次、既定的指挥系统和职责范围，有明确的上下级关系，是以专业化为基础，由各职能部门、不同管理层和所有职工组成的组织。在饭店实体组织中各层次管理人员有不同的责任和权利，与饭店整体经营相互依存，是实现饭店经营的核心力量。

6. 虚拟组织

虚拟组织也称作网络组织，是饭店业利用现代信息技术建立起来的新型组织结构，是饭店通过与外部组织建立和维持契约关系，达成的互惠互利、相互协作并销售产品等建立的合作组织。实际上，虚拟组织是指两个以上的独立实体，为迅速向市场提供产品和服务，在一定时期内结成的动态联盟。该组织不具有法人资格，也没有固定的组织层次和内部指挥系统，而是一种开放式的组织结构。1993年，美国《商业周刊》将虚拟组织定义为运用技术手段把人员、资产和创意动态地联系在一起的新型组织形式。虚拟组织的特点是，充分整合饭店外部的资源，以强大的组织结构和成本优势及机动性，完成饭店本身难以承担的某些经营功能。例如，产品开发和产品销售等。饭店虚拟组织的优势是组织精简，经营灵活，能满足顾客不断变化的需求，为顾客提供最佳的产品。其缺点是，饭店作为虚拟组织成员之一，无法对其他成员施加有效的控制，在虚拟组织中职工的流动性很强，很难形成凝聚力。

3.2　饭店组织结构

饭店组织结构是决定饭店组织效率的关键因素并随饭店业的发展而发展。常见的饭店组织结构有直线式、职能式、直线职能式、扁平式和矩阵式。

3.2.1　直线式组织结构

直线式组织结构又称为单线制结构，是饭店业传统的组织结构，由于早期的饭店规模较小，饭店不设专业化的职能部门，各种管理职能都集中在业主和少数管理人员手中。饭店直线式组织以等级原理为基础，其特点是上级管理层与下级管理层以垂直的形式进行管理。信息沟通和传递渠道只有一条直线渠道，一个下级只接受一个上级管理者的指挥，组织结构简单、权责分明，便于统一指挥，集中管理。缺点是组织内信息沟通不畅，缺乏横向的协调关系。目前，直线式组织适用于小型饭店。通常小型饭店仅以房务业务为主，有时兼营中餐或经济型的西餐（咖啡厅）。小型饭店组织结构精简，分工不细，管理人员为1人兼多职。纵向结构分为3个层次：总经理、管理部门和业务领班。横向结构分常分为3个部门：房务部、财务部和总经理办公室。少数的小型饭店设立营销部。办公室的职责包括人事、工程、采购和保安等管理工作。饭店餐饮业务很可能包给外部企业经营（见图3-2）。

图3-2　小型饭店直线式组织结构（餐饮外包式）

3.2.2 职能式组织结构

职能式组织结构称为多线制组织结构。这一组织结构是按照管理职能专业化的原则建立了不同的职能部门并同时对下级进行管理的组织形式,常用于中型饭店。其特点是,下级部门除了接受直接上级主管部门的指挥还接受多个上级职能部门的管理,这些上级管理部门包括财务部、人力资源部、营销部、工程部和保安部等。这种结构实现了职能专业化并分工负责,简化了管理程序,降低了管理费用。同时发挥了饭店不同职工的专业特长。缺点是多头指挥,工作效率低。这种传统职能组织结构尽管目前仍然存在。但是,越来越不能适应现代饭店的经营环境。许多饭店职能式结构经过调整和发展,成为直线职能式组织(见图3-3)。

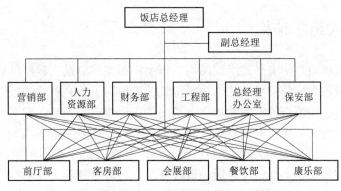

图 3-3 传统中型饭店职能式组织结构

3.2.3 直线职能式结构

直线职能式组织结构也称为直线参谋制组织,是中型饭店普遍采用的组织结构。它结合了直线式和职能式结构的各自优点,同时设置了两套系统。饭店将直线部门作为对下级经营部门的直接指挥部门。例如,房务部、餐饮部、会展部、营销部及康乐部可直接指挥和管辖下属业务部门;而职能部门仅作为对直线部门专业化进行指导的部门。例如,财务部、工程部、保安部、人力资源部、培训部和总经理办公室等。饭店直线职能式结构既保证了工作有序,又保持了统一指挥的特点,避免多头领导,使直线管理人员有更多的时间和精力集中解决较为重要的业务。这种组织结构的缺点是协调困难。中型饭店通常有150间至299间客房,有数个不同风味的餐厅和多功能厅,有不同规模和功能的会议室、健身和娱乐设施。这种规模的饭店客房住宿率高,宴会和零点餐饮的销售率高,会展业务频繁。因此,中型饭店组织层次和职能部门比小型饭店多,尤其是中型商务饭店,部门分工细,其职能部门通常为8~10个,包括营销部、房务部、餐饮部、会展部、康乐部、财务部、工程部、保安部、人力资源部、培训部、采购部和总经理办公室等。一些饭店的康乐部属于房务部的二级部门,采购部属于财务部的二级部门。有些中型饭店设有12个职能部门。其组织的纵向层次常是4级,包括饭店总经理、部门经理、业务主管和服务领班(见图3-4)。

图 3-4　中型饭店直线职能式结构

3.2.4　扁平式组织结构

现代大型饭店组织采用扁平式组织结构。该组织结构特点是，较宽的管理幅度，纵向层次少，组织结构呈长方形的扁平结构。扁平组织结构精简了不必要的中层管理部门，缩小了企业上下级的距离，使饭店的组织简单化，提高了应变能力。因此，扁平式组织结构分工明细，层次分明。现代大型饭店通常有 300 间以上的客房，一些大型饭店拥有 1 000 间以上的客房，世界最大的饭店有 2 400 间至 5 000 间客房。其特点是，有多种风味餐厅和大型宴会厅，有多个会议室和大型多功能厅，康乐设施齐全，有服务周到的商务中心等。大型饭店的纵向结构为饭店总经理、业务总监，部门经理、业务主管和服务领班等职位，横向结构根据业务需求而定（见图 3-5）。

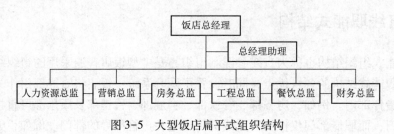

图 3-5　大型饭店扁平式组织结构

3.2.5　矩阵式组织结构

矩阵式组织结构由纵向和横向两套管理系统组成（见图 3-6），纵向系统是按职能划分的指挥系统，横向系统是根据产品种类、经营项目或工作任务组成。目前，饭店集团多采用矩阵式组织结构。矩阵式组织结构的优点是突破统一指挥的框框，有益于职能部门间的协作与沟通，有较强的灵活性和适应性，可根据企业的经营需要和外部环境的变化做出快速反应。缺点是稳定性差。这种组织结构的职能部门或项目组织常根据业务需要，临时从其他部门抽调人才。待项目结束后，工作人员将返回原饭店或部门。此外，矩阵式组织常受双重上级部门的指挥和领导，以致发生责任不清的现象。

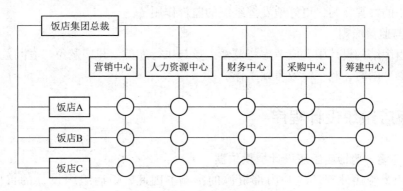

图 3-6　饭店矩阵式组织结构

3.3　饭店组织设计

饭店组织设计是指在一定市场环境下，达到有效的经营目标而对经营实体进行的规划和安排，是饭店组织系统的整体设计工作。饭店组织设计包括静态设计和动态设计。静态组织设计是指对饭店组织的职权结构、部门结构及规章制度等的设计；动态组织设计指静态组织设计完成后，对组织的协调、控制、激励和评估等工作的设计。

3.3.1　饭店组织设计原则

1. 任务与分工原则

组织设计的任务原则是指饭店组织结构必须有利于经营目标。由于实现经营目标是饭店组织设计的前提。因此，饭店组织设计必须根据企业的经营特色和工作需要确定，部门应专业化，数量要适当并利于经营管理。饭店组织设计的实质是实现饭店组织的功能，饭店组织的功能目标包括稳定的工作秩序、高效率的经营、适应环境的变化。现代组织设计观认为，过度的职务分工和岗位专业细化会导致职工对职务的厌倦，造成低生产率。饭店应鼓励职工在专业的基础上，具备多种职务工作能力。

2. 分级与授权原则

饭店组织实际是一种等级系统和制度。为了有效地完成经营目标，饭店应明确各管理层的职权与责任，从高层职务到最低层岗位，做到责权分明。饭店必须根据经营需要合理分权。所谓分权，是指饭店高层管理者根据工作需要将权力分派给不同的低层职能部门；授权是指高层管理者将权力委任给下属管理部门。

3. 弹性与例外原则

现代饭店强调组织的弹性以适应市场变化，使饭店各职能部门、各职务及他们的职责随市场和经营目标变化而调整。饭店高层管理者将日常管理权合理地下放给低层管理者，使他们按常规原则处理日常经营事务。对于那些非日常的经营决策和总体战略管理问题，仍由饭店高层管理班子负责。此外，组织中的监督职务和执行职务应分别设置。这种结构设计原则可减少经营中的舞弊行为，更好地发挥组织的监督作用。

4. 执行与监督原则

在饭店组织结构设计中，应考虑将监督人员与执行人员分开，避免二者利益一体化而失去有效的监督。同时，利于绩效考评工作。

3.3.2 饭店组织设计程序

1. 分析环境，为饭店组织设计提供依据

饭店组织受饭店外部环境和内部资源的影响。因此，饭店组织设计的首要任务是明确外部环境和内部人力资源、资金、设施和技术等情况，为饭店组织设计提供依据。

2. 根据经营特点，确定职能部门和组织层次

饭店组织必须根据企业规模、产品特点、地域分布和市场环境等因素并参考同类和同级别饭店组织的结构，确定本饭店组织结构并把相关业务分派给饭店各部门和下一级管理部门，使饭店各项经营任务落实到具体的承担部门和适应的组织层次。

3. 根据职务需要，确定管理人员

通常，中等规模饭店的职能部门主要包括房务部、餐饮部、会展部、人力资源部、财务部、保安部、工程部、质检部和营销部等。根据部门业务流程的优化原则，饭店应设立二级管理部门。例如，房务部的二级部门有前厅部、客房部、洗衣房、公共区域清洁部等。这样，根据各部门分管的业务，明确管理人员素质要求和能力要求，再根据各职务的任职条件挑选和配备称职的人员。

4. 制定规章制度和职务说明书

规章制度是指饭店各部门履行的职责，是指导各职能部门、管理人员工作的文件和行为规范。完整的饭店组织建设必须制定组织的规章制度并画出组织结构图和职务说明书，使饭店各级人员明确本部门和本职务在饭店组织的位置、所属部门、下属部门及工作职责等。

5. 反馈和修正

为了保证组织有效地运行，饭店必须及时反馈组织在运行中存在的问题并调整和修正，使其不断适应外部环境和自身发展的需要，这个过程常称作组织变革。

3.3.3 饭店组织设计内容

饭店组织设计内容主要包括组织体系、管理规范和组织发展。其中，组织体系设计包括职能部门设计和组织层次设计。

1. 组织体系设计

在饭店组织设计中，应强调组织的系统性、完整性和组织的经营功能。为了保证饭店各项业务的有效实施和开展，饭店组织系统应包括决策系统、执行系统、协调系统和控制系统。因此，在饭店组织体系设计中，应注意对职能职权、直线职权和参谋职权的设计。职能职权是指部门和职位所应有的业务管理权。直线职权是指一个职能部门或管理者对下级部门和职工的指挥权。参谋职权是指管理部门和管理者对其他部门和职工提供建议、帮助和服务的权利及责任。

1) 饭店部门设计

饭店部门设计也称作横向组织结构设计，是饭店根据管理人员的专业特长组成的经营单位。饭店部门设计目的是明确职权与归属，合理分工，保证饭店经营的专业化，实现饭店既定的经营目标，提高职工经营水平和技术水平。饭店部门设计的主要形式包括职能部门化、产品部门化、区域部门化、顾客部门化及经营时间部门化等。

(1) 产品部门化

产品部门化是根据饭店经营的主要产品设立部门，包括产品设计、生产、营销和服务等一系列工作。这种组织设计可充分利用职工专业知识，有利于发挥专项产品的生产和经营，对产品质量和特色管理有重要的意义。饭店主要经营房务产品、会展产品、餐饮产品和康乐产品，这些产品在生产、技术、服务和营销方面各不相同，因此为了方便工作，保证产品质量，饭店必须根据产品设计部门，如餐饮部、房务部、会展部和康乐部等。然后，根据产品的生产和服务流程设计该部门的 2 级部门，即下属部门。例如，房务部包括商务中心、前厅部、客房部、洗衣房等。产品部门化设计方法最适用于规模较大的饭店。优点是易于集中专项产品的营销和质量管理，对市场有较强的适应力，有助于工作绩效管理和质量控制，易于激发职工的主动性和创造性，为培养高级管理人才提供良好的机会。然而，产品部门化的缺点是，部门独立性强，不利于饭店整体组织的协调。

(2) 职能部门化

以工作职能为依据设计部门是将相近的工作内容的职务归类成为一个部门。如人力资源部、财务部、保安部、营销部和工程部等。职能部门化有利于饭店经营业务归口管理，便于监督指导，可提高的工作效率。同时，按职能设计部门有利于职工培训，充分发挥部门的工作效率。职能部门化的缺点是，工作性质相对独立，容易形成各部门的利益和部门间的冲突。

(3) 区域部门化

以经营区域为依据设计部门是指按饭店经营区域划分部门。这种部门设计适用于国际饭店集团和大型饭店。例如，国际饭店集团或大型饭店的营销部下设欧洲经营部、亚洲经营部等。此外，所有的饭店客房部都要根据不同的楼层和区域建立工作小组。区域部门化优点是，管理人员可熟悉地区市场环境，经营管理专业化，产品种类和营销策略有针对性，工作效率高。缺点是饭店对管理部门的控制不利。

(4) 时间部门化

时间常作为饭店部门设计的依据，由于房务部每天 24 小时工作，尤其是客房服务中心，因此可根据时间将客房清洁管理部门设计为早班组、正常班组和晚班组等。按工作时间设计不同工作班组可方便服务和管理，利于产品质量控制。

(5) 综合管理化

在饭店组织中，总经理办公室常作为饭店综合管理部门，起着联系饭店与外部的组织机构，协调饭店内的各部门工作。因此，在饭店组织设计中，应充分考虑综合管理部门。

2) 组织层次设计

饭店组织层次设计是确定饭店组织内的纵向工作关系。通常纵向层次划分受职能部门管理幅度制约，而管理幅度是指一个上级管理者能直接管理下属的人数。管理幅度与管理层次相互联系，相互制约，两者成反比例关系。即管理幅度越大，管理层次越少；管理幅度越小，管理层次越多。在饭店组织层次设计中，管理者的能力很重要，包括个人素质、专业知识和管理经验等。通常，高业务素质的管理者可胜任较大的管理幅度，否则应确定较小的管理幅度。被管理者的素质是组织层次设计不可忽视的因素。通常，高责任感、技术熟练、能胜任工作的职工不需过多地被指挥和控制，可设置较宽的管理幅度。有些职工愿意自我管理，可设计较宽的管理幅度有助于提高工作效率。但是，对于过分依赖上级的职工，应有较小的管理幅度。根据饭店组织调查，有效的职工培训，能减少职工对上级管理者的依赖，从而可设置较宽的管理幅度。饭店组织中有较强的凝聚力时，即使设置较宽的管理幅度，也便于管理和协调。当管理工作复杂时，管理者与下级职工需要保持经常的联系，应设置较小的管理幅度。相反，工作简单，应有较宽的管理幅度。如果业务之间有较强的相关性，应设置适合工作的管理幅度。通常，饭店采用较小的管理幅度策略时，管理层次必然多，该组织结构形似金字塔，将这种类型的组织结构称为高架结构；反之，管理幅度宽，纵向层次少的组织结构称为扁平结构。在饭店管理中，高架结构和扁平结构各有利弊，高架结构可集中管理，实施严格的控制，但是不利于组织内信息沟通和传递，工作效率较低；扁平结构有利于分权和授权，组织成员可从工作中获得满足感，但加重管理者的负担。现代饭店组织结构趋向平面化和弹性化。

（1）平面化组织

随着信息技术的发展，传统多层次的金字塔式的组织结构越来越不适应现代饭店的管理需要。现代饭店采用精简的组织，缩小上下级管理间的距离，使饭店组织趋于平面化和简单化以提高饭店的应变能力。传统的饭店组织结构存在大量的中层管理者，他们提供了专业知识和信息，指导下一级部门的管理工作，监督和控制业务流程和产品质量。然而，传统的组织管理成本高，效率低。平面化组织在于选择合理的管理跨度，在管理者能够承受的范围内，尽可能减少层次，以业务流程为基础建立组织结构，由部门职能化向程序管理化迈进，将管理决策权放至基层部门，使组织结构简化。由此，获得职工更高的满意度，减少了不必要的管理费用。

（2）弹性化组织

弹性是指饭店组织结构设计的自主权和灵活性。现代饭店可根据外界环境变化和企业经营目标的变化及时调整职能部门数量和功能。由于饭店的经营环境不断变化，静态组织结构已不能适应环境的变化，所以，组织的弹性化可提高管理人员的素质和能力，增加饭店组织设计的灵活性并使组织更适应现代化的饭店经营管理。

2. 管理规范设计

所谓管理规范设计，是指对饭店组织的规章制度设计，为饭店整体和各职能部门提供规章制度、工作程序和工作标准等。规章制度主要包括各职能部门的业务职权范围和岗位责任。工作程序是指各职能部门、下属各职务的运行程序和服务程序；工作标准是指对各职能部门和不同职务规定的技术标准、定额标准、时间标准、管理标准等。组织管理规范设计首先应由饭店高层管理人员根据企业经营和发展的目标提出管理规范目标和要求，由总经理办公室与聘请的专家和其他管理人员经过调研和分析，制定管理规范草案，再经过职工讨论和管理人员及外聘专家的修改，最后由总经理办公室进行完善。

3. 组织发展设计

饭店组织发展设计即饭店组织发展的规划，该设计为饭店组织发展提供方向和指南。其中，包括饭店组织的发展目标和组织的发展战略等。

3.4　职能部门与管理团队

3.4.1　饭店职能部门

　　根据饭店部门的职能特点，饭店的所有部门可分为经营部门和后勤部门。经营部门也称作一线部门或收入部门，是指销售饭店产品并直接向顾客提供服务的部门。这些部门共同的特点是面对顾客，提供服务，产生经营效益。饭店的经营部门包括前厅部、餐饮部和营销部。饭店的后勤部门也称为支持部门。这些部门不直接面对顾客和提供服务，不直接产生营业收入，是一线部门的支持部门，是饭店的成本部门，包括客房部、会展部、康乐部、财务部、工程部、人力资源部和保安部。尽管客房部面对顾客服务，但是由于它不直接产生经营收入，是通过前厅部销售房务产品，因此该部门每天消耗成本，属于饭店的后勤部门。

1. 前厅部（Front Office）

　　前厅部是销售饭店房务产品的部门，主要负责客房预订和前厅接待，常与客房部一起组成房务部。其主要工作是客房预订，为顾客选房，提供行李服务、信息服务、商务服务，协调顾客与饭店服务事宜并处理顾客的投诉等。

2. 餐饮部（Food and Beverage）

　　餐饮部是生产和销售餐饮产品的部门。该部门主要负责中餐、西餐、酒水的生产和服务管理，为零散顾客和会议团队、旅游团队提供餐饮产品。一些饭店还提供客房送餐和餐饮外卖服务。

3. 营销部（Marketing）

　　营销部负责饭店的市场调查、市场预测和开发，负责向企业、政府机关、社会团体销售饭店的房务产品、会展产品和餐饮产品。同时，负责饭店的公共关系，并通过推销饭店产品取得饭店的营业收入。

4. 会展部（Event）

　　会展部是为饭店各种会议和展览提供服务的部门。大多数饭店会展产品的销售工作由营销部负责，而会展部仅负责会展服务管理。一些饭店由于场地和设施的限制，仅以会议业务为主。因此，不设立会展部，而成立会议部。

5. 客房部（Housekeeping）

　　客房部是为顾客提供住宿产品的部门，常与前厅部一起组成房务部。其工作职责包括房间清洁服务、公共区域清洁服务、借用物品服务及协调客房的维修服务等管理。一些大型饭店还设有洗衣房，为顾客和饭店员工洗涤衣物等服务。

6. 人力资源部（Human Resources）

　　人力资源部是为饭店招聘和培训职工的部门。现代饭店人力资源管理工作包括人力资源规划、职工配备、职工招聘、职工培训、职工职业发展和职工业绩考核等。

7. 财务部（Accounting）

财务部是饭店财务的指挥和管理中心。其管理工作包括资金筹措、财务分析、成本控制、现金管理等。具体包括向供应商付款，向旅行社和其他客户催收款项，为职工发放工资，收集和整理营业收入，按时完成财务分析报告，保持现金流量，负责财务审计，设备和食品的采购管理等。大型饭店的采购工作由采购部负责。

8. 工程部（Engineering）

工程部负责饭店的建筑物结构、水、电和机械设备等的保养和维修，负责客房、电梯、游泳池、喷泉和其他健身与康乐设施的维修和保养等管理。

9. 保安部（Security）

保安部负责巡视饭店所有的经营场所，保证顾客、访问者和职工的人身和财产安全，保护饭店的安全并负责监视器的监控管理。

3.4.2 饭店管理团队

饭店管理团队是一组经饭店投资者授权，代表投资者利益的全体管理人员的集合。包括高层管理团队：饭店总经理和驻店经理（副总经理、助理经理）；中层管理团队：业务总监（大型饭店）和部门经理等。然而，在一些饭店组织中，业务总监属于高层管理人员。在饭店管理团队中，小型饭店的高级管理人员可能仅有2～3人；而大型饭店的高级管理人员可能有十几人。饭店管理团队职责是，指导饭店正常的运营，定期向投资人报告财务运行情况，对饭店经营活动和人事做出安排。管理团队必须有效地完成投资者规定的各项经营指标。此外，饭店基层管理团队包括业务主管和领班。

1. 管理者类型

（1）按管理层次划分

根据饭店管理者承担的责任和权利，管理者可分为高层管理者、中层管理者和基层管理者（见图3-7）。高层管理者是指饭店决策层的成员，是饭店最高层的管理人员，包括饭店总经理、副总经理、驻店经理和业务总监等。高层管理者拥有最高职位和职权，并对企业的总体目标和战略负责。他们制定饭店使命、长远规划和重大政策，拥有人事和资金等资源的控制权并以决策为主要职能。中层管理者是指饭店部门经理，是高层决策的执行者，称为职能层管理人员，负责制订部门具体的经营计划，行使高层管理者授予的指挥权并向高层管理

图3-7 不同管理层次的管理者

者汇报工作。例如,营销部经理、财务部经理和房务部经理等。基层管理者是指在经营和服务第一线的管理人员。他们负责经营计划和决策的落实工作,制订具体的经营计划,负责经营和服务现场的指挥和监督,常称为执行层管理人员或一线管理人员。例如,房务部的楼层主管、餐厅经理和大厅副理等职务。

(2)按管理内容划分

根据饭店管理内容划分,饭店管理者可分为综合管理者和职能管理者。综合管理者是指负责领导、指挥、协调和控制饭店各职能部门的管理人员。他们是饭店总经理、副总经理、驻店经理和总经理办公室主任等。综合管理者对实现饭店整体的经营目标负有责任,他们拥有指挥和支配饭店所有或部分资源与职能活动的权利。职能管理者是指在饭店内负责某一专项职能的管理人员。这些管理者只对饭店某一业务领域的工作负责并只在本职能或专业领域内实施管理。职能管理者通常具有某专业或技术专长。例如,餐饮总监或餐饮部经理、财务总监或财务部经理、会展部经理、工程总监或工程部经理和保安部经理等职务。

2. 管理者素质

饭店管理者素质主要包括品德、知识、技能、身体和心理等素质。饭店管理者的素质是形成管理水平与能力的基础,是做好饭店经营管理工作并取得管理绩效极为重要的主观条件。

(1)品德素质

品德素质是指饭店管理者的道德品质,是管理者依据职业道德标准所表现出的行为特征。品德素质标准通常是推动个人行为的主观力量,决定个人的工作愿望和热情。饭店管理者必须具备良好的品质素质,包括强烈的事业心和责任心、开拓进取的精神、正直诚实和谦虚谨慎的品德。

(2)知识素质

知识素质是指饭店管理者掌握的基础知识、专业知识和相关知识水平。由于现代饭店管理需要管理者掌握宽广而丰富的知识,因此知识素质是饭店管理者的基础素质。饭店管理者应掌握的知识包括经济知识、法律知识、人力资源管理知识、营销知识、建筑与工程管理知识及饭店运营的专业知识等。

(3)身心素质

身心素质是指饭店管理者本人的身体状况与心理条件。饭店管理人员必须身体健康、意志坚强并乐观开朗。

3. 管理者技能

有效的管理者应掌握 3 种技能:概念技能、人际技能和专业技术技能(Robert L katz)。在饭店管理中,不同层次的管理人员对这些技能需求程度不同。根据研究,饭店高层管理职务应以概念技能为主,中级管理人员需要人际技能和概念技能,基层管理人员以技术技能和人际技能为主。根据工作需要,管理层次越高的人员,对概念技能要求越高,而概念技能的高低已成为衡量高层管理者素质的尺度。与之相反,由于基层管理者的主要职能是经营和服务现场的指挥与监督工作,所以他们更应重视技术技能。

(1)概念技能(Conceptual Skill)

概念技能是指饭店管理者观察、理解和处理各种复杂关系的能力。包括对复杂经营环境

饭店管理概论

的观察和分析能力，对饭店整体的战略性、长远性的问题处理与决策能力，对突发紧急事件的应变能力等。其核心是一种观察力和思维力。这种能力对饭店的战略决策和发展具有极为重要的意义，是饭店高层管理者所必须具备的技能。

（2）人际技能（Human Skill）

人际技能是指饭店管理者处理人事关系的技能，包括观察人、理解人、掌握人的心理规律能力。管理者必须与职工融洽相处，具有与上级领导和下级职工的沟通能力，了解并满足本部门的职工需要并进行有效的激励能力。管理者应具备团结他人和增强凝聚力的能力。在以人为本的现代饭店管理中，人际技能对管理者极其重要。

（3）技术技能（Technical Skill）

技术技能是指饭店管理者，特别是基层管理者掌握与运用的饭店管理与服务知识、专业技术能力，包括房务管理知识、餐饮管理知识、会展管理知识、营销管理知识、财务管理知识、工程管理知识、安全管理知识及相应的管理经验、管理技能和服务技能等。不同部门的业务管理人员必须熟练掌握自己从事的专业领域知识和技能。

4. 总经理

饭店最高级别的行政管理人员称为总经理。在独立经营的饭店，总经理直接向投资人或投资代理人汇报工作。对于小型饭店而言，总经理统一管理所有的职能部门。对于中型以上的饭店，总经理常可通过驻店经理或助理总经理管理不同的职能部门。在连锁饭店集团，总经理常受饭店所在区域的集团领导或地区销售代表的领导。

5. 驻店经理

在传统经营的模式中，中型规模饭店的驻店经理负责饭店的房务经营管理、餐饮经营管理、会展经营管理和康乐经营管理工作。驻店经理常住宿在饭店，每天工作10余个小时，1周工作6天。现代饭店，驻店经理将部分业务经营权授予业务总监和部门经理。例如，授予房务部经理房务经营权，授予餐饮部经理餐饮经营权，授予营销部经理或会展部经理会展经营权，授予康乐部经理康乐设施的经营权利。尽管如此，现代饭店驻店经理仍负责饭店的日常全部经营管理工作。

6. 业务总监

现代大型饭店常设立业务总监职务，包括人力资源总监、营销总监、财务总监、工程总监、房务总监和餐饮总监等。在饭店总经理的领导下，各业务总监分管部分经营管理工作，与饭店总经理组成管理团队。

3.5 饭店组织创新与变革

随着国际饭店业的竞争和饭店经营目标的发展，饭店组织必须不断地创新和变革。饭店组织创新是指在饭店经营中，管理人员对组织目前创造价值的方法、运作程序进行评估和重新设计，使其丢弃落后的方法和机制并通过创新技术、设备、人员、知识和文化，创新饭店组织结构的过程。实际上，饭店组织变革是指饭店为了本企业的生存和发展，对不利于企业竞争的组织结构和部门及岗位设置进行调整的过程，包括对组织的职权关系、集权程度和岗位职责等的调整。因此，饭店组织变革也称为饭店组织调整。

3.5.1 组织创新与变革原因

任何饭店组织都应随着经营环境的变化而不断自我完善。饭店组织变革的原因主要包括饭店外部环境的变化和饭店内部因素的变化。

1. 饭店外部环境

饭店外部环境是指能对饭店经营效果产生影响的外部力量,包括国内外经济变化、产业结构的调整、政府经济政策的调整和科学技术的发展等,这些因素都可能成为饭店组织变革的原因。外部环境不受饭店决策者的直接控制。根据饭店经营实践,饭店必须不断地从外部获取资源,又将产品送入外部。当饭店外部环境发生变化时,饭店赖以生存的各种基础条件会受到影响。因此,饭店组织只有进行相应的调整和改变,才能取得理想的经营效果和发展空间。外部环境的变化对饭店组织变革的影响主要包括以下6个方面。

(1) 顾客因素

顾客是购买饭店产品的主体,饭店为满足顾客需求而生存。随着科学技术的发展和市场竞争的加剧,顾客需求在不断变化,饭店必须不断地发现和满足顾客需求,开拓和创新产品,满足顾客潜在的需求并通过建立与保持与顾客的良好关系,实现顾客满意,增加顾客对企业的忠诚度。

(2) 竞争因素

在市场竞争激烈的今天,所有饭店都面临竞争对手的挑战,竞争对手在新产品开发、价格制定、营销渠道的选择、广告促销、售后服务等方面的策略变化会对企业经营产生重要的影响。

(3) 科技因素

当今,科学技术正以前所未有的速度向前发展,知识和技术作为最重要的经营要素极大地改变着饭店经营模式。知识经济时代和现代科技的发展,以计算机和网络技术为典型使饭店的经营技术不断地提高。与此同时,技术领先的饭店比同类企业更具竞争力和成本优势。可见,科学技术的发展要求饭店组织进行相应的变革。

(4) 经济因素

随着全球经济一体化,不仅利率、通货膨胀、经济周期等因素会影响饭店业经营和发展,国际经济形势的变化也会对本国饭店业的运营产生重大的影响。中国加入WTO后,机遇与挑战并存,国内饭店业在进军国际大市场的同时,不仅要在国际市场上与外国同行展开竞争,在国内市场也面临国际竞争者的挑战。这一切都对饭店组织变革提出了更高的要求。

(5) 法律因素

饭店业经营行为必须符合国家有关法律和法规,从事跨国经营的饭店还必须遵守东道国的法律。这些法律和法规对饭店职工的聘用、产品质量、广告发布、污染的防治等诸多方面都做出了规定。同时,几乎世界所有国家对饭店业和餐饮业的经营,都有严格的法律规定。随着时间的推移,各国原有的法律和法规还会随经济和市场的变化进行修订和补充。这样无论是新法规的出台,还是原有法律的修订都会对饭店业经营产生影响,导致饭店组织变革。

(6) 政治因素

政治因素的变化对于从事跨国经营的饭店集团尤为重要。一方面,东道国的政治局势将直接影响跨国饭店集团的日常经营。跨国集团在选择合作伙伴时，常把东道国的政治条件作为一个重要的因素。另一方面，国家和地区之间的贸易政策调整也对从事跨国经营的饭店产生深远的影响。

2. 饭店内部因素

（1）经营目标

每个饭店都有自己的经营目标，在饭店发展的不同时期，饭店经营目标各不相同并随着经营目标的发展而变化。饭店组织结构是为饭店经营目标服务的，当饭店经营目标发生调整时，饭店的组织结构也随之进行调整。

（2）饭店规模

随着饭店经营的发展和变化，饭店规模也应不断变化和调整。通常，在饭店发展初期，饭店规模较小且产品单一，饭店组织常采用集权式的直线职能制结构。随着饭店产品的种类增加、经营数量的扩展、饭店规模的扩大，饭店必须建立职能参谋式和扁平式组织结构。

（3）技术因素

随着饭店技术和管理模式等方面的发展和变化，饭店组织结构会发生变革。例如，饭店实行技术改革与创新，引进新设备等就需要调整技术部门的职务，协调技术、生产和与营销部门间的工作。饭店经营中的技术因素包括技术设备、工作方法、新材料、新的质量标准、新的管理手段等。当饭店技术变得更加复杂时，对部门的专业化和协作水平会提出更高的要求，相应的组织结构会产生。

（4）管理因素

管理技术的发展和信息技术的广泛应用，使饭店管理水平不断地提高，饭店会更多地采用授权和团队工作方式，呈现组织结构扁平化。饭店管理硬件发展和管理人员素质的提高，要求饭店精简部门，变革组织机构，重新界定职权范围及调整专业职务。

（5）职工构成

饭店职工的构成是指年龄结构、知识结构、技术能力及价值观等因素。饭店职工的构成和素质的提高常引发组织中的职务数量和种类的变化。当饭店增加新职工或原有职工离职或退休时，常促使饭店组织进行变革。在人才竞争的背景下，现代饭店职工的变动常激发组织变革。

（6）经营状况

饭店的经营状况是影响组织变革的重要因素。当饭店绩效下降、市场占有率和产品质量降低、企业资金周转不灵及经营缺乏活力时，饭店组织必须变革。根据饭店管理的经验，呆板的饭店组织决策迟缓，指挥不灵，信息流动不畅，机构臃肿，职责重叠，人事纠纷增多，管理效率下降，职工士气低落，不满情绪增加，离职的管理人员增加，职工的旷工和病事假增加。

3.5.2 组织创新与变革过程

组织创新与变革的成效关系到饭店的生存和发展。因此，组织变革应尊重科学的程序，绝不可草率从事。饭店组织变革程序主要包括组织诊断、变革设计、实施变革和变革评价等（见图3-8）。

图 3-8　饭店组织创新与变革过程

1. 组织诊断

在实施组织变革前，首先要求饭店管理人员和外部专家共同参与，根据饭店外部环境与内部因素的变化，对组织现状进行综合分析和全面调查。然后，研究饭店组织存在的主要问题，找出问题以便为组织变革打下良好的基础。这是饭店组织变革的首要步骤。

2. 变革设计

在对饭店组织问题诊断的基础上，专家和参与人员进行信息交流、共同讨论、多方论证，提出饭店组织变革的目标和方案，作为行动指南。同时，要根据饭店实际经营情况预测组织变革中可能遇到的障碍，这是饭店组织变革工作的关键程序。

3. 实施变革

在确定了组织变革方案后，应充分利用饭店的各种资源，动员全体职工，按照变革计划所规定的内容和程序逐步推广实施。在变革计划实施中，要对变革的过程进行管理。同时，根据变革出现的问题及时修正计划中不实际的内容，确保饭店组织变革的科学性和有效性。这是饭店组织变革的核心步骤。

4. 变革评价

饭店组织变革后，必须通过信息反馈评估变革的实际效果，找出变革存在的问题，分析原因，找出差距，为下一步变革工作提供依据。具体评估方法有两种：第一，对比饭店组织变革前后的指标差异；第二，以行业经营效果最优的饭店指标为标准，衡量组织变革后的饭店工作绩效，这是饭店组织变革的必要程序。

3.5.3　组织创新与变革形式

1. 结构创新与变革

结构创新与变革是指通过改变职务结构及职权关系提高工作绩效。组织结构的改变通常涉及职务或岗位的再设计，使得一些职务的工作内容和职责发生变化。组织结构的创新与变革还包括上下级关系的改变。例如，在饭店创业阶段，总经理常直接管理各经营细节工作，中层主管人员没有自主权和决策权。但是，饭店发展到一定的规模或具有较高的星级时，部门经理和业务主管人员必须扩大自主经营权以利于饭店的可持续发展。

2. 人员创新与变革

人员创新与变革是指饭店经营目标发生变化时，饭店对职工的态度、技能及其应具有的专业知识的要求变化。饭店常在组织内外选择满足饭店发展需要的职工，向现有职工提供适当的培训，提高职工的知识和技能水平，淘汰或调整一些不能胜任的工作人员。人员变革的最终目标在于提高职工的工作效率，使职工能胜任调整后的饭店经营战略。

3. 技术创新与变革

技术创新与变革是指饭店使用新的方法将各种资源转变成产品，包括计算机化和信息化等。当今，科学技术的飞速发展无疑促使饭店组织变革。技术变革不仅是技术方面的问题，而且给管理者带来很大的冲击和挑战。

4. 环境和文化创新与变革

饭店工作环境直接影响职工的工作效率，环境创新与变革是指通过优化工作场所的空间结构、设备布局及减少噪声等措施提高工作效率，从而优化组织结构。通过创新企业文化，调整和改变职工的经营意识和社会责任，优化饭店的职能部门和职务，提高饭店的经营效率。

3.5.4 组织的变革方法

1. 以组织变革起点为核心

（1）自上而下的方法

自上而下的变革方法是指先从饭店中上层管理职务开始变革，再扩展至饭店的整体组织。这种组织变革方法便于对饭店整体组织的调整，变革方法涉及面大，需要进行周密的计划。

（2）自下而上的方法

自下而上的组织变革是指先从基层组织变革开始，然后进行中上层职能部门的变革。自下而上的变革方法可使饭店组织逐步变革，待收到局部效果后再进行饭店整体的组织变革。这种方法的缺点是，组织变革时间长，不利于经营管理。

（3）上下结合的方法

上下结合的方法是指对饭店高层组织和基层组织同时进行变革。这种变革方法的特点是，由高层和基层管理职务同时进行变革并将各层管理职务有机结合，统筹安排。

2. 以组织变革程序为基础

（1）快速变革法

这种组织变革方法是指在短时间内一次性地将饭店组织进行调整和变革。这种变革方式的特点是雷厉风行并一次到位，解决问题迅速。但是由于组织变革涉及面广，特别是在其他配套措施未能跟上的时候，容易造成工作疏漏，甚至变革中途夭折。因此，快速式变革方法只有在饭店面临重大危急、迫切要求变革时或在职工心理承受能力和社会条件充分允许下，才能进行。

（2）阶段发展法

阶段发展方法是指在对饭店组织现状和内外条件综合分析的基础上，有计划、有步骤地逐步实现饭店组织变革，最终完成组织变革的总目标。其优点是，由于分阶段进行组织变革，每个阶段的工作可及时总结，及时修订和完善。同时，提高饭店职工对变革的承受力。但是，这种组织变革的方法见效较慢。采用这种变革方式，必须使每一阶段的变革服从于总体变革并把各阶段之间的变革有机地衔接起来，以保证有效地实现饭店组织变革的总目标。

3.5.5 组织变革阻力管理

1. 组织变革阻力

饭店组织变革常不是一帆风顺的，在变革过程中总会出现各种阻碍力量。由于组织的任何变革都涉及对原有制度、组织关系、行为规范和传统习惯的改变，而饭店固有的习惯使饭店职工很难放弃，这就使得部分职工出现心理上的失衡和行为上的抵制并竭力以各种方式反对组织变革，成为变革的阻力。根据调研，大型饭店的组织变革过程复杂，变革阻力大。总结饭店组织变革阻力的原因，主要来自两个方面：职工个人和职能部门。职工个人对组织变革的阻力表现为，职工被动应付，消极怠工并出现离职和调动现象；职能部门对组织变革的阻力表现为，业务开展不力，工作效率低。这些阻力影响了饭店正常的经营，又妨碍了组织变革的顺利进行，更危及饭店未来的发展。

2. 阻力产生原因

（1）心理因素

组织变革的阻力在很大程度上来自饭店职工对不确定性的恐惧。饭店职工有安于现状的习惯，对组织变革有自然的抵触情绪。因此，任何管理制度、行为规范的变革都会使他们的内心产生恐慌与不安。

（2）职工利益

组织变革常会影响部分职工的利益。由于组织变革会打破原有的平衡系统，而管理层、职能部门和职务结构需要重新调整等原因，因而组织变革会影响部分职工和管理人员的经济利益。

（3）认识问题

饭店职工对组织变革的前途缺乏足够的认识。由于没有意识到饭店面临的环境压力，职工对组织变革缺乏应有的紧迫感，缺少变革的勇气和承担风险的承受能力，不愿做变革的先行者，甚至认为饭店组织变革是多此一举。

3. 排除阻力方法

（1）增进内部沟通

饭店组织变革的阻力源之一是沟通问题。组织变革工作的前提是与职工进行良好的沟通，做好组织变革的宣传和解释工作，开诚布公地说明饭店目前所处的经营环境，面临的机遇与挑战，更正职工对变革的错误认识。通过组织与职工的相互沟通，增进信任，达成共识，增强组织变革的紧迫感，为饭店组织变革提供舆论准备。

（2）加强职工培训

加强职工培训工作可提高职工对饭店组织变革的理解和适应能力。组织变革首先是理念变革。饭店通过自下而上的管理理论培训，使职工接受新观念，学会从新的视角、掌握新的方法看待组织变革，增强他们对组织变革的承受力，增进他们对饭店组织变革的理性认识。

（3）发动全员参与

饭店组织变革需要广泛的群众支持。实践证明，职工全面参与的效果优于部分职工参与，部分职工参与组织变革工作效果优于无职工参与。因此，组织变革必须使有关职工参与，这样，可最大限度地排除变革中可能出现的阻力。

（4）把握变革时机

把握组织变革时机是饭店组织变革成功的重要保证。组织变革必须选准时机，循序渐进，协调发展。在饭店组织变革前，应详细分析可能发生的各种问题，预先采取有针对性的防范措施，为饭店组织变革创造最佳的环境和气氛。

本章小结

饭店组织作为职工的组合，是为实现饭店既定的经营目标并有意识地协调各种经营活动组成的职工群体。饭店组织类型有正式组织、非正式组织、机械组织、有机组织、实体组织和虚拟组织。饭店组织结构随饭店经营的发展而发展。常见的饭店组织结构有直线式、职能式、直线职能式和事业部式等。饭店组织设计是指在一定市场环境下，达到有效的经营目标而对饭店经营组织实体进行的规划和安排，是饭店组织系统的整体设计工作。饭店组织设计包括静态设计和动态设计。

饭店职能部门常分为经营部门和后勤部门。经营部门也称作一线部门或收入部门。这些部门的共同特点是面对顾客服务，产生经营效益。后勤部门称为支持部门，这些部门不直接面对顾客或不直接产生收入。饭店管理团队是一组经饭店投资者授权，代表投资者利益的全部管理人员的集合。饭店管理团队必须有效地完成投资者规定的各项经营指标。

饭店组织必须随经营目标变化而不断创新和变革。饭店组织变革是指饭店为了本企业的生存和发展，对落后于市场的组织结构、部门和岗位进行有计划的调整过程。

思考题

1. 单项选择题

（1）（　　）常用于管理跨度小、等级层次多、有较多的规则和标准的饭店连锁集团。

　　A. 正式组织　　　　　　　　　　B. 非正式组织

　　C. 机械组织　　　　　　　　　　D. 有机组织

（2）结合了直线式和职能式结构的各自优点，同时设置了两套系统，被中型饭店普遍采用的组织结构是（　　）。

　　A. 直线职能式结构　　　　　　　B. 职能式组织结构

　　C. 直线式组织结构　　　　　　　D. 矩阵式组织结构

2. 多项选择题

（1）饭店组织设计原则包括（　　）。

　　A. 任务与分工原则　　　　　　　B. 分级与授权原则

　　C. 执行与监督原则　　　　　　　D. 弹性与例外原则

（2）根据饭店部门的职能特点，饭店所有部门可分为经营部门和后勤部门，经营部门主要包括（　　）。

　　A. 营销部　　　B. 客房部　　　C. 前厅部　　　D. 餐饮部

3. 名词解释

正式组织　　非正式组织　　机械组织　　有机组织　　实体组织　　虚拟组织
直线式组织结构　　直线职能式结构　　扁平组织结构

4. 问答题

（1）简述饭店的管理团队。

（2）简述饭店管理者类型。

（3）论述饭店的组织设计。

（4）论述饭店各职能部门的主要职责。
（5）论述饭店组织创新与变革管理。

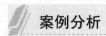

维多利亚饭店的组织调整

约翰是维多利亚饭店的总经理。目前，他正在思考其管理的四星级商务饭店的未来发展和经营战略。维多利亚饭店位于某市的商务区域，交通便利。该饭店有360间标准客房和单人间，豪华套房和普通套房共有32间，有总统套房1套。该饭店有一个中餐厅、一个咖啡厅、一个西餐厅、一个大厅酒吧和一个主酒吧。在过去的两年中，维多利亚饭店进行了的建筑与设施改造并重新装修。根据目前该饭店的设施、客房家具及餐饮服务的水平可接待中等消费水平的商务顾客及一些欧美旅游团队。可以说，维多利亚饭店为目标市场提供着舒适的环境和理想的住宿产品，得到了中外商务人员的青睐。尽管维多利亚饭店有一个舞厅、一个中型会议厅和一个宴会厅，但是该饭店一直没有将会议市场作为其目标市场，而将其业务集中在商务散客和旅游团队。

近10年，维多利亚饭店的营业收入一直很理想。其年度平均入住率超过了75%。然而，目前，由于饭店员工数量不断增加，饭店人工成本不断上升。在过去的3年里，维多利亚饭店的总成本保持了平均每年增长3%~4%的趋势。为了保持利润水平，约翰和他的同事试图通过额外的销售和谨慎地提高房价和餐饮毛利额来获得更多的营业收入和利润以防止企业收入与利润下降。但是，由于近年来新建饭店众多，所以维多利亚饭店面临的市场竞争愈加激烈。当然，除非饭店的市场需求提高；否则，维多利亚饭店将面临收入与利润减少的潜在威胁。

对于有工作经验的约翰总经理不希望通过大幅度裁员的方法控制人工成本和总成本的增长。然而，他发现在其饭店中，后勤部门职工及管理人员的数量超过一线职工。他还发现，目前饭店坐落的城市会展市场营业额以每年两位数的增长率在发展。他认为，应当减少后勤部门职工的数量或将他们分配到一线业务部门。为此，他成立了一个小组负责饭店组织的调整工作并专门研究和解决这个问题。约翰认为，这个小组在调整部门结构和减少后勤职工时，应根据以下3个原则进行工作：

① 不减少服务项目，不降低服务质量；
② 不做有损四星级饭店形象的任何事情；
③ 除非万不得已，绝不解雇职工。

讨论题：
1. 为维多利亚饭店推荐负责组织调整工作小组的成员。
2. 为工作小组建议一些解决问题的方案。
3. 分析各种方案可能产生的效果和影响。

参考文献

[1] GRIFFIN. 管理学. 刘伟，译. 8版. 北京：中国市场出版社，2007.

[2] 姚莉娜．新编现代企业管理．北京：北京大学出版社，2012.
[3] 彭家平．新编现代企业管理．2版．北京：北京理工大学出版社，2013.
[4] 李启明．现代企业管理．4版．北京：高等教育出版社，2011.
[5] 格里芬．管理学．9版．北京：中国市场出版社，2008.
[6] 田建军．现代企业管理与发展．北京：清华大学出版社，2008.
[7] 卢进勇．跨国公司经营与管理．北京：机械工业出版社，2013.
[8] 克拉耶夫斯基．运营管理．9版．北京：清华大学出版社，2013.
[9] 苏新宁．组织的知识管理．北京：国防工业出版社，2004.
[10] 卡明斯．组织发展与变革．李剑锋，译．北京：清华大学出版社，2003.
[11] 王长城．员工关系管理．武汉：武汉大学出版社，2010.
[12] 焦晓波．现代企业管理理论与务实．合肥：合肥工业大学出版社，2009.
[13] 格里芬．管理学．9版．北京：中国市场出版社，2008.
[14] 魏江．管理沟通：成功管理的基石．北京：机械工业出版社，2010.
[15] 赵恩超，燕波涛．组织行为学．北京：机械工业出版社，2010.
[16] 周荣辅，王玖河．现代企业管理．2版．北京：机械工业出版社，2012.
[17] 赖利．管理者的核心技能．徐中，译．北京：机械工业出版社，2014.
[18] 布鲁斯．经理人绩效管理指南．陈秋苹，译．北京：电子工业出版社，2012.
[19] RUE L W．管理学技能与应用．刘松柏，译．13版．北京：北京大学出版社，2013.
[20] 傅国华．分层次管理．北京：经济科学出版社，2013.
[21] 侯光明．组织系统科学概论．北京：科学出版社，2009.
[22] 陈春华．组织行为学．北京：机械工业出版社，2009.
[23] 吉布森．组织行为学．12版．南京：南京大学出版社，2009.
[24] BOTTGER P. Leading the top team. Cambridge: Cambridge University Press, 2008.
[25] SCHEIN E H. Organization culture and leadership. 2nd ed. New Jersey: John Wiley & Sons, Inc., 2006.
[26] RAO M M. Knowledge management tools and techniques. Ma: Elsevier Inc., 2008.
[27] HAMILTON C. Communicating for results. Mason: Thomson Higher Education, 2008.
[28] BARAN. Customer relationship management. Mason: Thomson Higher Education, 2008.
[29] BURROW. Business principles and management. Mason: Thomson Higher Education, 2008.
[30] BARROWS C W. Introduction to management in the hospitality industry. 9th ed. New Jersey: John & Sons Inc., 2009.
[31] SHORE. The Employee-Organization relationship. New York: Taylor & Francis Group, 2012.
[32] WALKER J R. Introduction of hospitality management. 4th ed. New Jersey: Pearson Education Inc., 2013.

第4章 饭店营销管理

本章导读

> 饭店市场是销售房务产品、会展产品、餐饮产品等的场所。饭店市场营销是指通过使顾客满意而达到饭店长期赢利的经营活动。当代饭店营销已不仅以广告和推销等旧的观念来理解,而是以满足顾客需求的新营销理念为核心。通过本章学习,可了解饭店营销基本概念、饭店营销环境特点,熟悉饭店营销任务,掌握正确的饭店市场定位方法和营销策略。

4.1 饭店营销概述

饭店营销,全称为饭店市场营销。市场是饭店营销的出发点与归宿,是饭店产品交换的场所,饭店的一切营销活动都是围绕着市场展开的。因此,掌握饭店市场营销必须从理解饭店市场及其相关概念开始。

4.1.1 饭店市场

1. 饭店市场含义

饭店市场是饭店与顾客进行交易的环境与场所,饭店的一切营销活动都是围绕着市场而展开的。这一含义表明了饭店市场的场所论或空间论。例如,饭店大厅中的前台、餐厅和酒吧及饭店外部的旅行社等都是饭店与顾客交易的场所。然而,饭店市场经常指消费者和组织购买者及其对饭店产品需求的总和,包括现实的需求和潜在的需求。当然,饭店市场还是买方和卖方、供给和需求相互作用的总和。由此,在买方市场中,饭店产品供给大于需求;在卖方市场中,饭店产品的需求大于供给。此外,饭店市场是社会整体市场的一个组成部分。因此,饭店的营销活动只能在社会整体的营销市场中展开。这样,饭店营销与社会整体市场保持着紧密的交换关系。

2. 饭店市场构成要素

根据市场营销学理论，市场即为需求。因此，饭店应当不断地满足顾客的需求才能取得满意的营销效果。基于这一理论，饭店市场构成要素包括购买饭店产品的顾客、满足饭店产品消费需要的购买欲望及购买力。这3个要素互相制约，缺一不可。同时，评价饭店市场的容量或规模时，可根据这3个要素进行（见表4-1）。

表4-1 饭店市场构成要素

顾客（个人消费者与组织购买者）	购买欲望	购买力	市场容量
多	有	低	小
少	有	高	有限
多	无	高	有限
多	有	高	大

（1）顾客

顾客是指购买各类饭店产品的个人消费者和组织购买者的总和。顾客是饭店产品市场的主体，没有顾客的需求，就没有饭店市场。当然，个人消费者和组织购买者的数量及其购买影响因素是影响饭店市场发展与变化的基本因素。

（2）购买欲望

购买欲望是指个人消费者和组织购买者为了满足其生活与工作需求所希望购买饭店产品的欲望。其购买欲望通常由个人与组织的工作与文化环境等决定。同时，购买欲望是顾客将潜在的购买力转化为现实购买力的前提。因此，购买欲望是构成饭店市场的基本要素之一。当然，如果顾客没有购买饭店产品的欲望，也不会形成现实的饭店产品需求，从而对饭店市场的容量产生负面影响。

（3）购买力

购买力是指顾客支付货币购买各类饭店产品的能力，可分为个人购买力和组织购买力。个人购买力与其经济收入紧密相关。组织购买者的购买力包括各类工商企业、政府机构、学校、医院及各协会团体等非营利组织购买饭店产品的货币支付能力。同样，组织购买力的大小也取决于其经济收入状况。这些收入主要包括工商企业的营业收入、政府的财政收入、政府拨款或社会捐助等。

综上所述，饭店市场包括的3个主要因素，可通过以下公式来表示：

饭店市场=顾客+购买欲望+购买力

4.1.2 饭店市场功能

饭店市场功能是指饭店市场各种要素组成的有机整体所具有的职能。根据研究，饭店市场具有较强的功能，主要包括交换功能、供给功能、反馈功能和调节功能等。

1. 交换功能

饭店市场的交换功能表现在，以市场为场所或中介，促进和实现饭店产品的交换。在商品经济条件下，饭店销售产品或消费者和组织购买者购买饭店产品都是通过市场进行的。因此，饭店市场不仅为买卖双方提供了产品交换的场所，而且通过等价交换的方式促成饭店产品使用权或所有权向使用者转移，从而实现饭店产品使用权的交换。与此同时，饭店市场通过各种营销渠道，推动产品从饭店向消费者和组织购买者转移，从而完成交换。这种促成和实现饭店产品使用权或所有权的交换活动是饭店市场最基本的功能。

2. 供给功能

通常，饭店市场营销活动顺利进行的基本条件是市场上存在可供交换的饭店产品。因此，饭店市场似乎是一个磁场，吸引着众多的饭店形成一个强大的饭店产品供应源。然后，通过市场交换，完成向消费者和组织购买者供给饭店产品的功能。因此，离开市场的供给功能，消费者和组织购买者就无法购买所需要的饭店产品，而饭店也无法购买所需的设备和原材料。

3. 反馈功能

饭店市场反馈功能是指饭店市场把交换活动中产生的信息传递和反映给交换当事人的功能。饭店市场不仅是顾客购买饭店产品的场所，也是饭店获取营销信息的重要途径。饭店产品最终要经过市场的检验，得到市场的承认，形成其社会价值。通常，饭店在与顾客进行交换时，不断地输入有关产品销售与消费等的信息。这些信息的形式和内容多种多样，为不同种类的饭店产品销售提供信息，也对顾客的消费偏好和需求做出判断和预测以决定和调整饭店的营销方向。随着社会信息化的发展，饭店市场的反馈功能会日益得到加强和改善。

4. 调节功能

饭店市场调节功能是指在市场机制的作用下，饭店市场可自动调节营销过程。饭店市场作为商品经济的运行载体和现实表现，本质上是价值规律发生作用的形式。价值规律通过价格、供求和竞争等作用转化为经济活动的内在机制。因此，饭店市场常以价格调节、供求调节和竞争调节等方式对饭店营销全过程进行自动调节。

4.1.3 饭店市场类型

1. 根据消费区域划分

基于消费区域划分，饭店市场可分为国内市场和国际市场，国内市场又可以分为国际大都市市场与一般城市市场、本地市场与外埠市场、沿海地区市场与内陆市场等。不同消费区域的饭店市场受区域经济发展水平、文化、习俗和宗教等因素的影响，存在一定的购买需求和消费差异。主要表现在饭店的类型与等级、产品的功能与特色等。例如，不同国家与地区对饭店的客房设施、色调和布局等的消费需求不同。

2. 根据市场运行态势划分

基于市场运行态势划分，饭店市场可分为卖方市场、买方市场和均衡市场。所谓卖方市场，是指饭店在市场上处于支配地位，买方处于被支配地位，是在具有压倒性优势的卖方支配下运行的市场。买方市场是指顾客在市场上处于支配地位，饭店处于被支配的地位，是在具有压倒性优势的买方控制下运行的市场。均衡市场是指买卖双方大体上处于平衡状况，在双方力量相互制约下稳定而又均衡地运行的饭店市场。

3. 根据购买者划分

饭店产品的购买者可分为消费者市场和组织购买者市场两大类。消费者市场是指满足个人或家庭消费的饭店市场。其特点是每次购买的数量少，需求的变动性较大。组织购买者市场也称为团队市场，是指为满足企业、政府与非营利组织工作需要的饭店市场。组织购买者市场与消费者市场相比较，每次购买的数量较大，购买的频率较高，需求弹性小，技术性较强，通常由企业、政府或非营利组织等的专职部门或专职人员购买。

4.1.4 饭店营销

饭店营销，全称为饭店市场营销，是指饭店在市场环境中，为满足顾客的需求，通过市场分析、产品开发、价格制定及促销方式等手段与程序，将产品销售给顾客的一系列经营活动。当然，饭店营销的含义是发展和变化的，主要表现在饭店营销活动的指导思想和人们对饭店营销本身的认识上。著名的营销学家菲利普·科特勒（Philip Kotler, 1977）认为，营销是通过个人与集体创造和交换产品与价值，从而使个人或群体满足各自需要和欲望的一种社会活动和管理过程。

1. 饭店营销特点

饭店营销绝不仅仅是企业的销售活动，也是饭店整体的营销战略及实施，是饭店产品开发与生产、价格制定、分销与促销等运营的全过程。现代饭店营销已经成为饭店或饭店集团的整体奋斗目标和努力方向，饭店的一切营销活动都是围绕着市场和产品而展开，都是为了潜在的交换，与顾客达成交易而展开。饭店不但要制订好近期的营销计划和落实好一系列的营销活动，而且必须着眼于企业未来的生存和发展及适应未来环境的变化，立足长远，获取长期利益。因而，饭店各种经营要素的安排，各种经营方针和策略的制定都要为实现饭店营销目标而服务。同时，饭店营销人员应当认识到满足顾客的需求与实现企业利润和营销效果的一致性及顾客需求与企业盈利的依存关系。根据调查，饭店对市场的需求越能满足，其盈利水平就越高。因此，饭店必须发挥企业自身的优势，做到知己知彼，才能取得营销的成功。现代饭店市场营销必须具备创新意识并付诸行动。随着时间向前推移，饭店的市场需求在不断变化和发展，竞争对手和市场上的新产品在不断出现。因此，饭店只有不断地创造更加舒适的房务产品、更加实用的会展产品、更具有安全和特色的餐饮产品、更加满足顾客需要的环境和设施才能在市场竞争中取胜。

2. 饭店营销基本概念

（1）需要、欲望和需求

人们对饭店产品的需要和欲望是饭店营销活动的出发点。需要、欲望和需求是3个紧密联系而又相互区别的概念。需要是指人们没有得到某些基本满足的感受状态。例如，人们在旅游中因饥饿感或劳累感而产生的用餐与住宿的需要，而企业与非营利组织每年都在寻找适合其组织会议的场所等。因此，在饭店产品的开发与生产中，房务产品、餐饮产品和会展产品是饭店满足顾客基本需要的产品。欲望是指顾客对能满足其更深层次需要的产品产生的愿望。例如，普通出差的顾客对房务产品的欲望是经济型饭店或三星级普通房务产品，而一些企业或非营利组织的高层管理人员对房务产品的欲望可能是四星或五星级商务饭店的普通套房或豪华套房等。当然，对于旅行社的组团而言，不同的旅游团队，其对住宿产品和餐饮产品的需求完全不同。从这种视角分析，顾客的需要是有限的，而欲望是无止境的；顾客对饭店产品的欲望出于主观意识并受社会环境等各种因素的影响。因此，饭店营销人员可以影响顾客对饭店产品的欲望。需求是指有支付能力的顾客对饭店产品的具体需要和欲望，是饭店市场营销活动的出发点。所以，饭店营销人员不仅要了解市场对饭店产品的需求并要适应这种需求，而且必须使用各种策略与营销手段影响市场需求。

（2）产品、服务、质量

产品是指用于满足需求的实物、服务与和体验。产品的形式可以是有形的，也可以是无形的。饭店产品是指能够满足人们需求和欲望的任何种类的房务产品、餐饮产品和会展产品等。实际上，饭店产品由满足顾客需求的某种物质实体和非物质形态的服务构成。一个饭店的产品最重要的是必须满足顾客的需求和欲望。根据顾客调查，饭店产品的重要意义不是拥有它们，而在于得到它们所提供的并可以满足顾客需要的设施和服务。在饭店市场营销中，饭店产品包括多种产品和服务，其价值与效用也完全不同。事实上，在顾客心目中，某种饭店产品越接近顾客的需求和理想，其效用就越大，其价值就越高。

服务是通过时间、行动和情感获得的主观结果。通常，这些结果获得的前提是，必须得到有形的产品支持。例如，满意的餐饮服务必须包括优秀的用餐环境、高质量和有特色的菜肴和酒水等。因此，从顾客的视角分析，饭店服务可以看作是一种总体的体验。这样，顾客在享受饭店服务的同时，也获得或消费一些实体产品。此外，饭店服务必须通过产品介绍的诚实性、准确性、针对性、周到性、及时性和兑现性体现其质量水平。在一般的情况下，饭店服务的生产和消费同时进行，服务人员提供服务时，也正是顾客享用服务的过程。根据经验，饭店服务质量水平是变化的并难于统一认定。由于饭店服务主体和对象均是人，人是服务的中心，而人又具有个性，个性因素涉及服务方和接受方2个方面。因此，饭店服务质量受服务人员素质差异和顾客需求差异的影响，不同的服务人员会产生不同的服务质量效果，同一服务人员为不同的顾客服务，也会产生不同的服务质量效果。这些效果与顾客的知识、修养、经历有一定的联系。21世纪是服务质量取胜的时代，这个时代饭店经营活动必须保持服务技术领先，依靠优质服务赢得顾客，使饭店提供的服务具有吸引力且不断地提高外部顾客和企业内部全体职工的满意度。

质量是用来表达产品本质的规定性和数量上的规定性概念。质是产品所固有的、特点方面的规定性，量则是关于产品的范围和程度的规定性。饭店产品质量是指饭店房务产品、餐饮产品和会展产品等的适用性，即饭店产品适合顾客需求的程度。由于顾客对产品质量的要求不同，因此质量具有相对性、时间性和空间性的概念。优质的饭店产品质量标准应是"产品适用性"的定性和定量的表现。但是，由于技术、经济、环境和心理因素等原因，同一质量标准对某一顾客适宜，而对另一顾客可能不适宜。这就要求饭店在严格遵守统一的质量标准前提下，千方百计地满足不同顾客的需求。当今，饭店产品质量建立在满足顾客的需求上，使产品性能和特征总体具有满足特定顾客需求的能力。

（3）价值与满意

价值是饭店市场营销中的一个重要概念，是满足顾客需要的某种效用。因此，顾客面对诸多的饭店产品与服务，做出购买选择的依据是他们对各种饭店产品与服务中的价值理解。

满意是指顾客对饭店产品可感知的效果与其期望值相比较后，所形成的愉悦感。如果某一产品的效用低于顾客的期望，顾客会感到不满意；如果产品的效用符合顾客的期望，顾客会感到满意；如果产品的效用高于顾客的期望，顾客会感到十分满意。通常，顾客在购买饭店产品时，总希望把货币、时间、精力和体力等成本降到最低限度。同时，又希望从购买饭店产品过程中获得更多的实际利益以使自己的需要得到最大限度的满足。这样，顾客在选购饭店产品时，常从价值与成本两个方面进行比较分析，从中选出价值最高、成本最低，即"顾客让渡价值"最大的饭店产品作为优先购买的对象。由此，顾客所获得的让渡价值越大，顾客满意的程度就越高。通常，顾客购买饭店产品时首先要考虑货币成本的大小。因此，货币成本是构成顾客购买总成本大小的基本因素。在货币成本相同的情况下，顾客在购买饭店产品时还要考虑所花费的时间、体力和精力等。这样，这些成本的支出也是构成顾客购买总成本的重要因素。所以，饭店为了在市场竞争中战胜对手，吸引更多的潜在顾客，就必须向顾客提供比竞争对手更具有"顾客让渡价值"的产品才能提高本企业产品的知名度（见图4-1）。这样，当顾客为获取饭店产品所付出的成本超过所得到的价值时，顾客不满意就会发生。因此，饭店必须加强内部各职能部门的合作，实施产品创新，协调企业纵向环节及横向职能部门，适当降低成本，提高产品的价值。包括产品的功能、质量、特色和附加值等，才能提高顾客对饭店产品的满意度。

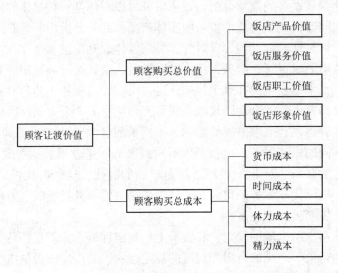

图 4-1　顾客让渡价值构成要素

（4）交换、交易和关系

交换是饭店以提供房务产品、餐饮产品和会展产品作为回报从顾客身上得到货币的行为。当顾客决定通过交换来满足其饭店产品的需要和欲望时，就产生了饭店市场营销。当然，交换要在一定的条件下才能发生，这些条件通常包括5个方面：第一，交换双方；第二，每一方都能为对方提供所需要且有价值的东西；第三，每一方都有沟通信息和传送被交换物品的能力；第四，每一方都有接受或拒绝对方产品或服务的自由；第五，每一方都认为同对方交换是合适而满意的。上述条件使交换成为可能，而饭店与顾客交换的前提还要取决于买卖双方是否能够找到互相认可的交换条件，即双方都从交换中受益。交换不一定以货币为媒介，也可以是非货币交换。

交易是饭店市场营销的核心，是指买卖双方进行价值交换的行为，是交换的基本组成部分，常以货币为媒介。一项交易常包括 3 项具体内容：① 至少具备 2 件有价值的物品；② 买卖双方同意的交换条件、时间和地点；③ 具有法律制度约束双方的交易行为。当今，在激烈的饭店市场竞争条件下，企业家意识到，饭店营销不仅要实现某一独立的交易行为，还应致力于建立与顾客互利互惠的伙伴关系，建立和发展持续的业务和稳定的交易关系。从饭店的长远营销效果分析，这种关系会转变成顾客终身价值。所谓顾客终身价值，是指每个饭店产品的购买者在未来可能为饭店带来的收益总和。

关系是指买卖双方由交换而产生的供求联系、互惠互利和长期合作等。由此，饭店与消费者、组织团队、供应商、分销商、竞争者、政府机构及其他公众建立和发展的良好互动关系的营销活动（见图 4-2）。这种营销活动称为关系营销。关系营销使得饭店与合作各方实现各自的目的与需求，互利互换，长期合作互惠。例如，饭店与航空公司和旅行社等联合制订奖励措施，将飞机票和饭店的房务产品进行捆绑销售，使他们共同受益。

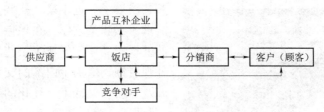

图 4-2　饭店供应链中的合作伙伴

（5）市场营销者与饭店营销系统

市场营销是饭店与顾客双方处于平等条件下的交换活动。基于营销学的原理，将交换双方中比较主动与积极的一方称为市场营销者或卖方，另一方称作潜在的顾客或买方。实际上，市场营销者是指向他人寻求资源并愿意提供某种有价值的东西作为交换的组织或个人。这样，卖方构成了饭店业，而买方构成了饭店市场（见图 4-3）。通常，饭店产品的买卖双方通过 4 个流程连接在一起而形成了饭店营销系统。在该系统中，卖方将饭店产品传送到市场；反过来，卖方又从市场中获得货币和需求信息。

图 4-3　饭店业与饭店市场的关系

3. 饭店营销任务

（1）扭转型营销

当大部分潜在的顾客厌烦或不需要某种房务产品、会展产品或餐饮产品时，饭店采取措施，扭转这种负需求称为扭转型营销。例如，某饭店正宗四川菜已销售 3 年，许多顾客都品尝了多次，入座率和营业额不断下降，饭店调整了食品原料品种，改进了菜肴的风味和工艺，增加了其他的特色菜肴，经广告宣传和促销活动，入座率和营业额不断上升。

(2)刺激型营销

当大部分顾客不了解饭店的某些新产品时,饭店采取措施,扭转这种无需求趋势的活动称为刺激型营销。例如,某饭店开发了行政楼层,在开始销售行政楼层的客房时,销售效果不理想。然而,经过增加和调整该产品的附加价值,采取每天为每位顾客免费洗衣1件和免费每天为顾客提供美式早餐的措施及免费使用饭店的康乐设施后,其住宿率不断上升。

(3)开发型营销

当管理人员发现顾客对饭店某种产品有潜在的需求而饭店尚不存在这种产品时,饭店及时开发顾客需要的产品活动称为开发型营销。例如,单人客房、电视会议室、高尔夫球场、金钥匙服务、会展服务、大床间客房等都是近年来商务饭店开发的新产品。

(4)恢复型营销

当大部分顾客对饭店某些产品兴趣衰退时,企业采取措施,将下降的产品需求重新兴起的营销措施称为恢复型营销。例如,传统的中国人有在茶艺厅饮茶的习惯,后来人们逐渐对茶艺淡漠了。近年来,一些商务饭店根据市场需求,兴建茶艺厅,在保持了中国传统茶艺厅的餐饮产品后,创新了茶艺厅建筑结构和讲究外观装饰,增加了内部的文化气氛和特色的设施及器皿,设计了个性化的服务和现场音乐等(见图4-4)。一些饭店还在茶艺厅开发了茶套餐和各种小吃以满足顾客的需求。

图4-4 饭店的茶艺厅

(5)同步型营销

饭店产品需求量存在着明显的季节和时间不规则的特点,饭店采取措施,调节供需之间的矛盾称为同步型营销。例如,采用周末价格和平日价格、旺季价格和淡季价格调节不同季节的客房需求。根据顾客不同的时间需求,筹划不同种类的菜单和不同价格的菜肴及优惠措施等。

(6)维护型营销

当饭店某种产品需求达到市场饱和时,企业保持合理的售价,严格控制成本并改进产品质量而稳定产品销售量的活动称为维护型营销。例如,当某地区经济型饭店客房趋于饱和状态,企业一方面保持合理的售价,另一方面积极改进服务和产品组合,提供免费的自助早餐或免费下午茶服务。同时,为每位顾客提供1块免费的小茶点,从而维护了客房的销售量。

(7)限制型营销

当企业的某种产品需求过剩时,实行限制型营销。主要采取的方法有提高产品价格,减少服务项目等。例如,某地区饭店的大众化西餐需求超过了接待能力,企业采取提高利润的方法限制该产品的销售,暂缓需求水平。

(8)抵制型营销

抵制型营销目的是禁止出售不合格的产品,保护企业的品牌和信誉。饭店应对不符合本企业质量标准的客房、会议设施、菜肴和酒水等采取抵制型营销策略。

饭店营销任务见图4-5。

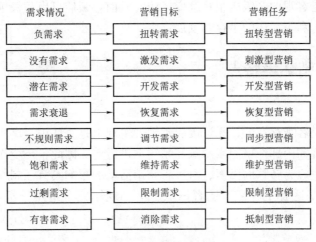

图 4-5 饭店营销任务

4.2 饭店营销环境

任何事物的存在与发展都离不开特定环境的影响，饭店市场营销也是如此。实际上，饭店营销就是饭店的营销管理者努力使本企业的可控因素与外界的不可控因素相适应的过程。因此，关注饭店内外环境的变化，识别与饭店环境变化给饭店带来的机会和威胁是饭店营销管理的基础和任务。

4.2.1 饭店营销环境概述

饭店营销环境，全称为饭店市场营销环境，主要是指与饭店营销活动有关的外部因素和内部体系的集合。饭店营销环境包括饭店营销的宏观环境和微观环境。饭店宏观环境是指与饭店营销有关的间接营销环境，包括人口环境、经济环境、自然环境、政策与法律环境、技术环境和社会文化环境等。饭店微观环境称为直接营销环境，是指与饭店营销有直接影响的环境因素，包括供应商、饭店内部环境、营销中介、顾客、竞争者和公众等（见图4-6）。这两种营销环境不是并列的关系，微观环境受宏观环境制约，宏观环境借助微观环境发挥作

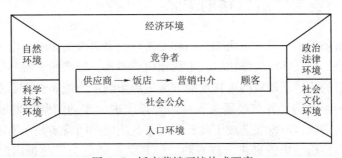

图 4-6 饭店营销环境构成要素

用。饭店营销环境是客观的，饭店很难改变环境。然而，饭店可以积极地去影响环境，规避环境威胁，使环境有利于饭店的生存和发展。

4.2.2 饭店营销环境特点

1. 客观性

饭店营销环境是客观存在的，无论饭店营销者主观上是否认识，事实上饭店市场营销活动总是在一定的外部和内部环境因素影响和制约下进行着。因此，环境作为饭店营销部门外在的、不以营销者意志为转移的因素，对饭店营销活动的影响具有强制性的特点。事物发展与环境变化的关系是适者生存，不适者淘汰。这一规律完全适用于饭店与其营销环境的关系。

2. 不可控性

通常，饭店外部营销环境因素的变化对于饭店营销是不可控的。例如，饭店不可能控制国家的政策法规，也不可能控制某地区人口的发展及变化趋势。同样，饭店也不可能控制竞争对手的经营状况。但是，饭店在不可控制的营销环境下绝不是完全被动的。因为，影响饭店营销和发展的环境中，许多因素可通过企业的努力得到改善。例如，饭店的产品质量和特色、饭店产品的推销策略、饭店的公众形象等都可以通过自身的努力得到改变。因此，饭店应当主动适应环境的变化和发展。

3. 差异性

不同的地区和国家，饭店面临的宏观营销环境存在广泛的差异。当然，各饭店的微观环境也千差万别。然而，同一环境对饭店营销而言，其影响的程度也会不同。应当说，饭店的营销环境总是受一定的空间制约。因此，分析饭店的营销环境，总是要考虑其不同的地域等特点。饭店必须对不同的环境影响采取有针对性的营销策略。

4. 相关性

饭店的营销环境十分复杂，构成因素多，涉及范围广，从而构成了饭店营销环境要素之间的关联。一个因素的变化可能导致环境中其他因素发生变化。例如，一个地区的人口因素变化对饭店的运营和营销构成影响，而一个地区的交通设施发展与饭店的市场发展存在着相关性。同样，食品原料价格的变化不仅影响到饭店餐饮产品的变化，而且也影响到旅行社的产品价格、会展运营企业及竞争对手等的产品价格。

4.2.3 营销环境与饭店营销的关系

根据调查，市场营销环境对饭店的营销和发展产生着极大的影响。由于饭店的营销环境有宏观和微观之分，那么环境的作用也就不尽相同。通常，饭店的宏观环境因素是经常变化的，其变化对饭店的营销活动从两个相反的方面施加影响：为饭店提供了新的营销机会，即为饭店创造了新的未被满足的市场需求，从而为饭店进一步的运营与发展创造了条件。相反，它可能对饭店的营销与发展造成了障碍或限制，使饭店的营销处在困境之中。当然，微观环境可能不会直接给饭店带来机会或威胁，但是微观环境会影响饭店的竞争力和经济效益。因而，它关系到饭店的可持续发展问题，是饭店必须认真分析和研究的内容。

由于饭店外部营销环境是饭店不可控的因素。因此，饭店同其外部营销环境之间的主要关系是一种适应关系，即饭店要适应外部环境的要求及根据外部环境的变化而制定本企业的运营战略和营销计划。同时，饭店应结合其内部条件，寻找和发现营销机会，避免和减少市场威胁并通过制定正确的市场营销战略和推销策略以实现饭店的营销目标（见图4-7）。

图4-7　饭店营销机会

饭店营销环境决定着饭店的命运并影响到饭店的营销效果。如果一个饭店的营销与其所处营销环境因素相违背，其营销活动就无法进行。例如，饭店的级别、类型及产品价格等与其所在市场的经济发展不符或其产品的价格超过了消费者的购买力，人们就会不购买或减少购买饭店产品。因此，饭店在实施营销活动时，要对其市场环境进行深入研究，以便保证饭店在竞争中持续地发展。当然，饭店在市场营销中决不能仅仅消极地适应环境。应该说，在适应环境的前提下，应关注是否可对营销环境施加影响，使环境向着有利于饭店营销方面发展，从而为饭店创造更多的营销机会。

4.2.4　宏观环境分析

1. 人口

饭店市场营销涉及人，饭店市场由人组成。人口总数、人口增长和分布、职业和家庭结构、人口流动及人口受教育程度等因素决定着饭店市场的容量。据统计，世界人口增长速度最快的是经济欠发达国家和地区，平均以每年2%的速度增长，人口总数占世界人口76%，而发达地区人口增长速度每年仅有0.6%。

2. 自然环境

自然环境是指与饭店营销有关的自然资源，包括地理位置、面积、地形、自然资源、温度、湿度、气候和交通等。自然环境与饭店营销效果紧密相关。目前，自然环境已经成为旅游业和饭店业关注的核心问题。在我国某些城市，空气和水污染已经达到了相当严重的程度。

3. 政策与法规

随着我国经济发展，我国饭店管理的法规建设和饭店环保措施不断地完善。饭店在经营中既要适应这些法规，又要善于捕捉营销机会。目前与饭店营销相关的法规和政策主要包括企业法、合同法、商标法、专利法、广告法、税法、食品卫生法、环境保护法、城市规划法及与市场营销相关的政策等。

4. 经济环境

经济环境是指影响顾客购买饭店产品及消费方式的一些因素，包括原材料、能源、交通、地区经济、就业情况、人均收入、消费水平和消费习惯等。根据经济学原理，地区的经济发展状况必然影响饭店经营和发展，不同阶段的经济发展地区有不同的消费观念和消费水平。就饭店而言，经济发达地区消费者重视饭店的级别、客房的种类、家具和设施的布局、餐饮产品的特色和个性化服务等。在经济发达地区，小型饭店的数目相对减少，中等规模和大型饭店相对较多，饭店有多个种类以满足不同的细分市场，非价格竞争超过价格竞争，使用较多的推销活动。

5. 技术环境

技术环境是影响饭店经营的主要因素之一。饭店应紧密关注本行业及相邻行业技术的发展，例如，互联网、新工艺、新材料、新设备、建筑技术、工程技术、电子技术、园林技术、制造业技术、清洁技术、烹调技术和服务技术等。技术发展可导致饭店的内部环境、设施、家具、菜肴、酒水和服务的更新换代。同时，由于技术的发展和变化，造成顾客消费行为的变化，追求产品个性化。当今，饭店智能控制系统是一个不断丰富和探讨的领域。饭店智能控制系统实现的产品功能及节能效益比传统的、仅依靠自动化系统的措施更加明显，其发展对提高饭店产品质量、节约能源和费用及提高顾客对产品的满意度起到了十分重要的作用。迈克尔·波特（Michael E. Porter, 1985）认为，科学技术的内涵不仅包括狭义的科技，还包括管理和组织的创新等。因此，饭店运用新的科学原理及实施新技术还可使饭店在市场上获得竞争优势。随着知识经济的到来，知识对饭店营销的作用愈加明显。当今，饭店业不仅是劳动密集型产业，还是知识密集型产业。

6. 社会文化

社会文化是指在一种社会形态下已经形成的价值观念、宗教信仰、风俗习惯、文化教育和道德规范等的总和。任何一个饭店都处于一定的社会文化环境中。文化环境可影响顾客的消费观念、产品偏好和消费行为。社会文化环境主要包括社会阶层、教育状况、宗教信仰、价值观念、风俗习惯和审美观念等。因此，饭店在开展房务产品和餐饮产品的创新及举办各项营销活动时，必须适应当地的社会文化环境。

7. 国际环境

国际环境是指饭店在国际营销中面临的经济环境、人口环境、社会文化环境、政治法律环境、自然环境和科学技术环境等。经济全球化是当今世界经济发展的主要趋势。在这种形势下，各国饭店及其产品纷纷走出国门，在世界范围内寻找营销和发展机会。目前，旅游业和饭店业已成为国际支柱产业。实力雄厚的饭店跨国集团早已把国际市场置于自己的营销范围内并将国际营销观念作为指导本企业营销的理念。在这种前提下，对于进行国际营销的饭店而言，不同国家与区域的顾客消费行为、社交方式、穿着举止和价值观不同，对饭店的环境、设施、色彩、图案、文字和餐饮等的喜好和忌讳及对饭店营销活动的评价有着较大的差异。这些差异直接影响购买者对其所需产品质量、品种、功能和特色等的需求。但是，全球化不意味着中小饭店必须多国经营。许多成功的企业家认为，只要在全球博得一块合适的位置就可以经营成功。其关键是审时度势，认真分析东道国的营销环境，权衡风险。

4.2.5　微观环境分析

1. 企业自身

饭店位于营销环境的中心，成功的营销必须依靠企业自身各业务部门的配合和支持。由于饭店各部门互相关联，构成了企业的内部营销环境，他们之间相互联系，相互制约。饭店高层管理人员制定企业任务、目标、经营战略和政策，而企业营销工作常依据饭店任务和目标来决策。饭店在制订营销计划时，必须兼顾管理层、执行层、营销特色和技术水平，营销部必须与其他部门紧密合作，各部门应各行其责。其中，财务部负责筹划所需资金；采购部负责供给原材料;房务部、会展部与餐饮部生产优质的房务产品、会展产品和餐饮产品;人力资源部选拔和培训适合本企业需要的人才。这些部门都对饭店营销产生重要的影响。然而,在日常营销中部门间的矛盾时有发生。通常,营销部赞同较宽的产品线,青睐可促进市场开发的价格及理想的价格折扣;采购部赞同窄的产品线,方便采购;财务部坚持各项产品的价格都必须高于成本。因此,饭店必须以市场营销为工作中心。为利于部门间的协调和开发新产品,饭店应制定有效的营销决策,总经理或副总经理应负责企业营销的全面工作(见图4-8)。

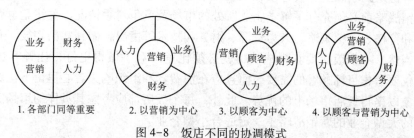

图4-8 饭店不同的协调模式

注:1. 业务指房务部、会展部和餐饮部等业务部门;2. 财务指财务部;
3. 营销指营销部;4. 人力指人力资源部

2. 供应商

供应商是饭店"价值传递系统"中的重要一环。他们能提供企业所需的各种资源。供应商对饭店营销有着一定的影响,他们提供的食品原料、客房用品、饭店设备、能源和燃料等直接影响饭店产品的质量和特色、产品价格、企业利润。因此,主管营销的管理人员必须加强与采购部和供应商的沟通与协调,关注其提供的原料和设施的质量。这些因素都是影响饭店品牌、信誉和知名度及顾客满意度的重要因素。综上所述,饭店必须选择那些价格合理、在质量与效率方面信得过的供应商并与他们建立长期而稳定的合作关系。

3. 营销中介

营销中介是指直接或间接协助饭店销售产品的企业、组织和个人。饭店营销中介主要包括中间商(网络代理商、旅行社、会展运营商、航空公司、特许联营企业)、金融机构和营销服务机构等。中间商是饭店营销活动不可缺少的组成部分。他们从各方面帮助和协助饭店销售产品,把产品销售给目标顾客。中间商的工作效率和服务质量直接影响到饭店产品的销售状况。因此,饭店应当选择有信誉、素质高、有业务能力的中间商并与他们进行长期的合作。

4. 竞争者

在市场经济条件下,任何饭店都不可能单独地服务于某一顾客市场。因此,饭店进行营销时,不可避免地会遇到竞争对手的挑战。由于竞争者常常与饭店在同样或相近的市场竞争。因此,竞争者的一举一动都会影响饭店的生存与发展。当然,市场竞争者对于一个饭店而言,来自多方面。例如,饭店与饭店、饭店与顾客、供应商之间,都存在着某种意义上的竞争。饭店的竞争者主要是指那些与本企业提供的产品相近,并且服务的目标顾客与本企业基本相同的企业。根据调查,饭店竞争者主要分为三种类型:本质竞争者、产品形式竞争者和品牌竞争者。本质竞争者也称为平行竞争者,是指满足同一种需求的不同类型饭店之间的竞争。例如,商务饭店与度假饭店之间存在着竞争。形式竞争者是指满足同一需要而提供不同级别产品之间的竞争。例如，五星级商务饭店、四星级商务饭店与三星级商务饭店的产品都是满足商务顾客对房务产品、餐饮产品和会展产品的需求。不同级别的饭店产品，其设施、服务和价格存在着一定的差异，但在必要的时段，五星级可以采取价格优惠策略，向四星级商务饭店的客源市场销售其产品。品牌竞争者是指满足同一需要，相同类型而品牌不同的饭店之间的竞争。此外，在饭店的竞争中，饭店市场密度也对饭店的竞争产生影响。饭店市场密度是指在某一区域中饭店或销售类似产品的企业数目。通常，饭店市场密度在饭店产品需求量相对稳定的基础上，会直接影响饭店市场的份额及体现饭店竞争的程度。为此，饭店在制定营销战略前必须充分了解本企业所处的市场及竞争对手情况，关注竞争者的规模和数量、产品和价格、营销策略、人力资源、财务和技术等情况，做到知己知彼，有效地开展营销活动。当然，一个饭店要获得成功，就必须比竞争对手做得更好，让顾客更满意。因此，营销不仅要考虑目标顾客的需要，而且应在消费者和组织购买者心里留下比竞争对手更有优势的印象以赢得饭店市场上的优势。此外，每个饭店都应考虑其具体的市场定位，在市场上占优势的大型企业的营销战略不一定适合小型企业。

5. 目标顾客

顾客是指使用饭店产品或服务的消费者和组织购买者的总称，是饭店营销与市场发展的基础，是饭店微观营销环境的重要因素。一般而言，顾客来自于多种市场，主要包括消费者市场、工商企业市场、政府市场与非营利组织市场等。消费者市场是指为满足个人或家庭消费需求而购买饭店产品的个人和家庭；工商企业市场是指为生产和经营其他产品或服务以赚取利润而购买饭店产品的企业，例如会展运营商、旅行社等；政府市场是指为执行管理职能而购买饭店产品的政府职能部门的集合；非营利组织市场是指由高等院校、科研机构和社会团体等组成的市场，他们购买饭店产品是为了履行某种职能或职责以完成组织目标和任务。此外，国际市场是指购买饭店产品或服务的外国人及其组织，包括观光旅游者、度假旅游者、事务旅游者、生产商、中间商及非营利组织等。来自不同市场的顾客对饭店产品的需求各不相同。

目标顾客是指某一饭店服务的对象，是饭店产品的直接购买者或使用者。饭店与市场营销渠道中的各种力量保持合作的目的就是为了有效地向目标顾客销售饭店产品。因此，饭店营销者应深入地研究目标市场，了解不同目标顾客的需求并针对目标顾客的需求特点，提供适合的产品。

6. 社会公众

社会公众是对饭店营销活动具有影响力的群体，其影响力可能有助于饭店的营销活动，也可能阻碍饭店的营销活动。社会公众主要包括金融公众、媒体公众、政府公众、社区团体及本企业内部公众等。这样，一个饭店如果希望从某个特定的公众得到回应、信任和赞扬，该饭店就需要针对这些公众制定具有吸引力的营销方案以实现营销目标。金融公众主要包括银行、投资公司、证券公司和股东等，他们对饭店的融资能力有重要的影响；媒体公众主要包括报纸、杂志、广播电台和电视台等传播媒介，他们能直接影响社会舆论；政府公众主要是指与饭店营销活动有关的各级政府机构和职能部门，他们所制定的方针和政策对饭店营销有着重要的影响；社区公众主要是指饭店所在地附近居民和社区团体。实际上，社区是饭店的邻里，饭店应保持与社区的良好关系，为社区发展做出贡献。从而，饭店也会受到社区居民的好评。社会公众的口碑有助于饭店建立良好的社会形象。饭店内部公众是指饭店内部所有的职工，职工是影响饭店营销效果的基础。综上所述，饭店营销活动涉及社会各方面的利益。这些社会公众的意见和建议对饭店的营销决策有着十分重要的影响。因此，饭店必须处理好与社会公众的一切关系，争取公众的支持，为饭店本身营造宽松的营销环境。

4.2.6　饭店营销环境分析

任何饭店都不能靠现有的产品长期生存下去，每个饭店都必须善于发现和抓住新的营销机会。在现实经营中，饭店的营销机会和威胁常是同时存在的。饭店经营战略的制定者和管理者的任务就是要善于识别与分析营销环境，抓住营销机会，克服环境的威胁。因此，饭店营销环境分析既是饭店制定经营战略的前提，也是基础。

1. 饭店外部营销环境分析

饭店外部环境是指存在于饭店周围并影响饭店营销的多种客观因素的总和。饭店识别外部环境的目的是基于了解饭店面临的营销机遇和环境威胁并从环境影响的具体状况进行分析，对环境做出必要的反应。

（1）宏观环境分析

宏观环境分析简称 PEST 分析，是对饭店营销外部的政治法律环境（Political）、经济环境（Economic）、社会文化环境（Social）和技术环境（Technical）等的综合分析，PEST 是以上各因素英语的第一个字母组合。其中政治法律环境是指制约和影响饭店营销的各种政策与法律及其运行所形成的环境系统，是决定、制约和影响饭店生存和发展的重要因素。一个国家的法律既可保护饭店的正当利益，又可监督和制约饭店的营销行为。这样，饭店的生产、运营和服务等活动都必须自觉遵守有关的法律规定，否则就要受到法律制裁。正确并充分地利用和适应饭店所面临的政治法律环境，是饭店成功营销的重要保证，也是实现饭店营销效果的前提。同时，饭店在制订营销计划和营销活动时，必须对所在地区的经济政策、经济体制、国民生产总值、就业水平、物价水平和消费支出等有详细的了解。饭店营销还必须关注行业的技术发展、竞争者的技术水平、新产品的开发状况及地区的社会文化等（见表4-2）。

表 4-2　饭店营销宏观环境分析模型

政治法律	经济	社会文化	技术
政治稳定性	经济发展状况		
旅游业政策	储蓄与信贷		产业技术
税收政策	汇率	人口状况	技术开发状况
经济法	利率与货币政策	劳动力流动	技术更新速度
旅游法	产业政策	教育与职业结构	能源利用与成本
卫生法	政府开支	社会福利与安全	信息技术发展
合同保护法	商业周期阶段	旅游与休闲态度	技术转让率
人事劳动法	食品原料	宗教与信仰	新材料
环境保护制度	能源状况	生活习俗	新工艺
能源政策	通货膨胀率	语言	新设备
物价政策	人均可随意支配收入		
财政政策	环境污染		
货币政策			

（2）产业生命周期分析

产业生命周期规律是产业发展的基本规律。产业发展与产业内企业市场营销之间具有一定的内在逻辑关系。产业生命周期理论自诞生之日起就受到了经济学和管理学家的极大关注。迈克尔·波特（1997）在《竞争战略》一书中论述了新兴产业、成熟产业和衰退产业中的企业竞争战略。饭店业是具有某种共同特性的企业构成的集合，是我国旅游产业、会展产业等重要的组成部分。通常，饭店的营销状况受旅游业整体发展状况的影响。因此，饭店营销的发展首先要判断自己所处的产业是否有发展机会并根据产业的生命周期来判断饭店业的发展阶段。

产业生命周期理论起源于产品生命周期理论，它是研究产业从诞生到衰退的演进过程中，产业内企业的数目、市场结构及产业创新动态变化等的理论。根据产业生命周期理论，饭店业生命周期可分为四个阶段：初创期、成长期、成熟期和衰退期（Gort 和 Klepper，1982）。这四个阶段的划分按照社会对该产业产品的需求而决定。某一产业随着对其产品的需要而诞生。同样，随着社会对该产业产品的需求消失而退出。因此，饭店业所处生命周期的不同阶段具有不同的营销环境特征。综上所述，产业生命周期是不可抗拒的客观规律，它是影响饭店营销和发展的基本因素之一。因此，饭店在制订营销计划和开展营销活动时必须对其所在产业生命周期特点及所处的阶段进行分析、判断和预测，通过营销和发展战略的实施，实现长期盈利并达到延长饭店生命周期的目的。

（3）产业结构分析

饭店业是由一组生产和经营相近并可替代的房务产品、餐饮产品和会展产品的企业组成的。例如，常住饭店的房务产品可替代商务饭店的房务产品，度假饭店的会议产品可替代会议饭店的会议产品等。此外，不同饭店的餐饮产品常可互相替代。因此，产业结构对饭店营销战略的制订和实施有着重要的影响作用。根据研究，激烈的饭店市场竞争不是巧合，而是来自产业内部的基础经济结构，包括5种竞争力量：潜在的进入者、替代品的威胁、购买者的讨价还价能力、供应商的讨价还价能力及现有竞争者的强度。根据具体情况，每种基本竞争力量对某一饭店的重要性可能不同，所有5种基本竞争力量状况及他们之间的相互作用的强度，决定着饭店业竞争的激烈程度和获利能力。在竞争激烈的区域，各饭店很难获得较高的利润，而在竞争相对不激烈的地区，各饭店普遍能获得理想的利润。如果某一地区的饭店业竞争不断加剧，将会降低饭店的投资收益率。如果饭店的投资收益长期低于最低收益率，会使投资者退出该地区的饭店业，可能将资本转入其他行业。相反，饭店投资收益率长期高于最低收益率，将会吸引新的资本流入该产业，包括新加入者的投入和现有竞争者增加的投资。因此，饭店在制订营销计划时，要认真分析以上5种竞争力量，要透过现象分析本质，分析每种竞争力的来源，制定适应产业环境的有效营销战略（见图4-9）。

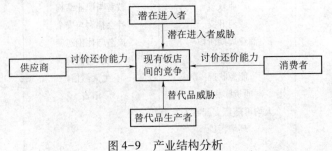

图4-9　产业结构分析

2. 饭店内部营销环境分析

饭店内部营销环境是指饭店内部对营销起着支撑作用的有形资源和无形资源的总和。饭店内部环境分析方法主要包括饭店营销资源分析、饭店核心能力分析和饭店营销状况分析等。

（1）饭店营销资源分析

饭店营销资源是指饭店向社会提供产品或服务过程中所拥有的并用于实现其营销目标的各种资源或要素的集合，资源反映饭店的营销实力，是饭店完成营销目标必不可少的因素。饭店营销离不开其拥有的资源，而饭店拥有的资源决定其营销的效果。根据调查，饭店资源主要包括有形资源和无形资源。有形资源容易被识别且易于价值的估算，例如，饭店建筑物、饭店设施与设备、客房和家具等；而饭店的无形资产不容易被顾客识别，是饭店营销中取得优势的源泉且竞争对手难以模仿，例如，饭店品牌、企业文化、饭店信誉、技术资源、管理诀窍及企业形象等（见表4-3）。作为饭店营销管理人员，在考虑有形资源的价值时，不仅要看到其数量多少和账面上的价值，更重要的是评估它在营销中产生的价值潜力。由于各饭店管理人员和技术人员的构成差异，对有形资源的利用能力也不同。因此，同样的有形资源在不同的饭店会表现不同的营销价值。无形资源常是饭店长期营销中积累的宝贵财富，饭店营销人员应重视本企业的无形资源。不仅如此，饭店应不断地创造新的资源并实现各种资源的整合。综上所述，在饭店营销环境分析中，饭店营销资源分析具有重要的意义（见表4-4）。

表4-3 饭店营销资源分类表

有形资源	无形资源
物质资源：饭店地理环境与位置、能源资源、设施和设备性能、获得原材料质量、特点、渠道和价格	财务资源：融资能力、饭店产生现金流能力
创新资源：高水平的管理人员与研发人员及其创新能力	技术资源：专有技术、培训能力与商标等知识产权
人力资源：高学历与高素质及具有熟练业务水平和对企业忠诚的管理者与职工	商誉资源：商业信誉、品牌、星级

表4-4 某饭店的餐厅营销资源分析

设施与设备	餐饮服务	菜肴与酒水	宣传与推销
方便与安全的停车场	适宜的温度与湿度	优秀的菜肴与酒水	餐厅门口原料展示
特色的外部环境设计	个性化的服务方式	新鲜的原材料	专业的菜单制作
生态与愉快的用餐环境	温馨的问候	食品营养搭配	定制化的菜肴份额
舒适并有特色的桌椅	适合的服务效率	严谨的制作工艺	适合的成本与价格
高雅的餐具与摆台设计	专业的菜单介绍	特色的味道与装饰	优秀的厨师与服务员
豪华的吧台及装饰	方便的结账方式	专业的酒水配制	高效的营销信息传播
高效与特色的环境布局	高质量的服务标准	摆放调味品	餐厅中的葡萄酒柜
摆放艺术品	熟练的服务技术		每日特价菜菜单
安全与卫生的餐具	配套的背景音乐		

（2）核心竞争力分析

饭店核心竞争力是指饭店在某一营销领域或某一业务方面领先于竞争对手的特殊能力，是饭店长期积累且独自拥有及其他竞争对手难以模仿的能力。从外部分析，饭店核心竞争力来源于营销理念、良好的公众形象和企业声誉等。实际上，饭店核心竞争力取决于饭店内多种职能之间的合作，而不仅仅在于某项特别技术、某项专利或某个高层管理人员。饭店一旦拥有核心竞争力,在较长的时间内很难被其他企业所替代。根据研究,一些饭店的核心竞争力来源于其个性化的历史而深深扎根于饭店内部,具有较强的持久性和进入壁垒的能力。核心竞争力是饭店在长期的经营管理中形成的,沿着特定的技术和营销模式积累起来,且融于企业文化中,很难被竞争对手所模仿或复制。根据调查,饭店核心竞争力富有营销价值,因为它可为顾客提供实实在在的利益和效用,从而为饭店创造长期的营销主动权而带来丰厚的营销效果。饭店核心竞争力的评价包括多方面:第一,是饭店信息管理、人力资源管理、组织管理与财务管理方面的能力及创造性地解决问题的能力。第二,对饭店领导水平和团队精神等的评价。第三,对饭店生产技术和服务模式等的获得、选择、应用及改进等方面的评价。第四,对饭店营销渠道、营销策略、产品开发和企业声誉等的评价。第五,对饭店的核心价值观的评价。第六,对饭店的建筑物、地理位置和交通的便利情况的评价。第七,对饭店的设施和设备、满足细分市场需要的房务产品、餐饮产品及会展产品的质量与特色等的评价。

4.3　饭店目标市场营销

目标市场营销是指在识别不同的消费者及组织购买者的需求特征前提下,饭店选择其中一个或几个消费群体作为本企业的消费对象或目标市场,并运用适当的营销组合,集中力量为目标市场服务及通过满足目标市场的需求获得理想的营销效益。实际上,目标市场营销是饭店营销规划与活动的重要内容,是饭店制定市场营销组合的前提和基础。为了有效地实施目标市场营销,饭店必须相应地采取3个重要的步骤:市场细分、选择目标市场和市场定位(见图4-10)。

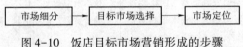

图4-10　饭店目标市场营销形成的步骤

4.3.1　饭店市场细分

1. 饭店市场细分含义

饭店市场细分,也称为饭店市场划分,是根据顾客对饭店产品的需求差异,将饭店市场划分为不同类型的消费者群体,每个消费者群体就是一个分市场,称为细分市场。这样,饭店市场可以分成若干个细分市场。实际上,饭店市场作为一个复杂而庞大的整体,由不同的消费者和组织购买者构成。由于这些购买个体和团队在地理位置、资源条件、消费心理、购买习惯及产品需求等方面存在着差异性,因此他们会产生不同的购买行为。根据研究,饭店市场细分的理论基础是同类产品需求的差异性。如果不存在消费需求的差异,饭店没有必要进行市场细分。同时,饭店市场细分是一个聚集过程,致力于从顾客需求的差别中,寻求和发掘某些共同或相关的需求因素。这样,可将一个错综复杂的市场划分为若干个细分市场。饭店细分市场是客观存在的。

2. 饭店市场细分作用

(1) 有利于发现市场营销机会

市场营销机会是指已出现于市场但尚未被满足的需求。这种需求是潜在的,通常容易被忽略。饭店运用市场细分的手段便于发现这类需求并可从中选择适合本企业营销的目标市场。从而抓住市场机会并使企业赢得市场的主动权。通过市场细分，饭店可以对每一个细分市场的购买潜力和满足需求程度等进行对比分析，探索出有利于本企业的市场机会，使饭店及时做出产品的更新换代及适合的营销组合以便更好地适应市场需要。

（2）有利于识别目标市场特点

在市场日益激烈的竞争情况下，饭店或饭店集团通过市场细分，有利于发现目标顾客的具体需求。从而，调整本企业产品结构和特色，提高企业的市场竞争力，有效地与竞争对手进行竞争。同时，基于细分市场，饭店更容易识别目标顾客的需求特点，而市场信息更容易被了解和反馈。

（3）有利于集中市场的优势

根据调查，任何一家饭店的人力、物力和财力都是有限的。通过细分市场，选择了适合本企业的目标市场，饭店可以集中人、财、物以争取局部市场上的优势而占领适合本企业发展和营销的目标市场。所以，饭店必须将整体市场进行细分，然后确定本企业的目标市场，把自己的优势集中到目标市场上，特别是一些中小型企业，更应该利用市场细分的手段，选择自己的目标市场。

（4）有利于全面提高经济效益

饭店或饭店集团通过市场细分，可面对本企业的目标市场开发和推销适合的产品。这样，既能满足市场需要，又可增加饭店的收入。当然，产品适销对路可以降低饭店的经营成本，提高产品的质量和特色，从而全面提高饭店的经济效益。

3. 饭店市场细分理论基础

饭店市场细分的理论基础是多元异质理论。该理论认为消费者对饭店产品的需求是多元的，具有不同质的要求，而需求本身的异质性是市场细分的客观基础。这样，需求差异为饭店市场细分提供了依据，而相对的相似使饭店市场细分从可能成为现实。根据研究，在饭店市场上，顾客的偏好一般存在3种情况：同质型偏好、分散型偏好、群组型偏好。这里，顾客偏好是指顾客对饭店产品的某种特色的需求和喜好的程度。假设某一地区的消费者对西餐快餐最关心的两种属性分别是：菜肴的食品原料和工艺特色。那么，这些消费者在市场上对这两种属性的偏好可能存在着以下3种情况（见图4-11）。

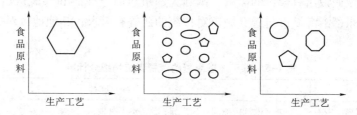

图4-11 不同的市场偏好模式

（1）同质型偏好

同质型偏好是指顾客对饭店某项产品的各种属性表现出基本相同的偏好。例如，消费者对西餐的食品原料和工艺特色都有相同的偏好。这说明了该地区的西餐不存在自然的细分市场，至少对西餐食品原料和工艺特色2种属性是如此。这时，饭店营销管理者应同时重视西餐菜肴的2种属性，而不应偏重其中的一种属性。

(2) 分散型偏好

分散型偏好是指顾客对饭店某项产品的各种属性表现出不同的偏好。例如，一些消费者看重西餐菜肴的食品原料，一些消费者看重西餐菜肴的生产工艺。同时，消费者对菜肴的原料和生产工艺2种属性有着不同程度的重视，呈分散型。在这种前提下，饭店所面对的市场选择是无限的。一般而言，饭店可定位于最大限度地满足数量最多的顾客需求。

(3) 群组型偏好

当一些消费者看重西餐菜肴的食品原料，而另一些消费者看重西餐菜肴的生产工艺。尽管消费者对以上2种属性的关注程度有所不同，但消费者对两种属性的偏爱程度比较集中，客观上已形成了几个群组或不同的细分市场。这说明群组型偏好已经形成。所谓群组型偏好是指一些顾客对饭店某一产品的某些属性表现出相同的偏好，另一些顾客对该产品的其他属性表现出相同的偏好。因此，饭店在选择目标市场时，应参照这些群组的偏好并根据自身的资源和能力为其中一个或数个细分市场进行服务。

在饭店现实的营销活动中，上述3种偏好类型在不同程度上都是存在的。首先，顾客对不同的饭店产品需求，可能会呈现出不同的偏好特点。由于各方面因素的影响，一些顾客可能偏重某一种属性，另一些顾客可能偏重另一种属性或同时偏重两种属性。同时，在饭店的现实营销中，顾客的需求偏好也可能很不集中。这就要求饭店在进行市场细分前，了解本企业所面对的市场偏好状况及本饭店的地理位置、设施与设备、产品与服务等客观条件。在此基础上，饭店营销管理人员应认真研究如何满足顾客的偏好，以便决定是否有必要进行市场细分。同时，还要考虑市场细分的程度。

4. 饭店市场细分标准

1) 消费者市场细分

(1) 地理因素细分

消费者市场细分是指购买饭店产品的个人与家庭消费者市场细分。按地理因素细分，是指根据消费者所处的地理位置、自然环境细分市场。细分的标准包括商务区与度假区、南方与北方、沿海城市与内陆城市、省会城市和普通城市、国内与国外等市场。饭店将地理因素作为市场细分标准的原因是地理因素影响顾客对饭店产品的需求。由于各地区的气候、风俗习惯、经济和教育等发展水平不同，形成了对饭店产品的不同需求和偏好。例如，旅游景区对度假饭店有较大的需求；国际大都市对商务饭店和会展饭店的需求量较大；我国的直辖市、东部沿海城市与省会城市对传统的西餐有需求；其他地区对西餐快餐有偏好（见表4-5）。

表4-5 基于地理因素的消费者市场细分标准

细分标准		变量因素
地理因素	国界	国外（欧洲、亚洲、大洋洲、北美洲、其他）、国内
	地区	江苏、浙江、四川、东北、山东、河北等
	地形	山区、平原、高原、草原、盆地等
	气候	炎热、温暖、寒冷、海洋气候、陆地气候、干燥、潮湿
	城市	大城市、中等城市、小城市、沿海城市、内陆城市、省会城市
功能与特点		商务区、闹市区、休闲区、风景区

(2) 人文因素细分

人文因素细分市场是指根据人口、年龄、性别、家庭人数、收入、职业、教育、宗教、社会阶层和民族等因素把饭店产品的市场细分为不同的消费者群体。人文因素与饭店有着一定的联系。通过调查发现，不同的经济收入、不同的年龄、不同的性别、不同的职业、不同的文化程度和不同的宗教信仰的顾客对房务产品和餐饮产品等的价格、品种、功能和特色的需求差异较大（见表4-6）。

表4-6　基于人文因素的消费者市场细分标准

细分标准		变量因素
人文因素	年龄	儿童、青年、壮年、中年、老年
	性别	男、女
	民族	汉族、蒙古族、回族、朝鲜族等世界各民族
	年平均收入	3万~5万元、6万~10万元、11万~20万元、20万元以上
	个人职业	政府官员、行政人员、企业家、科研人员、教师、工人等
	教育程度	大专、大学、研究生
	宗教信仰	无宗教信仰、佛教、基督教、道教、伊斯兰教等

(3) 心理因素细分

尽管很多顾客的收入水平及所处地理环境等因素基本相同，但有可能他们对饭店产品有着截然不同的消费习惯。这种习惯通常由消费者心理因素引起。因此，心理因素也是饭店产品细分市场的一个重要因素。心理因素主要是指人们心理特征和个性爱好等。一般而言，人们对生活的消费、工作和休闲消费存在不同的价值观念和态度。根据研究，不同的个性和爱好的消费者对饭店产品有不同的消费需求（见表4-7）。基于消费者的心理因素，饭店业应针对他们不同的消费观念，制定出相应的营销组合。

表4-7　基于心理因素的消费者市场细分标准

细分标准	特点分析
理想心理	顾客理想中的饭店会因人因事及因地而异，理想中的饭店可能是高楼大厦或幽静的花园等，也可能是高星级饭店或经济型饭店
不定心理	顾客初到陌生地区的饭店消费，总表现出一种无可适从的不确定性心理。因他对消费的环境、设施、餐饮等各种产品价格及服务方式不了解而造成
时空心理	一个地区的顾客常喜爱其他地区的风味菜肴，这就是时空心理在饭店消费中的反映。因此，饭店应设立异地风味餐厅。例如，北方地区的饭店营销浙江和广东地区的风味菜肴。饭店应时常举办美食节，销售其他地区或其他国家的地方菜系以满足顾客对时空心里的需求
怀旧心理	在中老年人群中，普遍存在并随年龄增加怀旧的心理。老年食客常抱怨目前的菜肴工艺不如以前，味道不如传统菜肴等。他们入住与用餐时总喜欢寻求"老字号"的饭店
求新心理	求新心理，人皆有之。许多青年人乐于在新建的饭店消费，入住新型的客房，青睐创新的菜肴。根据调查，不论任何等级的饭店，如果客房设施陈旧、菜肴呆板，只有价格在变动，肯定不会受顾客的欢迎
实惠心理	顾客都想以较少的支出而获取更实惠的产品，在饭店产品的消费中更是如此。因此，价格策略对饭店促销起着一定的作用

续表

细分标准	特点分析
雅静心理	饭店业不同于百货商店或娱乐场所，更不同于农贸市场。顾客通常希望饭店的环境幽雅与安静，顾客不愿在噪声高、拥挤、脏乱差的环境用餐或住宿
舒适心理	顾客对房务产品、会展产品和餐饮产品的消费需求不仅限于环境的幽雅和恬静，还需要心里舒畅。因此，合理的设施布局、自然的生态环境、礼貌的服务都是非常重要的饭店产品构成要素
卫生心理	通常，顾客要求饭店环境干净和整洁，餐饮符合国家卫生标准，安全可靠。根据市场调查，清洁卫生是顾客选择饭店的首要因素
保健心理	当今，随着国家经济的发展，人们愈加对身体健康的关注。顾客喜爱并选择有游泳池、健身中心和庭院的饭店；趋于光顾那些食品原料安全，烹饪工艺利于身体健康的餐厅用餐。因此，健康设施是饭店不可缺少的设施；而餐饮安全是任何级别和种类的饭店都不可忽视的营销基础

（4）行为因素细分

根据顾客对房务产品和餐饮产品的购买目的和时间、使用频率及对企业的信任度、购买产品方式等将顾客分为不同的消费群体（见表4-8）。

表4-8 基于行为因素的消费者市场细分标准

细分标准		变量因素
行为因素	生活方式	朴素、保守、传统、现代、亚洲、欧洲、北美洲等
	顾客个性	活跃、孤独、内向、外向、热情、冲动、冷静等
	应用时机	周末、平时、年初、年末、节假日等
	使用情况	曾经使用、从未使用、初次使用、使用频率、潜在使用者
	追求利益	方便、经济、易于购买
	忠诚程度	忠诚、转移型、易变者
	使用频率	少量使用、中量使用、大量使用、经常使用

2）组织市场细分

组织市场是指购买饭店产品的企业、非营利组织和政府机关等组织或团体。通常，组织购买者的购买目的、购买行为等与消费者购买饭店产品有着很大的差异。根据调查，组织类型、组织规模、地理位置、购买目的、需求因素和购买行为等都是组织市场细分的标准。在组织类型的细分中，旅游批发商、旅游零售商、工商企业、社会团体和政府机关等有着不同的购买行为。主要表现在购买目的、购买频率、产品质量与标准及价格要求等。在组织规模细分中，大型组织，特别是政府职能部门、大型企业集团、产业会议组织等购买行为不仅表现在每次购买的数量多，而且购买的产品较为复杂。通常，大型组织一次购买的饭店产品包括不同种类的房务产品，其中包括标准客房、商务套房、豪华套房，甚至总统套房等；其购买的会展产品包括大型会议室服务、中型会议室服务和小型会议室服务，甚至包括展厅服务等；其购买的餐饮产品常包括欢迎晚宴、欢送宴会、平日用餐和鸡尾酒会等。此外，地理位置是组织购买者细分的重要变量之一。一些政府机构、工商企业与非营利组织常选择交通方便，距离其本部比较近的地方接待外地来宾和工程技术人员等并组织和召开各种年会、学术会议和管理会议等（见表4-9）。

表 4-9　组织团体市场细分标准

细分标准	变量因素
组织类型	旅游批发商、旅游零售商、会展运营商、工商企业、大专院校、社会团体、政府机关
地理条件	交通运输、通信条件、组织机构的地理布局
城市类型	直辖市、省会城市、一般城市、其他地区
组织规模	大型组织、中型组织、小型组织
需求因素	购买目的、使用频率、质量标准、功能要求、价格要求
购买行为	购买能力、购买数量、购买品种、购买制度与购买程序、付款方式

5. 饭店市场细分原则

饭店细分市场的前提是必须有明显的需求差异。细分市场客观存在且有一定的规模和潜在的购买力，并且有显著的特色产品需求，是企业通过努力可达到的营销目标。当然，饭店市场细分的变量是非固定的。例如，人们的收入水平、城市规模、区域发展、交通条件等因素是发展和变化的。因此，饭店细分市场采用的变量标准应采用实际调查的数据，避免产生错误信息，做出错误的判断。饭店市场细分是创造性的工作。当所有的细分市场变量都是最基本的数据并与饭店营销实践呈松散的联系时，细分市场的价值会受到质疑。因此，饭店营销人员应深刻地理解饭店市场并从企业实际出发，创造性地选择一些有价值的变量，真正发现适合本企业的细分市场和目标市场。此外，还应放弃规模较小、经济效益差的细分市场。综上所述，基于饭店市场细分，无论是消费者市场，还是组织购买者市场，并非所有的细分市场都是有意义的。因此，饭店在市场细分时必须遵循以下基本原则。

（1）可区分原则

饭店市场细分的基础是顾客需求的差异性，所以凡是使消费者和组织购买者需求产生差异的因素都可以作为市场细分的标准。由于各类饭店市场的特点不同，因此饭店市场细分的标准也有所不同。这里的可区分原则主要是指在顾客的需求和消费行为上存在差异。同时，针对不同的细分市场，饭店可开发不同的产品及营销组合策略以满足细分市场的要求。

（2）可衡量原则

可衡量是指用以饭店细分市场的标准和变数及细分后的市场是可以识别和衡量的，既有明显的区别，又有合理的范围。如果某些细分变数或购买者的需求和特点很难衡量并细分市场后无法界定及难以描述，饭店市场细分就失去了意义。一般而言，一些带有客观性的变数，例如年龄、性别、收入、地理位置和职业等都易于确定，有关的信息和统计数据也比较容易获得；而一些带有主观性的变量，如心理和性格方面的变数就难以确定。因此，用于饭店市场细分的标准必须是科学的，应具备可操作性并可区分各细分市场的特征和规模。例如，将饭店市场细分为经济型饭店，中等级别的商务型饭店及豪华型度假饭店等市场。

（3）可实现原则

饭店细分市场必须是可实现的，是饭店通过努力可达到的，是通过开展营销活动可进行有效促销和分销的市场。实际上，饭店市场细分的可实现原则是考虑饭店营销活动的可行性。如果，在某饭店细分市场上存在着竞争者，而企业缺乏足够的营销能力和竞争力，那么饭店在这一细分市场的营销有效性很难把握。

（4）可盈利原则

可盈利是指饭店细分市场的规模要大到能够使企业足够获利的程度，使饭店值得为它设计一套营销组合以便顺利地实现营销目标并且有市场拓展的潜力。因此，饭店所选定的细分市场必须是可盈利的，且盈利水平较高。当然，细分市场的规模应有发展前途。例如，一些学者认为，人们常称作的"旅游饭店"，实际上并不存在。由于这类饭店市场范围狭隘，消费季节性强，盈利性差。因此，市场细分并不是将市场分得越细越好，而是适度地细分以便能有效地进行营销。因此，如果饭店市场细分的规模过小，其市场容量是有限的；而规模过大，则不利于饭店选择目标市场。

（5）相对稳定原则

相对稳定是指细分后的饭店市场能否在一定时间内保持相对稳定，其直接关系到饭店生产与营销的稳定性。对于大中型饭店而言，由于其投资周期较长，如果细分市场需求不稳定会造成饭店营销困难以致严重影响其投资回收和经营效益。因此，饭店细分市场必须在一定时期内有相对稳定的消费群体，否则所选定的细分市场就会动荡不定，饭店无法为之开发产品，制定价格，选择营销渠道及实施有效的推销活动。

6. 饭店市场细分方法

（1）单因素细分法

单因素细分法也称作重点因素细分法，是指饭店仅根据影响消费者和组织购买者需求的某个关键因素或最重要的因素进行市场细分。例如，地理位置、产品需求、消费能力等某一个因素为重点而进行的市场细分。

（2）多因素细分法

多因素细分法是根据影响消费者和组织购买者对饭店产品需求的2个及以上的因素作为细分市场标准。例如，一些消费者与组织购买者在做出饭店产品购买决策时，经常考虑地理位置和产品的功能，或地理位置与产品的价格等多因素。因此，饭店营销管理人员将影响顾客购买的多因素作为细分市场的依据。

（3）系列因素细分法

系列因素细分法是指一些饭店或饭店集团根据消费者和组织购买者需求的诸多因素及企业的自身资源与营销特点，将市场进行细分并需要逐层逐级地辨析来寻找适宜的目标市场。这种方法有利于饭店或饭店集团更好地制定相应的市场营销策略。

4.3.2 饭店目标市场选择

目标市场是指饭店在细分市场的前提下，基于满足现实与潜在的目标顾客需求，依据饭店自身的资源选定一个或数个特定的服务对象。目标市场选择是指饭店通过市场调研和分析并选择要进入的一个或几个细分市场的过程。实际上，饭店目标市场的选择就是在细分市场的基础上确定符合本饭店或饭店集团营销的最佳细分市场，即确定本企业的服务对象。

1. 目标市场选择条件

在市场细分的基础上，饭店或饭店集团为了实现自己的营销目标，在复杂的市场需求中寻找并选择那些需要本企业产品的消费者及组织购买者，为选中的目标市场策划产品、制定价格、建立营销渠道及实施营销策略等。同时，饭店必须充分发挥自身的资源、能力和竞优势并保证被选定的目标市场有充足的购买力，才能充分地发展本企业的营销潜力。此外，被选定的目标市场尽可能是竞争者较少或较弱的细分市场。

(1) 细分市场规模

饭店选择目标市场，首先应评估所选的细分市场规模是否符合本企业的营销目标。如果所选的细分市场规模小于企业的营销目标，企业就达不到所期望的营业收入和利润。反之，细分市场规模大于企业的营销目标，饭店就必须增加较高的投入，这样也会产生一定的风险。

(2) 市场增长潜力

饭店评估某细分市场是否值得经营或进入，不仅要评估其静态的规模，还要分析其动态的发展。一些细分市场虽然当时规模有限，然而其预期增长水平可能较高。例如，在刚刚进入21世纪的时候，我国经济型饭店的市场规模有限。至今，在其发展的过程中，市场增长的速度很快。同样的，20世纪末，我国西餐市场仅在几个直辖市或少数经济发达的城市具有少量的需求。然而，目前西餐在我国东南部经济发达地区和全国省会城市普遍受到人们的青睐。

(3) 企业营销能力

尽管饭店细分市场的规模和预期增长水平对于饭店选择目标市场很重要，但选择目标市场不可忽视的条件之一是本企业的人力、财力与物力等基础和营销能力。根据调查，如果一个细分市场不适合本企业的营销发展目标，不会为饭店带来长期的营销效益，那么这一细分市场应当放弃。

(4) 竞争者数量与策略

通常，在竞争对手较多时，消费者与组织购买者对饭店产品的功能和特点的印象及对饭店品牌的印象都是非常重要的。因此，饭店在选择目标市场前，必须清楚市场上竞争者的数量和竞争力。同时，饭店应尽力避开具有过多竞争对手的细分市场，选择差异化的细分市场。

(5) 产品的同质性

产品的同质性是指消费者与组织购买者对饭店产品的功能与特色方面感觉的相似程度。饭店选择目标市场的目的之一是方便消费者与组织购买者识别本企业的产品功能与特点。根据研究，一些地区的饭店产品同质性较高，在这些区域，饭店必须选择差异化的细分市场以保证营销的有效性。

(6) 产品生命周期

根据研究，饭店产品像其他产品一样，存在着产品生命周期，即一种新型的房务产品、餐饮产品和会展产品从开始进入市场到被市场淘汰的整个过程。因此，饭店应避免选择将要被市场淘汰的产品。例如，在产品功能与特色方面落后于需求的产品。

2. 目标市场选择范围

目标市场选择范围也称为目标市场的覆盖范围。饭店在选择目标市场范围时应考虑本企业在该细分市场的优势、细分市场的需求和购买潜力、细分市场的竞争对手及本企业应达到的市场占有率等。通常，目标市场的选择范围主要包括：市场集中化、市场专业化、产品专业化、选择专业化和市场覆盖化（见图4-12）。

名称与范围	图示	特　点
1. 市场集中化	市场（消费者与组织团体） 　　　甲　乙　丙 产 A ■ □ □ 　 B □ □ □ 品 C □ □ □	饭店仅选择一个目标市场，经营一种产品，称为市场集中化。例如，某饭店集团将经济型饭店作为在国内各地区的目标市场，服务于那些青睐价格实惠的消费者
2. 市场专业化	市场（消费者与组织团体） 　　　甲　乙　丙 产 A □ ■ □ 　 B □ ■ □ 品 C □ ■ □	市场专业化，是指饭店或饭店集团仅选择某一类消费者群体并向这一细分市场营销多种产品。例如，某饭店集团选择高消费的商务顾客为其营销目标。从而，该集团在全国不同的城市和经济发达地区分别经营高星级的商务饭店和会议饭店
3. 产品专业化	市场（消费者与组织团体） 　　　甲　乙　丙 产 A □ □ □ 　 B □ □ □ 品 C ■ ■ ■	产品专业化，是指饭店或饭店集团营销单一种类的产品，服务于数个不同的细分市场。例如，某饭店集团在全国各旅游和度假区经营度假饭店，服务于多种消费者群体。包括高消费的度假散客、中等消费水平的旅游团队、一般工商企业的会议等
4. 选择专业化	市场（消费者与组织团体） 　　　甲　乙　丙 产 A ■ □ □ 　 B □ ■ □ 品 C □ □ ■	选择专业化，是指饭店或饭店集团选择数个有发展潜力且不同的细分市场，并为这些细分市场制定不同的营销组合。例如，某饭店集团在省会城市经营五星级商务饭店，在2级城市经营3星级商务饭店，在著名的景区经营4星级的度假饭店
5. 市场覆盖化	市场（消费者与组织团体） 　　　甲　乙　丙 产 A ■ ■ ■ 　 B ■ ■ ■ 品 C ■ ■ ■	市场覆盖化，是指饭店或饭店集团以不同的产品和营销组合满足各细分市场的需要。例如，某饭店集团在经济发达地区经营高星级商务饭店和长住型饭店，在经济欠发达地区经营经济型和三星级商务饭店，在各景区经营不同级别的度假饭店和会展饭店等。这种选择范围适合有经济和管理实力的饭店集团

图 4-12　饭店目标市场选择范围

3. 目标市场营销策略

饭店或饭店集团选定目标市场后，为了达到预期的营销效果，必须根据自身的资源、能力和竞争优势，采取一系列策略使企业营销成功。饭店的目标市场营销策略主要包括无差异型营销、差异型营销和密集型营销3种策略。

（1）无差异型营销策略

饭店在选择目标市场时，把整个饭店市场作为自己的目标市场，忽略顾客需求的差别，集中顾客的必需，设计出一套饭店产品及统一的营销组合。包括产品性能和特色、价格、销售渠道及促销方法等，吸引整个饭店市场的大多数顾客的营销活动。例如，某饭店集团在任何地区都经营3星级商务饭店，饭店的客房仅为标准客房和大床间，所有客房服务实施统一的标准；餐饮设施仅是一个咖啡厅，销售大众化的西餐，面对所有的商务、旅游和会议顾客。这种营销策略的优点是成本低，营销方法相对简单。缺点是不能满足不同顾客对房务产品的需求。在没有竞争的前提下，这种营销策略有效。随着饭店市场的发展和竞争，饭店采取无差异型市场策略将越来越困难（见图 4-13）。

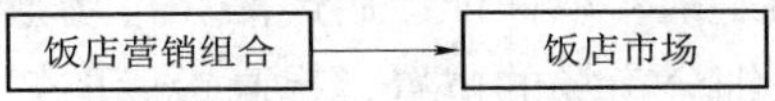

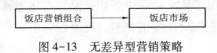

图 4-13　无差异型营销策略

（2）差异型营销策略

差异型营销策略是指根据细分市场的需求差异，饭店采取不同的营销组合，经营不同的饭店产品，满足不同顾客的需求并分别设计出相应的产品价格、产品特色、营销渠道和推销策略，实施分别组合的营销方式。当今，许多饭店管理人员认为，在饭店市场越来越成熟的前提下，企业必须在有限的市场领域中满足不同消费者与组织购买者的需求才能取得成功。例如，某饭店集团在不同的地区，根据当地的社会经济发展状况及对饭店产品的需求情况营销不同级别和特色的产品。包括商务饭店产品、会展饭店产品和度假饭店产品（见图 4-14）。当然，饭店实施差异型营销策略的前提是必须具备一定的财力、物力、技术力量及有能力的管理人员。

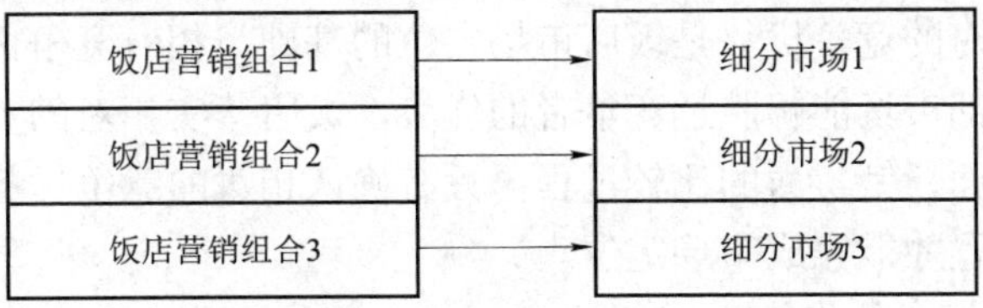

图 4-14　差异型营销策略

（3）集中型营销策略

集中型营销策略是指饭店选择一个或几个需求相近的消费群体，集中企业所有的人力、财力和物力，集中制定一套完整的营销组合。根据市场调查，成功的饭店营销，产品种类不一定大而全或小而全，而是集中其优势产品与特色产品，面对一个或几个特定的目标市场。例如，某饭店集团面对相似需求的商务顾客、会议团体等经营不同级别的商务饭店（见图 4-15）。这种饭店适合高消费和中等消费水平的商务顾客和会议团队。

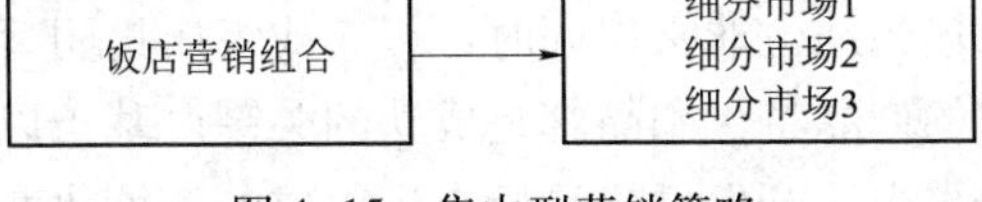

图 4-15　集中型营销策略

4.3.3　饭店市场定位

1. 市场定位含义

市场定位理论首先由美国的两位广告公司经理——艾·里斯（Al Ries）和杰克·特劳特

饭店管理概论

（Jack Trout）于1972年提出。后来，受到学者与企业家的广泛重视。市场定位也称作产品定位或竞争性定位，是饭店营销中不可缺少的环节，是饭店根据目标市场的需求和本企业的特长，对本企业产品的前景设定位置的过程，也是饭店在顾客面前树立自己产品特色和良好企业形象的过程。通过市场定位，消费者和组织购买者可明显地感觉和认识到本企业与其他企业在形象方面和产品方面的差别，以保证饭店产品在市场上深受顾客欢迎。市场定位的主要作用是塑造本企业的产品在细分市场的位置，提高饭店的知名度和美誉度。

2. 饭店市场定位步骤

饭店市场定位的关键是企业要设法在自己的产品和营销组合方面找出比竞争者更具有竞争优势的因素。通常，饭店市场定位的过程包括3个步骤。

（1）确认本企业潜在的竞争优势

市场竞争优势主要是指，饭店业在产品开发、服务质量、销售渠道、品牌知名度等方面的优势，这种优势或能力既可以是现有的，也可以是潜在的。饭店或饭店集团要确认本企业潜在的市场竞争优势，首先应与竞争者在各方面进行比较和分析，找出双方的强项和弱项。包括管理人员、技术人员和职工的组成，技术与管理优势，产品功能、产品质量与特色，财务能力与价格优势，营销优势与地理位置优势及市场占有率等。通过对上述指标的对比分析，选择最适合本企业目标市场需要的产品及适合的营销组合等。

（2）落实本企业相对的竞争优势

落实本企业的相对的竞争优势是饭店市场定位的基础。相对竞争优势是指，饭店或饭店集团在内部资源和外部市场能够胜过竞争者的优势。饭店落实相对的竞争优势实际上是一个饭店与竞争者在各方面营销实力的比较过程。只有确认相对的竞争优势并初步确定本企业在目标市场上所处的位置才能完成市场定位。

（3）准确把握市场竞争优势

饭店选择了本企业的目标市场和落实了相对市场竞争优势后，企业必须开发与目标市场相一致的产品，而营销人员必须制定相应的营销策略，确保将企业各方面的优势与产品的特点传达给目标市场。这一工作要通过一系列的营销管理、宣传和促销活动来完成，并在目标顾客心目中留下深刻的印象以使目标顾客认同和偏爱本饭店的产品，熟悉本企业的市场定位。

3. 饭店市场定位策略

（1）避强定位

避强定位是指避开强有力竞争对手的市场定位。其优点是，可在较短的时间内树立自己的品牌。当竞争对手在市场的地位非常牢固时，饭店或饭店集团盲目地与其竞争会导致本企业营销失败，而创建自己的产品特色和品牌是成功的关键。基于以上原因，通过寻找市场的空白及没有被满足的市场需求，开发适应目标市场需求的个性化产品。包括房务产品、会议产品和餐饮产品，与其他企业形成区别。从而，为本饭店或饭店集团产品在市场上找到合适的位置。

（2）对抗定位

对抗定位是指与市场最强的竞争对手"对着干"的定位方式，是与竞争对手经营同样的饭店产品的定位策略。这种营销定位具有一定的风险。然而，一些企业家认为，这种定位策略能激励企业奋发上进，是可行的定位尝试。一旦成功会取得巨大的市场优势，关键是知己知彼才能取胜。当然，这种定位策略要求饭店或饭店集团必须考虑自身的资源和实力。

（3）概念定位

在饭店市场高度发展的前提下，通过市场细分找到一个尚未开发的市场机会比较困难，而概念定位是指影响和改变顾客的消费习惯，将一种新的消费理念打入顾客心里的定位策略。例如，带有宽带网和电脑的客房、带有本地交通信息电视频道的客房、适合大众化口味和消费水平的西餐等都是新概念饭店产品。当今，主题饭店在国际上已有50余年的发展历程。主题饭店是指以所在地区最有影响力的资源和文化特征为素材且具有明显的文化氛围和产品特色的饭店，从而营造出一种独特魅力与个性化特征的饭店。主题饭店主要包括自然风光饭店、历史文化饭店、特色城市饭店、特色娱乐项目饭店（见图4-16）、名人文化饭店和艺术特色饭店等。

图4-16　迪斯尼乐园饭店

（4）重新定位

重新定位是指，饭店为本企业在市场上重新确定产品特色和企业形象以争取有利的市场地位的定位策略。通常，饭店对销售少、市场反映差的房务产品、餐饮产品和会展产品等会重新定位，目的是摆脱营销困境，重新获得产品销售潜力与市场的活力。同时，当竞争者推出的新产品使本企业产品的市场占有率下降时或消费者及组织购买者的需求发生了变化以致本企业产品销售量减少时，饭店应考虑对其市场重新定位。综上所述，饭店重新定位主要是基于3个前提：原定位不能达到企业的营销目标、饭店发展新市场的需要、饭店参与竞争的需要。

4. 饭店市场定位方法

（1）基于饭店产品功能定位

根据顾客对产品功能的需求，饭店根据本身的资源与能力，可将本企业定位为商务饭店、度假饭店、长住饭店、会展饭店及汽车饭店等。

（2）基于饭店等级定位

饭店为满足消费者与组织购买者对饭店建筑、内部设施、客房及用品等的质量与特色的不同需求，可将本企业定位为经济型饭店、三星级饭店、四星级饭店及五星级饭店。饭店星级愈高，饭店的等级愈高，其设施应当愈全面，服务愈周到，饭店产品的生产与营销的投入愈高。当然，其产品的价格也愈高。

（3）基于坐落位置定位

为了满足不同地理位置的顾客需要，饭店应根据市场对地理位置的需求及本企业资源，将本企业定位为机场饭店、城市饭店、城郊饭店、度假地饭店及高速公路饭店等。

（4）基于时段需求的定位

饭店根据顾客在不同时段对餐饮消费的需求，将餐饮产品定位为早餐市场产品、早午餐市场产品、午餐市场产品、下午茶市场产品、正餐市场产品和夜餐市场产品，根据不同的细分市场需求设计菜单。

5. 饭店市场定位应注意的问题

饭店市场定位离不开企业自身的资源水平和竞争优势、知名度和美誉度。通过研究，当目标市场半数以上的顾客熟悉本企业且青睐本企业的产品时，说明本企业有较高的知名度和美誉度。然而，当某一饭店具有较高的知名度，较低的美誉度时，营销人员应认真检查其产品的功能与特色及营销组合等存在的问题并通过市场定位重新提高美誉度。对于一个具有较高的美誉度，较低的知名度的饭店而言，说明其市场定位不明确，营销组合存在问题，营销人员应调整其产品的功能与特色及促销力度。一些知名度低且美誉度低的饭店，说明其产品功能不能满足目标顾客的需要，产品缺乏特色，营销组合不利。这样的饭店应重新树立企业形象，完善产品功能与特色，调整企业营销组合。通过重新定位，提高其知名度和美誉度。

$$知名度 = \frac{知晓人数}{地区总人数} \times 100\% \qquad 美誉度 = \frac{称赞人数}{知晓人数} \times 100\%$$

4.4 饭店营销策略

4.4.1 地点营销策略

饭店的地理位置在营销中起到重要的作用。许多饭店的装潢非常有特色，饭店产品的质量也很好，但是其经营状况并不乐观，原因是地点问题。饭店业与制造业不同，它们不是将产品从生产地向消费地输送，而是将顾客吸引到经营地点（饭店）去购买饭店产品。因此，饭店地理位置是饭店经营的关键。著名的美国饭店企业家爱尔斯沃斯·密尔顿·斯塔勒（Ellsworth M. Statler）认为："饭店取得成功的三个根本要素是地点、地点、地点。"饭店通常建立在方便顾客到达的地区。许多饭店管理人员总结：交通方便的商务区、城郊结合部等都是饭店经营的良好地区。但是，熙熙攘攘的闹市区不是饭店的最佳选择。大量的事实证明在著名的商务区内也有不少生意清淡的饭店。这些饭店失败的原因有许多。例如，饭店的等级与商务区消费水平不符，饭店门前缺乏停车场，由于高额的费用造成饭店产品价格过高而失去竞争力等。因此，饭店经营成功的关键之一是把握饭店所在地的特点并根据该地区和顾客消费特点设立不同级别和经营特色的饭店（见图4-17）。通常，消费水平愈高的饭店，顾客购买该产品愈慎重；而愈是著名和有经营特色的饭店，人们愈是愿意付出费用和时间前来消费。饭店所在地区与饭店经营区域大小有紧密的关联性。位于商务区的饭店比郊区饭店的经营范围小，因为商务区的交通和存车不如郊区方便。饭店坐落在竞争者附近，会影响其营销范围。如果附近竞争者所在位置比该饭店优越，产品更有特色，会严重影响其经营区域。在确定饭店的经营范围时，要注意地理特点。如果饭店设在各条道路纵横交叉的路口，该饭店会从各个方向吸引顾客，它的经营区域是正方形。如果饭店设在公路上，可从两个方向吸引顾客，其经营区域为长方形。当然，设在路口的饭店比设在公路的饭店更为醒目。在选择饭店地点时，必须调查是否有与本饭店经营相似产品的竞争者并调查该饭店的经营情况。此外，必须慎重关注各地区的饭店经营费用。

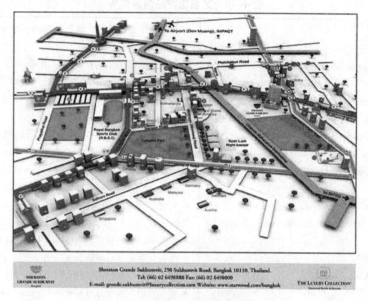

图 4-17 某饭店地点营销使用的地图

4.4.2 产品组合策略

产品组合策略是饭店营销策略的基础，饭店不仅应在产品研究和开发方面投入资金，而且要重视产品组合的研究。产品组合也称产品搭配（Product Assortment），是指饭店提供给顾客的全部产品范围和结构，是饭店对产品组合宽度、长度、深度和相关性4个方面的决策。宽度是指饭店产品的类别，长度指每类产品的种类，深度是指每一分类产品的特色，相关性是指饭店各产品之间的关联性。例如，某饭店房务产品组合长度为6，包括单人间、标准间、普通套房、商务套房、豪华套房和总统套房，共计6个种类；餐饮产品组合长度为8，包括中餐厅、扒房、咖啡厅、日本餐厅、宴会厅、食街、大厅酒吧和主酒吧；会议产品组合宽度为4，包括有容纳500人以上的大型会议室、能容纳200人的会议室、可容纳100人的会议室和容纳30人的圆桌会议室；该饭店有游泳池、保龄球馆、健康中心和游艺室，说明康乐产品的长度为4；此外，该饭店还提供商务服务和工艺品服务。综上所述，该饭店的产品宽度为6，产品总长度为24。然而，同类客房不同的布局，各餐厅在不同餐次的菜肴组合及服务方法，不同会议室的布局等为饭店产品的深度。当然，产品组合的相关性是指饭店各产品类别在用途、经营和分销渠道的相关程度。例如，饭店的会展产品和餐饮产品在生产方面关联性小，但在用途和营销方面关联性很强。因为使用会议产品的顾客需要在同一饭店用餐。因此，当饭店在销售会议产品时，不能满足顾客餐饮产品的需要会严重阻碍会议产品的销售。当然，许多会议产品还与房务产品和康乐产品紧密相关。饭店增加产品的宽度和长度可充分发挥企业的经营潜力，丰富产品种类和特色，提高经济效益。科学的产品组合可集中企业的资源，降低成本，提高经营效益。因此，饭店进行产品组合时应考虑产品之间的相关性，增强产品组合中的关联意识，充分发挥企业技术、服务和销售优势（见表4-10）。

表 4-10　某饭店产品组合广告

- 无烟客房（All rooms are no-smoking）
- 带羽绒床垫的舒适床（Deliciously comfortable bed with goose down comforters）
- 丝绒鹅绒芯枕头（Goose down and fiberfill pillows）
- 开夜床服务（Evening turndown service）
- 全棉浴衣（100% terry cotton bathrobes）
- 每天室内报纸服务（Daily newspaper delivered to room）
- 免费瓶装纯净水（Complimentary bottled water）
- 12 岁以下儿童住宿免费（Guests under 12 years of age stay free）
- 婴儿床服务（Cribs and rollaways available）
- 室内保险箱（N-room safes）
- 九个餐厅有客房送餐服务（Room service is available through NINE restaurant）
- 免费的全部闭路电视频道和 HBO 频道（Full access cable and complimentary HBO）
- 带数据接口的双通话器电话（Two-line speakerphone with data port）
- 每个房间兼容高速 ADSL 互联网访问和所有公共区域的高速无线互联网服务（Complimentary high-speed ADSL Internet access in each room and high-speed wireless connectivity throughout all public areas）
- 付费内部电影和录像节目（Pay-per-view movies and video games）
- 中央供热系统和空调（Central heat and air conditioning）
- 天花板电扇（Ceiling fans）
- 室内 CD、时钟和收音机（CD stereo/clock-radio）
- 熨斗和烫熨板服务（Iron and ironing board）
- 电吹风机（Hair dryers）

- 室外花园内游泳池（Outdoor swimming pool in a peaceful garden setting）
- 花园旁健身俱乐部（Health club facilities nearby）
- 游泳池旁散步小路（Jogging and walking paths along the coast are just one block away）
- 停车场（Valet parking）

4.4.3　产品生命周期策略

任何一种饭店产品的销售和利润都是变化的，这种变化由弱势至强势，然后衰退。这种发展过程称为饭店产品生命周期（Hotel Product Life Cycle）。由于饭店产品生命周期的存在，企业必须对不同发展阶段的房务产品、餐饮产品、会展产品和康乐产品制定适当的营销策略。同时，不断地开发新产品取代即将衰退的产品。例如，每天为顾客免费洗衣一件，每天在开夜床时赠送顾客一块点心，通过这类措施可保持成熟期的房务产品价格和销售量。再比如，每天为顾客免费烫洗衣服一件，免费提供饭店健身房和游泳池服务，免费提供高规格的自助餐，甚至适当向下调整价格，以此保持衰退期的客房销售量。适当提高新建客房和新建楼层的房价，控制新产品的需求等都是对不同时期产品的营销策略。营销专家菲利普·科特勒将产品生命周期归纳为 5 个阶段：开发期、引入期、成长期、成熟期和衰退期。产品生命周期理论在现代饭店营销中的有着重要的意义，可使企业掌握各阶段产品的市场地位并为产品营销策略提供依据，增强企业的竞争力和应变能力。

通常，在饭店产品培育、构思和形成阶段称为产品开发期，这一阶段的单位产品成本高，销售额和利润基本为零，尚无竞争者，主要营销策略是将产品尽快投入市场。新产品初上市阶段称为产品引入期，这时产品知名度低，营销费用高，产品利润低，竞争者很少，主要营销策略是尽快建立产品知名度，占领市场。被市场接受的新产品称为产品成长期，这一阶段产品的销售量迅速增长，利润显著上升，竞争者相似的产品陆续出现。这时期的产品营销策略是提高产品质量，增加产品特色，提高市场占有率，树立品牌，选择适当时机调整产品价格或提高产品的附加值。当产品被市场认可，销售量理想并稳定的阶段称为产品成熟期。这一时期不论销售量还是利润都达到顶峰，并开始缓慢下降，市场竞争激烈，营销费用增加，产品价格下降，成本上升。因此，在保持一定的市场占有率和利润的基础上，寻求新的产品需求，改进传统产品，调整产品营销组合。当产品销售额下降，产品需求达到饱和时，利润日益减少。最后，产品被市场淘汰的阶段称为产品衰退期。这时，应当逐渐放弃超龄的客房、呆板的餐饮，实现产品的更新换代。

4.4.4 新产品开发策略

在市场竞争中，经营成功的饭店不断地将本企业产品推陈出新以满足市场需求。饭店新产品指在设施、家具、用品、原料、工艺、结构、特色、功能和服务等方面有明显的提高或改进的房务产品、会展产品、餐饮产品和商务产品等。饭店新产品开发是创新过程，产品开发需要一定的资金投入，必须通过准确的市场调查和预测，根据企业的能力和条件量力而行，其前提是满足企业的经济效益，由指定的产品开发负责人和技术人员一起研究和实施开发策略。大型饭店可成立新产品开发部，负责与协调饭店新产品开发工作，减少新产品开发的盲目性和风险性，保证新产品在设计、制作、服务和营销方面的一致性。新产品开发必须有完善和科学的开发程序，必须经过构思、筛选、形成产品、市场试销和正式上市5个程序。构思即产品的创意，是新产品开发的第一个阶段。新产品的创意常来自饭店的技术人员、营销人员、顾客、竞争者、中间商及专业报纸杂志等。筛选是对创意的新产品进行优选阶段，正确的筛选必须立足于市场需求、营销环境、资金能力、设备和技术能力等。然后，把产品构思具体化，形成正式产品并估算出产品的销售量和投资效益率，做好新产品的营销组合。饭店新产品上市时，常不会立即被顾客普遍接受，需要时间和推广。美国著名的学者罗杰斯提出新产品扩散和使用理论。他认为，顾客从知晓到使用新产品要经过5个阶段：了解某新产品，对新产品产生兴趣，分析与评估新产品，试用新产品，使用新产品。

4.4.5 价格营销策略

在成功的营销活动中，产品价格营销策略扮演着重要的角色。价格营销策略是指饭店制定产品价格的谋略和技巧。通常，饭店在确定产品价格时，必须考虑不同的产品质量、功能和特色、产品成本、顾客认知水平、购买时段、企业竞争状况、消费者与组织购买者的构成及顾客消费心理等因素。在饭店市场上，新产品价格的高低，决定着它能否在市场上持续发展，能否满足消费者和组织购买者的需要等。同时，也决定着饭店是否可增加利润以扩大再生产。首先是饭店新产品的价格营销策略的实施，其主要策略包括撇脂价格策略、渗透价格策略、满意价格策略和折扣价格策略。撇脂价格策略是指在新产品投入市场的初期，饭店有意识地把产品价格定得高一些，力争在竞争对手出现前，迅速地获得较多的利润，尽快收回投入的资金，待同类产品大量上市后，产品价格会逐步下降。通常，这种价格策略常用于需求弹性较小的产品及不易被竞争者仿制的产品。渗透价格策略是指在新产品上市初期，饭店有意识地把产品价格定得低一些以便在短期内将产品渗入至市场。这种价格策略是把部分产品价值让渡给顾客，饭店仅留下小部分利润。这样，在新产品的市场开拓阶段，尽管利润可能不理想，但是有利于饭店市场的长期发展。满意价格策略也称为温和价格策略，是指将饭店产品的价格制定在目标顾客可以接受的水平上。饭店或饭店集团给顾客和中间商或经常购买饭店产品的回头客以某种价格折扣的策略称为折扣价格策略。折扣价格策略主要包括批量折扣策略、累计折扣策略、功能折扣策略和季节与时段折扣策略等。

此外，饭店为适应不同的顾客心理而选择适当的心理定价策略。主要包括声望定价策略、尾数定价策略、最小单位定价策略和招徕定价策略等。一些顾客把饭店产品的价格看作是产品的质量和顾客身份的标志。因此，高星级饭店常常对其房务产品，特别是商务楼层、行政楼层和部分餐饮产品（风味餐厅、传统餐厅）制定较高的价格以满足顾客的求名心理。这种定价方法称为声望定价策略。尾数定价策略是指在确定饭店某种产品价格时，可利用顾客的消费心理，制定非整数价格并以零头数结尾，使顾客在心理上有一种实惠的感觉，或是价格尾数取吉利数而激起顾客的购买欲望，促进饭店产品的销售。高星级饭店为了迎合顾客的自尊心理，将产品以整数定价，整数定价策略适用于高星级的房务产品、餐饮产品和会展产品，特别是适合于著名品牌的高星级酒店。最小单位定价策略是指饭店将某些产品分成小的销售单位进行销售。其目的是降低单位产品的价格以利销售，也方便顾客购买。这种价格策略广泛地用于餐饮产品。例如，在酒水营销中，饭店将顾客经常饮用的各种烈性酒、餐前酒和餐后酒以1盎司为1个销售单位。一些饭店还将葡萄酒分为半瓶或1/4瓶等进行销售。

4.4.6　广告营销策略

广告是指饭店的招牌、信函广告、各种宣传册及网络广告等。广告在饭店营销中起到重要的作用。广告可以创造饭店的形象，使顾客明确其产品的种类、特色和价格，增加顾客购买信心和决心。招牌是饭店最基本的营销广告，它直接将产品信息传送给顾客。因此，饭店招牌的设立应讲究位置、高度、字体、照明和可视性并且方便乘车人、过路人等观看，使他们从较远的地方能看到饭店名字和符号。饭店招牌必须配有灯光照明，使它们在夜晚发挥营销效果。招牌的正反面都应写有饭店名称。在晚间，霓虹灯招牌增加了晚间的可视度，使饭店灯火辉煌，创造饭店的朝气蓬勃和欣欣向荣的气象。信函广告是营销产品的一种有效方法。这种饭店广告最大的优点是阅读率高，可集中目标顾客。运用信函广告应掌握适当的时机。例如，饭店新开业、重新装修后的开业、举办周年和各种推销活动、新季节到来等。交通广告是捕捉流动顾客的好方法。许多顾客都是通过交通广告的宣传到饭店消费。交通广告最大优点是宣传时间长，目标顾客明确。例如，在机场的饭店广告等。饭店交通广告有多种，包括在饭店电梯上的宣传餐饮、客房、会议室、康乐设施的照片。

4.4.7 绿色营销策略

绿色营销是指饭店以环保、健康和安全为经营原则，倡导绿色消费，保护生态，合理地使用资源，为顾客提供舒适、安全和健康的房务产品和餐饮产品的营销策略。饭店绿色营销主要包括绿色房务产品营销和绿色餐饮产品营销等。绿色房务产品营销是指客房采用无化学污染的装饰材料，日常用品（毛巾、枕套、床单和浴衣），特别是一次性用品（牙刷、梳子、小香皂和拖鞋等）按顾客意愿更换，减少棉制品的洗涤次数，包装物（杯套、洗衣袋等）使用可降解的材料制成，客房内放置对人体有益的绿色植物，提供洁净的饮用水，客房采光充足并有良好的新风系统，室内无异味、无噪声，各项有害气体指标低于国家标准。绿色餐饮产品营销是指饭店以健康、无化学添加物的食品为原料，使用有利于人体健康的工艺制成菜肴，保护原料自身的营养元素，控制和减少各种环境污染。大型饭店或饭店集团可建立无污染、无公害原料种植基地和饲养场所。基于以上的原则，菜肴原料在初加工时，应认真清洗、摘拣，认真区别各种原料的质地、营养，合理搭配原料，均衡菜肴营养。合理运用烹调技艺，减少对原料营养的破坏，不使用任何添加剂，致力于原料的自然味道。简化菜肴生产环节，减少污染机会。根据国际惯例，饭店使用的食用油达3次，不再使用。精简餐饮服务程序，减少对餐巾、餐具和用具的污染，用无化学污染的器皿盛装菜肴，餐厅为无烟区，有良好通风系统，提供剩余食品打包服务，尽量不使用一次性餐具，倡导适量点菜，避免浪费。

绿色营销观念认为，饭店服务对象不仅是单一的顾客，还包括整个社会，要求饭店在营销中，不以短期狭隘的利润为导向，而应具备强烈的社会意识和环保意识。饭店营销活动的基本出发点应是社会整体利益和社会长期发展。因此，饭店营销活动应注重人的价值，更多地把竞争对手看作是环境保护的合作伙伴。饭店应重视设备设施的保养与维修，延长使用寿命，减少更换频率；制订科学的采购计划，分批适量地购买各类原料和用品，防止因过度采购、储藏不当等造成的浪费；减少使用一次性耗品，减少废物和垃圾的产生，物尽其用，采用可以重复使用的日用品；改良生产和服务设施设备，采用先进的节能设备，安装节能照明、节水设备及能源控制设施；开辟无烟楼层及客房；开展园林绿化工程，提高饭店绿色植物覆盖率。

4.4.8 概念营销策略

概念营销是指饭店以产品优势或个性化的房务产品、会展产品和餐饮产品为基础，借助传媒，创造新的消费概念以扩大市场份额的营销理念。饭店概念营销关键点是理念创新，以独特视角审视顾客现实需求或潜在需求，从某一层次或某一方面迎合顾客，体现饭店在营销某一领域的追求和突破。因此，概念营销的提出与推广要体现产品个性化，区别于其他饭店产品特色，创造饭店的形象和品牌。概念营销从饭店产品的新颖、特色、实用和便利等角度入手，为顾客提供了新的选择，使消费者在理性的思考中接受新的消费观念，动摇原有的消费习惯，建立新的消费倾向并将潜在的需求转化为现实而购买。例如，环保客房、智能客房、无烟客房、商务楼层、绿色饭店、汽车饭店、会议饭店、经济型饭店等都是饭店的个性化产品概念。在概念营销中,概念要诚实,实事求是,不能夸大,饭店概念应与健康和生态保护联系在一起。概念的形成应反映客观事实,切忌牵强附会,无中生有。饭店提升营销概念应抓住产品的核心内容,应关注产品概念时效性,过度超前和滞后都将导致营销失败。

饭店是顾客住宿、用餐和开会的场所,但是顾客消费需求有多种。包括对饭店环境的需求、对饭店文化的需求、对饭店设施的需求、对饭店地点的需求、对清洁卫生的需求等。一些饭店满足顾客对饭店空间的需求,它们为顾客提供了轻松、舒适、宽敞和具有风格的环境。高高的天花板中透过自然光线,大厅内的绿树和鲜花郁郁葱葱。有些饭店在餐厅建造了开放式、雅致恬静的小单间,增加了餐厅的休闲气氛,满足了商务顾客聚会和商务谈判的目的。许多企业家认为当今饭店已成为会议和社交的场所,成为建立感情的媒介。因此,饭店装饰应注重颜色和图案,保持饭店标志性设施的统一化,做好饭店的清洁工作。包括制定清洁质量标准,保持招牌的清洁度和灯光完好无损,发挥绿色植物和盆景的效果等(见图4-18)。

图4-18 饭店概念营销广告

4.4.9 事件营销策略

事件营销是指通过策划和组织有社会影响的营销活动,吸引社会团体和顾客的关注和购买并提高饭店知名度和美誉度,树立饭店品牌和形象。事件营销作为饭店有效的营销策略,越来越受到饭店的重视。这种营销方式以较低的成本完成理想的营销效果。通常,这种策略传播广度和客户接受程度都高于一般的广告效果。事件营销必须及时抓住社会上有价值和有影响的事件,不失时机地将其与本企业品牌联系在一起,达到传播效果,培养顾客对企业的信任。此外,饭店通过精心策划事件,向公众传递信息,宣传饭店产品和服务,为推广产品创造"新理念"和"新潮流"。事件营销必须符合饭店和顾客的双方利益,考虑相关企业、政府、供应商、竞争对手和股东利益,仅靠一两篇文章,举办少数的营销活动无法获得社会影响。因此,必须连续不断地举办有影响力的营销活动才能达到预期效果。举办事件营销应当具备新闻性、新潮性、简单性、视觉性和参与性,突出饭店的特色,简化活动程序,使营销活动产生话题,产生现代气息,引起顾客的兴趣和注意。事件营销应避免呆板平淡、烦琐复杂，应与饭店的级别、当地的消费习惯和水平相协调。此外，应有严密的营销活动计划和安排，明确营销活动目标，使顾客能够慕名而来。管理人员应安排好营销活动的主题、场所、时间、资金和目标顾客，保证营销活动举办成功。例如，假日饭店成功地从夏季家庭度假市场中为自己赢得了很大的份额。假日饭店集团推出的"子女住宿免费"计划中规定了18岁以下未成年子女随同父母住宿假日饭店，可免费加床，住在父母的房间。该项活动之所以能成功，主要的原因是通过提供某种明显可见及可理解的价值，适应了夏季家庭旅游市场的需要，事件主题直截了当，易于为消费者和饭店理解。此外，有些饭店虽然也都尝试过类似的事件营销，但他们提出的各种限制条件给消费者带来麻烦。例如，"仅限12岁以下的儿童""入住饭店不允许加床"等。因此，事件营销主题愈简单，使消费者和职工愈容易理解，获得的营销成功机会就愈多。

4.4.10 关系营销策略

关系营销是指饭店与供应链中的纵向伙伴（供应商、中间商、顾客）、横向伙伴（竞争者、产品互补企业）和政府机构等互相协作，建立和发展良好的关系，使饭店经营成功的营销策略。传统的营销理论认为饭店营销是利用内部可控因素，对外部不可控因素做出的积极动态的反应，进而促进产品销售。随着社会经济的发展，特别是日益激烈的饭店市场竞争，饭店管理学家和企业家认识到营销组合不再是唯一的饭店营销成功的策略，许多精心策划的饭店营销组合实施后，难以达到预期的营销目标。实际上，传统的交易营销是仅以交换为基础的营销活动，饭店与顾客的关系由交易而产生，随着交易停止而结束。当今，以关系为基础的营销活动，是通过发展长期稳定的顾客关系来建立顾客忠诚而提高饭店的市场竞争力。采用关系营销策略，饭店可与顾客、供应商、中间商和竞争者等建立长期的信任和互惠，保持长期稳定的互助关系，这种关系或纽带可促进饭店的生存和发展。此外，关系营销策略可促进饭店之间的合作，减少无益的竞争，增加营销机会，有助于饭店多角化的经营。关系营销还有助于协调饭店与政府的关系，创造良好的经营环境，获得经营地政府的支持和帮助，对饭店开展市场营销具有十分重要的意义（见表4-11）。

表4-11 交易营销与关系营销的不同营销观念

交易营销特点	关系营销特点
重视单项经营	重视联系顾客
轻视与顾客的持续联系	重视与顾客的持续联系
重视产品的个性	重视顾客的价值
关注短期销售	重视长期销售
产品个性化差	产品个性化强
有限的服务承诺	高度的服务承诺
营销部门重视质量	所有的职工重视质量

20世纪90年代美国学者唐·舒尔茨（Don E. Schultz）认为关系营销内涵包括4个关键因素（4R）：关联（Relevancy）、反应（Respond）、关系（Relation）和回报（Return）。当

今，饭店与顾客已成为命运共同体，在经济利益上相关。饭店应建立和保持与顾客的长期互利关系，在买卖双方相互影响的市场中，最现实的问题是站在顾客角度倾听他们的希望和需求并及时做出反应，满足顾客的实际需求。因此，现代饭店营销观念包括5个转变：将传统交易转变为友好合作；将短期利益转向长期利益；将单一的销售转向参与经营；将利益冲突转变为和谐发展；将营销组合转变为与顾客互动。营销学家菲利普·科特勒在《营销管理》中总结：精明的营销者会同顾客、中间商和供应商建立长期的信任和互利的合作关系，这些关系是依靠不断地承诺和给予对方高质量的产品、优质的服务和公平的价格来实现的，也是依靠双方之间的经济技术和社会联系来实现的。双方也会在互相帮助中更加信任、了解和关心。

4.4.11 整合营销策略

饭店整合营销是指饭店以与消费者沟通为基础，将饭店品牌、经营理念、产品特色和价值、销售渠道、促销策略及服务方法整合成一体，使它们更具营销效果的活动。饭店整合营销涉及饭店各部门和各岗位及饭店外部的相关部门。这种整合即不是简单的拼凑，也不是普通的精简机构，是有计划、按系统、循序渐进、针对长期经济效益、审慎而积极的资源整合。饭店整合营销的关键在于全体职工对整合的认识，因为整合可能涉及部门和人员原有的利益，因此管理人员必须对职工进行耐心的培训，使职工认识到个人利益与集体利益、眼前利益与长远利益的辩证关系。同时，应强调资源整合的重要价值，使全体职工理解和支持。整合营销的核心理论是4C营销理论。该理论认为，当今企业应将顾客放在第一位，关注顾客的需求（Consumer wants and needs）；注意消费者的购买成本和产品内在的价值（Cost and value to satisfy consumer needs and wants）；为顾客购买而提供便利（Convenience to buy）；加强与顾客之间的沟通，深入了解顾客需求，提高顾客对企业的忠诚度（Communication with consumer）。整合营销实际是对饭店资源全方位的审视与重组，从经营各方面认真分析，包括目标市场、顾客忠诚度、职工对企业的满意度、企业价值链、企业销售策略、企业竞争优势等。综合饭店内部和外部所有的力量，达到整体的营销效果。整合营销不仅是管理者的工作，全体职工必须参与和合作。由于饭店各部门任务各异，因此饭店整合营销策略的实施必须有针对性，落实到营销的细节上。整合营销不意味所有的饭店职工都去搞营销，而是要将营销理念、市场意识、服务意识、产品意识等贯彻到每个职位。管理人员应激励职工满腔热情地工作，将自己的工作与市场需求相联系，使每个职工意识到本岗位是营销链中的必要一环，必须相互协调成为营销整体。饭店决策层应将企业发展与市场紧密结合，将经济效益与社会效益相结合，将长期效益与短期效益相统一，积极协调各部门，使其不偏离企业总体的营销目标。在市场经济环境下，饭店生存与发展，离不开与企业外部资源的合作。因此，供应商必须以较低的价格为饭店提供适当质量的原材料和设施；银行必须在适当的时候提供足够的资金保证饭店有效的运营；广告公司必须用较低的成本将饭店的营销信息传达到目标顾客；中间商必须有效地分销饭店产品。综上所述，外部资源的整合影响着饭店的营销效果，也影响顾客对企业的满意度（见图4-19）。

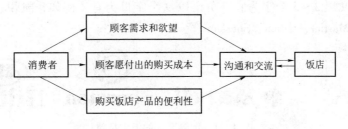

图 4-19　4C 营销理论

4.4.12　品牌营销策略

饭店品牌是饭店名称、标记或图案及它们的组合，用以识别产品特色并使之与竞争对手相区别。通常，饭店品牌包括两部分：品牌名称和品牌标志。例如，喜来登（Sheraton）是饭店品牌，"S"代表品牌标志。品牌营销是通过创造品牌价值加强营销的过程。随着科学技术的发展和进步，人们生活水平的提高，饭店消费者不仅追求产品个性化，还追求心理需求。因此，饭店仅通过创造产品价值保持竞争优势愈加困难；而实施品牌营销，饭店可扩大市场，在目标顾客心目中占有更高的位置。饭店品牌营销的关键内容包括品牌认知、品牌忠诚、品牌品质和品牌联想。品牌认知是指顾客对饭店品牌的整体印象。包括饭店的价格、功能、地点、设施、产品个性和服务质量等（见图 4-20）。品牌忠诚是指顾客购买产品的行为过程及表现出的对饭店品牌的偏好。品牌知名度是指某一饭店品牌在市场的知名程度。品牌联想是指透过品牌产生的购买联想，它提供了购买理由。饭店品牌营销必须采用差异化营销策略，为顾客提供新的利益点，建立稳定的品牌忠诚度。饭店实施品牌营销策略，首先要有品质超群的产品，严格的质量管理并通过规范，提高产品功能，最大限度地满足市场需求。饭店品牌营销绝不是仅给饭店挂个牌子，而是将饭店名称、产品和需求紧密地联系在一起。此外品牌营销必须拥有高素质的专业人才，充分考虑企业的财力和管理能力，立足饭店长远目标及可持续发展，并兼顾短期效益。在品牌营销中，品牌定位是关键，品牌定位前必须深入了解目标市场，将顾客的期望与品牌特色融合在一起。品牌营销必须

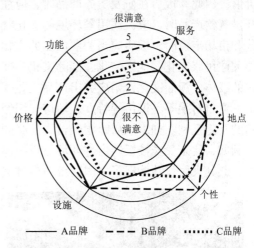

图 4-20　顾客对不同品牌饭店的印象

通过广告、公关和促销等手段宣传企业的个性化产品，建立稳定的品牌忠诚度。目前，我国饭店业已涌现出了锦江、金陵、白天鹅等知名品牌。然而，与世界著名的雅高、香格里拉、万豪、希尔顿和喜来登等品牌知名度尚存在一定的距离（见图 4-21）。实际上，在品牌营销中，饭店的品牌名称必须符合目标顾客的产品需求，符合企业的营销目标，符合顾客的消费水平。当然，饭店品牌名称应当易读、易写、易听和易记，文字简单和清晰，易于分辨，字

数要少而精，中文以 2~5 个字为宜，英语以 9 个字母为宜。例如，凯悦、万豪、喜来登、希尔顿、Hyatt、Marriot、Hilton、Sheraton 等。

图 4-21　世界著名的饭店品牌

根据专家实验，人们随意观察物体只有千分之二秒的时间。同时，品牌文字排列顺序应考虑周到，避免将容易误会的字体和易于误会的文字排列在一起。当然，字体设计应美观，容易辨认，易于引起顾客的关注，易于加深顾客对饭店的印象和记忆。饭店常是人们聚会的地方，而人们通常是通过电话进行约会的，因此饭店名称必须方便联络，容易听懂，避免使用易混淆的文字、有谐音或可联想的文字。

4.4.13　文化营销策略

随着知识经济时代的到来和饭店行业竞争的加剧，文化因素逐步渗透并贯穿于饭店营销活动中。当代经济的发展要求饭店营销的各环节渗入浓郁的文化气息以满足顾客的需求。文化营销已成为饭店开拓市场、赢得竞争的必要手段，成为饭店业关注的话题。文化营销是指以目标市场文化需求为导向的一系列营销活动。随着人们消费观念的变化，顾客消费行为越来越具有文化性。许多顾客在选购饭店产品时，不仅注重产品的使用价值，还注重产品的文化价值。因此，饭店在研发房务产品时，应注重装饰、家具和用品的文化内涵和文化价值；在开发餐饮产品时，应关注用餐环境的文化气氛、餐具特色和菜肴的装饰与造型等。在市场细分和市场定位时，饭店应当关注产品的文化内涵，将顾客乐于接受和期盼的文化注入产品中，关注民族文化、地区文化、国际文化，使饭店房务产品、餐饮产品和会展产品成为特定文化的载体。饭店文化营销应突出产品文化个性，满足顾客对文化的需求。文化营销具有低成本、竞争对手不易模仿等特点，适应知识经济消费个性化的需求，有助于实现企业与顾客之间的互惠互利。如果饭店跨国经营，还必须将本国和本民族文化与东道国文化融会在产品中。例如，北京贵宾楼饭店内部环境显现中国宫廷建筑文化风格（见图 4-22）。广州白天鹅大饭店，其大厅设计体现了中国传统的园林文化（见图 4-23）。

图 4-22　具有中国宫廷文化的饭店内部环境

图 4-23　具有园林文化的饭店内部环境

4.4.14 奖励营销策略

饭店常采用奖励营销策略以吸引顾客购买本企业的产品。奖励营销主要包括价格折扣、产品升级、增值服务和赠送产品。价格折扣是指饭店对各种产品采取不同的价格折扣策略,特别是在销售淡季和清淡时段,或针对新开发的产品、成熟期或衰退期的产品等,以促进顾客购买。一些饭店对重复购买本饭店的房务产品和会展产品的顾客给予产品升级的优惠策略。例如,某顾客在重复购买本饭店的房务产品而达到一定数量或金额时,可付标准客房的房费而入住较高级别的客房。一些饭店为顾客进行增值服务。例如,顾客购买房务产品时,每天可免费获得一件衣服的洗涤和烫熨服务。一些饭店根据顾客的消费额或购买产品的种类,给顾客发送奖券。例如,某饭店的中餐厅为了鼓励顾客购买其产品,根据顾客的消费额发放10%的奖券,奖券可以作为现金使用,主要用于顾客的重复购买。一些饭店为顾客赠送礼品。例如,每天上午对入住的顾客赠送水果,甚至葡萄酒。一些饭店,每天晚上,服务员在开夜床时,为每位入住的顾客赠送一块点心。一些饭店对用餐的顾客赠送水果或点心及菜单等。但是,赠送的礼品应使饭店和顾客同时受益才能达到理想的营销效果。通常,饭店赠送的礼品包括住宿产品、健身产品、洗衣、餐饮产品(酒水、生日蛋糕、水果盘、各式面点)、贺卡、精致的菜单等。贺卡和菜单属于广告类赠品。通常,贺卡上应有饭店的名称、宣传品和联系电话;菜单除了餐厅的名称、地址和联系电话外,还应有特色菜肴的介绍。这种赠品主要起着宣传饭店特色产品,使更多的顾客了解饭店,提高饭店知名度的作用。住宿产品、菜肴、生日蛋糕、水果盘、酒水、健身产品和面点属于奖励赠品。奖励赠品应根据顾客不同的消费目的、消费需求和节假日有选择地赠送,以满足不同顾客的需求,使他们真正得到实惠并提高饭店的知名度,提高消费的次数和消费额。饭店采用赠品营销策略应有明确的营销目的,赠品是为了扩大饭店知名度,还是为了增加非经营高峰时段的营业额等。因此,只有明确了饭店赠送礼品的目的,才可按照每年的节假日和顾客的消费目的将饭店赠品营销做出详细安排,以便使赠品真正发挥营销作用。一般而言,饭店赠品的包装要精致,要讲究赠送的气氛。同时,赠送的礼品,在种类、内容和颜色等方面也一定要符合赠送对象的年龄、职业、国籍和消费目的。

本章小结

饭店市场是饭店与顾客进行交易的场所,饭店的一切营销活动都是围绕着市场而展开。这一含义表明了饭店市场的场所论或空间论。根据市场营销学理论,市场即是需求。因此,饭店应当不断地满足顾客的需求才能取得满意的营销效果。基于这一理论,饭店市场构成要素包括购买饭店产品的顾客、满足饭店产品消费需要的购买欲望及购买能力。这3个要素互相制约,缺一不可。任何事物的存在与发展都离不开特定环境的影响,饭店市场营销也是如此。实际上,饭店营销就是饭店的营销管理者努力使本企业的可控因素与外界的不可控因素相适应的过程。因此,关注饭店内外环境的变化,识别因饭店环境变化给饭店带来的机会和威胁是饭店营销管理的基础和任务。目标市场营销是饭店营销规划与活动的重要内容,是饭店制定市场营销组合的前提和基础。为了有效地实施目标市场营销,饭店必须把握3个重要的环节：市场细分、选择目标市场和市场定位。

问答题

1. 单项选择题

（1）产品专业化的特点是指（　　）。
　　A. 饭店只经营一种产品，满足某一特定的顾客群体
　　B. 饭店只选择某一消费群体，营销多种产品
　　C. 饭店营销单一的产品，服务于数个细分市场
　　D. 饭店有针对性地经营一定种类的饭店产品，服务于若干个细分市场

（2）（　　）是指饭店与消费者沟通，将饭店的品牌、经营理念、产品价值和特色、销售渠道、促销策略及服务方法等整合成一体。
　　A. 概念营销　　　B. 整合营销　　　C. 网络营销　　　D. 文化营销

2. 多项选择题

（1）市场营销的原则主要包括（　　）。
　　A. 人文因素细分　　　　　　B. 地理因素细分
　　C. 行为因素细分　　　　　　D. 心理因素细分

（2）饭店市场定位策略主要包括（　　）。
　　A. 避强定位　　B. 对抗定位　　C. 概念定位　　D. 认真定位

3. 名词解释

饭店市场　　饭店市场营销　　目标市场　　市场定位　　产品生命周期

4. 问答题

（1）简述饭店市场功能。
（2）简述饭店营销环境特点。
（3）简述饭店营销宏观环境的主要因素。
（4）简述饭店市场细分方法。
（5）简述文化营销策略。
（6）论述饭店市场细分作用。
（7）论述饭店市场细分理论基础。
（8）论述饭店目标市场营销策略。

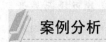

星巴克公司的营销策略

1986年霍华德·舒尔茨创建了星巴克咖啡厅，至目前这家企业不断壮大和发展，成了全球最大的咖啡连锁公司。当今，该公司的业务不仅包括咖啡饮料的经营，还包括咖啡的生产和种植。基于星巴克公司的快速发展和其市场的扩张，人们对企业的传统营销理念产生了疑问。回顾星巴克公司发展的历程，人们不禁要问，该公司从一个西雅图小咖啡店发展至

今，成了全球著名的连锁企业，其营销策略的关键点在哪里？应该说，其营销策略包括多方面。然而，其最明显的策略是"关系营销"。从其发展成功的实践可以总结出：该公司集中精力做好主营业务的同时，对内关心职工的利益；对外，与供应商共同分享利益、与关系者建立紧密而广泛的合作等。

1. 建立良好的企业文化，实施内部营销策略

星巴克公司在营销中意识到企业内部营销是企业营销的基础。只有企业内部关系融洽协调，全体员工才能达成共识，向企业外部发展，实现资源转化的最大值。研究表明，当企业内部顾客满意度达到85%时，外部顾客满意度可达到95%。星巴克公司认为，成功的企业内部营销应建立良好的企业文化，留住并培养能够支撑企业发展的技术人员和管理人员，使企业与职工建立统一的价值观，满足不同层次的职工需要，与职工建立良好的沟通渠道，倾听他们的意见等。回顾舒尔茨在创建自己的企业时，他将用于广告的费用用于职工的福利和培训。1988年星巴克公司为临时职工提供了完善的医疗保健。1991年，星巴克公司为其核心职工提供股东期权。通过一系列的"职工关系"管理。星巴克公司收到了很大的经营效益，降低了职工流失率，特别是降低了那些支撑企业发展的核心技术人员和管理人员的流失率。同时，星巴克公司还通过有效的奖励策略，创造良好的工作环境而激励职工的工作信心及鼓励职工进行产品研发等。此外，星巴克公司将其管理中心命名为"星巴克公司支持中心"。这样，该公司将其原管理职能调整为向各家分店提供信息和服务的支持中心。通过权力下放，赋予基层企业和职工更多的经营自主权，将各分店的业务组织和营销策略也都做出了调整和创新。

2. 与顾客进行有效的沟通，实施产品创新与奖励营销

星巴克公司认为，成功的企业首要的营销任务就是满足顾客对产品的需求，企业应长久地保持满足顾客需求的营销宗旨。其中一个关键工作就是同顾客进行需求的沟通和对顾客满意度做了解。星巴克公司要求其各分店管理人员必须了解和掌握顾客的潜在需求并耐心地解释其咖啡和甜点等产品的特色并要求所有的服务人员在与顾客进行沟通时，必须进行视线交流以表示对顾客的尊重。同时，服务人员必须表示对顾客建议的关注。此外，星巴克公司通过征求顾客对产品的意见，加强与顾客联系。每个周末，其总部管理人员都将顾客的意见进行反馈。在与顾客沟通中，星巴克公司不断地宣传新产品并与老顾客保持联系，使其资金成本更有效。同时，该公司还建立了顾客档案，记录了顾客的类型、购买目的、购买时间、购买频率和产品偏好等。从而，该公司有效地掌握目标顾客的具体需求以提高公司的营销效果。该公司重视顾客投诉，并保证处理好顾客的意见，对多次重复购买产品的顾客，公司还给予优惠和奖励。

3. 重视产品质量和企业信誉，实施关系营销

星巴克公司认识到，必须与供应商建立良好的合作关系，培养供应商对本企业的信心，使其树立与本企业长期合作的信念。因此，星巴克公司管理人员积极参考供应商的建议并与他们建立长期的互利互惠关系。这样，该公司与咖啡种植园、面包加工厂、纸杯生产厂等建立与保持着长久而友好的合作关系。星巴克公司的采购部经理巴克·汉特（Buck Hend）认为："在餐饮产品的营销中，食品原料质量控制应放在营销中的首位，因为原料质量决定着产品质量，从而影响企业产品质量和信誉及市场的发展。"同时，他认为，产品质量在营销中的重要性应排在原料质量的后面，而产品价格的重要性实际上位于营销中的第三位，没有优秀的产品质量和明显的特色，便没有企业的信誉和品牌，当然，也就没有理想的价格。舒尔茨认为："公司不会因为产品的低价格而在产品原材料和生产工艺及服务等方面降低质量标准。"实际上，多年来，星巴克公司为达到产品的高质量标准，对供应商提供的原材料和设施及其公司和合作企业的生产能力、包装技术和运输效率等不断地进行评价和检查。并且，该公司只与具备发展潜力的供应商进行合作以保证星巴克公司的可持续发展。在合作中，一旦双方签订合同，星巴克公司会将供应商的营业额与星巴克公司的营销效果相协调作为星巴克公司给供应商的回报，提高供应商的营业收入。这样，星巴克公司得益于供应商优秀而稳定的原材料，而供应商的发展也得益于星巴克业务的不断扩大。进而，这种紧密的合作为星巴克公司提升了市场声誉和扩大了营销效果。同时，供应商也收到了更多的订单和利润。此外，双方还会就原材料的质量、生产效率、新产品开发等进行协商与合作。星巴克公司管理人员还不断地将其产品的发展趋势、市场规划等信息告知供应商以求与其进行更紧密的合作。

4. 引进先进的营销模式，实施品牌营销

舒尔茨认识到，特许联营是现代服务业的有效营销方式，它不仅为企业带来利润，而且带来了声誉，声誉又带来了利润，利润又促进企业的发展。这样循环往复，可使企业快速地成长和发展。作为餐饮企业的星巴克公司将自己多年的经营管理经验、著名的商标、店名和产品转让给分销餐厅，使它们迅速发展，而自己从中得到营销效益。这样，星巴克公司凭借本企业强势品牌，通过特许联营的方式销售星巴克的产品。星巴克公司通过与机场、书店、饭店和百货店等企业的紧密合作，不断地扩大公司的市场份额。星巴克公司的联营宗旨是，希望合作者经营成功并赢利。在品牌营销的理念下，星巴克公司对提供给分销商的产品，除了收取成本外，仅收取少量的管理费。此外，星巴克公司还与一些企业、学校和医院等进行联营。

讨论题：
1. 总结星巴克公司的各种营销策略。
2. 分析特许联营与品牌营销的关系。

参考文献

[1] 王秀村. 市场营销管理. 4版. 北京：北京理工大学出版社，2009.
[2] KURTZ. 市场营销学. 罗立彬，等译. 12版. 北京：北京大学出版社，2009.
[3] 卢瑜. 市场调查与预测. 天津：天津大学出版社，2010.
[4] 赵伯庄. 市场调研实务. 北京：科学出版社，2010：20.
[5] 王艳. 现代营销理论与实务. 北京：人民邮电出版社，2012.
[6] 武铮铮. 实用市场营销学. 南京：东南大学出版社，2010.
[7] 王天佑. 饭店管理概论. 2版. 北京：北京交通大学出版社，2010.
[8] 王天佑. 饭店餐饮管理. 2版. 北京：北京交通大学出版社，2012.
[9] 杨劲松. 酒店战略管理. 北京：机械工业出版社，2013.
[10] 卢进勇. 跨国公司经营与管理. 北京：机械工业出版社，2013.
[11] 克拉耶夫斯基. 运营管理. 9版. 北京：清华大学出版社，2013.

[12] 彭家平. 新编现代企业管理. 2版. 北京：北京理工大学出版社，2013.
[13] HAMILTON C. Communicating for results. London：Times Higher Education，2008.
[14] BARAN. Customer relationship management mason. London：Times Higher Education，2008.
[15] WALKEN G R. The restaurant from concept to operation. 5th ed. New Jersey：John wiley & Sons，Inc.，2008.
[16] BARROWS C W. Introduction to management in the hospitality industry. 9th ed. New Jersey：John & Sons Inc.，2009.
[17] POWERS T. Management in the hospitality industry. 18th ed. New Jersey：John Wiley & Sons，Inc.，2006.
[18] OKUMUS F. Strategic management for hospitality tourism. Ma：Elsevier Ltd，2010.
[19] DE FRANCO A L. Hospitality financial management. New Jersey：John Wiley & Sons，Inc.，2007.
[20] DOPSON L R. Food & Beverage cost control. 4th ed. New Jersey：John Wiley & Sons，Inc.，2008.
[21] BARROWS C W. Introduction to management in the hospitality industry. 9th ed. New Jersey：John & Sons Inc.，2009.
[22] VAN DERBECK E J. Cost accounting. London：Times Higher Education，2008.
[23] WINER R S. Marketing management. New Jersey：Pearson Education Inc.，2013.
[24] DAVIS B，LOCKWOOD A. Andrew Lockwood. Food and beverage management. 5th ed. New York：Routledge Taylor & Francis Groups，2013.
[25] WALKER J R. Introduction of hospitality management. 4th ed. New Jersey：Pearson Education Inc.，2013.

第 5 章

饭店人力资源管理

本章导读

　　人力资源既是创造财富的生产资源又是饭店投资的结果，它与其他资源一样具有投入产出的规律。通过本章学习，可了解饭店人力资源管理的作用和内容，熟悉饭店人力资源规划的方法和程序，掌握饭店职工配备和职工培训管理、职工职业发展规划管理和职工激励与薪酬管理。

5.1　饭店人力资源管理概念

5.1.1　人力资源含义

　　资源是指投入到生产经营中并可创造财富的一切要素。资源可分为自然资源、资本资源、知识资源、时间资源和人力资源等。人力资源是指一定范围内（国家、地区、企业）所有的劳动能力的总和。劳动能力包括人的体力、智力、知识和技术等。对于饭店人力资源而言，是指某一饭店所有职工工作能力的总和。饭店职工包括基层职工和各级管理人员。例如，饭店总经理、业务总监、部门经理、主管人员和一线职工等。

5.1.2　人力资源特点

1. 能动性与智能性

　　人力资源存在于人的生命中，是有生命的资源。这种资源的特殊性与物质资源有着本质的不同。人力资源在经济活动中起着主导地位，属于能动性和智能性资源，在社会生产中具有主导地位。人力资源的能动性和智能性主要表现在自我强化、选择职业和积极工作及利用物质资源与知识资源创新管理和产品开发等方面。自我强化可通过自身的努力和学习，积极锻炼身体得以实现；选择职业是人力资源主动地与物质资源相结合的过程；积极工作、创造性地工作和敬业精神是人力资源能动性和智能性最重要的方面,对人力资源潜力的发挥具有决定性的影响。

2. 时效性与再生性

人力资源是指存在于人的生命中的工作能力,其形成和利用均受时间的限制。一方面,作为生命有机体的人,都有生命周期——从幼年期、青年期、壮年期至老年期。每个时期的体力和智力的水平不同。在不同的时期,其工作能力和学习能力也不同。另一方面,从饭店管理的角度分析,人才培养和使用有培训期、成长期和成熟期。

人力资源是一种可再生的资源,其再生性可基于人口的再生产能力和工作能力的再生产过程得以实现。人力资源与物质资源相似,在使用过程中会出现有形的磨损和无形的磨损。有形的磨损是指由于个人身体的疲劳、衰老、体质下降和技能退化等原因造成的工作能力下降;无形的磨损是指由于社会和科技的进步等导致个人的知识、技能和经验等相对老化造成的能力下降。人力资源的有形磨损是不可抗拒的,但可通过医疗和保健延缓其磨损过程;其无形磨损是可预防的,甚至在一定程度上可以避免。饭店业常通过各种培训和教育的方法减缓和避免其无形磨损。

3. 生产与消费两重性

人力资源既是创造财富的生产资源又是饭店投资的结果。它与其他资源一样具有投入产出的规律。饭店人力资源开发和维持是饭店的投资行为。人力资源的使用和创造财富是生产行为。一方面,不论职工是否可为企业创造效益都需要消耗企业的成本;另一方面,职工的生产行为受年龄、能力、机会和设施等多种因素的影响。因此,饭店在开发、利用和管理人力资源时,应充分重视和处理好人力资源的数量与质量的关系。

4. 社会属性

人力资源是一种社会资源。人力资源是社会的主体,又是人类社会活动的结果。从宏观上分析,人力资源的形成、配置和使用要通过社会进行。从微观角度分析,人类社会是群体劳动,不同的人分别处于不同的劳动组织中并受到群体文化的影响。因此,饭店人力资源管理既要关注经济方面,还要重视社会方面。综上所述,饭店应通过企业文化、价值观念、人际关系、团队建设和利益整合等多种方式,促进人力资源的开发和管理。

5.1.3 人力资源管理作用

饭店人力资源管理是指饭店对企业的人力资源进行有效的开发和利用,以提高其经济效益和核心竞争力的管理活动。管理学家——彼得·德鲁克(Peter F. Drucker)认为:"企业只有一个真正的资源,那就是人。"因而,人力资源又被称为饭店的第一资源,是饭店运营的核心和基础。由于饭店资源的配置和经营活动的开展都需要依托于人力资源。因此,人力资源的有效管理是饭店获得竞争优势的关键,是实现饭店经营目标的基本保证。其管理的核心是职工与工作岗位的科学匹配。

人力资源管理的概念源于第二次世界大战后的美国,当时称为人事管理。其管理工作主要是人员的招聘、选择、委派、工资发放和档案保管等工作。后来,其工作范围逐渐扩大至职务分析、职务编写、绩效考核和薪酬管理等。人事管理的特点是轻视职工的个性,限制了职工的职业发展,把人事管理看作是成本管理,把降低人力成本作为人事管理的主要目标之

饭店管理概论

一,管理手段单一。人力资源管理由传统的人事管理发展而成,是人事管理的一个飞跃。人力资源管理把职工看作是一种资源。其工作出发点是最大限度地挖掘、利用和发展这种资源并从管理中获得人力资源的最高价值。

当今,饭店人力资源管理以企业的整体经营战略为依据,是企业整体战略不可分割的组成部分。其管理特点是应用一切科学的管理和激励手段发挥职工的积极性,把职工作为企业的重要资源进行配置,在管理中充分尊重这种资源的能动性、智能性和可再生性。同时,运用科学的考核工具,强调职工的素质和工作绩效测评的客观性、公正性并重视职工的福利,向高工资转化及建立良好的工作环境,激发职工的工作热情以提高企业的经营效果。根据调查,饭店人力资源管理高度重视人力资源的开发,并采取切实可行的激励措施和各种培训,实现人力资源的充分利用和增值,以促进职工、企业的共同发展。此外,人力资源部为饭店人力资源的决策提供必要的信息,并就人才市场状况和本企业人力的资源的质量、结构等情况制定本企业的人力资源发展规划。综上所述,当今,饭店的人力资源管理的作用:由权力型管理转变为服务型管理,向企业业务部门提供人力资源服务,为饭店业务部门提供人力资源的管理方法和手段,对人力资源政策和法规进行咨询,并协助业务部门做好职工的绩效评价和奖金分配,协调各部门处理职工流动和职务晋升等工作。

5.1.4 人力资源管理内容

饭店人力资源管理工作主要包括人力资源规划、职工配备、职工招聘、职工培训、职工职业发展和职工业绩考核等。饭店人力资源管理工作首先应通过人力资源规划,对本企业当前人力资源情况与未来发展进行评估,测算人力资源的短缺与超额情况。在此基础上,决定是否进行招聘。同时,为适应饭店的发展,应确保职工知识和技能的更新并有计划地进行职工培训和人才开发及促进职工的职业发展,并通过职工工作考核促使职工保持良好的工作绩效。此外,饭店与职工的劳动关系管理、劳动合同管理及职工的工作安全管理也属于饭店人力资源管理的范畴。

1. 人力资源部建设

人力资源部门的建设是饭店人力资源管理的首要内容。有效的饭店人力资源管理,首先是这一职能部门工作人员的培养。该部门管理人员应当具有现代人力资源管理的意识,掌握人力资源管理的方法和手段,了解人力资源开发的途径,掌握科学的考核方法和激励措施。

2. 人力资源规划

人力资源规划是根据饭店未来的发展目标,预测和分析企业的新职务,制定人力资源规划并采取适当的方法选择人才,以满足这些职务的活动。饭店制定人力资源规划应有预见性和长期性,将人力资源规划与人力资源管理的其他职能相协调,避免职务空缺,防止人力资源管理与企业的其他职能部门脱节。饭店人力资源管理应关注人力资源规划的战略性和前瞻性,准确地分析企业内部和外部的人力资源需求与供给状况,做到内部规划和外部供给相协调。

3. 饭店职工配备

职工配备是指通过饭店招聘及培训等方法,及时将合格的人才补充到所需职务和岗位的管理过程。由于饭店招聘和选拔的职工素质和业务能力直接影响着饭店人力资源的整体水平,并影响饭店发展经营业绩,因此,企业在招聘职工时应准确把握招聘的对象,选择合适的筛选工具,设计恰当的评价标准,采用灵活的录用方式并与职工的进修和培训等工作相结合。

4. 饭店职工培训

职工培训是指饭店为了提高自身的竞争力,达到企业预期的经营目标和职工职业发展的目标,对职工采取的各种教育和培训等人才开发活动。饭店培训工作的开展应以准确地分析职工的素质与能力和企业发展目标之间的差距为前提,认真分析职工的需求,处理好饭店培训和职工职业发展之间的关系并采取合理的培训方法,注重培训效果。

5. 职工职业发展

职工职业发展管理是饭店人力资源管理不可缺少的内容,它可帮助企业了解职工的性格、兴趣、特长、价值观和能力,并可帮助职工了解和掌握企业的发展目标、经营理念和人力资源供需状况,从而使职工个人职业生涯目标与饭店经营发展目标相一致。当然,饭店对现有职工的培训和管理技能的开发是职工职业发展的一项重要内容。现代人力资源管理认为,科学地开发人力资源,重视职工培训,可增强职工与饭店之间的和谐和信任。

6. 职工业绩考核

业绩考核,也称作职工绩效考核,是通过对职工工作的数量、质量和速度的完成情况及对工作的态度、与同事和上下级之间的合作等因素进行考察和评价。饭店的业绩考核工作必须做到效率高、可信度强。当然,只有完成以上的职工考核,其考核结果才可用于职工薪酬和福利的确定,从而针对考核中反映出的问题制定相应的措施。同时,将考核中发现职工的潜能作为职工晋升和培养的依据。现代饭店人力资源管理要求建立科学合理的考核体系,选择恰当的考核方式,积极探索人力资源管理的新途径;为职工的奖励、晋升和培养决策提供客观的依据,为职工合理地竞争提供公正的依据。

7. 薪酬与激励管理

薪酬管理是人力资源激励管理的重要内容之一,是专业性和技术性很强的工作。薪酬管理的目标和标准是充分利用有限的资金,合理地确定职务工资,使工资可及时反映职工的工作成绩并有力地推动企业的经营业绩。职工激励管理是指通过激励的手段和方法使职工理解和接受企业的经营目标并推动职工为实现既定的目标而努力工作的过程。实际上,职工激励是调动职工的工作积极性、提高企业的凝聚力并提高其工作效率的过程。职工激励方法通常包括薪酬激励法、信任激励法和目标激励法。

5.2 饭店人力资源规划

饭店人力资源规划是指根据饭店的发展规划、经营战略和内外环境的变化,科学地分析和预测企业人力资源的需求,确保企业在适当的时间和适当的职位获得适当的人员。当然,饭店人力资源规划还必须考虑职工的职业发展。

5.2.1 人力资源规划作用

人力资源规划对饭店经营管理有着非常重要的作用,尤其对于大型饭店更是如此。通常，饭店职务的调整都要通过人力资源规划才能完成。由于饭店的经营和发展常处于动态过程，人力资源的需求和供给不可能自动平衡，因此饭店必须采取措施调整它们之间的差距。根据研究，现代人力资源规划对饭店经营管理的主要作用如下。

① 人力资源规划强调人力资源的动态管理，从而有利于饭店对环境的适应性，保证饭店对人才的需要。

② 人力资源规划可促进饭店人力资源管理的有序化，从而促使职工的职业发展与饭店经营战略相融合。

③ 人力资源规划可保证饭店人力资源的合理配置并将饭店的人工成本控制在理想的范围内。

④ 由于人力资源规划充分考虑了职工的职业发展，制定了职工晋级、工作轮换和培训进修等政策和相应的措施，因此饭店人力资源规划调动了职工的积极性和创造性。

5.2.2 人力资源规划内容

饭店人力资源规划实际上是饭店人力资源的战略规划。主要内容包括职工配备、职工培训、职工职业发展、职工绩效考核和薪酬等规划（见表5-1）。

表5-1 饭店人力资源规划内容

规划项目	主要内容	预算内容
总体规划	饭店人力资源管理总体目标和相应的政策	预算总额
职工配备（包括退休、解聘、补充和使用规划）	中、长期不同部门和职务的分布情况，离职与退休职工的安排，需要补充的职务及其数量和业务素质和能力要求，职工晋升政策与岗位轮换安排	人员总体变化引起的费用变化，安置费用、招聘和选拔费用，职位变化引起的薪酬和福利变化
培训规划	培训对象、目的、内容、时间、地点和师资等计划	培训总投入、脱产职工工资及职工脱产引起的费用
职业规划	专业人员素质与能力、人员补充的培养方案	（含在上项中）
薪酬规划	职工和部门的业绩考核、薪酬激励、薪酬结构和工资总额、福利项目等	薪酬与福利的变动额
劳动关系规划	减少和预防劳动争议，改进劳动关系的措施	诉讼费用及可能的赔偿

① 职工配备规划是人力资源规划的具体体现。由于职工不断晋升的原因，饭店的职位空缺会逐级向下移动，最终积累在普通职务的需求上。饭店有计划地提升那些有能力的职工以满足企业对各种职务的需要是人力资源规划的重要职能，也是满足职工自我实现的必要工作。饭店职工提升不仅意味着职工的地位提高，更意味着职工不断地参与更富有挑战性的工作。因此，饭店职工配备规划首先应规划企业计划期内的人力资源的总体框架，然后确定计划期内的人力资源投资总额等。

② 为了满足饭店长期的人才需求，结合职工的职业发展，饭店对人力资源的开发和培训工作很有必要。这一工作既利于职工的素质、能力及工作积极性的提高，又可满足饭店职位空缺的需要。

③ 饭店通过合理的绩效评估和薪酬规划可及时掌握企业职工的业务能力，控制饭店的职位数量和薪酬的幅度，又可调动职工的积极性。

5.2.3 人力资源规划程序

饭店人力资源规划是企业人力资源供需平衡的管理过程，尤其是管理人员的供需平衡。因此，在规划人力资源时首先要考虑饭店的发展需要和人力资源的供给情况。例如，饭店经营规划、年度预算计划与各类人员的需求量等。然后，根据饭店发展的需要，分析和评价企业现有的人力资源数量、结构和能力及各种招聘渠道等。在此基础上预测企业对各类职务的需求。最后，制定企业人力资源规划。实施后，应进行评估和提出改进措施。如图 5-1 所示。

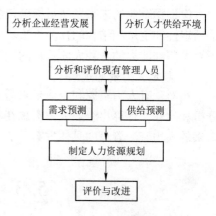

图 5-1　饭店人力资源规划程序

1. 分析和评价现有人力资源

饭店在制定人力资源规划时，首先要对现有人力资源状况进行调查并撰写人力资源调查报告。调查内容涉及职工的姓名、年龄、性别、学历、工作简历、职业专长和教育培训等。评价的另一个重要内容是职务分析并拟订职务说明书与职务规范。职务说明书与职务规范是选聘职工的基础文件。其中，职务说明书是对任职者的基本任务和责任的书面说明，用于向申请者描述职务内容；职务规范是指任职者从事该职务所需的知识、技术、能力和其他素质要求，用来考查申请者是否具备任职资格。

（1）职务分析

职务分析也称作工作分析，是人力资源规划的前提，其目的是合理地确定饭店各职务的任务及其战略目标，确定各种职务中的任务、性质及胜任某一职务所具备的经验、知识、技能和意志品质等。职务分析不仅决定饭店长远的经营战略的制定，而且决定着饭店的人才招聘、筛选和培养方法与渠道。同时，也是职工培训、薪酬管理和职工职业发展规划的依据。现代人力资源管理要求根据企业的实际情况，选择合适的职务分析方法，形成较为规范的职务说明书，尽量减少人力资源管理的随意性，增加人力资源管理各环节的科学性。

（2）离职率分析

职工离职率是指饭店人力资源损耗情况，损耗指数越高，说明其人力资源供给情况越差。因此，饭店在评价未来人力资源时，必须考虑职工离职率的实际情况，从而保证饭店人力资源供给的平衡。

$$饭店职工离职率 = \frac{一年内离职职工数}{一年内平均在职职工总数}$$

（3）人力资源稳定指数

人力资源稳定情况与饭店经营管理和发展有着紧密的联系。人力资源稳定指数是人力资源管理部门关注的重要内容之一，特别是那些起着支撑作用的管理人员和技术人员的稳定指数尤为重要。掌握饭店各种人力资源的稳定情况可通过调查和分析两个相关维度：现任在职时间超过一年的职工人数（包括一年）、一年前在职的职工人数。

$$人力资源稳定指数 = \frac{现任在职时间超过一年的职工人数（包括一年）}{一年前在职的职工总数}$$

2. 预测企业人才需求与供给

饭店人力资源需求由饭店的经营和发展目标所决定。在对饭店现有的人力资源进行评价后，应根据企业的未来发展目标确定各职务的数量、知识结构和业务能力等。预测的方法可采用定性和定量相结合的预测方法。同时，应明确专业人才的供给情况，包括对具有所需学历、经历和能力的各种人才获得的预测。

3. 制定人力资源规划

在对现有人力资源和企业未来需要的职务全面评价后并以此为依据，进行人力资源供需分析和比较，计算出企业人力资源在数量、结构方面的短缺及过剩状况。在此基础上制定出未来的人力资源管理的具体方案。

5.3 饭店职工配备

饭店职工配备是指对企业中的职务不断补充的过程。配备职工是根据对职务的具体要求，为企业选择最合适的人选，谋求职工与职位的最佳匹配。由于职工，特别是管理人员在饭店经营中起着举足轻重的作用，他们既是饭店中的指挥者、集合者，又是执行者，因此科学地配备职工是饭店获取合格人才的重要手段，是企业增添活力的重要保证，从而可保证饭店业务能力的有效发挥，维护饭店职工的忠诚度，提高饭店的声誉和知名度。

5.3.1 职工配备任务

职工配备的任务是根据饭店对不同职务的知识和能力需求，从应聘人员中挑选出称职的人员并明确其职务和职称。然后，经培训和培养，使其适合所需职位的业务要求，具备履行职务职责的能力。饭店应定期对任职的人员素质与业务能力进行考核和评价。通过考评，了解和把握各级职工的实际业务状况，为培训与调整职工的职务提供依据。根据考评情况决定职工继续留任、晋升、降职、调职和辞退等，使职工的特长和能力与职务的业务需求形成动态最佳结合。

5.3.2 职工选拔计划

职工的选拔计划实际上是饭店对职工选拔工作的安排管理。其内容主要包括选拔目标和途径、选拔方法和费用、选拔步骤和时间等。职工选拔的目标是指被选职工的类型、数量和条件的具体要求。职工类型是指所需人员的类别，如财务部经理、行政总厨、前厅业务主管、工程部经理和商务中心领班等。职工条件是指被选人员应具备的知识、学历、业务经历和业务能力等。通常，影响饭店职工需求的因素有企业目前拥有的职位、各职务中的职工流失率、企业发展需要的职位等；而影响饭店管理人员供给的因素有饭店目前拥有的职工数量、种类和业务水平及补充职工的各种渠道等。

1. 工作日程安排（见表5-2）

饭店招聘工作常在业务的淡季或需要的时间进行。例如，每年3月或7月等。通常，工作周期在60天内。当然，饭店急需要的人员会随时招聘。

表5-2 饭店管理人员招聘日程计划

工作内容	具体日程	日期计划
初选（收到申请至发出考试通知）	×月1日—×月7日	1周
考核（笔试和面试）	×月8日—×月15日	1周
录用（评估至发出录用通知）	×月16日—×月23日	1周
发出录用通知至职工开始工作	×月24日—下月8日	2周
工作完成总时间		5周

2. 工作费用计划

饭店配备职工的费用主要包括广告费、工作人员差旅费、通信费、办公费和场地费等。

$$每个职工的配备成本 = \frac{职工配备的总费用}{饭店需要的总人数}$$

5.3.3 职工配备原则

1. 因职择人原则

由于饭店管理人员的晋升和流动，饭店各部门内的职位会出现空缺。因此，选择职工应以职位空缺和实际需要为出发点，以职务对人员的业务能力要求为标准，选拔合格的人员。这种原则的优点是可精简机构，提高工作效率。

2. 公平竞争原则

公平竞争原则即公开饭店的职位名称、数量、各职位需要的条件、录用方法和时间，根据申请人的学历、经历和考试成绩等自身条件择优录取所需各类人员。

3. 量才适用原则

不同的职务要求不同的业务知识和能力。从应聘者角度考虑，饭店只有根据申请人的业务特长安排工作，才能发挥他们的潜能并激发其工作热情。因此，饭店应根据申请人的能力、特长和爱好，将其安排到适应的职位上。

4. 动态平衡原则

根据调查，在饭店的经营和发展中，人力资源常处于动态的变化中。饭店必须根据实际业务需要，及时做好招聘、培养和开发各种人才等工作，才能实现科学的动态平衡，从而有效地控制人力成本。

5.3.4 职工选拔途径

1. 饭店内部提升

饭店内部提升是指从企业内部培养、选拔和任用各类管理人员的方法。这种途径的优势是减少了由于信息不对称导致的选聘风险。同时，企业对内部职工的知识和能力的了解程度高于外聘者。通常，饭店内部提升的职工熟悉本企业的经营特点和企业文化，可迅速适应新的职务。再者，饭店内部提升的途径还给职工带来了职业发展的希望，使饭店职工认识到，只有不断地提高自己的知识和业务能力，才可能被企业任命到更高的管理职位。此外，饭店内部提升制度可保持职工对企业的忠诚，使职工更积极地工作，从而促进了饭店的发展，为饭店创造更多的职务机会。根据调查，饭店内部选拔管理人员有利于吸引外部人才，使有发展潜力的职工认识到，成功的饭店经营管理必须理论联系实践，管理职位从低层逐步升至高层。当然，企业也常采用一些灵活的职务提升策略。根据饭店职务的需要及职工的知识、业务能力和业绩，将部分职工迅速地提升到较高的管理职位。除此之外，饭店内部提升制度手续简单且成本低。但是，这种方法存在着一定的缺陷。在若干内部候选人中仅提升部分管理职位，会使落选者情绪低沉，也不利于被提拔者迅速地展开工作。当然，由于被选对象范围的狭隘，也不利于饭店经营管理创新。

2. 饭店外部招聘

饭店外部招聘是指根据饭店职务的任职标准和程序从企业外部候选人中选出符合职务要求的人员。这种方法选择余地大，节约培训成本。采用这种选拔途径可使被聘人员迅速打开工作局面，缓和内部竞争者的紧张关系，从而为饭店带来新的管理方法。饭店外部招聘主要通过大专院校、职业介绍所和通过网络招聘及内部职工的介绍等方法。但是，一些外聘人员不熟悉本企业的文化和经营特色，需要适应一段时期才能有效地开展工作。同时，由于仅通过短期的接触和测试，很难判断被聘者的知识和能力。应当说，这种方法存在着一定的风险。此外，外部招聘人才容易挫伤内部职工的积极性，影响职工的士气，增加企业内部职工的流失，尤其是那些优秀的职工。

5.3.5 职工选拔程序

1. 公开招聘信息

当饭店出现职位空缺或需要补充职务时，应根据饭店职务的种类、层次和重要性，建立相应的选聘机构。选聘机构应通过适当的媒介，公布待聘职务的数量、性质以及对候选人的要求等信息，向饭店内外公开招聘，鼓励那些符合条件的候选人积极应聘。

2. 申请人初选

初选是指对应聘者是否符合本企业职务要求的初步资格审查。主要通过人力资源部审查申请人申报的材料。申报材料包括应聘申请表、个人简历和学历证明等。由于应聘者的数量可能很多，选聘机构不可能对每个申请者进行详细的研究和认识。否则，招聘职工的成本和费用过高。所以，首先人力资源部通过审查申报资料的真实性和有效性，了解申请人的愿望和经历，从他们的学历和经历预测适应本企业未来工作的可能性。然后，对于申报材料的疑点或某些重要部分，人力资源部应补充调查，直至淘汰那些不能达到本企业职务最基本的学历、专业知识、管理经验等要求的申请者。

3. 考核初选合格者

考核初选合格者是指饭店对初选合格的申请者进行知识和业务能力的测验，包括笔试和面试。通过笔试可考核他们掌握的知识，通过面试和心理测试可判断应聘者气质、思维敏捷度、价值观和对职务的兴趣及其管理能力等。通过考核可以评估申请人的未来工作能力。选聘高层管理人员，还应征询其原在部门的职工意见以核实他们的领导和协调能力。完成上述各项工作后，计算各申请人的知识和能力的综合分数并根据待聘职务的特点，选聘既有工作能力，又可被职工接受的管理人员。由于面试方法比较灵活，所以在职务选拔中十分普遍。常用的方法包括模式化面试、问题式面试和非引导性面试。模式化面试的特点是，面试者根据预先准备好的题目，询问申请者的背景和简历、工作情况和爱好等。问题式面试是，面试者将有关饭店的发展、调整和决策及存在的问题向申请者提问，观察其分析问题、解决问题和应对突发情况的能力。非引导性面试是面试者与被试者随意交谈，无固定题目且无限定范围。面试者观察申请人的知识和价值观，了解其判断能力和组织能力等。然而，面试常会出现一些误差而影响人才的选拔质量。这些问题主要包括以下几个方面。

（1）相似效应

面试人对与自己兴趣、个人背景和仪表相似的申请人感兴趣，反之消极。

（2）对比效应

面试人比较前后数个申请人的面试结果得出的不正确的结论。尤其在前面数个申请者面试的结果不理想的前提下，后面的申请人面试结果可能被判断为优于前面的被面试者。

（3）负面效应

面试人重视申请人的缺点，而不重视申请人的优点。

（4）第一印象

面试人重视申请者的第一印象，轻视后面的测试情况。

（5）光环效应

面试人被申请人的某一优点或特长吸引和覆盖，轻视其他方面的内容。

（6）不正确记忆

面试人没有记住和理解申请人全部回答的问题。

（7）记忆不全面

面试人员容易记住申请者最后回答的问题。

（8）非语言因素

面试人重视申请人的服装、微笑和回答问题的方式，而轻视其回答的内容。

4. 体检与录用

由于饭店的管理人员工作时间长且工作劳累等原因，外部申请者必须通过体检，达到职务的身体素质要求才能被录用。通常，饭店业务主管层及以下人员由各部门经理和人力资源部决定是否录用，而部门经理及以上职务申请人的录用还需经饭店总经理批准。然后，对录用者发出正式通知，对不录用者致函表示歉意。

饭店职工选拔程序如图5-2所示。

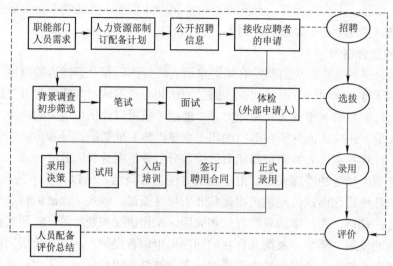

图 5-2 饭店职工选拔程序

5.4 职工培训管理

5.4.1 职工培训作用

自 20 世纪 90 年代，随着科学技术和饭店业的发展，饭店经营设备不断更新。例如，电话自动结账系统、网络预订系统、电子钥匙系统和餐厅点菜系统等。同时，饭店的经营手段和营销策略不断地提高。当今，饭店服务已不仅仅是传统的手工劳动。这样，企业对职工，尤其是对管理人员提出了更全面和更新知识与技术的要求。因此，饭店对职工的培训已经成为企业经营管理不可缺少的环节。根据研究，饭店培训工作不论对职工的个人职业发展，还是对企业的经营都产生很大的作用。对职工个人而言，使他们更加熟悉企业产品的特点和经营环境，更加了解本企业的文化，接受企业价值观念和行为准则。其中，管理人员可及时补充和更新专业知识与技术，提高自身在决策、指挥和创新等方面的能力，改善工作方法、提高工作效率、减少安全事故，从而促进职工个人的职业发展。对企业而言，通过培训可使职工在各方面更适应所任职位的知识和能力的要求，推动饭店文化建设，提高职工的综合素质。当今，饭店的运行效率既取决于组织结构的合理化程度，更取决于管理人员的素质和能力。由于企业不断发展，饭店管理队伍需要不断更新和补充，而管理人员成长是一个渐进的过程。因此，定期而有计划地培训职工，开发职工的智能与技能是促使职工迅速成长的有效途径。此外，通过培训和开发，饭店可辨识职工的发展潜力，让那些表现突出的职工担任更为重要的工作。

5.4.2 职工培训原则

饭店职工培训工作应认真规划并精心组织。首先，饭店培训部或人力资源部要立足饭店整体的培训工作，协调各职能部门，优化饭店整体的培训效果并应对饭店整体培训需求进行调查和分析。其次，根据饭店的培训目标和任务、培训对象、职务范围及职工素质等因素制订切实可行的培训计划和实施方案，避免盲目性和随意性，从而使培训的内容与企业当前需要的知识与技术相结合，与各种职位需求的人才素质及能力一致。同时，在培训中应使用案例教学、演示教学工作模拟、角色扮演等方法，培养职工的实践管理能力。饭店培训工作应坚持专业知识、技能培训与企业文化相结合的原则，使全体职工成为有理想、有职业道德、有文化的专业工作者。饭店应坚持全员培训和重点培训相结合的原则。其中，全员培训是指对企业全体职工按管理职能和职位的特点进行有计划的培训，这是全面提高职工业务素质和技能的有效策略。但是，还应根据市场的变化和企业经营管理的需求并集中力量有重点地对某些职工进行培训。此外，严格考核制度是保证培训质量的必要措施，也是检验培训质量的重要手段。饭店应制定培训考核制度，将培训考核、择优录用和职工晋级等结合在一起，从而激励职工的进取精神。

5.4.3 职工培训体系

饭店职工培训体系可分为入职培训、任职培训、主题培训、在职培训和脱产培训等（见图5-3）。

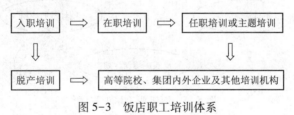

图 5-3 饭店职工培训体系

1. 入职培训

入职培训是指饭店为了把新职工培养成合格的工作人员而进行的专业知识、技能和工作态度等的培训。通过入职培训，使新任职的职工掌握企业的概况、组织结构、饭店环境、礼节礼貌、职业道德和消防知识等。此外，通过培训，可减少新职工的焦虑和不安情绪，增加其归属感，使他们尽快地融入工作。

2. 任职培训

任职培训是指对新任职的管理人员进行的培训，包括晋级和调整职务的管理人员。通过任职培训使他们熟悉新的业务环境，获取新职务必需的业务知识及获得新职务入职的资格，以便更有效地开展工作。

3. 主题培训

主题培训是指饭店为满足当前业务需要的某一主题内容对职工进行的培训。包括使用新设备的培训、采用新的服务程序培训和外语培训等。

4. 在职培训

在职培训是指受训职工一边工作一边学习，利用既有的场所和现成的设备，聘请经验丰富的管理者作为教师。其特点是经济、方便，适合对职工的工作态度、专业知识和技能等的综合培养。在职培训有多种形式，包括职务轮换、委以助手、安排临时职务和脱产培训等。职务轮换可全面地培养职工的能力，使他们开阔眼界，认识自身缺点并按个人特长确定合意的职位。委以助手是通过安排有业务潜力的职工担任业务主管的助手，使其在较高的层次上了解经营情况并通过授权参与各项管理工作。安排临时职务是指当某个管理职位空缺时，让受训者临时担任这个职务，使其体验较高层次的管理工作并在代理期内充分锻炼管理能力。

5. 脱产培训

脱产培训是指受训者暂时脱离工作岗位，到高等院校或专业培训机构、集团内部的连锁饭店或外部著名的饭店接受培训。这种方法可全面地学习管理理论和专业知识，获得管理实践的锻炼，适合中层管理人员知识的更新和补充，有利于受训者集中精力学习。这种方法效果高，进步快。但是，成本较高。

5.4.4 职工培训程序

完整的职工培训程序（见图 5-4）主要包括 4 个环节。它们是确定培训目标，制订培训计划，实施培训计划和评价培训效果。

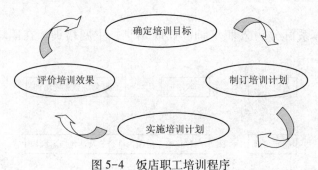

图 5-4 饭店职工培训程序

1. 确定培训目标

确定培训目标应从分析企业经营目标开始，对饭店人才整体的需求状况进行分析和评估。根据各部门业务发展的趋势、设施和技术的变化及顾客满意度及投诉原因等，有针对性地确定培训对象和培训内容。

2. 制订培训计划

培训计划是对未来培训工作的各项内容所做的安排。其合理的程度直接关系到职工的培训效果。职工培训计划内容主要包括选择培训对象、设计培训内容和方法、安排培训师资、选择培训教材、安排培训场地和设备及计划培训费用和时间等。在这些计划中，培训内容的确定是关键。培训内容应根据饭店经营发展的实际需要和管理人员的业务素质确定。其中，培训教材应完整，印刷整齐、章节清晰。当然，培训师资是培训效果的关键，其教学水平和教学能力将直接影响培训的质量和效果。

3. 实施培训计划

通常,饭店在实施培训计划前,应将培训计划报上级主管人员审查和批准。然后,交与相关人员认真落实与执行。同时,人力资源部或培训部应保持培训教师与受训人员的良好沟通,并采取有效的激励措施和组织适当的娱乐活动以保证培训的效果。

4. 评价培训效果

培训效果的评价是通过管理人员对培训的完成情况、教学内容、教学方法及学员满意度、出勤率、结业考核及结业后带来的企业经营状况、服务质量等变化的总体评价。通过评价,饭店可明确职工培训的总体效果,从而有针对性地指导下一次的职工培训。

5.5 职工职业发展管理

5.5.1 职工职业发展管理概述

职工职业发展管理也称为职工职业生涯管理,是饭店对职工的职业发展规划、执行、评估和修正的全过程管理,是通过为职工构建职业通道,实现企业与职工共同发展的有机融合管理。职工职业发展管理可以帮助饭店了解职工的性格、兴趣、特长、价值观、能力、需求和工作目标等内容,帮助职工了解和掌握企业的发展战略、经营理念、人力资源供需状况、职位空缺和晋升等,从而使职工个人职业发展目标与饭店经营发展目标相一致。职工职业发展管理有利于饭店合理地利用人力资源,可为职工设计不同的职业发展通道,确定不同职务发展的方向和途径。同时,还利于饭店人力资源的稳定和提高,增强饭店对人才的吸引力,对饭店可持续发展有着重要的意义。

5.5.2 职工职业发展规划

职工职业发展规划是指职工根据自己的专业特长和能力,使自己得到不同的职业发展。通过职业发展规划,职工结合自身情况和客观制约因素,为自己实现职业目标确定方向、完成时间和实施方案。因此,职业发展规划是职工不断地提高自身素质、努力实现自身价值的重要手段。职工个人职业发展规划包括一系列职业生涯中的重大转折。例如,专业发展方向、职能部门和职务等的选择。同时,在做好职工自我分析和个人价值观的指导下,确定职工个人长期与近期的发展目标,进而拟订具体职业发展规划。职工职业发展规划应有一定的灵活性,以便根据实际的能力予以调整。在职工职业发展中,个人应树立正确的人生观和价值观,认清专业方向,熟悉个人掌握的知识、能力及工作经历,认清本人的个性和工作风格。这样,可便于个人的职业发展,少走弯路。此外,职工职业发展应建立在企业发展的基础上,并通过个人目标和饭店发展目标的实现,促进个人和饭店的共同发展。

1. 职业发展规划方法和步骤

饭店应帮助职工准确地自我评价并根据职工的自身特点帮助职工确立职业发展目标。同时,应开展必要的职业指导,通过职工的业务素质和能力及饭店职位的需求为职工选择合适

饭店管理概论

的职位。饭店应向青年职工提供富于挑战性的工作,安排中年职工认识自己的重要性,资助他们学习新知识和技能。对在管理职位任职和晋升有困难的职工,通过工作轮换提高他们的工作兴趣。此外,饭店应不断地评估职工职业发展的管理并通过信息反馈及时纠正工作中的偏差,增强职工职业发展的目标和信心。

2. 制定和实施职业发展阶梯规划

职业发展阶梯是决定饭店内部职工晋升条件、方式和程序政策的组合。根据饭店职位需要,职业发展阶梯设置的幅度可灵活控制。此外,职务晋升速度应根据职工能力和业绩的发展状况而定。职业发展阶梯可显示饭店职工晋升的方式、机会和途径,从而为渴望晋升的职工指明方向。当前,饭店为职工提供两种职业发展路线和阶梯:一种是管理职务阶梯,沿这条道路,职工可通向较高级的管理职务,如业务主管晋升为部门经理;另一种是专业技术职务阶梯,沿这条道路职工可通向高级技术职位。例如,会计师可晋升为高级会计师,中级厨师可晋升为高级厨师等。饭店应实施继任规划。所谓继任规划,是指为保障内部职工晋升高一级职务而采取的培训和管理措施。此外,职业发展年度评审工作是落实职业发展规划的重要措施。通过这种方式,可使饭店预计的职业发展管理与职工职业发展前景相联系。职业发展年度评审的关键和价值在于职工和企业的直接交流。

5.5.3 职工职业发展管理

1. 新职工职业发展管理

饭店对新职工的职业发展管理从职业导向培训开始。然后,根据新职工的学历、职业背景和工作能力进行合理的安置。这样,可缓解新职工的紧张情绪,充分发挥他们的工作积极性,建立符合实际的职务期望,使他们充分地展示才能,增强对企业的归属感和忠诚度。饭店应为新职工提供具有挑战的工作,帮助他们适应工作并对其潜能进行考察。招聘新职工时,提供工作说明书,使其了解企业未来的发展,最大限度地降低实际职位与新职工职位期望差距;为新职工选择优秀的教师,对其进行严格的培训,鼓励他们参与职业发展规划。企业应定时开展以职业发展为导向的绩效评价,提供阶段性的工作轮换,促进职工的职业发展。

2. 在职职工职业发展管理

通过调查,在饭店工作 5 年后的职工对实现自己职务理想、取得成就感的欲望比其早期更强烈。因此,饭店应使职工的职业发展通道畅通,使有培养前途的职工不断获得晋升。同时,应把富有挑战性的新工作交与他们,制定明确的工作轮换规划,使有能力并富有经验的职工获得发展的新机会。饭店应制定明确的内部职务晋升规划,使职工能清楚地看到职业发展的通道。当饭店某一职务空缺时,尽量从内部挑选合格的人选。

5.6 职工激励与薪酬管理

5.6.1 职工激励的概念

激励指激发鼓励,是指激发职工的动机、指导职工的行为并使其发挥内在的潜力,为实现企业经营目标而努力。心理学家认为,人的一切行动都受动机支配,动机由需要引起,而人的行为方向是寻求目标并满足需要。因此,激励过程实际上是由需要开始到需要满足为止的一个连锁反应。职工激励是饭店通过激励职工的方法使他们理解和接受企业的经营目标,将企业目标转化为职工的信念和动机并推动职工为实现企业既定的目标而努力工作。美国哈佛大学教授威廉·詹姆士通过研究发现,职工通常仅能发挥30%的潜能,而有效的激励可使职工把另外70%的潜能发挥出来。现代饭店管理核心之一是对职工的激励管理,引导职工为实现饭店与职工的共同目标而努力工作。

5.6.2 职工激励特点

1. 相容性

职工激励以饭店职工需求为出发点,通过设计适当的薪酬和工作环境以满足不同职工的需要。

2. 奖惩性

职工激励既要实施优惠的薪酬以奖励优秀的职工,也要制定相应的制度和惩罚措施规范职工的行为和预防那些不符合企业期望的职工出现。

3. 过程性

饭店职工激励贯穿于经营管理的全过程。激励工作从了解职工需求开始,把握每个职工的专业特长,了解每个职工的工作表现并对职工工作成绩做出科学的评价。

4. 可变性

职工激励可变性表现为,在不同时期的同一激励方法对同一个职工产生的激励效果不同,同一激励方法对不同职工的激励效果也不同。

5.6.3 职工激励作用

职工激励是饭店人力资源管理的有效手段。该方法对提高职工工作效率、完成饭店预期的经营目标起着关键的作用(见图5-5)。

1. 有利于实现经营目标

职工激励策略可以吸引更多的人才,提高职工的创造性,激发职工的进取精神并有利于实现饭店的经营目标。

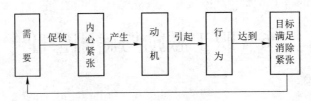

图 5-5　职工激励过程模型

2. 调动职工积极性

通过职工激励，激发职工持之以恒的工作热情，使职工充分发挥智力和体力。威廉·詹姆士认为，受到激励的职工，其能力可发挥至个人能力的90%以上。

3. 协调职工与饭店的目标

饭店实施职工激励策略可使各部门的工作协调统一，使职工认识到实现企业效益可为自己带来利益，从而将职工个人目标与组织目标统一起来，并为企业和职工个人带来最大的工作绩效。

4. 增强企业凝聚力

根据调查，职工激励可保证和落实饭店的规章制度，建立部门与职工之间的协调关系。该方法对提高职工向心力和企业的凝聚力有着重要的作用。

5.6.4　职工激励方法

1. 薪酬激励法

在饭店的职工激励中，薪酬激励占有重要地位。由于现实生活中，薪酬不仅是职工维持家庭生活的主要手段，而且能满足职工的价值感。因此，薪酬影响着职工的工作情绪、积极性及能力的发挥。心理学家经过研究，发现当职工的职务工资处于较低水平时，他会积极地表现、努力工作，在提高工作绩效的同时争取更高的工资。在此过程中，职工会体验到由于晋升和加薪所带来的价值感和被企业认可的喜悦，从而更加努力地工作。不仅如此，薪酬激励还包含成就激励、地位激励和荣誉激励等。如果饭店能巧妙地运用薪酬激励，不仅能调动职工高昂的士气和工作热情，还可吸引高素质的职工和管理人员，为企业进一步发展注入生机和活力。因此，合理地设计薪酬结构很重要。但是，运用薪酬激励方法应注意薪酬的差距，差距不合理会挫伤职工的积极性。通常，相同职位上的薪酬应与贡献成正比，不同的管理职位应使用不同的薪酬组合，从而实现最佳激励效果。

2. 信任激励法

信任激励法是指让职工参与饭店的决策及各级管理工作，增强沟通与协调，使职工感受到上级主管人员对自己的信任并产生强烈的责任感和成就感，从而对职工个人产生激励，为企业目标的实现提供保证。职工参与管理的关键因素包括：饭店管理者应为职工提供适当的决策权；保证管理信息顺利地流向职工；提高职工的管理知识水平和经营技能；为职工提供一定的报酬。当然，做好信任激励必须对饭店的各职务内容、职责和职务之间的关系进行科学的设计和整合。由于职务内容和职责及职务之间的关系直接影响职工的工作积极性、创造性和人际关系，因此合理的职务设计（岗位设计、工作设计）可保证职务的意义和价值，进而实现职工激励。信任激励的具体策略有职务轮换、工作扩大化、工作丰富化。

(1) 职务轮换

职务轮换是指在业务流程不受损失的前提下,职工每隔一段时间从一个职务换到另一个职务。职务轮换可将单调和烦闷的常规性工作减少到最低程度,提供其他职务的培训机会,从而提升职工自身的竞争力,激发职工工作积极性。这种方法可能对工作效率有一定的影响。

(2) 工作扩大化

工作扩大化是指扩大职务的横向工作范围。每个职工除担负原来的工作外,还承担着其他范围的部分工作,使工作多样化。扩大化的职务可减少职工对单一工作的厌烦感,提高职工的工作效率,使职工掌握更多的知识和技能,增强职业竞争能力。此外,还可提高产品质量和职工的满意度,使职务配置更有灵活性。但是,可能导致工资的增加。

(3) 工作丰富化

工作丰富化是指扩大职工纵向工作范围,使职工做一些能自主完成的工作,增加任职责任感,提高职工满意度,降低缺勤率。这种方法途径有任务组合,即把零散的工作组合在一起,形成新的、内容丰富的工作职务。例如,饭店将行李部、问讯部、停车场管理员、饭店迎宾员等职务和部门组成金钥匙部并扩大其服务范围,不仅提高了顾客满意度和增加了回头客,还丰富和扩大了原职务范围,满足了职工职业发展要求。工作丰富化策略是将职工的工作与其服务的客户相联系并提高其知识的多样性和管理的自主性。这样,职工在工作中直接了解其工作绩效,从而提高了工作质量和工作效率,进而提高企业的经营效益和产品质量,降低职工的流失率和缺勤率。

3. 目标激励法

目标激励是指饭店管理人员通过为职工确定职业发展目标和职务工作目标,使职工努力工作并完成自己的职业发展目标。饭店经营过程实际是不断实现既定经营目标的过程,而职工在职业生涯中根据个人需求,不断设计和完成自己的发展目标。目标激励法实际上是构建饭店与职工的共同愿景,培养共同价值观和使命的方法。通过目标激励,职工不断地突破自己的成就、目标和愿望。现代饭店已不仅把企业作为职工的工作场所,还是职工获得个人发展、实现个人价值与理想的场所。因此,创造良好的沟通环境和人际关系,将企业的经营目标、经营策略、实际经营状况、职务空缺、职工的晋升和调动、招聘信息等及时与职工沟通很有必要。目标激励法可提高饭店的团队精神,更直接地为职工提供努力的方向,培养职工相互合作的良好品质,从而增强职工成就感、自豪感和归属感。因此,目标激励的原则是职工个人目标要与企业目标协调一致,目标难度应以中等为宜,难度过大,职工失去信心;目标难度小,激励作用差。目标应是职工可以接受和达到的。此外,目标激励法必须规定完成的时间范围、具体工作任务并且是可操作的。目标激励法中的目标包括近期目标和远期目标。目标激励的前提是管理人员对职工进行必要的培训,减少他们在职业发展中的挫折。同时,对取得成绩的职工应及时评价和认可。

激励与工作绩效的关系如图 5-6 所示。

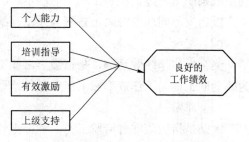

图 5-6 激励与工作绩效的关系

5.6.5 职工薪酬管理

1. 薪酬含义与形式

薪酬是指饭店根据职工在企业所做的贡献而付给的酬劳或回报，是职工的物质利益，也是重要的激励因素。薪酬与职工的切身利益紧密相关，是影响和决定职工工作态度和工作行为的重要因素之一。因此，薪酬与饭店的绩效紧密相关。饭店人力资源管理的一项重要任务就是建立科学的薪酬制度，合理地确定职工的薪酬水平和薪酬结构（见图5-7），从而激发职工的积极性，吸引和稳定高素质的职工，保证企业获取良好的绩效。一般而言，饭店的薪酬可分为不变薪酬和可变薪酬。不变薪酬称为基本薪酬或工资；可变薪酬包括奖金、津贴、福利和红利。

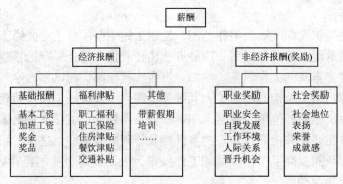

图5-7 饭店薪酬结构

（1）工资

工资称作基本薪酬，是指以职工工作熟练程度、复杂程度、承担责任及劳动强度为基础，按职工实际完成的工作标准、工作时间或劳动消耗而计付的报酬。工资是职工收入的主体，也是确定其他报酬和福利待遇的基础。饭店工资有多种形式，就其计量形式而言，可分为计时工资和计件工资。工资的内容可分为职务工资、技术工资和结构工资。职务工资是根据职务等级和工作内容确定的薪酬；技术工资是根据职务技术的难易程度确定的薪酬；结构工资是职务工资和技术工资的综合。结构工资制已被许多饭店所采用。根据各企业的具体情况，结构工资中的工资项目和比例不尽相同。一些饭店的结构工资由基础工资（维持职工基本生活的部分）、职务工资和技术工资3部分组成。因此，工资是满足职工基本需要、避免风险、保证职工安全感和稳定感的报酬。在薪酬总额中，基本薪酬的比例应适当，过高不利于激励职工，过低不利于职工的稳定。

饭店内不同职务的固定薪酬与浮动薪酬比例如图5-8所示。

（2）奖金

奖金也称作绩效薪酬，是指饭店对职工超额完成工作的部分支付的奖励性报酬，是企业为鼓励职工提高工作效率和工作质量付给职工的货币奖励。

（3）津贴

津贴是指饭店支付给职工的一种补充性报酬，是对职工在一定工作环境下付出的额外工作给予的补偿。

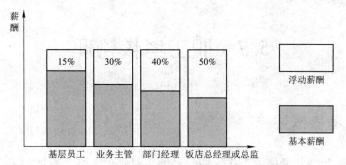

图 5-8　不同职务的固定薪酬与浮动薪酬比例

(4) 红利

红利是指职工分享企业利润的一种报酬形式。一些饭店为了调动职工积极性，提高职工对企业的忠诚度，除了工资形式外，将企业的部分利润以分红形式分配给职工。

(5) 福利

福利是指饭店确保职工生活和健康所采取的一系列措施的总称，是改善职工工作条件的手段，也是对职工工作的补偿和分配形式。福利通常包括医疗保险、失业保险、养老保险、住房补贴和交通补贴，以及为职工建立的服务设施和提供的服务项目。例如，职工食堂、职工宿舍、职工学习场所、节日礼物、工作餐和有偿假期等。

2. 薪酬管理策略

薪酬管理是指饭店对职工薪酬总额、薪酬结构、薪酬形式和薪酬水平等的管理。在实际薪酬管理中，饭店必须遵循我国薪酬的法律和法规，制定公平合理的薪酬结构，对于同种职务、同等绩效的职务或职工，薪酬应是相等的。饭店应区别不同职务、不同绩效的职务和职工，职工的工资结构应根据工作的复杂程度、技术水平、责任大小、贡献多少而定。通过差异体现薪酬的公平原则。为了有效地控制人工成本，使薪酬更具激励效果，饭店应建立科学的绩效评价体系。现代饭店，薪酬管理的目标已不仅局限于维持企业的正常运转，而是成为调动职工的工作积极性、激发职工的潜在能力、使职工和企业真正成为命运共同体、提高企业竞争力的重要手段。因此，职工薪酬的设计应注重激励因素，遵循激励原则，不断地提高职工的生活水平。此外，随着社会消费品价格指数的变化，饭店应相应地调整职工的薪酬水平。

3. 薪酬构建程序（见图 5-9）

饭店制定职工薪酬，首先应制定薪酬原则与策略，进行工作分析与职务设计，进行职务评价。然后，根据职务所需要的知识、技术和责任等特点设计薪酬结构。最后，执行制定的薪酬并及时作相应的调整。

图 5-9　饭店薪酬构建程序

5.7 职工考核管理

5.7.1 职工考核概述

职工考核常称为绩效考核或工作评估，是饭店对管理人员、全体职工进行工作考核和评价的过程，是激励职工和提高职工士气的有效方法之一。饭店职工渴望了解自己的工作成绩，使自己和管理人员之间产生互动，以提高自我形象和管理水平。职工考核是根据饭店人力资源管理的需要，对职工的业务素质、工作能力及其工作成绩全面进行的考察和评估活动（见图5-10）。饭店根据对职工的考核，给予职工扩大工作范围和丰富工作的机会。职能部门和人力资源管理部可联合制定职工职业发展目标和进展日程，并通过晋升、增加薪酬及其他奖励方法对工作优秀的职工进行激励。饭店考核工作不应流于形式，应集中体现职工的工作表现，体现职工的业务水平和业务技能。工作评估应公正、客观、资料丰富并且积极向上。在评估结束时，应让职工清楚今后的努力方向和改进措施。通常，饭店每年至少进行一次职工考核工作。此外，管理部门应在职工考核表中留出一定空间，让职工对自己的考核进行认识和评价并填写对考核的意见。

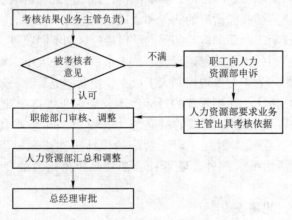

图5-10 职工考核工作流程

5.7.2 职工考核目的

职工考核能够为职工任用、晋升、培训和薪酬等决策提供客观依据，是人力资源管理的关键内容之一。职工考核管理为饭店合理配备管理人员提供依据。饭店职工的任用和晋升应充分发挥职工的潜能，做到人尽其才。职工考核可促进职工自我成长。职工有了成绩和进步，通过考核得到了企业和上级主管部门的认可而产生激励。通过考核，职工还可看到自己的不足和差距，从而起到自我促进作用。

5.7.3 职工考核标准

职工考核标准直接影响饭店对职工考核的效果。通常，考核标准由饭店人力资源部和其所在的管理部门、职工和专家共同确定并经饭店总经理批准。职工考核内容主要包括3个方面：个人能力、工作行为和工作结果。考核标准常以这3个方面为基础，分为主观标准和客观标准。主观标准和客观标准各有优点和缺点。因此，饭店常同时使用这两种标准对职工进行科学而全面的考核。

1. 主观标准

主观标准称为定性标准，适用于职工个人的特长、工作行为和工作结果的主观描述。其评价内容以文字进行，缺点是缺少客观统一的评价。考核依据主要参考职工本人的描述和上级主管的评价。

2. 客观标准

客观标准称为定量标准，适用于用数字测量的工作岗位。其缺点是，无法测量职工的具体工作状态。

职工考核等级如表5-3所示。

表5-3 职工考核等级表

考核指标	评分标准				
	不合格（0~40分）	需改进（41~60分）	合格（61~80分）	良好（81~95分）	优秀（96~100分）
1. 工作质量	工作懒散，错误频繁	错误较多，工作不认真	工作方向基本正确，偶有小错误	工作方向正确，具有自己改正错误的能力	工作质量高
2. 合作精神	无法与人合作，不愿接受新事物	经常不合作，表现不合作的态度，不易相处	与其他职工能相处，偶有摩擦	合作良好，愿意接受新任务	与其他职工进行有效的合作，与他人工作融洽
3. 工作知识	不了解与工作有关的知识	了解部分相关知识	对工作知识基本了解	对工作知识全面了解	全面掌握工作知识
4. 工作主动性	照章办事，服从指挥，需不断监督，喜欢闲聊	处理新工作时出错而需要监督，不重视工作	能主动完成日常工作，处理新工作需要监督，偶尔会闲聊	机智，聪明，几乎不需要监督，主动改进，偶尔需要提醒	主动工作，自动增加额外工作，有才智，可信赖，勤恳
5. 工作数量	工作慢，从未按时完成工作量	低于平均量	符合要求，偶尔超额	经常超出平均工作量	速度快，每天超额完成工作数量
6. 学习能力	理解能力差	学习缓慢，理解能力较差	理解能力一般，偶尔需要帮助	学习速度快，记忆良好，学以致用	学习速度快，完全吸收并有效利用
7. 出勤情况	请假、迟到、早退多	请假、迟到、早退较多	偶尔请假、迟到或早退	很少请假、迟到或早退，每次有正当的理由	从不请假、迟到或早退

5.7.4 职工考核方法

1. 描述法

管理人员定期给每位职工一份正式的书面反馈，管理人员指出职工的特长、工作中的优点和缺点、工作中的成绩和个人的发展潜能，并提出改进计划和措施。

2. 评分表法

该方法在评分表中列出一系列考核要素：工作数量与质量、出勤情况和工作创新等。每项要素都有不同的分值，职工根据表中的要素填写。最后，由职工上级管理人员和人力资源管理部门根据职工填写的内容和分值进行总结和考核。

3. 反馈法

该方法综合运用职工本人、职工的上级和同事、职工的下级与顾客的总体反馈信息进行考核。该方法涵盖了不同渠道的信息来源，评估结果比较全面。但是，容易出现偏差，需要较多的时间，不适用于职工报酬和人事决策。

5.7.5 职工考核发展趋势

传统的人事考核尽管以工作绩效为考核目标。但是，管理者只关心考核结果，不考虑考核过程，职工考核的导向是面向过去的成绩或工作。考核者成为监督者，考核工作常由上级业务主管进行单方面评价。从考核目标的建立到考核结果的鉴定，都由上级主管以封闭的方式进行，考核的结果常受管理者的主观因素影响，很可能出现偏差。现代饭店职工考核工作不仅关注职工的绩效；同时，帮助职工改进工作方法，提高职工的工作能力。职工考核不仅是对职工绩效进行考察，还成为职工的知识与技能的开发手段，其导向是面向未来。现代饭店的职工考核管理者更多地担任了考核工作的引导者和教练员。为了实现职工考核的准确和公正，考核管理者参照被考核职工同事的意见，对职工的业绩和优缺点等进行全面和完整的评估。现代饭店职工考核管理越来越重视企业与职工的交流和互动。上级业务主管与职工进行充分的沟通，使他们明确考核的标准、考核的目的、绩效实现的方法并且提供必要的指导和帮助。

5.7.6 职工奖励计划

奖励计划是饭店表彰职工工作成绩的有效方法之一。饭店应开发并建立长期的奖励计划。奖励计划可提高职工的生产效率，提高顾客满意度的提升，激励职工通过提建议参与经营管理工作。饭店开发奖励计划时，应考虑奖励的适用性和专用性，应筹划奖励的具体目标，确定职工受奖励的条件和奖励的形式，确定评奖和受奖时间。饭店奖励方法包括表扬信、照片展示、表扬晚宴、礼品与证书、表扬徽章、外出培训甚至出国培训及提供奖金等。

本章小结

饭店人力资源管理是指饭店对人力资源进行有效的开发和利用，提高饭店经济效益和企业核心竞争力。人力资源又被称为饭店的第一资源，是饭店运营的基础。饭店人力资源管理的主要任务是了解职工与饭店的相互关系，充分利用人力资源，不断提高和改善职工的工作和生活质量，充分调动职工的主动性和创造性。具体而言，包括人力资源规划、职工配备、职工培训、职工职业发展、职工激励与薪酬和职工业绩考核等管理。除此之外，饭店人力资源部门的自身建设也很重要。现代饭店人力资源管理不同于传统的人事管理，它将人力资源管理部门纳入企业经营战略的决策部门，重视职工配备和潜能的开发，鼓励职工参与经营管理，是传统人事管理的飞跃。饭店人力资源管理出发点是最大限度地挖掘、利用和发展企业的人力资源并从中获得最高的价值。

思考题

1. 单项选择题

（1）人力资源的（　　）是指人力资源存在于人的生命中的工作能力，其形成和利用均受时间的限制。

A. 时效性　　　　　　　　B. 再生性

C. 能动性　　　　　　　　D. 生产与消费两重性

（2）（　　）是指从应聘者的角度考虑，根据申请人的业务特长安排工作，发挥他们的潜能并激发他们的工作热情。

A. 动态平衡原则　　　　　B. 因职择人原则

C. 公平竞争原则　　　　　D. 量才适用原则

2. 多项选择题

（1）下列关于人力资源的作用叙述正确的是（　　）。

A. 人力资源称为饭店的第一资源，是饭店运行的基础

B. 传统人事管理主要是事务型管理，方法比较灵活

C. 饭店人事管理与人力资源管理之间存在很大的相似性

D. 职工配备是指从饭店内部和外部招聘及培养职工补充到所需职务的过程

（2）下列属于职工选拔途径的是（　　）。

A. 从企业内部培养、选拔和任用管理人员

B. 根据饭店职务的任职标准和程序从企业外部候选人中选出符合职务要求的人员

C. 从其他企业中发现优秀的人才，用更高的待遇将其引入

D. 从顾客中发现优秀的人才并聘任

3. 名词解释

人力资源　　职工配备　　人力资源规划　　职务分析　　薪酬管理

4. 问答题

（1）简述人力资源的含义与特点。

（2）简述饭店人力资源管理作用。

（3）简述现代饭店人力资源管理内容。

（4）简述饭店人力资源规划作用。

（5）论述职工配备的原则和程序。

(6) 论述职工的培训体系及其特点。
(7) 论述新职工和在职职工不同的职业发展管理。
(8) 论述职工的薪酬管理。

案例分析

友谊饭店的职工职业规划管理

在过去的两年里,友谊饭店帮助200多名员工制定了个人职业规划。每个层次的职工,从各部门业务的领班至高层管理人员都经历了这一活动。饭店支持职工制定职业规划,这是该饭店新的人力资源管理战略。传统上,员工职业发展是其个人的问题。而现在,企业需要积极地激励个人制定职业发展规划并要求他们的规划与企业的发展紧密结合。

在友谊饭店,饭店人力资源部定期对员工的职业发展规划进行调查和指导。这些调查显示职工在规划时需要企业的帮助,需要更多的有关企业职务发展的信息。通过调查进一步证明,职业规划不仅对员工是件好事,也给饭店带来了经营效益。通过职业规划,员工可以在了解自己职业发展的机会前提下,做出职业选择;员工对自己的职业前景越来越现实;员工在描述自己的特长、兴趣、目标和发展时表达得越来越清楚。这为饭店人力资源管理和开发提供了有价值的信息。

友谊饭店是一个成长中的企业,随着企业的发展,它能为职工提供很多发展机会。但这并不意味着企业有能力满足所有职工对职业发展的期望。当一些年轻职工认为自己做好了升职准备时,而实际情况是他们在目前职位上还需要等待一段时间的前提下,这些职工会变得不耐烦,可能会离开该饭店到其他饭店任职。这样,通过职业规划的实施,鼓励职工定期与人力资源部门交流,互通信息以解决饭店与职工间的信息不对称。

友谊饭店实施职业发展规划,首先是人力资源部发给每个职工一本职业规划指导手册,鼓励职工个人评价自己的知识、能力、技能和职业目标;然后人力资源部为职工提供职业规划帮助。这里的关键因素是饭店的职业规划手册必须切合实际。同时,饭店为职工开设职业规划讲座,该培训不仅为职工进行职业规划指导,还根据他们的学历、经验和特长及可能被聘的职务进行专业知识和技能的辅导。以上措施取得了显著的效果,表现为:

① 职工感到饭店真心实意地实施职工职业规划工作;
② 职工所做的职业规划决策越来越现实;
③ 饭店职工职业规划不断得到加强;
④ 职工们树立了工作观和责任观,他们越来越不看重头衔;
⑤ 为饭店未来的职务需求培养和储备了人才。

讨论题:
1. 为什么友谊饭店鼓励职工制定职业规划?
2. 友谊饭店的职业规划方案有哪些具体措施?
3. 友谊饭店在实施职工规划时考虑了哪些标准?

参考文献

[1] 姚莉娜. 新编现代企业管理. 北京:北京大学出版社,2012.

[2] 彭家平. 新编现代企业管理. 2版. 北京：北京理工大学出版社，2013.
[3] 李启明. 现代企业管理. 4版. 北京：高等教育出版社，2011.
[4] 卢进勇. 跨国公司经营与管理. 北京：机械工业出版社，2013.
[5] 克拉耶夫斯基. 运营管理. 9版. 北京：清华大学出版社，2013.
[6] 周荣辅. 现代企业管理. 北京：机械工业出版社，2012.
[7] 王天佑. 饭店管理概论. 2版. 北京：北京交通大学出版社，2010.
[8] 焦晓波. 现代企业管理理论与务实. 合肥：合肥工业大学出版社，2009.
[9] 格里芬. 管理学. 9版. 北京：中国市场出版社，2008.
[10] 魏江. 管理沟通：成功管理的基石. 北京：机械工业出版社，2010.
[11] 赵恩超. 组织行为学. 北京：机械工业出版社，2010.
[12] 周荣辅. 现代企业管理. 北京：机械工业出版社，2012.
[13] 赖利. 管理者的核心技能. 徐中，译. 北京：机械工业出版社，2014.
[14] 布鲁斯. 经理人绩效管理指南. 陈秋苹，译. 北京：电子工业出版社，2012.
[15] RUE L W. 管理学技能与应用. 刘松柏，译. 13版. 北京：北京大学出版社，2013.
[16] 马洪立. 现代职业生涯管理学. 3版. 北京：北京师范大学出版集团，2012.
[17] 傅国华. 分层次管理. 北京：经济科学出版社，2013.
[18] 王长城. 员工关系管理. 武汉：武汉大学出版社，2010.
[19] 赵春清. 人力资源管理. 上海：立信会计出版社，2008.
[20] BOTTGER P. Leading the top team. Cambridge：Cambridge University Press，2008.
[21] SCHEIN E H. Organization culture and leadership. 2nd ed. New Jersey：John Wiley & Sons Inc.，2006.
[22] BIERMAT J E. The ethics of management. 5th ed. Bangalore：SR nova Pvt Ltd，2006.
[23] RAO M M. Knowledge management tools and techniques. Ma：Elsevier Inc.，2008.
[24] HAMILTON C. Communicating for results. Mason：Thomson Higher Education，2008.
[25] RUSSELL R S. Operations management. 4th ed. New Jersey：Prentice Hall Inc.，2003.
[26] BARAN. Customer relationship management. Mason：Thomson Higher Education，2008.
[27] BURROW. Business principles and management. Mason：Thomson Higher Education，2008.
[28] SHORE L M. The Employee-Organization relationship. New York：Taylor & Francis Group，2012.
[29] WALKER J R. Introduction of hospitality managemen. 4th ed. NJ：Pearson Education Inc.，2013.
[30] POWERS T. Management in the hospitality industry. 8th ed. New Jersey：John Wiley & Sons, Inc.，2006.
[31] OKUMUS F. Strategic management for hospitality tourism. Ma：Elsevier Ltd，2010.

第 6 章 房务经营管理

本章导读

饭店房务经营管理是对饭店的住宿业务的经营管理，即对客房出租和住宿服务的管理。通过本章学习，可了解房务组织管理、房务经营业务的4个环节的管理工作，掌握顾客入住前的预订与接待管理，顾客住宿期间的服务管理和办理退房与离店的管理。同时，掌握客房的规划和布局等。

6.1 房务管理概述

6.1.1 房务管理含义

房务是指饭店的住宿业务，负责该项业务的管理部门称为房务部或客务部（Room Division）。房务管理是对饭店住宿业务的经营管理，即对客房出租和住宿服务的管理。基于大多数饭店的实际营业收入的调查，房务收入是饭店基本的营业收入或主要收入。由于房务产品的质量是饭店产品质量的重要标志，所以房务管理是饭店管理的核心业务管理。

6.1.2 房务管理内容

饭店的房务管理工作主要包括4项：前厅接待管理（Front Office Management），也称作住宿接待管理；客房管理（Housekeeping Management），也称作客房的清洁管理；环境卫生管理（Public Area Cleaning Management），也称为公共区域卫生管理；洗衣房管理（Laundry Management）。一些饭店的房务管理还包括健康中心或康乐设施的经营管理（Fitness and Recreation Management）。根据调查，不同规模和管理模式的饭店，其房务管理工作内容不同。

6.1.3　房务管理环节

根据房务经营管理的业务流程，顾客在任何饭店住宿基本上都要享受 4 个环节的服务（见图 6-1）：入住前的预订；入住接待，即办理住宿登记；住宿期间的服务；办理退房与离店。作为饭店管理人员，必须了解不同工作环节的专业知识和业务流程。同时，应了解这些环节内在的工作联系。房务管理工作也必须紧紧围绕这些环节，才能满足顾客对房务产品的质量需求。

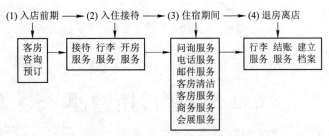

图 6-1　房务业务流程

6.1.4　房务组织管理

不同规模和管理模式的饭店，其房务管理组织的结构不同。房务管理组织可分为小型饭店房务组织、中型饭店房务组织和大型饭店房务组织。饭店房务组织必须由具备良好的业务素质和能力、讲究仪表仪容、拥有良好的人际关系、有礼貌、责任心强、做事认真准确、善于协作和沟通、善解人意、机智灵活并具备事业心的职工组成。

① 小型饭店房务组织，由房务业务主管（Room Division Supervisor）负责饭店全部的房务运营工作。下设前台接待领班、客房管理领班。

② 中型饭店设 1 名房务部经理（Room Division Manager），下设 5 个业务主管，分别负责房务运营中的不同管理工作。包括前厅业务主管、大厅副理、客房业务主管、公共区域清洁主管和洗衣房业务主管（见图 6-2）。

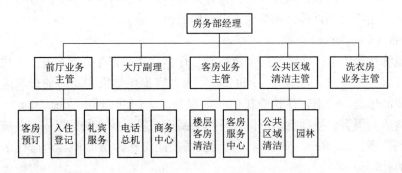

图 6-2　中型饭店房务部管理组织

③ 大型饭店的房务管理由房务总监（Room Division Director）负责，这一职务相当于饭店的副总经理职务。在房务总监的管理下，设置前厅部、客房部、管家部（公共区域卫生部）、洗衣房与康乐部。康乐部负责健身房、游泳馆、高尔夫球场和保龄球馆等的经营管理（见图6-3）。

图6-3　大型饭店房务管理组织

6.2　前厅接待管理

前厅接待管理也称作前厅部经营管理。前厅部负责客房的预订、接待和饭店信息服务的管理且工作专业性较强。因此，前厅接待管理在房务管理中占有重要的位置，是饭店服务整体水平的象征。不仅如此，前厅部还定期向饭店管理机构提供经营数据和顾客对服务的投诉与建议。不同规模及经营模式的饭店，其前厅接待管理的模式、方法与程序不尽相同。大型饭店的前厅接待工作由前厅部经理（Front Office Manager）负责，中型饭店由前厅部业务主管（Front Office Supervisor）负责，而小型饭店由前厅领班负责。

6.2.1　部门与人员职责

1. 预订部（Reservation）

饭店客房的预订工作由预订部的工作人员（Reservation Clerk）负责。该部门负责确认和取消顾客的客房预订，做好顾客入住前的准备，掌握客房的销售状态，整理顾客预订资料，处理顾客预订的电话和信函并及时将预订资料输入计算机，处理客房预订的变更和取消等事宜。小型饭店不设预订部，甚至也不设专职的预订员。

2. 礼宾部（Concierge）

礼宾部也称作金钥匙部。该部门负责问讯、行李运送和寄存、顾客迎送、机场接送、顾客委托代办等服务。其中，行李员（Bell Boy）为顾客提供热情和及时的行李运送、传真递送、留言和物品递送、行李寄存和委托代办等服务。大门迎宾员（Door Man）在饭店门口迎送到达和离店的顾客，协助行李员做好行李的搬运，确保顾客的行李安全并疏导饭店门口车辆等。机场代表（Air Representative）负责机场接送工作，帮助顾客运送行李等。小型饭店不设专职的礼宾部。

3. 接待部（Reception）

接待部为顾客办理住宿登记，为顾客分配住房，办理续住业务，办理换房和离店等事宜。同时，负责客房钥匙的制作、发放和收回等服务。小型饭店不设接待部，甚至不设专职的接待员。

4. 电话通信部（Operation）

该部门常称为电话总机，负责饭店的信息传播、顾客留言与问讯、寻人及背景音乐服务等。同时，负责饭店日常的电话通信、叫醒和留言服务。这一部门由电话总机的业务主管或领班负责管理。

5. 商务中心（Business Center）

该部门出租小型会议室、电脑及电脑工作室，协助顾客举办商务会议，提供翻译、打字、复印及传真等服务。一些饭店代售机票。该部门由商务中心主管或领班负责管理。

6. 收银部（Cashier）

收银部也称为前台结账部，负责办理入住顾客的收款和离店顾客的结账工作，为入住顾客开立账户及外币兑换业务。一些饭店将这一部门归为财务部管理。小型饭店不设收银部，甚至不设专职的收银员。

接待部与收银部（前台）如图 6-4 所示。

图 6-4　接待部与收银部（前台）

7. 大厅副理（Lobby Manager，Assistant Manager）

大厅副理也称前厅副理或大堂副理，通常为业务主管级的工作人员。其代表饭店的领导机构处理顾客的投诉事宜，协调顾客和饭店之间的关系，处理饭店的突发事件，纠正饭店不规范的服务行为，接待顾客的问讯，协助顾客办理住宿和维护大厅的秩序等。大厅副理还经常与保安部一起维护饭店夜间的安全等。为了更有效地协调饭店的整体服务效率，提高服务质量，一些饭店，将该职务归属于总经理办公室管理。

8. 夜审员（Auditor）

夜审员是核对、计算顾客和饭店账务的工作人员。此外，还为管理人员编制有关的统计报表。这一职务常由前厅部经理直接负责。这一职务的数量与饭店的规模、住宿业务的数量紧密联系。一些饭店将夜审员归属于财务部管理。

6.2.2　预订管理

客房预订（Room Reservation）是指顾客在未入住饭店前预订客房的过程。饭店开展客房预订业务可方便顾客住宿并在顾客入住前满足顾客对入住时间、房型和房间设施等的需求，从而可提高客房的入住率。现代饭店客房预订渠道主要来自于向饭店直接预订的顾客、与饭店签订合同的企业、连锁饭店集团订房网络及全球饭店分销系统（GDS）、旅行社、航空公司和会议组织等。现代饭店客房预订媒介包括电话、传真和网络信件等。

1. 预订程序管理

预订程序管理是指饭店预订部根据顾客的需求提供不同种类的客房，记录顾客预订资料，完成顾客到达饭店前的准备工作。包括记录顾客的姓名、身份、国籍、人数、房间数、房型、抵店和离店的时间、保留预订的时间、使用的交通工具，预订者的姓名、工作单位和联系电话等。这里的顾客是指个人与家庭。在团队预订管理中，应记录团队的名称、所有住宿顾客的姓名和国籍、收费方式、房型和房数、用餐类别和用餐标准。同时，对会展团队预订还应记录会议室和展厅的名称、所需会议和展厅的设施、会议室和展厅的使用时间等内容。一般而言，团队预订由饭店营销部负责。

2. 订房确认管理（Confirmation）

饭店接收客房预订称为订房确认。订房确认的形式主要包括网络确认与传真确认。确认订房的类型包括保证类预订与非保证类预订。

（1）保证类预订（Guaranteed Reservation）

为了保证顾客准时入住客房，饭店实施预付订金的订房方法称为保证类预订。这一类订房的程序是，饭店记录顾客的信用卡号码，要求散客在入住前向饭店付1天的房费，要求团队在入住前30天向饭店预付1天的全部房间的房费并在顾客离店时扣除。此外，还可能根据情况与企事业单位签定不同类型的协议，以保证顾客准时入住。该方式可通过预付款、信用卡、旅行社及企事业单位担保等方法确保顾客准时入住。

（2）非保证预订（Non-Guaranteed Reservation）

该方法特点是，饭店不收取顾客的订金，客房为顾客保留至入住当天的下午4点。一些饭店保留至下午的6点。超过保留时间，饭店不再为顾客保留客房。

3. 取消订房（Cancellation）

为了方便顾客取消客房的预订并保证饭店免于经济损失，饭店规定了企业取消订房的方法。第一，对于保证类预订的退房，在饭店规定的日期和时间内可取消预订，饭店不收取任何费用，超过饭店规定的退房日期或时间，饭店收取一定的费用作为补偿。第二，对于非保证类预订的退房，饭店不收取顾客的任何费用。然而，对于一些特别优惠的价格，饭店一般不允许顾客取消订房。饭店会将这一信息告知顾客。

4. 超额订房管理（Over Booking）

为了防止顾客预订了房间而不入住的现象（No Show），减小取消预订房间的顾客给饭店造成的经济损失，饭店在预订客房时常会以超出饭店总房间数量的10%以下进行预订，这种预订方法称为超额订房。饭店超额预订的房间数通常根据各饭店的实际经营情况而定，关键是在保护顾客利益的前提下，避免饭店营业收入的损失。

5. 订房费管理（Commission）

根据行业的规定，凡是通过订房中介介绍的住宿顾客，按照国际惯例，饭店向中介机构付出房费的5%～10%作为订房费。订房费也称作手续费或佣金。

6. 顾客资料卡（Guest History Card）

顾客资料卡是饭店用于市场分析和营销管理的资料文件。该文件记录了顾客的姓名、住址、联系电话、入住日期、离店日期、消费项目、消费额和其他的有关事宜。

6.2.3 礼宾服务管理

礼宾服务管理也称作金钥匙服务管理。其主要服务的内容包括机场迎送、门前迎送、电梯接送、楼层迎送、行李搬运、行李寄存、访客留言、递送传真、问讯与委托代办等服务管理。

1. 机场接送管理

在接送顾客前，服务员（机场代表）应了解当天顾客的出发时间、地点、机场地址及是否有重要的顾客等。通常，根据航班表了解顾客抵达和离港的时间，预先做好接送的各项准备工作，提醒司机准时发车并精神饱满地迎送顾客。在服务中，应帮助顾客搬运行李，举牌迎接，有礼貌地称呼顾客姓名，介绍饭店设施和服务并做好服务中的记录工作。

2. 门前迎送管理

这一服务职能是，迎宾员根据饭店规定的标准在饭店门前迎候顾客，随时注视来往的顾客。当顾客车辆抵达饭店门口时，迎宾员将车辆指引到方便下车的位置。雨天，将车引领到没有积水的地方。为顾客开车门，问候顾客，用手挡在车门框沿以免顾客碰伤头部。对儿童、老人或行动不便的顾客，迎宾员应主动搀扶顾客下车。此外，请顾客认领行李，提醒顾客勿将物品遗留在车上等。在顾客外出或离店时，迎宾员帮助顾客联系出租车，帮助搬运行李，开车门并请顾客上车，填写车牌号后，将出租车的车牌号记录交与顾客，并做好当班记录。

3. 电梯迎送管理

一些较高级别的饭店，大厅的电梯门口有迎宾员为顾客服务。当顾客接近大厅的电梯时，迎宾员为顾客按电梯开关，请顾客进电梯，目送顾客。当听到电梯门铃声时，服务员两手轻轻地挡住电梯门，请顾客走出电梯。一些饭店设置专用电梯或商务楼层电梯，请住宿商务楼层的顾客和贵宾使用。

4. 行李搬运管理

行李搬运服务管理包括散客行李管理、团队行李和行李寄存管理。当顾客到饭店时，行李员应及时推出行李车，主动问候顾客，帮助顾客卸下行李。然后，请顾客核对行李件数并将行李运送至饭店大厅内。行李员应轻拿轻放，将行李分放并不要纵向地将行李放在一起。当顾客办好入住手续时，行李员携带行李，引领顾客进入客房。对于团队行李服务，行李员应注意收集行李，统计行李件数并让领队确认。当顾客办好入住手续后，行李员按顾客入住房间号将行李分别放在房内。团队离店时，应先了解团体名称、楼层和搬运的时间，行李员应按时到预计的楼层搬运行李，做好行李记录，避免错漏。

5. 行李寄存管理

当顾客需要寄存行李时，行李员应核对顾客的行李件数、寄存时间、姓名和顾客房间号等，让顾客确认后，在《暂存行李登记簿》上签名并填写《行李暂存卡》。然后，将其中的一联交与顾客。顾客领取行李时，行李员应认真核对"暂存卡"和"登记簿"，请顾客在《暂存行李登记簿》上签名，防止错拿与漏拿行李。行李寄存管理的关键是婉言拒绝贵重物品的存放。

6. 访客留言管理

当来访顾客要求向住店的顾客留言时，礼宾部职工应先确认电脑中的住客记录。然后，请来访者填写《留言单》并通知电话总机留言。话务员应准确无误地复述留言内容，开通客房留言灯。经济型饭店将顾客留言单直接交行李员送至客房中并做好记录。一些饭店使用声音留言记录系统，将顾客留言通过电话直接送至客房。

7. 递送传真管理

商务中心收到传真后交与礼宾部，礼宾部通过电脑核对住客资料后，将传真送至房间并请顾客签收。如果房间无人，通知电话总机，作电话留言处理以记录备查。

8. 问讯服务管理

前台服务员和电话总机接线员应准备好回答顾客问讯的一切资料并掌握当地交通的最新消息、旅游景点和旅行社情况，协助顾客安排好旅游观光事宜。同时，应熟记所在区域的风味餐厅，掌握联系人的姓名和电话号码，提前准备好国际和国内的航班、铁路和公路等信息。此外，应熟知饭店所在地与各大城市间的距离、当地的大专院校、学术机构、医院、银行、著名商业公司、购物广场、名胜古迹、海水浴场、游泳馆和运动场所等。

9. 委托代办管理

通常，饭店金钥匙部或行李部负责住店顾客的委托代办服务，帮助顾客做些小修、小补或代购物品等服务。

6.2.4 接待管理

住宿接待管理也称作前台接待管理，简称接待管理。其主要服务内容包括办理入住登记手续、确认房价、分派房间、收款、办理离店等。

1. 入住登记管理（Check In）

顾客在入住前办理登记、付房费和领取房间钥匙的过程称为办理入住手续。办理入住手续应遵守各国和各地区的户籍管理。首先，接待员应获得顾客的个人资料，满足顾客对客房与房价的要求。然后，提供可靠的房间价格依据并推销客房与设施。办理入住登记手续的程序包括：询问顾客预订，规定房价，填写登记表，排房，决定付款方法，完成入住手续，制作有关表格和房卡（钥匙）等。对散客（Foreign Individual Tourist）和团队（Group）的接待程序略有不同：对散客的接待程序应先询问顾客的预订信息，然后填写入住登记表；为团队办理入住手续时，大厅副理应主动帮助前台一起完成接待工作。

2. 房价分派管理

客房价格主要由客房成本决定，而客房成本因素主要来自饭店的地理位置、建筑设计、硬件设施、空间布局、家具和用品及日常服务等。此外，客房价格也常由消费者支付能力来决定。通常，客房需求价格作为客房价格的上限，超过价格上限即超过市场需求。当然，客房价格还常受市场竞争的影响。当客房供应大于需求时，客房价格只能体现较低的价格。同时，根据营业的淡季还是旺季、顾客预订的时间、周末还是平日、散客还是集体等因素，对同一质量和规格的客房，饭店为顾客分派的价格可能不同。

3. 客房计价方式

① 欧式计价（European Plan）。房费只包括住宿，不含任何餐饮。

② 大陆式计价（Continental Plan）。房费包括住宿和大陆式的早餐（Continental Breakfast）。该早餐比较清淡，包括面包、黄油、果酱和冷热饮料等或简单的自助餐。

③ 美式计价（American Plan）。房费包括住宿和三餐，适合会展团体。

④ 修正美式计价（Modified American Plan）。房费包括住宿、早餐和晚餐，适合旅游团队。

⑤ 百慕大计价（Bermuda Plan）。房费包括住宿和美式早餐（American Breakfast）。美式早餐内容比较丰富，包括面包、黄油、果酱、冷热饮料、鸡蛋和肉类菜肴等或内容丰富的自助餐。

4. 客房计价种类

① 标准价（Rack Rate）。常称为散客价（FIT Rate），是饭店制定的标准房价，是同类客房最高的价格，主要用于没有预订的散客。

② 商务合同价（Commercial Rate）。用于与饭店签有合同的企事业单位。这类客房的价格较低，常是标准价格的70%以下。

③ 家庭价（Family Plan Rate）。用于长期入住的家庭。家庭房价常是标准价格的60%以下。

④ 团体价（Group Rate）。用于会展团队和旅游团队，价格常是标准价格的70%以下。

⑤ 小包价（Package Rate）。用于会展团队，价格较低，常是标准价格的70%以下。

⑥ 免费（Complimentary Room）。不收取房费的客房，针对同行业管理人员、会议工作人员或旅游团队的领队人员等。

饭店业的客房价格还包括淡季价、旺季价、军人价与教师价、半日价和激励价等。激励价用于航空公司和旅行社等。这种价格较低，甚至是成本价格，具有营销作用。

5. 离店结账管理（Check Out）

离店结账时，前台收款员根据顾客入住的信息，审核时间、房型、价格和顾客的消费情况，收回房间钥匙，结账。对散客，先收回房间钥匙、预付金收据，然后电话通知客房部查房，取出顾客账单，通过电脑核对房价，累积房租及其他费用，并根据查房情况将顾客的消费资料输入电脑，请顾客确认，无异议后，请顾客付清账款。为团队结账时，应注意入住委托书注明的消费承付项目，向顾客收款。对VIP顾客（重要顾客），饭店使用快速结账法，不需要等待客房部查房结果，快速结清顾客账单，帮助顾客离店。

6.2.5 电话总机管理

电话总机管理包括电话留言、接听电话和电话叫醒等服务管理。当话务员收到顾客电话留言时，须详细记录留言的内容并向顾客重复无误后，打开客房留言灯及相应的设施。话务员回答顾客问讯时，音量应适中，使用敬语和礼貌用语。当接收叫醒服务（Morning Call）时，应问清房号及叫醒时间，特别留意是"上午"还是"下午"，应重复问讯叫醒时间和房号，让顾客确认并在叫醒记录本上做好记录。电话叫醒时，话务员应注意顾客是否已经接受叫醒。必要时，可采用人工叫醒及派服务员敲门叫醒等措施。

6.2.6 顾客投诉管理

顾客投诉管理（Dealing with Complaints）是前厅接待管理的主要内容之一。通常，饭店将顾客的意见作为服务质量的反馈。前厅部应重视顾客的投诉并应恰当地处理以加强顾客与饭店的沟通并降低顾客不满情绪，提高饭店的声誉。通常，负责接待投诉的管理人员是大厅副理。大厅副理应严格遵守饭店对顾客投诉的处理程序。当接到顾客投诉时，大厅副理不要反驳或抗辩，应认真听取并谦虚记录。大厅副理作为饭店的管理人员应对顾客热情和关心，与顾客一起协商事件处理的方式并诚心诚意地解决实际问题。同时，大厅副理应留下顾客的电话号码和姓名，切忌在公共场所处理投诉。处理顾客投诉时，应与有关职能部门合作进行事故的调查，了解事情的真相并及时处理问题。最后，用书面的形式，将事件的处理结果告知顾客。

6.2.7　商务中心管理

饭店商务中心是为顾客进行打印服务、复印服务、秘书与翻译服务、出租设备服务、代售机票等服务的部门。当顾客要求复印文件时，服务员应清楚顾客的具体要求，如纸张大小、数量、颜色等并将收费标准告知顾客。按照顾客的要求选择纸张并进行复印。当顾客要求打印文件时，服务员应详细了解顾客的打印要求及稿件内容，不明之处先了解清楚。服务员应告知打印收费标准及完成打印的时间。文件打印后，服务员应自行校对一遍。客人取件时，请客人当面校对，如有错误立即更改。当顾客要求秘书或翻译服务时，首先要了解其专业范围，语言种类及一些具体的要求并向顾客报价；然后选择合适的秘书人员、翻译人员并征求顾客的意见。秘书及翻译人员应做好准备，认真完成前厅部所分派的工作。当顾客租用设备时，服务员应详细地了解顾客要租用的设备，介绍租用方式和收费标准，然后请顾客填写《设备租用单》。其内容应包括姓名、房号、设备名称、数量、租用时间、押金和设备情况，待顾客签字后，交纳押金，经办人应在"租用单"上签名。设备出租时，请顾客当面试用，确认所租设备的完好程度并演示操作方法，有特殊情况应详细记录。代顾客购机、车票时，服务员应请顾客填写《旅客购票单》，注明日期、张数、航班号、车次、去向、顾客姓名、地址、身份证号或护照号、联系电话、价格及顾客的特殊要求等。如果商务中心职工需要外出并为顾客购票，服务员应向顾客预收票款、身份证并开具收据，详细做好售票登记。当顾客发传真时，服务员应问清传真号码，注意核对号码是否正确及国家和地区的代码是否完整，杜绝错发事故。传真发出后，在《传真收发簿》上进行登记。

6.3　客房服务管理

客房服务管理（Housekeeping）也称作住宿服务管理或房务服务管理。在饭店运营中，负责客房服务的部门称作客房部（Housekeeping Department）。该部门的职责是清洁客房，使客房舒适、清洁、便利和实用，并为顾客提供热情和周到的房务服务。该部门的管理工作由客房部经理（Executive Housekeeper）负责。

6.3.1　客房部组织

1. 楼层部

根据饭店组织的结构，客房部通常下设数个楼层部。每个楼层部负责清洁数十间客房并对所负责的楼层和客房进行卫生检查。同时，兼管本部门的清洁技术培训工作。

2. 服务中心

客房服务中心是客房部为住宿顾客提供服务的部门。通常，每天提供24小时服务。该中心主要的服务项目是代客开门，接待重要的顾客，向顾客提供物品（如椅子和茶杯等）

服务，负责客房设备的维修等服务。该中心服务员在电话铃响两声内，必须接听电话，使用敬语，说明自己的部门，准确地记录顾客的讲话内容，重复并准确地回答顾客提出的问题。为没有带钥匙的顾客开门时，服务员应礼貌地请顾客出示房卡，验证后，为顾客开门并向客房服务中心报告和记录。当顾客要求增加椅子，应记录房间号和椅子数量并立即通知服务员。同时，增加房间的茶杯和茶叶。待访客离开房间，服务员应及时撤出借用的物品，保持房间的整洁。当客房服务中心接到"VIP"入住通知单后，做好记录并确认重要顾客抵店和离店的时间，提前将赠品放入房间或会客室并做好交接班的手续，准备好热毛巾和茶水，安排服务员及管理人员进行迎送等。客房服务中心接到房间的报修信息时，应立刻联系工程部并检查落实工程人员的维修结果。工程人员进房前，应核对房号，征得顾客同意后进入。客房服务员应验收客房的维修效果。

3. 夜间主管

在客房部，负责晚班或夜班客房清洁和服务的管理职位称作夜间业务主管。其主要的职责是对晚间或夜间的客房清洁和服务进行管理。

6.3.2 客房规划与布局

客房规划与布局是指根据饭店的经营特点和顾客对房间设施与设备的需求，确定客房面积、设施、家具与其布局等工作。客房规划和布局应显示饭店的文化、设施、级别和特色等。通常饭店客房显示的文化主要包括东方文化、欧美文化、宫廷文化、地区文化和民族文化等。

1. 客房类型规划

根据市场调查，饭店的客房类型与顾客的需求有紧密的联系。通常，商务顾客常参加各种会展或忙于推销，在饭店停留的时间约为2~4天。其中70%是男士，30%是女士。这类客源青睐带有较大单人床铺（1.35米×2米）的单人间或标准客房。他们希望浴室有较大的空间，客房有写字台、传真机、计算机网络接口等设施。度假顾客喜欢入住连通式客房。其组合为1间标准客房与1间大床间连通，经常选择3星级至4星级的饭店。长期住宿的家庭选择带有厨房、洗衣房、会客室、2个以上卧室及2个卫生间的组合式套房。高级行政管理人员需要带有完美的客房设施和高级家具的套房。综上所述，饭店的客房类型主要包括以下几种。

（1）单人间（Single Room）

带有1张单人床的房间，房间中有卫生间、衣柜、写字台和电视等。客房功能包括住宿、洗浴、办公和会客等。单人床的宽度从1.15米至1.5米，长度为2米。

（2）大床间（Big Bed Room）

带有一张双人床的房间（见图6-5），房中有卫生间、衣柜、写字台和电视等。客房功能包括住宿、洗浴、办公和会客等。

（3）标准间（Standard Room，Twin Room）

标准间也称为标准客房（见图6-6），是指带有两张相同单人床的房间，房中有卫生间、衣柜、写字台和电视等。客房功能包括住宿、洗浴、办公和会客等。英语中，Standard Room与Twin Room的含义相同。

图 6-5　大床间

图 6-6　标准间（标准客房）

（4）普通套房（Junior Suite）

普通套房也称作商用套房（Business Suite），由 1 间卧室和 1 间会客室组成，中间连通。这类房间常带有一张双人床或两张单人床，房中有卫生间、衣柜、写字台和电视等。

（5）行政套房（Executive Suite）

行政套房也称作豪华套房（Deluxe Suite），其特点是有豪华的家具和卫生设施。包括 1 间卧室和 1 间会客室，中间连通。房间带有 1 张双人床，房中有卫生间、衣柜和写字台、2 台电视等。房间的装修豪华，空间较大。

（6）总统套房（Presidential Suite）

饭店最高级别的套房称为总统套房（见图 6-7），由多个房间组成。其中，至少有 2 间卧室、1 间客厅、2 个卫生间（分为男士和女士），有餐厅、厨房和洗衣房等。一些高星级饭店的总统套房包括接待室、办公室、小餐厅和健身房等。通常，总统套房的设备与家具豪华。一些总统套房的客厅为花园式，有绿树、草地、鲜花和微型园林景观等。根据调查，由于饭店的级别、运营模式、地区经济的发展和文化不同，总统套房的房间数、内部结构、设施与设备、家具与用品等没有固定模式。

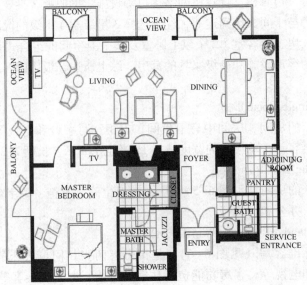

图 6-7　总统套房

(7) 公寓套房（Apartment）

公寓套房有多个种类，包括单间套房、双间套房和家庭套房等。单间套房由1间卧室和1个客厅组成，双间套房由2间卧室和1间客厅组成，家庭套房至少有3间卧室。根据套房的房间数，可配有1间至2间的卫生间和浴室。公寓套房常配有餐厅、厨房和洗衣间等。各种房间都配有适用的家具和设施。

(8) 内景房（Inside Room）

窗户朝向饭店内部的房间。

(9) 外景房（Outside Room）

窗户面向饭店外部的房间。

(10) 角房（Corner Room）

楼层边缘的房间。

(11) 连通房（Connecting Room）

两个房间可以相通的房间，中间有门，适合家庭住宿。

(12) 相邻房（Adjoining Room）

两个房间相邻，不相通，中间无门。

2. 客房床铺规划

为满足不同地区的顾客住宿需要，考虑顾客的住宿习惯，饭店在客房中设计了不同种类的睡床。

(1) 单人床（Twin-size Bed）

1.15~1.35米宽，1.8~2米长的床。

(2) 大号床（Queen-size Bed）

约1.5米宽，2米长的床。

(3) 特大号双人床（King-size Bed）

1.8~2米宽，2.05~2.1米长的床。

(4) 加床（Rollaway Bed）

可以折叠的床，用于客房加床。

(5) 婴儿床（Cot）

四边带有护栏的小床。

3. 客房家具布局

客房家具是客房室内布置的主体。在布局中，首先应考虑家具的实用性并与饭店的经营特色协调一致。当今，客房家具的布局应显示时代气息与传统文化的统一，不论家具的式样和色调，还是家具的功能和实用性都应当体现其适用和舒适并造型美观。同时，客房家具的布局要根据房间的类型、面积、朝向和门窗位置等进行整体规划并按照室内的功能进行分区，做到既有规律又有变化，既有区别又有联系，使房间内的空间显得轻松、活泼和恬静并有生活气息。客房家具布局常用的方法有对称法、自由法、分散法和集中法等。例如，标准间的睡床布局采用了对称法，使客房整齐和美观。所有各类型的客房中，写字台的摆放方法是自由法。在标准客房中，沙发和小桌的布局比较集中。其原因是显示客房中的休闲和用餐功能。此外，在布局中应该注意家具的高低起伏，以保持空间的和谐和整齐。

4. 客房布件装饰

客房布件主要是指床上用品、窗帘、帷幔、家具布件和地毯等。客房布件装饰主要通过质感、色彩和式样对比或协调等方法以提升室内的艺术和文化。客房布件装饰的目的首先是实用性,在此基础上选好色彩、式样和质地并与家具形成对称以达到美观和协调等作用。客房窗帘的作用在于调和光线或遮蔽外来光线。因此,房间的窗帘实际上由两层材料组成。外层材料质地厚,有遮挡光线的作用;内层材料质地薄并透明,可调节室内的光线并美化房间。客房布件的色彩应适合房间家具的颜色,尺寸应适合房间面积。床罩和床单的大小应与睡床相协调。同时,床罩的色彩应与房间、地毯和窗帘的色调相对衬。

5. 客房艺术品布置

客房艺术品分为几案、橱架摆设品、墙壁悬挂品、插花(绿色植物)、古玩、瓷器、字画及其他艺术品等。客房布置艺术品或摆放插花可提高房间的文化气氛,提高客房的等级和规格。客房在艺术品的布置上应突出民族文化和地方文化的特色并尊重顾客的风俗习惯和宗教信仰。壁挂艺术品应突出客房的主墙面,使之成为装饰中心。艺术品布置应根据饭店的级别和经营特色,衬托饭店的个性,注意艺术品的成本、摆放位置及安全等。避免顾客仰头、屈背、扭体等不自然的观赏姿态,应调节好室内的光线,使顾客得到艺术的享受。

6.3.3 清洁与维护管理

清洁与维护管理主要是指客房部制定客房清扫和维护的标准及对日常客房清洁进行管理等工作。客房清洁与维护的标准包括客房清洁员进入房间的时间、次数与程序等标准,清洁车放置的标准,客房家具、布件和日用品摆放的标准,客房室内空气的标准和客房卫生间清洁标准等。

客房日常清洁与维护管理工作包括客房清扫前的准备工作管理、清洁员进入客房的程序管理、客房清洁程序管理及客房清洁检查管理等。

1. 客房日常清洁与维护管理

(1) 准备工作

通常,客房清洁员在客房布件间(存放客房床单、毛巾和用品的房间)准备客房清洁车并将客房床单和毛巾等日用品及需要的清洁用品放在车上。清洁车(见图6-8)上配备的日用品主要包括床单(Bedsheet)、枕套(Pillowcase)、床垫(Mattress Pad)、面巾(Clean Towel)、浴巾(Washcloth)、地巾(Clan Bath Mat)、卫生纸(Toilet)、面巾纸(Facial Tissue)、冷水杯(Fresh Drinking Glass)、香皂(Soap Bar)、烟灰缸(Clean Ashtray)和火柴(Matche)等。配备的清洁物品包括去污剂(All-purpose Cleaner)、玻璃清洁剂(Spray Window and Glass Cleaner)、浴缸清洁刷(Bowl Brush)、除尘剂(Dusting Solution)、抹布与海绵(Cloth and Sponge)和橡胶手套(Rubber Glove)等。清洁车的两边放有垃圾袋和布件袋,布件袋用于盛装顾

图6-8 客房清洁车

客用过的床单和毛巾。

（2）分派房间

客房部根据每天的房态报告（Room Status Report）向清洁员分派要清扫的房间并将房间号写在分派表中（见表6-1），表中注明要清洁和维护的房间号和房态（住客房、走客房）。通常，客房清扫顺序是：需要立即清扫的客房（Early Makeup）、重要顾客住宿的客房（VIP）、走客房（Check-out，已结账的客房）、继续住宿的普通客房（Stayover）、下一天退房的客房（Due-out）。

表6-1 客房分派表

（正面）			（背面）	
Room #（房号）	Room Statu（房态）	Comment（注释）	Room No.（房间号）	
			Television（电视机）	
			Faucet（水龙头）	
			Light（灯）	
			Drape（窗帘）	
			Table（桌子）	
			Art（艺术品）	
			Commode（抽水马桶）	
			Door（门）	
			Carpet（地毯）	
			Tub（浴盆）	
			Dresser（梳妆台）	
			Bed（床）	
房态：V-Vacant, O-Occupied				

（3）清洁程序

客房清洁员进入客房前应先观察客房的指示灯。如果客房指示灯开着或门外放有"请勿打扰"牌，清洁员不应打扰顾客休息，应等待一段时间后，进行客房的清洁。如果没有这种情况，服务员应按门铃并说"客房服务员"（Housekeeping），间隔10秒钟后，再按第2次，直至客房门被打开为止。如果房间内无回答声音，服务员确认房内无人时，可用房门钥匙开门并轻轻地推开门并说"客房服务员"。如果顾客前来开门，先向顾客问好；然后说明来意，征得顾客同意后可进入房间。否则，表示道歉，晚些时候清扫客房。清扫客房时，打开窗户，吸收新鲜空气；打开室内各种灯，检查灯泡是否完好；检查窗帘和窗帘构架，检查空调的运转情况。检查室内是否有丢失或损坏的物品，收集客房用过的餐具。然后，放在门外并通知餐饮部撤走。服务员应更换房间内的垃圾袋，撤走用过的茶杯和烟灰缸等。实际上，清洁客房最主要的项目是：收拾床铺，做床，抹尘，收拾卫生间和吸地毯，然后自查客房清洁的质量，锁门，在客房分派表中注明房态，直至清扫下一间客房。

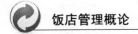

(4) 客房检查

客房清洁员每天按管理人员指定的房间进行清扫和整理客房。楼层业务主管人员每天应按所管辖的区域检查所有房间的清洁、维护情况并根据饭店房间设施保养和清洁标准表列出的检查项目进行认真检查并记录在《客房检查日报表》上。一些饭店，客房的检查工作先由客房领班负责，而客房部的业务主管人员和客房部经理采取随机抽查的方法，进行房间检查。在检查过程中，如发现不符合饭店质量标准的客房应立即指派客房清洁员进行改进或重新清洁。最后，楼层业务主管人员将检查合格并无人住宿的客房及时地通知前厅部。

(5) 小整理服务

一些高星级饭店实施客房小整理服务。这种服务是指客房清洁员下午进入客房，更换房间内用过的毛巾和杯具，清理室内垃圾和烟灰缸，整理顾客用过的床铺，清扫地面杂物，清点和补充客房食品柜中的酒水和食品，补充日用品等。

(6) 开晚床服务

在国际饭店业，客房部通常提供开晚床服务。所谓开晚床服务，是指傍晚，常在下午6点以后，客房清洁员对每间客房进行短时间的清洁整理并为顾客收拾床铺。客房清洁员应根据客房部服务规范进入房间，礼貌地向顾客问好，征询顾客是否需要开晚床服务。如果顾客不需要，服务员应立即退出；待顾客需要时再为顾客服务。开晚床服务时，清洁员应打开床头灯，将窗帘合上，更换用过的杯具和烟灰缸及清理垃圾等。此外，服务员要将床罩整理好，放在行李架的底层，将靠近床头柜一侧的被子向上叠起，约成45°，然后压平。如果房间只住一位顾客，应当整理靠近窗户的床，打开夜灯并整理卫生间。

2. 客房专项清洁

客房专项清洁管理是指客房部在一定的时间周期，对饭店所有客房某一设施或区域做一次彻底的清洁或保养工作。专项清洁工作的目的是清洁或维护日常客房清扫中容易忽略的区域或完成技术性较强并需要集体进行的清洁工作。一些饭店每天指派一名客房清洁员做某一专项卫生；一些饭店每天指派一名客房清洁员做一间客房的全面清扫和维护工作；许多饭店利用集体力量定期对饭店所有的客房进行专项卫生清洁和维护工作。

6.3.4　退房查房管理

当客房部接到前厅部有关顾客退房的信息后，应立刻查房并把查房结果反馈至前台接待部。查房的目的是查看房间的设施，房间内的自费消费品使用情况及是否有顾客遗留的物品等。服务员应根据饭店服务的规范进入房间，检查房内的小食品与饮料的消费情况，打开柜门、抽屉和保险箱，掀开床罩和枕头并检查顾客是否遗留物品，检查房间的电话指南、遥控器等，看其是否齐全并是否有损坏现象，检查棉织品和地毯是否有损坏。所有的检查程序均应在2分钟内完成。然后，锁上房门并通知客房清洁员清洁客房。

6.3.5　布件与用品管理

所谓布件，是指客房的毛毯、床罩、床单和毛巾等。通常，客房部将布件按照颜色、种类分别收发。收发布件与用品时应清点数量，检查布件内是否有杂物并做好记录。发放布件与用品时，应根据部门的实用数量发放，管理人员应把好质量关，不发放破损的、不整齐的或不干净的布件。

6.3.6 公共区域清洁管理

饭店公共区域清洁管理是客房部管理的一项重要内容。饭店公共区域的清洁管理通常由公共区域清洁部负责。该项工作包括饭店内外区域的卫生清洁与保养及绿化管理、指导和监督公共区域的清洁，饭店内外树木、草地和植物的规划和保养等。公共区域包括饭店建筑物的外观、停车场、喷泉、大厅、电梯、多功能厅、公共洗手间、办公区域和职工生活区域等。其中，包括这些区域的日常清洁和专项清洁管理。

6.4 洗衣房管理

中型和大型饭店常建立洗衣房以方便本饭店洗涤各种布件和工作服。同时，还为顾客提供干洗和水洗衣服等服务。

6.4.1 客衣收发管理

饭店通常在每天上午9时及11时由收衣员将各楼层收取的客衣送至洗衣房进行洗涤。加急的客衣洗涤服务随时由收衣员送洗。客衣收发管理的关键是认真做好客衣的检查和登记工作。收衣员应逐件检查，认真计算衣服的件数、种类、颜色和磨损程度及遗留的物品。饭店对职工制服的收发管理是"以脏换净"，做好登记。

6.4.2 洗涤工艺管理

饭店对洗涤的衣物有严格的工艺质量标准。水洗服装的标准是，洗涤前应按色泽、种类分拣清楚。入机时，防止混入其他色泽的物件以免被染色。同时，不能将客房的布件与餐厅的台布或不同色泽及不同种类的布件混合洗涤。客房的毛巾和浴衣洗涤后应加入柔顺剂。餐厅的台布和餐巾洗涤后要过浆。洗涤员在操作时，应严格遵守岗位职责，做到机不离人。如果发现问题，应及时处理。使用烘干机时，开机前要清理机内毛尘，将蒸汽和冷水排走。停机前应先关蒸汽，节约能源消耗。在机器的运转中，洗涤员应坚守岗位，注意机器的运转状态。对于干洗的衣服，先按颜色、厚度和布料分类，按各类衣物分开干洗。注意胶质纽扣、装饰物等不适宜干洗的物品。干洗前应检查衣袋是否有遗留物品。

本章小结

饭店房务管理工作主要包括前厅接待管理、客房服务管理、环境卫生管理和洗衣房管理。一些饭店还包括健康中心或康乐设施的经营管理。不同规模和管理模式的饭店，其房务管理的组织结构不同。房务管理组织可分为小型饭店组织、中型饭店组织和大型饭店组织。客房预订与接待管理是前厅部的主要经营工作。由于前厅部的形象代表饭店的整体工作的质量水平，因此前厅部的运营管理很重要。客房服务管理也称住宿服务管理，负责客房的服务和房间清洁工作。

思考题

1. 单项选择题

（1）金钥匙管理是指饭店的（　　）。
    A. 商务中心管理　　　　　　　　B. 顾客投诉管理
    C. 礼宾服务管理　　　　　　　　D. 预订管理

（2）（　　）是同类客房最高的价格，主要用于没有预订的散客客房计价。
    A. 标准价　　　　　　　　　　　B. 商务合同价
    C. 家庭价　　　　　　　　　　　D. 小包价

2. 多项选择题

（1）前厅部经营管理叙述不正确的内容是（　　）。
    A. 预订部负责确认和取消客房预订，做好顾客入住前的准备工作
    B. 大厅副理不属于前厅部的管理职务
    C. 预订程序管理是指饭店预订部根据顾客需求提供不同种类的客房，记录顾客预订资料，完成顾客到达饭店前的准备工作
    D. 非保证预订的特点是，饭店收取顾客订金以弥补非保证预订所造成的损失

（2）下列关于住宿服务管理叙述正确的内容是（　　）。
    A. 标准间也称作普通套房
    B. 客房布件装饰目的是实用，在此基础上选好色彩、式样、质地并与家具形成对衬，达到美观和协调等作用
    C. 客房规划和布局应显示不同的饭店文化，包括东方文化、欧美文化、宫廷文化、民间文化以满足顾客的实际住宿需要
    D. 行政套房称作总统套房

3. 名词解释

  房务管理　　保证预订　　超额订房　　欧式计价　　大陆式计价　　美式计价　　修正美式计价　　百慕大计价

4. 问答题

（1）简述房务管理的含义。
（2）简述房务管理的主要内容。
（3）简述房务管理的4个环节。
（4）以中型饭店为例，设计房务部组织结构图。
（5）简述房务部各部门的职责。
（6）简述客房的类型与特点。
（7）简述客房的家具布局。

（8）简述客房的布件装饰。
（9）简述客房艺术品的布置。
（10）论述饭店客房清洁管理。

案例分析

东方饭店的叫醒服务

住在某市东方饭店1102房间的周先生在2015年4月15日晚九时临睡前打电话给饭店总机："请在明晨六时叫醒我，我要赶乘早上八时起飞的班机。"

第二天清晨将至六点，总机接线员依次打电话给需要叫醒的5间客房的顾客。当叫到周先生时，电话响了几声，周先生才从床头柜上摘下话筒。"早晨好，现在是早晨六点钟的叫醒服务。"接着传出周先生的含糊不清的声音"谢谢"。周先生放下话筒以后，马上又睡着了。等他醒来时已是六点五十五分了。他匆匆地赶到机场时，飞机已起飞了。由于没有赶上航班，顾客向饭店大厅副理提出赔偿的要求，提出饭店承担飞机退票费及等待下班飞机期间的餐费。大厅副理了解情况后，向周先生解释说："您今天误机，我们感到很遗憾，不过接线员已按照您的要求履行了叫醒服务的职责。"周先生并不否认自己接到过叫醒服务的电话。但是，仍旧提出意见说："你们的叫醒服务需要进一步改进！"

讨论题：
1. 总结东方饭店总机叫醒服务的优缺点。
2. 讨论饭店总机叫醒服务可改进的程序。

参考文献

[1] 王天佑. 饭店管理概论. 2版. 北京：清华大学出版社，2010.
[2] 姚莉娜. 新编现代企业管理. 北京：北京大学出版社，2012.
[3] 彭家平. 新编现代企业管理. 2版. 北京：北京理工大学出版社，2013.
[4] 李启明. 现代企业管理. 4版. 北京：高等教育出版社，2011.
[5] 范明. 现代企业理论. 北京：社会科学文献出版社，2007.
[6] 郭亚军. 前厅部运营管理. 北京：电子工业出版社，2009.
[7] 刘伟. 现代饭店房务运营管理. 2版. 北京：旅游教育出版社，2009.
[8] 郑海航. 企业组织论. 北京：经济管理出版社，2004.
[9] 刘银花. 薪酬管理. 大连：东北财经大学出版社，2007.
[10] 雅各布斯. 运营管理. 任建标，译. 13版. 北京：机械工业出版社，2011.
[11] 佩奇维斯特. 战略管理. 栾玲，译. 北京：中国人民大学出版社，2011.
[12] 佛雷德里希. 企业伦理学. 8版. 北京：中国人民大学出版社，2012.
[13] 徐文苑. 饭店客房管理实务. 3版. 广州：广东经济出版社，2011.
[14] 李少惠. 企业文化. 上海：上海财经大学出版社，2013.
[15] 郑志伟. 饭店房务运营与管理实用教程. 北京：经济科学出版社，2014.

[16] STUTTS. Hotel and lodging management. New Jersey: Wiley & Sons, Inc., 2004.

[17] MILLER J E. Supervision in the hospitality industry. New Jersey: Wiley & Sons, Inc., 1998.

[18] VALLEN J J. The art and science of hospitality management. Educational Institute American Hotel and Motel Association, 1998.

[19] KAUFAN T J. Timeshare management: the key lssues for hospitality managers. Burlington. Butterworth-Heinemann, 2009.

[20] JONES T J. Professional management of housekeeping operations. 5th ed. New Jersey: John Wiley & Sons, Inc., 2007.

[21] BARDI J A. Hotel front office management. 4th ed. New Jersey: John Wiley & Sons, Inc., 2007.

[22] WALKER J R. Introduction of hospitality management. 4th ed. New Jersey: Pearson Education Inc., 2013.

第7章 餐饮经营管理

> **本章导读**
>
> 饭店是经营住宿、会展和餐饮产品的综合型企业。一个优秀的饭店应有符合目标顾客需求的客房、餐饮设施、会议室和康乐设施,并且在经营餐饮方面有一定的知名度。通过本章学习,了解现代饭店餐饮经营管理内容,掌握餐饮生产管理、餐饮成本控制和餐饮营销管理。

7.1 饭店餐饮管理概述

7.1.1 饭店餐饮管理的含义

饭店餐饮管理是指饭店对菜肴和酒水的生产和营销管理。由于饭店餐饮经营的方法不同于工业,其生产和销售必须在同一建筑物内,因此吸引顾客到饭店餐厅购买菜肴和酒水是饭店餐饮经营成功的关键。现代饭店餐饮经营规模不断扩大,专业化程度越来越高并根据顾客的实际商务需求、休闲需求和会议需求等经营不同特色和风味的餐饮产品。

7.1.2 餐饮经营成功的要素

根据成功的经验,饭店餐饮经营的主要影响因素包括以下几个方面。

1. 理想的经营环境

饭店餐饮经营环境的质量是餐饮经营成功的第一要素。理想的经营环境是指餐厅必须在交通方便的地方,必须体现菜单的特色,其外部必须设有停车场以方便顾客停车。经营不同菜单的饭店应选择适合本企业的经营场所,其餐厅气氛、装饰和设施等都要符合菜单的内容和特色。例如,饭店如果经营咖啡厅,应选择有人文环境的商务区和休闲区。

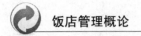

2. 优质的菜肴和酒水

菜肴和酒水是餐饮产品的核心。优质的菜肴和酒水的前提是以安全、无污染和新鲜的食品原料为基础。菜肴与酒水质量的标准是卫生、有营养、有特色。热菜、热汤和热饮料必须是热的,应在80 ℃以上;冷菜和冷饮料应是凉爽的,约在10 ℃。菜肴和酒水的质量应达到国家、地区和本企业规定的各项质量标准。

3. 真诚的餐饮服务

餐饮服务是餐饮的无形产品,又是餐饮的营销方法。真诚的餐饮服务是指顾客受到亲切、热情和真诚的接待,得到理想的服务程序和方法。饭店管理人员应重视餐饮服务,重视服务中的礼节礼貌,讲究服务程序和方法并加强餐饮服务培训工作,使职工自觉和主动地为顾客服务。

4. 满意的产品价值

所谓满意的产品价值,是指饭店出售的餐饮产品必须得到顾客的认可。一些饭店尽管餐饮消费水平较高,然而其业务很好,回头客很多并且不断地出现新顾客。顾客认为,尽管这家饭店的菜肴和酒水价格比较高,但是其餐饮产品的质量是物有所值。有些饭店的餐饮价格较低,但是经营效果不理想。其原因是顾客觉得其价格与产品质量不符。实际上,餐饮产品的价值来自各因素质量的总和,包括菜肴和酒水、用餐环境、设备和设施等的质量及其服务程序与方法的安排。

5. 科学的经营管理

饭店必须依靠科学的经营管理才能取得餐饮经营的成功。所谓科学的经营管理,包括有效的人力资源开发与管理、合理的餐饮成本控制、严谨的餐饮质量管理、优秀的企业文化与企业形象、灵活的营销策略及良好的职业道德等。

7.1.3 不同类型饭店餐饮经营的特点

1. 商务饭店经营特点

商务饭店以商务顾客、团队会议为主要经营目标,以旅游团队为辅助目标。该类饭店常坐落在城市商务区或交通便利的市区,具有各种客房和会议室,有商务中心和健身设备。饭店餐饮设施齐全,包括中西风味餐厅、宴会厅、咖啡厅、自助餐厅和酒吧等。这类饭店的餐饮营业时间长,菜肴和酒水种类多。由于商务顾客来自世界各国,因此商务饭店菜肴和酒水种类、服务方法要适合各国和各地区、各民族的餐饮文化和习惯。

2. 度假饭店经营特点

度假饭店常坐落在风景名胜地区或名山秀水附近。其主要经营目标是旅游团队、休憩与会议团队、度假散客。度假饭店除具备舒适的客房、适合休息和健身的设备,如游泳池、健身房、高尔夫球场等,特色菜肴和酒水是度假饭店经营的关键。目前,许多度假饭店经营当地传统菜肴、民族菜肴以满足休闲顾客对餐饮文化和餐饮旅游的需求。

3. 长住型饭店经营特点

长住型饭店为满足长期需要住宿的顾客而建立,常坐落在交通方便的城市和郊区,房间以套房为主。每套客房包括客厅、卧室、厨房、卫生间和洗衣房等。其房间的设施比商务饭店齐全,包括炉灶、冷藏箱、洗衣机和烘干机等。由于入住这种饭店的顾客工作忙,不可能经常在公寓自己做饭，因此他们需要在饭店的餐厅用餐。这样，长住饭店必须满足顾客平时用餐的需要，关注顾客的身体健康和饮食习惯。同时，应讲究菜肴的营养和品种，价格实惠。许多长住饭店提供免费的大陆式早餐和自助晚餐。长住型饭店餐饮经营不仅应为饭店带来利润、客房率和声誉，还应为顾客带来方便和实惠。一些长住型饭店实施餐饮外包策略，把餐饮设施外包给饭店外部的餐饮公司以增加餐饮的特色和入座率并节约成本。

4. 汽车饭店经营特点

汽车饭店坐落在城郊、高速公路和飞机场附近，是为长途驾车的旅客提供住宿和餐饮的中小型饭店。传统的汽车饭店房间数常在 100 间以下，现代汽车饭店已经发展至中等规模。汽车饭店提供免费的大陆式早餐，经济实惠的午餐和大众化的晚餐服务。现代汽车饭店的餐饮经营设施和销售的餐饮产品完全可以与三星级商务饭店相媲美。一些汽车饭店还可提供中型宴会服务。

5. 会展饭店经营特点

会展饭店是指以接待会展团体为主要客源的饭店，也接待旅游团队和散客，常建在交通方便的城市、风景名胜区或旅游区。会展饭店规模常是中型以上或大型饭店，房间数从 250 间至 2 000 间不等。因此，可以容纳较多的住宿顾客和参加会议及展会的顾客。现代会展饭店重视餐饮经营，配备多个宴会厅和多功能厅。其餐饮功能较强，可同时接待来自世界各国的各种传统宴会、自助宴会和鸡尾酒会等。会展饭店常销售各国风味菜肴、地区特色菜肴和各国小吃并讲究餐厅的装饰和餐饮文化，以满足各国来宾的需求。

6. 机场饭店经营特点

机场饭店常建在飞机场附近，其设施和服务与商务饭店很相似。其主要的客源是转机和被延误出行的旅客。咖啡厅、大众餐厅、酒吧和各种小吃店是机场饭店不可缺少的经营设施。经济、实惠、快速和卫生的餐饮产品最受旅客的欢迎。近年来，机场饭店的客房规模不断扩大，餐饮设施不断增加。现代机场饭店可以经营中小型的宴会业务。

7. 休闲饭店经营特点

休闲饭店通常是小型饭店，客房常在 100 间以下。其主要的客源是度假并参加一些主题休闲活动的顾客。该类饭店的餐饮设施、菜肴与酒水及服务项目既要有特色，又要满足休闲顾客的需求。因此，这类饭店对餐饮管理人员是严峻的考验，要求他们全面地掌握餐饮原料知识和菜肴制作工艺。

8. 经济型饭店经营特点

进入 21 世纪，随着我国经济和贸易的发展，经济型饭店像雨后春笋般在全国迅速地发展起来。截至目前，我国的经济型饭店已经可以满足不同的细分市场的需求。包括商务经济型饭店、旅游经济型饭店和针对青年旅游者的青年旅社。以上 3 种经济型饭店的特点是针对大众化的住宿与餐饮市场需求，价格实惠，设施与服务精简。经济型饭店负责住宿顾客的简易早餐。除此之外，主要经营实惠的中餐和西餐零点业务和团队用餐业务。

9. 培训中心经营特点

培训中心相当于中型的商务饭店，其设施与大众化的商务饭店很相似，但服务比商务饭店稍逊色。这种饭店常配备多功能厅、咖啡厅和大众餐厅。其餐饮客源主要是会议顾客和参加培训的企业职工。因此，其餐饮经营特点必须是价格实惠，菜肴适合大众并可满足不同地区和民族的日常用餐需要。

7.2 餐饮生产管理

7.2.1 厨房组织管理

厨房是饭店唯一的生产部门，是菜肴和面点的生产车间或加工厂。饭店的厨房组织根据其经营规模和营业种类有数个不同的类型和结构。中型和大型饭店的厨房组织结构复杂，包括多个厨房：生产厨房（宴会厨房）、中餐厨房和西餐厨房等。大型饭店常设行政总厨师长1名，管理饭店所有的厨房生产工作。该职务为部门经理级或业务总监级。此外，每一专业厨房还设立业务主管或副厨师长1名，带领若干名厨师及辅助人员完成行政总厨分配的工作任务。小型饭店，组织简单，只包括1个能进行初加工、切配、烹调和面点制作的综合型厨房。厨房组织简单，职工少，仅配备1名厨师长负责管理。该职务为业务主管级。饭店厨房组织设计主要根据饭店规模、菜单内容、厨房布局、菜肴生产量等因素。综上所述，现代饭店根据厨师的专业知识和技术等级、业务能力、工作责任心、管理才能和创新精神授予他们不同的职务。

7.2.2 厨房规划管理

厨房规划是确定厨房规模、形状、建筑风格、装修标准及其中生产部门之间关系的管理，是一项复杂而专业性强的工作，需要聘请建筑、消防、卫生、环保、公用设施等专业人士参与。现代厨房的规划是，重视人机工程学的应用，降低厨房人工成本，使厨房生产更加安全和舒适，从而保证厨师的身体健康。厨房要选择地基平、位置偏高的地方，这对食品原料的运输、污水排放都有益。厨房应接近自来水、排水、供电和煤气等管道设施，选择自然光线和通风好的位置。厨房面积规划常受厨房功能、设备性能、餐厅类型和用餐人数等影响。通常菜单品种丰富，菜肴加工精细，厨房设备多，用餐人数多，用餐时间集中的饭店需要面积较大的厨房。此外，厨房贮藏室、办公室及其他辅助设施都是影响厨房面积的因素。厨房高度影响着厨师的身体健康和工作效率，厨房不符合高度的标准，使厨师感到压抑，影响生产效率和质量；厨房过高，空间浪费并造成经济损失。传统厨房的高度为4.2米。由于厨房空气调节系统的发展，现代厨房高度不低于2.8米，当然不包括天花板内的管道层高度。厨房地面常出现水渍和汤汁，为了厨师安全和厨房卫生，厨房地面应选用防滑、耐磨、不吸油和水、便于清扫的瓷砖。厨房墙壁和天花板应选用耐潮，不吸油和水、便于清洁的材料。墙壁和天花板力求平整，没有裂缝，没有凹凸，没有暴露的管道。厨房所有墙壁应贴上整齐的瓷砖，天花板可由轻型不锈钢板组成。厨房除利用自然通风方法外，还应安装排风和空气调节设备，如排风罩、换气扇及空调器等以保证生产高峰时，能及时排除被污染的空气，保持厨房空气清洁。照明是厨房规划的重要内容。良好的厨房光线是确保菜肴质量的基础，还可避免和减少厨房的工伤事故。通常，工作台照度应达300勒克斯（lx），加工区应达到150~200勒克斯。厨房温度是影响工作效率和菜肴质量的因素之一，厨师在高温环境工作会加速体力消耗；而温度过低，厨师手脚麻木，影响工作效率。厨房温度在 17~20 ℃ 为宜。厨房必须采取措施消除噪声，将噪声控制在 40 分贝以下。为了保证厨房生产和卫生的需要，厨房必须具有冷热水和排水设施。

7.2.3 厨房设备管理

厨房设备由各种炉灶、保温设备和切割机械组成。由于菜肴的形状、口味、颜色、质地和火候等各质量指标都受生产设备的影响，因此，厨房设备对菜肴质量起着关键作用。现代厨房设备具有经济实用、生产效率高、操作方便、外形美观、安全和卫生等特点。同时，趋向于组合式，占地面积小，自动化程度高等（见图 7-1）。根据调查，在厨房设备的管理中，设备选购是首要工作。优质的设备不仅能生产高质量的菜肴，而且烹调效率高、安全、卫生、易于操作并节省人力和能源。因此，饭店应有计划地购买厨房设备。饭店应明确需要购买的设备是必要设备还是适用设备。必要设备是指企业必须购买的设备。这些设备可保证菜肴生产的质量和数量，为企业带来利润。适用设备是指对生产有

图 7-1 现代厨房生产设备

一定价值并不一定是急需的设备。这样，企业可根据财力情况和其他因素综合考虑。在厨房管理中，生产任何菜肴必须具备相应的生产设备。例如，生产广东菜必须有广东灶，生产牛排必须有扒炉等。总之，选购厨房设备，一定要进行效益分析，生产性能、安全与卫生和式样尺寸的评价。除此之外，设备保养也是重要的管理内容，包括制订保养计划和保养措施等。

7.2.4 生产卫生管理

卫生是菜肴质量的基础和核心。餐饮生产卫生管理包括食品卫生管理、厨师卫生管理和环境卫生管理等。根据美国餐饮协会对美国顾客选择餐厅的调查中，顾客选择餐厅的主要因素是卫生、菜肴特色、菜肴价格、餐厅地点和服务态度等。其中，生产卫生在餐饮质量和餐饮营销中占首要地位。

1. 食品卫生管理

菜肴生产要经过多个环节，从食品原料采购、运输、加工、烹调至销售等。这些环节都是病菌、寄生虫污染的渠道。因此，饭店应采购新鲜、无毒、无污染的食品原料。同时，畜肉、家禽和海鲜类原料必须符合国家的卫生标准。此外，饭店应预防运输和储存中的食品污染，控制食品原料的温度，认真清洗水果和蔬菜，保证食品原料的卫生。

2. 厨师卫生管理

为了防止病菌污染菜肴，饭店必须管理好厨师的个人卫生。厨师卫生管理包括个人清洁和健康的管理、工作服管理和卫生知识培训等。个人清洁是厨师卫生管理的基础，个人清洁状况不仅显示个人的自尊自爱，也标志饭店和餐厅的形象。因此，厨师应具有个人良好的卫

饭店管理概论

生习惯。每天洗澡、刷牙并尽量养成每餐后刷牙的习惯。工作时，衣帽应整齐干净，接触食品前应洗手。饭店管理人员应重视和关心厨师的身体健康，并为他们创造良好的工作条件，不要随意让职工加班，厨师应吸收新鲜空气和均衡饮食。此外，厨师的工作服应合体、干净，无破损，便于工作。饭店应准备3套工作服，工作服必须每天清洗和更换。按照国家卫生法规，餐饮生产人员每年应作一次身体健康检查。

3. 环境卫生管理

环境卫生管理包括通风设施、照明设施、冷热水设施、地面、墙壁、天花板等卫生管理。厨房必须安装通风设备以排出炉灶烟气和仓库发出的气味。通风设备要定时清洁，通常，每两天清洁1次。每周清洁厨房的照明设施一次。洗手间不可朝向厨房，应有专人负责卫生和清洁。厨房要保持地面清洁，每餐后应冲洗地面。厨房墙壁应结实，光滑，不渗水，易冲洗，浅颜色为宜。保持墙面清洁，经常用热水配以清洁剂冲洗墙壁，每天应擦拭1.8米以下高度的厨房墙面。每周擦拭1.8米以上的厨房墙面1次。厨房门窗应没有缝隙，保持门窗的清洁卫生。保持门窗玻璃的清洁，使光线充足。厨房门窗可以3天至1周清洁1次。保持食梯卫生，食梯内没有食物残渣以免病菌繁殖。

4. 设备卫生管理

根据实践，不卫生的生产设备常是污染菜肴的原因之一。因此，厨房设备的卫生管理工作不容忽视。合格的生产设备应易于清洁，易于拆卸和组装。设备材料应坚固、不吸水、光滑、易于清洁、防锈、防断裂、不含有毒物质。设备卫生管理的关键是每天工作结束时彻底清洁。

7.2.5 生产安全管理

餐饮生产安全管理主要是指菜肴加工、切配和烹调中的安全管理。厨房出现任何安全事故都会影响企业声誉，从而影响经营。厨房安全事故常由于职工的疏忽大意造成。在繁忙的营业时间，如果职工不重视安全生产的预防工作，那么，摔伤、切伤、烫伤和火灾等事故极易发生。根据统计，跌伤和撞伤是餐饮生产中最容易发生的事故。因此，厨师走路应精神集中，眼看前方和地面。厨房的地面应保持整洁、干净、无杂物；在刚清洗过的地面上，应放置"小心防滑"的牌子。切伤发生率仅次于跌伤和撞伤。造成切伤的主要原因是精神不集中、工作姿势或程序不正确、刀具钝或刀柄滑、作业区光线不足或刀具摆放的位置不正确等。因此，厨师工作时应精神集中，不要用刀具开罐头。厨师手持刀具时，不要指手画脚，防止刀具伤人。当刀具落地时，不要用手去接，应使其自然落地。在接触破损餐具时，应特别留心。使用电动切割设备前，应仔细阅读该设备的说明书并确保各种设备带有安全防护措施。营业时，厨师在忙乱中偶然接触到热锅、热锅柄、热油、热汤汁和热蒸汽时，极易造成烫伤。因此，厨师使用热水器时，应小心谨慎，不要在容器内装满开水。厨师在烹调时，炒锅一定要放稳，不要使用松动手柄的容器，容器内不要装过多的菜肴和汤汁。厨师应经常检查蒸汽管道和阀门，防止出现漏气伤人的事故。厨师搬运物体时，应量力而行，不要举过重的物体并掌握正确的搬运姿势。电击伤在餐饮生产中很少发生，但是应当特别留心。其预防措施有：厨房和备餐间电设备安装地线，不要将电线放在地上，保持配电盘的清洁。使用电设备后，应立即关掉电源。厨房是火灾易发的地区，火灾危害顾客和职工生命，造成财产损失。因此，厨房防火非常必要。厨房除了要有具体防火的措施外，还应使厨师了解火灾发生的原因及防火知识。

7.3 菜单筹划管理

7.3.1 菜单种类与特点

菜单是餐厅为顾客提供的菜肴和价格的说明书，是餐厅销售菜肴的工具。不同种类的菜单有不同的销售作用。

1. 零点菜单（À la carte Menu）

零点菜单是餐饮经营最基本的菜单。À la carte 一词来自法语，意思是根据菜单的菜肴品种，以单个菜肴计价销售。这种菜单最适合散客购买。

2. 套餐菜单（Table d'hôte Menu）

套餐菜单是根据顾客的需求，将不同营养成分、不同食品原料、不同制作方法的菜肴合理地搭配在一起，设计成套餐菜单。套餐菜单以每套菜肴价格出售，其价格常比零点菜单的价格更实惠，平均优惠约10%。套餐菜单的特点是，菜肴品种、数量和价格是固定的，顾客只能购买整套菜肴。套餐菜单方便宴会、会议团队和商务散客，节省了顾客购买时间，节省了顾客的开支。

3. 固定菜单（Static Menu）

许多中餐厅、扒房、咖啡厅和快餐厅都有自己的固定菜单。所谓固定菜单，是指通常不变动的菜单。这种菜单上的菜肴都是餐厅的代表菜肴，是经过认真研制的并在多年销售实践中总结出的精品菜肴。这些菜肴深受顾客的欢迎且具有很高的知名度。

4. 周期循环式菜单（Cyclical Menu）

咖啡厅和西餐厅常使用周期循环式菜单。所谓周期循环式菜单，是指一套完整的菜单，而不是一张菜单。这些菜单是按照固定的时段循环使用。一套周期为一个月的套餐菜单常有31张菜单，供31天的循环使用。这类菜单上的菜肴基本不重复，厨房应根据当天菜单的内容进行生产。

5. 宴会菜单（Banquet Menu）

宴会菜单是餐厅推销产品的一种技术性菜单。该菜单体现饭店的经营特色，菜单上的菜肴都是比较有名的美味佳肴。同时，还根据不同的季节安排一些时令菜肴。宴会菜单常根据宴请对象、宴请目的、宴请标准或宴请者的意见随时制定。

6. 每日特菜菜单（Daily Special Menu）

每日特菜菜单是为了弥补固定菜单菜肴品种的单调而设计的。每日特菜菜单常在一张纸上设计几个有特色的菜肴。其特点是强调菜单的使用时间，当然只限某一日内使用。菜单上的每日特菜常带有季节性、民族性和地区性等特点。

7. 节日菜单（Holiday Menu）

节日菜单是指根据地区和民族节日筹划的传统菜肴。根据市场调查，节日菜单的需求不断增长。一些国际饭店在节假日还增加儿童自助餐业务。这一业务不仅吸引了儿童客源，而且同时吸引了节假日的家庭市场。

7.3.2 菜单筹划原则

传统上，饭店筹划菜单时，都尽量扩大产品的范围以吸引各类型顾客。现代餐饮经营，为了避免成本的浪费，降低经营费用，把菜肴限制在一定的目标市场需求上。这样，最大限度地满足本企业的目标顾客。现代饭店菜单筹划的三大原则是：菜单必须适应市场需求，菜单必须反映餐饮特色，菜单必须为企业带来经济效益。

7.3.3 菜单筹划步骤

为了保证菜单的筹划效果，菜单筹划人员应明确饭店餐饮的经营策略和经营方式，明确菜单上的菜肴品种、数量、质量标准和风味特点，明确食品原料的品种和规格，明确餐饮生产设施、生产设备和生产时间要求；掌握食品原料和燃料成本及一切经营费用。根据市场需求、饭店经营策略、食品原料和设施情况设计出菜单。依照菜肴的销售记录、食品成本及企业获得的利润情况，不断地对菜单进行评估和改进。

7.3.4 菜单筹划内容

一份优秀的菜单，它的菜肴种类应紧跟市场需求，菜肴名称是人们喜爱的，菜肴原料结构符合营养需求，菜肴味道有特色并容易被顾客接受，菜肴价格应符合目标顾客消费水平。因此，菜单筹划内容主要包括菜肴种类、菜肴名称、菜肴解释、菜肴价格、服务费用、饭店名称和其他的经营信息等。

7.3.5 菜单定价策略

菜单定价是菜单筹划的重要环节，菜单的价格无论对顾客选择餐厅或饭店，还是对餐厅的经营效果都是十分重要的。菜单价格过高顾客不接受，不能为企业带来利润；菜单价格过低，企业得不到应有的利润，造成企业亏损。因此，菜单价格应反映菜肴的价值，突出餐厅的级别，适应目标市场需求并保持价格的稳定性。饭店餐饮价格的制定应遵循以市场为中心的定价方法、以成本为中心的定价方法和以竞争为中心的定价方法。其常采用的定价策略有薄利多销策略、渗透价格策略、数量折扣策略、尾数定价策略和声望定价策略等。

7.3.6 菜单设计与制作

菜单设计是餐饮管理人员、厨师长和艺术家们对菜单的形状、大小、风格、页数、字体、色彩、图案及菜单封底与封面的构思与设计。实际上，菜单设计是菜单的制作过程。由于菜单是沟通餐厅与顾客的媒介，因此其外观必须整齐，色彩应丰富且洁净无瑕，具有引人入胜的作用。菜单封面代表着餐厅的形象，反映着餐厅的经营特色，因此菜单还必须与餐厅内部环境的颜色相协调。菜单是通过文字向顾客提供产品和其他经营信息的。因此，其文字表达一定要清楚和真实，避免使顾客对菜肴产生误解，避免张冠李戴，内容夸张，甚至外语拼写错误等。菜单的质量与所选用的纸张有很大的联系。对一次性使用的菜单，应选用价格较便宜的纸张，不考虑它的耐用性。对于较长时间使用的菜单，应考虑纸张的光洁度和耐用性。菜单的形状应以长方形为主，以方便顾客点菜。但是，儿童菜单和节日菜单可各式各样。菜单可有各种尺寸，每日特菜菜单的尺寸应小一些，其宽度可以是 9 厘米，长度可以是 12 厘米，以方便放在固定菜单内。零点菜单和固定菜单的宽度可以是 15~23 厘米，长度是 30~32 厘米，便于顾客观看。菜单页数一般应为 1~6 页。宴会菜单、每日特菜菜单、循环式菜单、季节菜单、儿童菜单、快餐厅菜单和某些咖啡厅一次使用的零点菜单通常是 1 页纸。固定菜单和零点菜单通常是 3~6 页纸。包括菜单的封面和封底。此外，菜单带有颜色可增加菜单的促销作用，使菜单更具吸引力。鲜艳的色彩能反映餐厅的经营特色，而柔和清淡的色彩使菜单显得典雅。

7.4 餐饮服务管理

7.4.1 餐饮服务种类与特点

餐饮服务是餐厅服务人员帮助顾客用餐的一系列活动，是餐饮无形产品，也是餐饮营销方法和营销策略。通常饭店为了达到理想的餐饮营销效果，设计和开发了不同的餐饮服务方法。

1. 法式服务

法式服务是餐饮服务中最周到的方法，多用于传统餐厅或扒房。在法式服务中，服务员应是受过专业培训的人员。法式服务注重礼节礼貌和餐饮服务的表演技巧。法式服务的特点是服务周到，每位顾客都能得到充分的照顾。法式服务常由两名服务员为一组为一桌顾客服务。服务员在顾客面前应进行一些简单的烹制表演或切割和装盘表演。法式服务的节奏慢，需要较多的人力，用餐费用较高。由于法式服务需要较多的设备，所以餐厅空间利用率和餐位周转率都比较低。

2. 俄式服务

俄式服务是西餐宴会常用的服务方法，其餐桌摆台形式与法式餐桌摆台很相近。俄式服务中，每一个餐桌通常只需要一个服务员，服务方式比法式服务简单、快速，不需要较大的空间，服务效率和餐厅空间利用率比较高。俄式服务的程序特点是，服务员先用右手从顾客的右侧送上空餐盘，待菜肴在厨房制熟后，服务员从厨房中将菜肴装在大餐盘上，用肩上托的方法将菜肴送至餐厅。然后，服务员用左手在胸前托盘，右手持服务叉和服务匙从顾客的左侧为每一位顾客分菜。俄式服务使用大量的银器，使每一位顾客都能得到周到的服务，从而增添了餐厅的气氛。目前，一些俄式服务程序经过调整后，常用于中餐宴会。

3. 美式服务（见图 7-2）

美式服务是比较简单和快捷的餐饮服务方式。其特点是，一个服务员可为多个顾客服务，菜肴在厨房中烹制好，按顾客的人数装好盘，餐厅服务员用托盘将菜肴运送到餐厅服务桌。服务员在顾客的左侧，用左手从顾客左边送上菜肴。美式服务中，餐具和人工成本都比较低，空间利用率和餐位周转率高。美式服务广泛用于咖啡厅和宴会厅。

4. 英式服务

英式服务又称为家庭式服务。服务员从厨房将烹制好的菜肴传送到餐厅，由顾客中的主人亲自动手切肉，装盘和配菜。服务员依次将菜肴送给每一位顾客。此外，在英式的餐饮服务中，调味品、少司和配菜都摆放在餐桌上，由顾客自己拿取或相互传递。英式服务的家庭气氛比较浓，许多服务都是由顾客自己动手，用餐节奏慢。这种服务模式在美国和一些欧洲国家很流行。

图 7-2　美式服务

5. 中式服务

中式服务也称作中餐服务，是以中国传统餐饮文化和地方餐饮文化为基础，结合法式服务、俄式服务、美式服务和英式服务等方法组成。中国地域广、民族多，各地中式服务各有特色，主要表现在餐具、摆台和服务程序的不同。

6. 综合式服务

综合式服务是融合了法式服务、俄式服务和美式服务的综合餐饮服务方式。许多国际宴会采用这种方式。一些宴会以美式服务上开胃菜，用俄式服务上主菜，用法式服务上甜点等。不同餐厅或宴会选用的服务组合方式不同，这与餐厅的种类和特色、顾客的消费水平、餐厅的服务方式和顾客的需求有紧密的联系。

7. 自助式服务

自助式服务是事先将准备好的菜肴摆在餐台上，顾客自己到餐台选择菜点，然后拿到餐桌上用餐。在自助式服务中，餐厅服务员主要负责餐前布置和摆台，餐中撤掉用过的餐具和酒杯，补充餐台上的菜肴等。

7.4.2　餐厅类型规划

餐厅是饭店销售餐饮产品的场所，餐厅必须有适合菜单销售的服务空间和设施，向顾客提供优质的菜肴、酒水、服务和环境。根据研究，餐厅的经营内容与消费水平应与饭店坐落的环境相协调。高级餐厅和风味餐厅应坐落在商务区。扒房和咖啡厅应坐落在有文化气息的商务区和旅游区。同时，餐厅应与顾客的消费习惯相协调。例如，我国的一些饭店设有咖啡厅。为了适应顾客的生活习惯，咖啡厅在销售西餐时，也销售一些中餐菜肴。此外，餐厅应与饭店的经营目标相协调。其含义是餐厅经营的品种和风味应与饭店的等级和类型相协调。当然，一个饭店可以经营数个餐厅以满足不同的细分市场。每个餐厅可安排各自的风味菜肴和酒水及服务方法等。其内部装饰和布局应体现不同的经营特色以形成饭店内的餐饮产品互补。

1. 高级餐厅（Upscale Dining-room）

高级餐厅也称作传统餐厅（Traditional Dining-room）。这种餐厅是向顾客提供特色菜肴和酒水的餐厅。其特点是，餐厅具有雅致的空间、豪华的装饰、温和的色调和照明并提供周到和细致的餐饮服务。这类餐厅讲究餐具的质量和文化，使用银器和水晶杯。餐厅常安排一些现场的高雅音乐或文艺表演。顾客用餐的费用较高。这一类餐厅主要的种类有扒房（Grill Room）（见图7-3）、意大利餐厅（Italian Dining-room）、美国餐厅（American Dining-room）、风味中餐厅（Specialty Dining-room）和高级单间餐厅（VIP Dining-room）。

2. 大众餐厅（Mid-priced Dining-room）

大众餐厅是向顾客提供大众化餐饮产品的餐厅。这类餐厅通常具有较实用的空间和普通的装饰、明快的色调和照明、传统或现代音乐及比较周到的餐饮服务。大众餐厅有实用的餐具，有简单的现场音乐或文艺表演（琵琶、小提琴或钢琴演奏），餐费适合大众。这类餐厅主要包括大众化中餐厅（Chinese Dining-room）、咖啡厅（Coffee Shop）、自助餐厅（Cafeteria）及普通的特色餐厅（西班牙烧烤餐厅）。其中，咖啡厅是销售大众化西餐和各国小吃的餐厅，在非用餐时间还销售咖啡和饮料，供人们聚会和聊天，营业时间和销售的品种可根据顾客的需求，许多咖啡厅从早上6点开始营业，至夜间1点停业，一些咖啡厅每天经营24小时。一些咖啡厅的设计和布局像花园，里面有鲜花、草地、人工山和人工瀑布等。

3. 多功能厅（Function Room）

多功能厅是饭店最大的餐厅，可用于宴会、酒会、自助餐会、鸡尾酒会、报告会和展览会等。根据顾客需求，多功能厅可分割成几个大小不同的餐厅和活动场所（见图7-4）。

图7-3 扒房

图7-4 多功能厅

7.4.3 餐厅设计与布局

现代餐厅从传统的封闭式发展至目前的开放式，常采用大型玻璃使餐厅透明化，行人能看到餐厅的气氛与风格；用餐顾客可透过餐厅玻璃看到整齐的马路、草地和绿树。为了使顾客的用餐便利，保证顾客的安全，餐厅的通道、走廊和座位应科学合理地布局。根据餐厅业务的整体需要，合理地规划餐厅整体的空间，考虑营业功能和使用效果并突出餐厅的经营特色。此外，餐厅还应重视家具的式样与摆放、餐厅的周围环境、餐具和服务用品的文化和特色等。

1. 流动线路设计

餐厅的流动线路是指顾客和服务员在餐厅流动的通道。顾客流动线路应以门口到座位之间畅通为前提，采用直线型，避免迂回绕道。迂回曲折的通道会使顾客产生混乱感觉，影响顾客用餐。通道尽可能宽敞以方便通行。服务人员流动线路的长度对服务效率有影响，因此越短越好。餐厅流动线路不要太集中，应尽可能去掉不必要的曲折。餐厅应设置区域服务台，其内部可存放一些餐具和服务用具以方便服务，从而缩短服务员行走的路线。

2. 光线与色调设计

餐厅的光线和色调与餐饮营销效果紧密相关。餐厅应尽可能临近公路或饭店花园，建在一至三层楼，适当发挥窗户的作用并以窗代墙。餐厅可建在建筑物的高层，使顾客享受自然阳光和产生明亮宽广的感觉。这样，顾客在用餐时会产生舒适的心情。当然，餐厅也可建立在建筑物的中部。这样，可借助一些灯光，摆设艺术品或花卉，使光线与色调相协调。餐厅入口处的照明设施很重要，可使顾客看到招牌并吸引顾客的注意力。招牌的高度应与建筑物相适应，光线应柔和。如果餐厅设计走廊，走廊中每隔6米应装一盏照明灯。其光线与色调的配合应结合餐厅的主题。

3. 温度与湿度控制

根据调查，顾客都希望能在四季如春的舒适空间中用餐。因此，餐厅内的温度调节与餐厅经营效果紧密相关。餐厅温度通常受地理位置、季节和空间的制约，地处热带的餐厅必须有凉爽宜人的室内环境、适当的湿度。因此，空气调节系统是不可缺少的服务设施。

4. 辅助设施与音响效果

餐厅常设有辅助设施以方便顾客用餐，主要包括接待区、衣帽间、结账处和洗手间等。在餐厅的接待区常提供电视机、报纸和杂志。有时设立酒吧以方便等候座位的顾客。衣帽间和结账处应设在靠近餐厅的进口处。洗手间常被顾客作为评价餐厅管理水平的标志。洗手间应与餐厅在同一层楼，标记清晰，中英文对照。根据餐饮营业需要，餐厅安装音响设备很有必要。高级餐厅和大众餐厅都需要播放一些轻松愉快的乐曲或聘请乐队演奏以增加用餐的气氛。

7.4.4 餐厅清洁管理

餐厅是餐饮产品的营销场所，代表饭店的形象，其清洁卫生的水平很重要。因此，餐厅首先应保持地面的清洁。每天清扫大理石地面并定期打蜡上光；每天清扫木制地板并用油墩布擦地，定期除去木地板上的旧蜡，上新蜡并磨光；每天将餐厅的地毯吸尘2~3次并用清洁剂和清水及时擦干净地毯上的汤汁等。其次，餐厅应保持墙壁和天花板的清洁。每天清洁1.8米以下的墙壁一次，每月或定期清洁1.8米以上的墙壁和天花板一次。保持餐厅门窗及玻璃的清洁，每3天清洁门窗玻璃1次，雨天和风天要及时将门窗及其玻璃擦干净。此外，每月清洁餐厅的灯饰和通风口1次。每餐后认真清洁餐台、餐椅、服务桌和各种服务车。每天应整理和擦拭餐具柜和洗碗机并保持花瓶、花篮和各种调料的卫生。每天更换调料瓶中的各种调料，每天更换花瓶中的水。最后，每天保持备餐间的卫生。

7.4.5 设备与餐具管理

餐厅设备是指餐厅的家具、服务车、展示柜等。餐厅的经营设备和餐具既是餐厅经营和服务的必要工具，又是餐饮成本控制的内容之一。因此，必须认真管理。通常，餐桌和餐椅应根据餐厅的种类、级别和经营特色进行选择和采购。餐桌有圆形和正方形。长方形餐桌适用于西餐厅及中餐厅的零点业务，圆形餐桌适用于中餐厅。餐椅有不同的式样、尺寸和颜色。酒柜是陈列和销售酒水的重要设施。服务柜主要用于存放服务用品和餐具。

1. 家具管理

餐厅家具应防潮与防止暴晒。木质家具受潮后容易膨胀，所以家具不能靠近暖气片摆放，应定期为家具上光打蜡，保持室内的通风。家具应轻拿轻放。服务车是餐饮服务不可缺少的设施，有多个种类，主要包括运输车、开胃菜车、切割车、牛排车、甜点车、烹调车、酒水车和送餐车等。服务车不可装载过重的物品，使用速度不可过快。每次使用完要用洗涤剂认真擦洗，镀银的车辆应定期用银粉擦净。

2. 棉织品管理

餐厅棉织品是指台布、餐巾、毛巾、台裙和窗帘等。棉织品是餐厅经营和服务的必需品，使用后应及时清洗，妥善保管，切忌以台布当包裹在地板上拖拉。根据调查，换下来的潮湿布件应及时送走，如果来不及送至洗衣房，应晾干过夜；否则，易于损坏。一些餐厅铺设地毯，尤其是高级餐厅。然而，地毯必须保持清洁，定期洗涤。目前，许多大众餐厅和快餐厅以木质地板或大理石材料装饰地面，给顾客一种明快的感受。

3. 餐具管理

餐具是餐饮服务的必备用具（见图7-5）。餐厅常配有不锈钢保温锅用于自助餐，保温锅必须正确地使用与保养，用后应认真擦洗。瓷器是餐厅服务和营销常用的器皿。瓷器常可以起到衬托和反映餐饮产品档次的效果。通常，瓷器餐具都有完整的釉光层，餐盘和菜盘的边缘都有一道服务线以方便服务。瓷器必须和餐桌的其他物品相衬托并与餐厅气氛相协调。当今，顾客愈加关注瓷器的色彩。骨瓷是一种优质和坚硬的瓷器，价格昂贵，其图案基本都是烧在釉里面，饭店使用的骨瓷可以加厚定做。瓷器应堆放在厨架上，不要堆得太高，应便于放入和取出，要用台布覆盖，避免落入灰尘，每次使用完毕要洗净消毒，用专用布巾擦干水渍。然后，分类并整齐地放在碗橱内，防止灰尘污染。在搬运瓷器时，要装稳托平，防止碰撞。收拾餐具时，应根据瓷器的尺寸，整齐地堆放在碗橱架上，便于存放和取出，注意防尘。

玻璃器皿主要是指玻璃杯。玻璃杯是餐厅销售酒水的基本工具。不同的玻璃杯体现了不同特色的酒水。玻璃器皿要求经常清点，妥善保管。

图7-5 西餐餐具与餐台设计

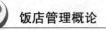

各种水杯和酒杯用过后必须用干净布巾擦干水渍，餐厅应保持杯子的透明光亮，操作应轻便，擦干后的杯子要扣在盘子内，依次排列，安全放置，较大的水杯和高脚杯应用专用木格子或塑料格子存放。小的杯子应放在特制的小木格内。存放杯子时，切忌重压或碰撞以防止破裂。有损伤和裂口的酒水杯应立即扔掉以保证顾客的用餐安全。

银器是指金属的餐具和用具，包括使用不锈钢、镀金金属和镀银金属制作的餐具和用具。各种银器使用完毕必须细心擦洗，精心保养。凡属贵重的餐具，一般由餐饮后勤部门专人负责保管，对银器管理要划分种类并登记造册。餐厅使用的银器需要每天清点。大型宴会使用的银器数量大，种类多，更需要认真清点。在营业结束时，防止把小银器倒进杂物桶里。同时，对所有的银器餐具和用具要定期盘点，发现问题应立即报告主管人员并认真清查。餐厅应认真储存银器，理想的存放容器是盒子和抽屉，将每种刀叉分别放在一个特定的盒子或抽屉中，每个盒子或抽屉可垫上粗呢布，防止滑动和相互碰撞而留下划痕和印记，垫布应定期换洗，保持卫生；其他金属器具应编号，放在仓库的货架上，其高度应方便服务员放置和取用。有些餐厅甚至将贵重的银器和其他金属器皿装在碗橱中上锁保管。

7.5 餐饮成本控制

7.5.1 餐饮成本含义与特点

餐饮成本控制是指在餐饮经营中，管理人员按照企业规定的成本标准，对餐饮各成本因素进行监督和调节，及时揭示偏差，采取措施加以纠正，将实际成本控制在计划范围之内，保证实现企业的成本目标。餐饮成本控制贯穿于它形成的全过程，凡是在餐饮经营成本形成的过程中影响成本的因素，都是餐饮成本控制的内容。餐饮成本形成的全过程包括食品原料采购，食品储存和发放，菜肴加工、烹调和销售等。所以，餐饮成本的控制点多，每一个控制点必须有具体的控制措施。否则，这些控制点便成了泄漏点。

7.5.2 餐饮成本控制意义

成本控制在餐饮经营管理中有着举足轻重的作用。首先，科学的餐饮成本控制可以提高企业的经营水平，减少物质和劳动消耗，使企业获得较大的经济效益。其次，餐饮成本控制关系到餐饮产品的规格、质量和价格。最后，餐饮成本控制关系到顾客的利益及需求并与企业营销效果紧密联系。

7.5.3 餐饮成本控制要素

餐饮成本控制是一个系统工程。其构成要素包括控制目标、控制主体、控制客体、成本信息、控制系统和控制方法等。

1. 控制目标

控制目标是指饭店以最理想的成本达到预先规定的餐饮质量。成本控制必须以控制目标为依据。控制目标是管理者在成本控制前期所进行的成本预测、成本决策和成本计划，是通过科学的方法制定出的。餐饮成本控制目标必须是可衡量的并用一定的文字或数字表达清楚。

2. 控制主体

控制主体是指餐饮成本控制责任人的集合。由于在经营中，成本发生在每一个经营环节，而影响餐饮成本的各要素和各动因分散在其生产和服务的各环节中。因此，在餐饮成本控制中，控制的主体不仅包括财务人员、食品采购员和餐饮部的管理人员，还包括生产人员（厨师）、收银员和服务员等基层工作人员。

3. 控制客体

控制客体是指餐饮经营过程中所发生的各项成本和费用的总和。根据餐饮成本统计，餐饮成本控制的客体包括食品成本、人工成本及经营费用等。

4. 成本信息

一个有效的成本控制系统可及时收集、整理、传递、总结和反馈有关餐饮成本的各项信息。因此，做好餐饮成本控制工作的首要任务是做好成本信息的收集、传递、总结和反馈并保证信息的准确性。不准确的信息不仅不能实施有效的成本控制，而且还可能得出相反或错误的结论，从而影响其成本控制的效果。

5. 控制系统

餐饮成本控制系统常由7个环节和3个阶段构成（见图7-6）。7个环节包括成本决策、成本计划、成本实施、成本核算、成本考核、成本分析和纠正偏差；3个阶段包括运营前控制、运营中控制和运营后控制。在餐饮成本控制体系中，运营前控制、运营中控制和运营后控制是一个连续而统一的系统。它们紧密衔接、互相配合、互相促进并且在空间上并存，在时间上连续，共同推动成本管理的完善和深入，构成了结构严密、体系完整的成本控制系统。没有运营前控制，成本整体控制系统会缺乏科学性和可靠性。运营中控制是餐饮成本控制的实施过程。就成本管理而言，如果没有运营后的控制，就不能及时地发现偏差，从而不能确定成本控制的责任及做好成本控制的业绩评价，也不能从前一期的成本控制中获得有价值的经验，为下一期成本控制提供依据和参考。

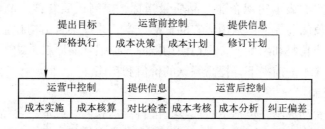

图7-6　餐饮成本控制系统

（1）运营前控制

运营前控制包括餐饮成本决策和成本计划，是在餐饮产品投产前进行的产品成本预

饭店管理概论

测和规划。通过成本决策，选择最佳的成本方案，规划未来的目标成本，编制成本预算，计划产品成本以便更好地进行成本控制。因此，成本决策是根据餐饮经营成本的预期结果和其他相关因素，在多个备选方案中选择最优方案，确定目标成本。成本计划是根据成本决策所确定的目标成本，具体规定餐饮经营中的各环节和各方面在计划期内应达到的成本水平。

（2）运营中控制

运营中控制包括成本实施和成本核算，是在餐饮成本发生过程中进行的成本控制，要求其实际成本达到计划成本或目标成本。如果实际成本与目标成本发生差异，应及时反馈给有关职能部门以便及时纠正偏差。其中，成本核算是指对餐饮经营中的实际发生成本进行计算并进行相应的账务处理。

（3）运营后控制

运营后控制包括成本考核、成本分析和纠正偏差，是将所揭示的餐饮成本差异进行汇总和分析，查明差异产生的原因，确定责任归属，采取措施并及时纠正。其中，成本考核是指对餐饮成本计划执行的效果和各责任人履行的职责进行考核。当然，还作为评定部门或个人的业绩内容之一，也为下一期成本控制提供参考。成本分析是指对实际成本发生的情况和原因进行分析；而纠正偏差即采取措施，纠正不正确的实际成本及错误的执行方法等。

6. 控制方法

控制方法是指根据所要达到的餐饮成本目标采用的手段和方法。依据餐饮成本管理策略，不同的成本控制环节有不同的控制方法或手段。在原料采购阶段，应通过比较供应商的信誉度、原料质量和价格等因素确定原料采购的种类和数量并以最理想的采购成本为基础。在原料储存阶段，建立最佳库存量和储存管理制度；在生产阶段，制定标准食谱和酒谱，根据食谱和酒谱控制餐饮生产成本；在服务阶段，企业应及时获取顾客满意度的信息，用理想的和较低的服务成本达到顾客期望的服务质量水平。

7.5.4 餐饮成本控制途径

餐饮成本控制是以提高产品质量和顾客满意度为前提，对餐饮产品的功能和质量因素进行价值分析，以理想的成本实现企业产品质量指标，提高饭店餐饮产品的竞争力和经济效益。在提高产品价值的前提下，采用适宜的食品成本，改进菜肴结构和生产工艺，合理地使用食品原料，提高边角料利用率，合理地使用能源，加强食品原料采购、验收、储存和发放管理，从而在较低成本的前提下，提高餐饮的价值和功能。

1. 食品成本控制

食品成本属于变动成本，包括主料成本、配料成本和调料成本。食品成本通常由食品原料的采购成本和使用成本两个因素决定。因此，食品成本控制包括食品原料采购控制和食品原料使用控制。食品原料采购控制是食品成本控制的首要环节。食品原料应达到饭店规定的菜肴质量标准，价廉物美，应本着同价论质、同质论价、同价同质论采购费用的原则，合理选择。严格控制因生产急需而购买高价食品原料，控制食品原料采购的运杂费。因此，食品采购员应就近取材，减少中间环节，优选运输方式和运输线路，提高装载技术，避免不必要的包装，降低食品原料采购运杂费，控制运输途中的食品原料消耗。同时，饭店应规定食品原料运输损耗率，严格控制食品原料的保管费用，健全食品原料入库手续，科学地储备食品原料的数量，防止积压、损坏、霉烂和变质，避免或减少损失。

在食品成本控制中，食品原料的使用控制是食品成本控制的另一关键环节。首先，厨房应根据食品原料的实际消耗品种和数量填写领料单，厨师长应控制原料的使用情况，及时发现原材料超量或不合理的使用情况。成本管理人员应及时分析食品原料超量使用的原因，采取有效的措施，予以纠正。为了掌握食品原料的使用情况，厨房应实施日报、月报和按照班次填报食品成本制度。

$$食品成本 = 主料成本 + 辅料成本 + 调料成本$$

$$食品成本率 = \frac{食品成本}{营业收入}$$

2. 人工成本控制

人工成本控制是对工资总额、职工数量和工资率等的控制。所谓职工数量，是指负责餐饮经营的全体职工数量。做好用工数量控制在于尽量减少缺勤工时、停工工时、非生产（服务）工时等，提高职工的出勤率、劳动生产率和工时利用率并严格执行职务（岗位）定额。工资率是指餐饮经营的全体职工工资总额除以经营的工时总额。为了控制好人工成本，管理人员应控制餐饮部全体职工的工资总额并逐日按照每人每班的工作情况，进行实际工作时间与标准工作时间的比较和分析，做出总结和报告。现代饭店餐饮管理从实际经营出发，充分挖掘职工的潜力，合理地进行定员编制，控制职工的业务素质、控制非生产和经营用工，防止人浮于事，以合理的定员为依据控制所有参与经营的职工总数，使工资总额稳定在合理的水平上，从而提高经营效益。此外，实施人本管理，建立良好的企业文化，制定合理的薪酬制度，正确处理经营效果与职工工资的关系，充分调动职工的积极性和创造性，加强职工的业务和技术培训，提高其业务素质和技术水平。制定考评制度和职工激励策略等都是提高工作效率的有效方法。

$$人工成本率 = \frac{人工成本}{营业收入}$$

3. 经营费用控制

在餐饮经营中，除了食品成本和人工成本外，其他的成本称为经营费用。包括能源费，设备折旧费、保养维修费、餐具、用具和低值易耗品费，排污费、绿化费及因销售发生的各项费用等。这些费用都是餐饮经营必要的成本。当然，这些费用的控制需主要依靠日常的严格管理才能实现。

$$经营费用率 = \frac{经营费用}{营业收入}$$

本章小结

饭店餐饮管理是指饭店餐饮经营管理，是饭店对菜肴和酒水的生产和营销的全部管理活动。由于饭店经营的餐饮产品的方法不同于工业，餐饮生产和销售必须在同一建筑物内。因此，吸引顾客到餐厅购买菜肴和酒水是餐饮经营成功的关键。根据调查，不同种类与级别的饭店，其餐饮经营的特点不同。

在饭店的餐饮管理中，餐饮生产管理占有重要的位置。其管理内容主要包括厨房组织管理、厨房规划管理、厨房设备管理和餐饮卫生管理等。饭店餐饮营销的关键是菜单设计和餐饮服务。菜单是餐厅为顾客提供菜肴和价格的说明书，是餐厅销售菜肴的工具。不同种类的菜单具有不同的销售作用。餐饮服务是餐厅服务人员帮助顾客用餐的一系列活动。餐饮服务是餐饮的无形产品，也是餐饮的营销方法和营销策略。

餐饮成本控制是指在餐饮经营中，管理人员按照企业规定的成本标准，对餐饮各成本因素进行监督和调节并及时揭示偏差，采取措施加以纠正，将餐饮实际成本控制在计划范围之内，保证实现饭店餐饮成本目标的餐饮整体管理活动。

思考题

1. 单项选择题

（1）商务饭店的餐饮经营特点是（　　）。

  A. 常配备多功能厅、咖啡厅和大众餐厅，价格实惠，菜肴适合大众并可满足不同地区和民族的日常用餐需要

  B. 餐饮设施齐全，包括中西风味餐厅、宴会厅、咖啡厅、自助餐厅和酒吧等，餐饮营业时间长，菜肴和酒水种类多

  C. 提供简易的免费早餐，主要经营实惠的中餐和西餐零点业务

  D. 提供免费的大陆式早餐，经济实惠的午餐和大众化的晚餐服务

（2）（　　）可根据宴请对象、宴请目的、宴请标准或宴请者的意见而制定。

  A. 固定菜单　　　　　　　　　　B. 周期循环式菜单

  C. 每日特菜菜单　　　　　　　　D. 宴会菜单

2. 多项选择题

（1）下列关于餐饮生产管理叙述正确的是（　　）。

  A. 厨房是菜肴和面点的生产部门或加工厂

  B. 厨房设备对菜肴质量起着关键作用

  C. 餐饮生产卫生管理包括食品卫生管理、厨师卫生管理和环境卫生管理

  D. 厨房生产安全管理应使厨师了解火灾发生的原因及防火知识

（2）下列关于餐饮经营管理叙述正确的是（　　）。

  A. 菜单是餐厅为顾客提供的菜肴和价格的说明书，不同种类的菜单具有相同的销售作用

  B. 现代饭店筹划菜单时，把餐饮产品范围限制在目标顾客的需求

  C. 法式服务是餐饮服务中最周到的方法，多用于传统餐厅或扒房

  D. 每日特菜菜单体现饭店的经营特色，菜单上的菜肴都是比较有名的美味佳肴

3. 名词解释

厨房规划　　零点菜单　　套餐菜单　　固定菜单　　宴会菜单　　每日特菜菜单

4. 问答题

（1）简述饭店餐饮经营要素。

（2）简述餐饮服务种类及其特点。
（3）论述饭店生产管理。
（4）论述菜单筹划与设计。
（5）论述饭店餐饮成本管理。
（6）论述不同饭店的餐饮经营特点。

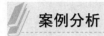

饭店集团的菜单调整策略

某饭店集团通知其管辖内所属的6家饭店，菜单必须强调地方特色、民族特色并应适应地区文化，采用新鲜的食品原料，包括当地的肉类产品、植物原料和海鲜等。通知中强调这个计划的目的是，使该集团所有的餐饮产品不仅对住店顾客有吸引力，而且对当地的非住店顾客也有吸引力。饭店餐饮总监把这份计划交给餐饮部门员工讨论后并与行政总厨、后勤业务主管、餐厅经理及食品采购部负责人一起研究具体实施措施。听到这个计划，某饭店的行政总厨心情矛盾，对饭店集团下达的通知迷惑不解并做好了辞职的准备。相反，餐饮部经理对这个方案很感兴趣。她认为，菜单必须适应目标顾客的需求，必须反映饭店的形象和特色，没有特色的菜单对顾客没有吸引力。她还认为，饭店餐饮营销任务是满足餐饮市场的产品特色、需求时间和需求价格，使供求之间协调，以实现互利的交换，达到饭店餐饮营销目标。同时，饭店必须实施开发式的营销策略，及时开发出顾客需要的产品。根据多年的管理实践，她总结出：传统的饭店筹划菜单，都尽量扩大营业范围，以吸引各种类型的顾客；而现代饭店经营理念，为了减少食品原料和人工成本，降低经营管理费用，把菜肴品种和类型限制在一定的范围，最大限度地满足本企业目标顾客的需求。

她认为，新世纪我国餐饮产品种类和数量剧增，餐饮产品更新换代的周期不断缩短，消费者购买力大幅度地提高，顾客对各种菜肴的需求不断变化。顾客对餐饮产品已经有了很大的选择范围，餐饮产品的销售量超过了顾客的需求量。同时，饭店之间的竞争不断加剧，顾客占主导地位。传统以产定销的经营理念应转变为以销定产。饭店在充分了解餐饮市场需求的前提下，根据顾客需求确定菜肴的生产和销售。作为饭店的餐饮部管理人员应经常对本企业的餐饮产品进行总结和分析。通过总结，应发现市场吸引力强、顾客满意程度高、需求量大并为企业提供较高营业收入的菜肴。同时，应发现具有一定吸引力、为企业带来收入的菜肴。当然，应当找出特色不突出、没有市场吸引力、不受顾客欢迎的菜肴。然而，她担心更换菜单会在短期内影响饭店的餐饮经营。采购部经理对开发新的餐饮市场很感兴趣。他认为，推出新的菜单可能需要一笔较多的采购启动资金，还需制定一些新的食品原料标准和规格。

讨论题：
1. 评估该饭店集团餐饮经营调整策略的优缺点。
2. 评价更换菜单为企业带来的优势和问题。

参考文献

[1] 王天佑.餐饮职业经理人教程.沈阳：辽宁科技出版社，2001.
[2] 王天佑.酒水经营与管理.4版.北京：旅游教育出版社，2014.
[3] 杨杰.餐饮概论.北京：交通大学出版社，2010.
[4] 王天佑.西餐概论.4版.北京：旅游教育出版社，2014.
[5] 胥兴军.成本会计学.2版.武汉：武汉理工大学出版社，2013.
[6] 冯巧根.成本管理会计.北京：中国人民大学出版社，2012.
[7] 杨世忠.成本管理会计.北京：首都经济贸易大学出版社，2009.
[8] 范明.现代企业理论.北京：社会科学文献出版社，2007.
[9] 邱礼平.食品原料质量控制与管理.北京：化学工业出版社，2009.
[10] 刘雄.食品质量与安全.北京：化学工业出版社，2009.
[11] 彭家平.新编现代企业管理.2版.北京：北京理工大学出版社，2013.
[12] 陆力斌.生产与运营管理.北京：高等教育出版社，2013.
[13] 刘宇.现代质量管理学.北京：社会文献出版社，2009.
[14] 陈国华.现场管理.北京：北京大学出版社，2013.
[15] 王景峰.质量管理流程设计与工作标准.2版.北京：人民邮电出版社，2012.
[16] 郭斌.创造价值的质量管理.北京：机械工业出版社，2013.
[17] 赖朝安.新产品开发.北京：清华大学出版社，2014.
[18] VAN DERBECK E J. Cost accounting. OH：Thomson Higher Education，2008.
[19] BROOKS A. Contemporary management accounting. Milton：John wiley & Sons Austrilia，Ltd.，2008.
[20] BRAGG S M. The controller's function. The work of the managerial accountant. 4th ed. New Jersey：Wiley & Sons INC.，2011.
[21] GITLOW H S. Quality management. 3rd ed. NY：Mcgraw-Hill Inc.，2005.
[22] BURROW. Business principles and management. Mason：Thomson Higher Education，2008.
[23] USUNIER J C. Marketing across cultures. Essex：Pearson Education Limited. 2005.
[24] WALKEN J R. The restaurant from concept to operation. 5th ed. New Jersey：John wiley & Sons，Inc.，2008.
[25] DOPSON L R. Food & Beverage cost control. 4th ed. New Jersey：John wiley & Sons，Inc.，2008.
[26] BARROWS C W. Introduction to management in the hospitality industry. 9th ed. New Jersey：John & Sons Inc.，2009.
[27] SHEEN B. Foods of russia. Farmington Hills：Thomson Learning. Inc.，2006.
[28] SLOAN D. Culinary taste. Berlington：Elsevier Butterworth Heinemann，2004.
[29] FEINSTEIN A H. Purchasing-selection for the hospitality industry. 7th ed. New Jersey：John Wiley and Sons，Inc.，2009.
[30] PARASECOLI F. Food culture in italy. London：Greenwood Publishing Croup Inc.，2004.
[31] DAVIS B, LOCKWOOD A. Food and beverage management. 5th ed. New York：Routledge

Taylor & Francis Groups, 2013.
[32] WALKER J R. Introduction of hospitality management. 4th ed. NJ: Pearson Education Inc., 2013.
[33] MASON L. Food culture in great britain. London: Greenwood Publishing Croup Inc., 2004.
[34] PARKE P J. Foods of france. Farmington Hills: Thomson Learning Inc., 2006.

第 8 章

会展经营管理

> **本章导读**
>
> 会展是各种会议和展览会的总称。会展产品是饭店生产与销售的三大产品之一。随着世界会展业的迅速发展,饭店管理人员认识到会展产品经营管理需要广泛的专业知识。通过本章学习,可了解会展的起源与发展,熟悉会议和展览会的种类与特点,掌握会展销售管理和合同管理,掌握会展服务管理。

8.1 会展概述

8.1.1 会展含义

会展是各种会议和展览会的总称。传统上,会展包括两个种类:会议和展览会。"会"是聚会和聚合,而"议"是商量和讨论。会议是根据组织者对会议准备的主题进行阐述和讨论的过程,其目的是使与会者达成共识;"展"常作为展览会的简称,是一种促进交流或营销的展示活动,其目的在于宣传、展示、交流、销售产品和服务。当今,会展已成为人们相互沟通和进行贸易的有效活动形式。其内容有了很大的发展。它不仅包括各种会议和展览会,还包括节事与庆典活动及企事业单位的奖励旅游活动。随着我国社会经济的发展和科技的进步,会展的形式、内容、功能和经营模式不断发展和进步。

8.1.2 会展发展

会展是古老的活动,其发展取决于经济发展并服务于经济。根据考察,世界上最早的展览会是于公元 629 年在法国巴黎近郊的圣丹尼斯举办的交易会。随着各国社会和经济的发展,会展的举办次数不断增加,其规模和范围都在扩大。中世纪,作为展览会前身的贸易集市就定期或不定期地在人口集中且商业发达的欧洲一些城市举行。17—19 世纪,在工业革命的推动下,欧洲出现了工业展览会。例如,1851 年伦敦举办了世界博览会。1894 年莱比锡举办了第一届国际工业样品博览会并对展览方式和宣传手段进行了改革和创新。北美展览会开始于 18 世纪,主要是为了满足美国各州及北美各国间的贸易往来。这是洲际贸易展览会的开始。20 世纪 70—90 年代的经济全球化并随着国际分工体系的深化和科学技术的进步,为国际会展业带来了发展的动力。世界各国,特别是发达国家使用巨资建造会议厅和展览馆。目前,德国、美国、意大利、英国、法国和日本都是世界级的会展业大国。其中,欧洲会展业的特点是数量多且规模大。根据考察,中国会展业可追溯到 2 000 多年以前。改革开放以来,我国会展经济以年均约 20%的速度递增并开始走向世界。

尽管会展活动有悠久的历史,但会展成为独立的行业仅有 50 多年的历史。世界各国对会议、展览会和节事活动的研究仅刚起步,会展的策划者也来自不同的行业。许多会展策划者的前身是企业或协会办公室的工作人员。随着这些工作人员对会展策划的熟悉和了解,他们逐渐开始策划各种会议和展览会。最终,会展策划工作成了他们的全职工作。根据调查,还有一些会展策划者的职业生涯始于旅游部门。在偶然的机会,这些工作人员被要求负责策划会展。当今,随着世界会展业的迅速发展,人们越来越认识到会展业具有广泛的专业知识,将会持续稳定地发展。21 世纪是世界会展业高速发展的时期。许多国家和地区意识到,作为旅游产业的重要组成部分——会展业的重要性。为了吸引更多的会展在本国和本地区举行,各国和各地区开始建设会展中心。同时,许多饭店也开始兴建展馆或在原有设施的基础上增加会议室和展厅。如今,各饭店集团及饭店营销部门为了吸引会展市场,给予会展组织者极大的方便和优惠。

8.1.3　会展种类

1. 会议

饭店举办的会议有多个类型。根据会议的规模分类,会议可分为小型会议、中型会议、大型会议及特大型会议。小型会议参会人可达数十人至 100 人,中型会议参会人员在 100 人至 1 000 人之间,大型会议的参会人数在 1 000 人至 10 000 人之间,特大型会议的人数可达 10 000 人以上。根据会议组织形式和目的,会议可分为年会、学术会议、论坛、研讨会、交流会、新闻发布会、产品介绍会、报告会、传达会、表彰会、签字仪式、动员会和总结会等。根据调查,不同规模的各种会议,其主办者和参会者的需求各不相同,饭店的经营策略和服务方法也不同。

1)根据组织形式分类

(1)年会(Convention)

年会是指企业、协会和政府机关等举办的工作总结及政策商讨会议。年会议题可涉及政治、经济、科学或技术等。年会的组织形式常包括一个全体会议和几个小组会议。年会的举办有周期性,通常一年举办 1 次,会议持续的时间为 1~2 天。

(2)代表会议(Congress)

代表会议是指企业、企业集团、政府和政治群体召开的定期会议。代表会议通常有特定的主题。其报告者及讨论者常来自某领域的成员或协作团体。代表会议每一年或两年举办 1

次。国际范围的代表会议通常每两年举办1次，国内代表会议一年举办1次。会议持续时间3~5天。其组织形式也包括全体会议和小组会议。

（3）论坛（Forum）

论坛是学术团体、经济团体、政治团体和政府机关对共同有兴趣的主题举办的研讨会。大型论坛举办形式包括1次主会场的报告会及几个分会场的讨论会。论坛的特点是反复讨论主题。会议持续时间为2~3天。

（4）讨论会（Panel Discussion）

讨论会是由企业或政府机关中的少数管理人员进行的商讨会议，参加者对某一问题或政策进行讨论和交流。讨论会进行的方式是面对面，常选出1位主持人。讨论会的规模常是中小型会议，持续的时间是2~3天。

（5）休憩会议（Leisure Meeting）

休憩会议是指企业或协会等单位利用周末或假期组织管理人员、技术人员或职工带有休假特点的表彰会、研讨会或工作例会。会议目的既要解决一些实际工作问题，又使与会者得到休整的目的。这种会议可增加部门和人员之间的沟通，增强企业的凝聚力。休憩会议常选择风景区的饭店，其举办规模以中小型会议为主，持续时间为2~3天。

（6）交流会议（Communion Meeting）

交流会议是指各协会、民间组织、企业和各地政府组成的本地区或跨地区的信息交流会议。这类会议通常以报告或讨论等形式举行，持续的时间为3~5天。

（7）专题学术会（Symposium）

专题学术会常由某一领域的科研单位或协会举办。实际上，它是某一科研领域的专家集会。会议就某一特定的科研主题发表意见或宣读研究成果。专题学术会议参加人数较多，持续时间为2~3天。

（8）学术讨论会（Workshop）

学术讨论会由少数人员参加的学术或教育机构举办的研讨会。会议以面对面的方式进行，以针对某项学术专题进行交流，持续时间为2~3天。

2）根据会议主题分类

（1）商务会议（Commercial Conference）

商务会议是指企业因经营活动和管理工作需要而举办的会议。出席会议者常是企业的管理者、技术人员和营销人员。商务会议的持续时间为1~2天。

（2）展销会议（Exhibition）

展销会议主要是由参加商品展销、交易和展览会的各类企业等组成的会议。展销会中还常举办招待会、报告会、谈判会和签字仪式及不同形式的宴会活动。持续的时间为3~7天。

（3）政治会议（Political Conference）

政治会议是指国际政治组织、国家和地方政府为某一政治专题或地区行政管理事宜等召开的各种会议。会议常以报告会和讨论会的形式进行。持续的时间为1~2天。

（4）学术会议（Academic Conference）

学术会议是由学术团体、大专院校就某一科研和学术专题召开的会议。会议形式包括会议全体参加的报告会和分组的研讨会。会议持续的时间为1~2天。

(5) 培训会议（Training）

培训会议是指某企业对职工进行的业务知识和技能培训。培训会议多采用讲座和演示等方法进行。会议持续的时间较长，从3天至15天不等。

3）根据举办单位分类

(1) 协会团体类会议

世界遍布着各种协会团体，协会团体是会议市场的最主要组织者。由于各种协会因人数和性质不同，其规模从小型的地区组织、中型的全国各种协会组织直至大型的世界协会组织。协会团体会议主要有贸易协会会议、行业协会会议、专业和科学协会会议、教育协会会议和技术协会会议。

(2) 行业与企业集团会议

行业会议或企业集团会议近几年发展迅速。它是某一行业或企业集团召开的有关管理、协调和技术方面的各种会议。通常包括销售会议、技术会议、管理会议、培训会议、代理商会议和股东会议等。销售会议是行业会议中频率最高的会议，通常持续1~3天。根据市场调查，世界各国的管理和科学技术方面的会议有增加的趋势，是管理者传达新的专业知识和技术不可缺少的场合。

(3) 政府与工会等组织会议

根据调查，世界各国和各地政府机构常在办公地以外的地方举行会议。这类会议的议题较多，涉及面广，参加会议的人员多为有关行业、企业负责人或部门管理人员。政府召开的各种会议经费来自上级行政拨款或参会者自付。世界各地都有工会组织，每年各地工会组织都要举办会议，这些会议与政府会议很相似。

2. 展览会

展览会是一种促进交流或营销的展示活动，其形式可以是展销会或交易会等，其目的在于宣传、交流和展示产品和服务。随着我国经济的发展和科技的进步，展览会的形式、内容、功能和经营模式不断地变化和发展。通常，展览会可根据展示范围和参展行业分类。随着会展市场的逐步完善，众多展览会组织者为展商提供了丰富的参展机会。近年来，随着参展商和展览经营企业的需求，饭店举办的各种传统式综合展览会已不能满足展商的要求，而行业展览会已成为展览会的主流。截至目前，几乎每个行业都有自己的展览会，经济发达国家的展览会已经从综合展览会向行业展览会的方向发展。当今，展览会可分为面向商业顾客的展览会和面向大众的展览会。随着全球经济一体化及我国加入WTO，每年在我国举办的国际综合展览会和行业展览会的数量越来越多，其规模不断扩大。同时，当今的展览场也细分为室内展览馆和室外展览场。室内展览馆多用于展示常规展品，如电子商品等。室外展览场多用于展示较大型的物品，如航空展、机械设备展等。

(1) 根据举办形式进行分类

根据举办形式，展览会可分为展销会和交易会。展销会直接面对公众，是由多行业参与的综合交易会，展品直接销售并可与专题展览品的展示相结合。交易会常与一个大型会议同时举办，参展商限于展会的参加者。其中，专业交易会只限定一个或几个相关行业的供求企业双方及本行业有关单位参加。

(2) 根据参加范围进行分类

根据参加范围，展览会可分为国际展览会、国家展览会、地区展览会和本地区展览会。

国际展览会的参展商和观众来自世界各国；国家展览会主要吸引国内参展商和参观者；地区展览会是指某地区或跨地区的展览会。跨国展览会有时称为洲际展览会，也称为地区展览会。本地区展览会只吸引本地区的参展商和参观者，如各城市举办的展览会等。

（3）根据专业性质进行分类

展览会可分为行业展览会和综合展览会。行业展览会也称作专业展览会，只涉及某一领域的专业展品并具有较强的专业性质，可以贸易为目的，也可以兴趣爱好为纽带。通常，综合展览会规模较大，展品和参展商来自各方面；而行业展览会专业性较强，规模小于综合展览会。行业展览会可以划分为轻工业、石油化工、纺织业、建材、房地产、服务业、医疗、能源、环保、机电和体育等不同主题或类型。这种展览会常在展览的同时，围绕展览会的主题，由主办者、参展者或有关协会等组织各种专题研讨会、报告会和洽谈会并对本行业的技术、产品或营销起着指导作用。综合展览会也称作博览会，其内容涉及工业、自然、人文和历史等各个方面。世界上规模最大且范围最广的综合展览会是世界博览会。

（4）根据举办时间进行分类

展览会通常分为定期展览会与不定期展览会。定期展览会的举办频率可以是一年4次、一年2次、一年1次或两年1次等。不定期展览会可以根据举办单位的需要而定。在经济发达国家，专业展览会的展示时间可持续3天。在英国，一年1次的展览会占其总数的3/4。根据调查，展览会的召开日期常受财务预算和订货情况及节假日的影响，因此有旺季和淡季。根据英国展览业协会的调查，每年3—6月及9—10月是举办展览会的旺季，而12月至下一年的1月，以及每年的7月至8月为展览会的淡季。

8.2 会展销售管理

会展销售管理主要包括访问销售、电话销售、集中销售、会展销售、实地考察销售、广告与手册宣传和网络营销等方法。

8.2.1 访问销售

根据调查，最有效的会展销售方法是饭店营销员的访问推销。由于该方法可使营销员有机会详细地展示饭店的设施并当面回答顾客提出的问题，从而提高了会展举办者的购买信心。此外，营销员还可观察潜在客户对饭店设施和服务的要求和反映。因此，这种销售方法能更好地把握销售过程和推销产品。会展的访问销售方法主要包括6个基本程序。

1. 访问前准备工作

营销员在访问顾客前，应鉴别顾客对会展产品的需求和购买能力，了解本饭店可提供的设施和服务、服务项目和价格的优惠策略，清楚竞争者的会展设施和产品价格等并在访问前寄去本饭店会展产品的宣传册及附带个人信件。当然，牢记本企业的优越地理位置和特色的设施与服务非常重要。其作用是，通过访问使会展举办单位认识到本企业的产品是物有所值。

2. 开始销售访问

营销员与客户的第一次见面为会展销售的关键时刻。在这一时刻，营销员必须引导顾客对本企业会展产品的关注和兴趣；否则，以后的推销活动将不会起任何销售作用。因此，营销员在访问顾客时，首先应向顾客说明访问的目的并安排好所要陈述的内容；然后说明本饭店会展产品将为顾客带来的利益以使潜在的顾客感受到营销员的诚恳。在销售访问的开始阶段，营销员必须争取到顾客的信任，这是推销活动成功的开始。实际上，营销员的自我介绍和陈述等都属于推销活动的过渡阶段，而向潜在的顾客展示有利的产品组合并使其参与到销售活动中才是推销的关键阶段。

3. 争取顾客参与

首先，营销员应确认顾客需求的会展设施、服务模式、产品组合和价格组成等关键因素。这些关键因素可通过访问顾客并向顾客提出问题而得到确认。例如，你们每年举行多少次会议或展览？每次平均参加人数是多少？你们每次会展的预算情况等。根据调查，一个喜欢并信任营销员的潜在顾客会愿意倾听营销员的陈述并乐于回答营销员提出的问题。

4. 介绍设施和服务

在会展销售中，营销员介绍设施和服务是销售访问中不可忽视的阶段。营销员应重点说明本饭店的会展设施和服务会给客户带来的利益和作用。为了提高销售效果，营销员必须经过企业培训，使营销员掌握满足不同顾客需求的产品介绍。根据调查，当顾客了解某一饭店的会议室、展览厅、视听设备、客房与餐饮等能满足其具体的需求时，他们才可能对推销的产品感兴趣。

5. 协调和商讨双方的利益

在会展销售中，营销员与顾客协调和商讨双方利益的时候是个人访问销售的另一关键阶段。作为会展营销员希望顾客能提出满足他们需要的设施、产品、服务和价格组合。根据销售经验，会展组织者几乎总是提出不同的产品特色、服务细节和价格组合等。因此，会展营销员应事先预测客户提出的各种问题并可立刻对这些问题做出反应。在协调双方利益时，永远不要否决顾客的建议，应互相协商，提出事实和理由，这一点至关重要。

6. 结束访问和后续措施

成功地结束销售访问是营销员的最终目的。因此，会展销售的关键是，营销员在离开潜在顾客的办公室前，争取顾客有购买本饭店会展产品的意向。访问结束时，营销员应有礼貌地离开。根据经验，不论销售访问是否成功，一定要在销售访问后写一封感谢信。

8.2.2 电话销售

一些饭店为了控制销售会展产品的成本，增加了电话销售方法，尤其是将电话销售作为鉴别潜在顾客的手段。尽管电话销售不能完全替代营销员访问销售的功能，但是将电话销售作为一种营销手段确实加强了客户与饭店的沟通效果。因此，饭店在采用访问销售前，使用电话销售筛选潜在的客户会更有针对性。此外，电话销售的优势是，可利用电话和顾客约定访问的时间和地点。由于电话不像访问销售那样给客户留下持久的印象，因此电话访问的后续销售措施很重要。营销员应在电话销售后写一封感谢信，感谢顾客付出的时间和确认约会的时间。当然，还应顺便寄去顾客需要的资料和宣传手册。为了取得电话销售的最佳效果，

饭店管理概论

饭店应培养专业的电话营销员，按照准备好的内容与顾客联系。作为会展产品的电话营销员，应认真对待电话销售中的6个环节。

1. 准备阶段

电话销售正如访问销售一样，准备工作非常重要。营销员在打电话之前，应将销售涉及的内容写出提纲并打印。其中，应包括客户的名称、地址、电话号码和主管会展的人员等以保证通话的逻辑性。在销售产品时，应选择合适的时间，由于电话销售需要找到负责该项工作的关键人物并需要在电话中沟通一段时间，如果找不到合适的人选或在其工作繁忙时间进行电话销售，肯定要失败。此外，电话销售时，应将话筒与头部保持一定距离，讲话要有节奏并清晰。

2. 身份介绍

当潜在的顾客接听电话时，营销员应首先介绍自己的姓名和企业名称。然后，注意将要表达的内容讲清楚，应热情并音量适当。

3. 导入主题

当营销员介绍身份后，应立即导入主题并陈述准备好的所有内容。

4. 激发兴趣

一旦营销员导入主题，应致力于引起顾客的注意力。营销员应运用简短的谈话激发潜在顾客的兴趣，使潜在的客户有兴趣继续交谈。

5. 请求约见

在简短的谈话后，营销员应争取个人拜访的机会并确保访问销售的机会。为了实现与潜在的顾客约见，电话销售的时间应简短，内容要适当，以激发顾客了解更多信息的欲望。此外，请求约见的时间一定要确认清楚，不要含糊不清。

6. 处理拒绝

在电话销售会展产品时，潜在的顾客给出任何的无法见面的理由都视为被拒绝。当营销员接到潜在顾客拒绝约见的信息后，不要直接地接受这一信息，应争取将这一信息转变成面谈的理由。

8.2.3 集中销售

集中销售是指在某一地区集中联系潜在的全部会展产品顾客的销售方法。这一方法适于寻找新的客户。首先，营销员可简单地对某一地区的企业或协会团体进行访问，也可通过举办午餐会或鸡尾酒会等的形式进行。但是，无论任何形式，营销员都需要提前做好周密的销售安排，包括人员、组织和菜单等。很多情况下，饭店邀请一些地方和国家政府机构代表参加集中销售会。这一举措的目的是提高饭店产品质量的信任度和知名度。集中销售会展产品时，饭店营销部应为每位营销员规定具体的营销地区，写出潜在会展组织者的地址。这样，可减少营销员出行的时间。一些饭店聘用临时的销售员或利用放假的大学生做集中销售工作。

8.2.4 会展销售

会展不仅是饭店的产品，还为饭店提供了接触会议组织者的机会。饭店营销人员可通过展台分发材料并为询问者提供信息。在会展中销售会展产品的优点是能遇到潜在的顾客，营销成本相对较低。为了充分地利用会展销售会展产品的机会，营销员必须提前做好销售计划，识别潜在的客户及制订销售的跟踪计划。饭店利用会展销售会展产品时，应把销售目标对准在那些极具潜力的顾客，饭店营销代表应当查明这些组织者的办公场所。在会展开始的前两天，通过电话与客户联系。同时，会展结束后，营销员应跟踪新的顾客。在会展期间，饭店应赠送给顾客一些推销材料，且推销材料一定要少而精，因为大多数会议组织者都希望轻装旅行。

8.2.5　实地考察销售

根据调查，通过实地考察销售会展产品是最有效的方法之一。所谓实地考察销售，是指饭店营销员邀请会展组织者来饭店参观，使他们亲自感受饭店的会展设施和服务。许多会议组织者在购买会展产品前，都有亲自察看其将购买的会展设施和服务的习惯。否则，他们不会预订和购买。饭店使用实地考察销售这一方法，应把销售活动安排在其业务繁忙的时候，使会议组织者有机会看到饭店的工作效率，增加企业的可信度。此外，饭店应培训专业接待人员，在营销人员不在时，为这些实地考察者做向导并热情地接待他们和回答他们的各种问题。

8.2.6　广告与手册宣传

在专业报纸杂志上的会展广告对于销售会展产品起着关键的营销作用。其优点是可根据潜在的顾客的需要而制作。一些饭店常在行业杂志上做广告。这种广告可印成彩色并带有设施的照片。其优点是阅读时间长。同时，报纸杂志广告的文字简单易懂。其广告中还可以包括优惠条款和免费的联系电话等。一些地区和国家的《饭店产品介绍》是极好的营销媒体，因为会展组织者常根据这一专业杂志提供的信息，选择会展设施和服务。此外，饭店宣传手册给会展组织者提供所需的资料。当然，宣传册的关键内容应着重会展设施、饭店环境、优秀的地理位置和职工素质等的宣传。

8.2.7　网络销售

互联网已成为饭店越来越强大的会展产品销售工具。通常，各企业和社会团体会议的组织者都是通过互联网得到有关的会展服务信息的。现代互联网可展示有声像的会展产品并可充分地展示客户所需要的设施。

8.3　会展合同管理

会展合同是饭店与会展组织者双方所接受的特定条款文本，通常在特定时间内有效。会展合同可以仅为两页纸的简单文件，也可以是条款全面的文件。会展合同必须写明会展活动的每一个细节以免饭店遭受经济损失，严密的会展合同不仅可保护饭店的利益，也可保护顾客的利益。因此，合同必须具体和详细。现代饭店对会展合同的管理更加规范化。一般而言，合同的条款常包括以下内容。

8.3.1 基本条款

1. 专业名称

在会展合同中首先应解释合同使用的专业用语或名称。由于各国和各地区的语言有着不同的表达方法，相同的词汇可能是不完全相同的含义和解释。因此，在会展合同中必须解释清楚。例如，"主办单位"是指组织会展的单位或展会的组织者，即租用会议室或展览馆的组织者，是合同定义的乙方；"公用区域"是指饭店内的大厅、走廊及会议室和展览厅（租用区域）外的所有区域，通常，会展组织者或展商使用公共区域必须经饭店会展部或营销部同意；"展位"是指租用展览厅期内，在展厅或租用区域内临时隔开的部位或房间；"进馆期"是指租用展览厅期内展会开始前的期间；"撤馆期"是指租用展览厅期内展会举办后的日期。专业用语解释在合同中很重要。

2. 双方名称

饭店应与会展组织者就双方的名称达成一致。因此，会展组织者选择合同规定的饭店作为会展地点，而会展组织者成为合同规定的某一会展的组织者。

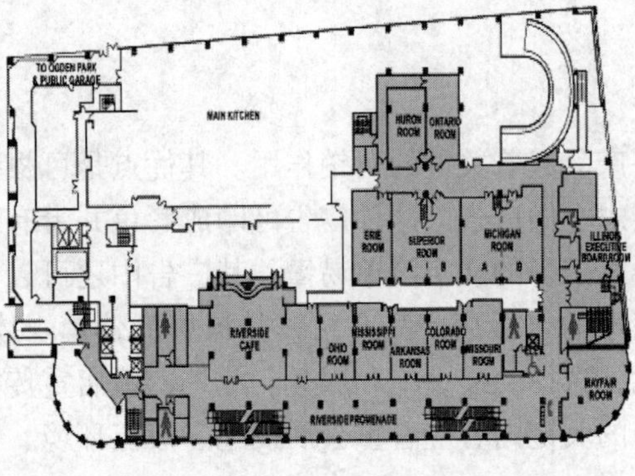

图 8-1　某饭店会议室平面图

3. 会展日期

合同应明确而详细地规定会展举办的日期、会展中的各项活动日期与时间、客房的预订日期与结束预订日期、参会者到达饭店的日期与时间及离店日期与时间、展品进入饭店仓库或展览馆及离开饭店仓库或展览馆的日期与时间等。

4. 会展地点

合同应明确规定会展组织者租用的会议室和展厅的个数、楼层、面积和空间、会议室或展厅中的设施和布局等（见图 8-1）。

5. 会展人员食宿

（1）菜单与餐次

合同应明确规定该会展每天用餐的次数（餐次）、用餐地点（会中茶点可能在会议室的走廊中）、用餐人数、每人每餐消费标准、付费人与结算方法、菜肴种类（中餐、西餐、清真、素食、其他）菜单内容（菜肴品种）等。此外还应明确，因会展组织者临时取消餐饮活动而引起的饭店损失等问题。通常会展组织者应给予饭店一定的补偿。

（2）客房与工作间

合同应明确规定会展组织者租用客房的种类、天数和楼层等，包括普通套间、豪华套间、单人间和工作人员的免费房间及客房的具体位置。

6. 付款方式

合同应明确规定，客房的价格与付款方式、工作间的房价和电话附加费等。饭店应尽量减免会展人员的电话附加费。

8.3.2 主要条款

1. 安全措施

合同应规定，会展活动必须符合国家安全法规和饭店的防火制度。合同应注明展商在装修展位期间必须保持防火通道的畅通，禁止使用明火，禁止存放易燃和放射性物品，不得在通道上做产品宣传，不得使用煤气等可燃气体。在观众较多时，参展商不得免费发放物品。每日撤馆前，参展商及馆内的负责人应检查电设备是否关闭。展馆内严禁吸烟，违反规定，可根据治安管理条例罚款。所有运行的机器均应安装安全装置并由合格的人员操作。合同应规定，会展主办者对因油漆工作而导致的展厅损害承担修复费用。当然应禁止动物和宠物进入饭店。一般而言，饭店应禁止会展主办单位在租用区域内分发食品及饮料。通常，展厅内的食品和饮料必须由饭店推荐或指定的单位购买，外带食品及饮料不得入馆以防食物中毒。会展期间，一切托运的物品都应由会展主办单位自行负责，会展主办者所有的各展馆钥匙应在场地租用期满时归还饭店。饭店保安部应24小时值班，会展主办者应遵守饭店保安部制定的安全规定。

2. 运输与储存条款

合同中应规定，物品和参展设备的运输方式、会展物资运抵饭店的储存条款、展品运进运出的时间与费用等。例如，饭店大厅的自动扶梯不能用作运送货物和设备的工具。同时应规定，参展单位货物和设备的运送方法和运送通道。例如，规定各种展品和大件货物可通过货物电梯或吊装平台进入二楼等。饭店展厅的地面负重能力应列入合同中。

3. 搭建和拆除项目

合同应规定，展厅地面的负重标准。例如，1楼展厅A层地面负重为3吨/平方米，B层地面负重为0.4吨/平方米等。通常，展品如有振动的部位，上述地面负重应减少50%。同时合同应规定，会展主办单位不得对展厅造成任何损坏或改变，不能搭建影响展览会的任何建筑结构。展厅损坏造成的修理费必须由会展主办者全额支付。合同中应当特别强调，未经饭店许可，会展主办单位不得在展厅内施工、装修或拼装，不得改变展厅的地面、墙面、门窗及展厅其他建筑结构。展厅任何部位不得打入钉子、螺丝或钻洞。通常，饭店允许展商使用可擦洗的粉笔或经批准使用的胶带标识。但是，其他地面画线方法均不得使用。饭店仅允许使用非残留性的胶带将地毯和其他地面覆盖物固定于地面，不允许在石质地面或墙面使用粘胶物。饭店不允许使用背面有黏性的图案或宣传品粘于建筑物的任何部位。饭店不允许主办单位在消防设施、监控设施、空调排风口等地方搭建隔离物或展板。展商不得在通向出入口的通道上放置物品。在会展期间，进入租用区域的所有出口不得锁门。展厅的临时搭建物与展厅墙面必须保持0.5米的检修通道，展厅防火喷淋设施或灯具上严禁系挂物体。饭店将协助会展单位的运输和施工单位的现场管理工作。会展主办单位应通知所有运输和施工单位在进馆前一周将运输单位和施工单位的人名、工作人员身份证复印件交与饭店会展管理部门。合同应规定，会展期间的工作人员必须佩戴由饭店统一制作的证件，无证人员不得进入。

4. 电器和设备安装

饭店通常为所有展位安装照明等设施。展位因施工需要断电、断水和断电话的日期和时间等要向饭店提出申请。电器线路和电器设备的安装应由持证的电工负责。铺设的电线应采用套线，接头必须是专用接头，横跨通道的线路应有保护措施。不得擅自安装高温灯和霓虹灯，霓虹灯的高度不应低于2.5米并要经饭店的安全部门检查。

5. 展厅平面图

合同应规定，会展组织者在开展前30天将展厅平面图交与饭店会展管理部审核并报公安和消防部门批准。会展中的展位搭建和拆除应遵守消防安全规定。同时，会展主办单位应在30天前向消防部门提交会展消防审批表，表中应涉及会展主办单位的审批文件、总体平面设计图、会展活动计划、消防措施和应急疏散方案等。

6. 广告、标记和装饰

合同应规定，饭店拥有展厅内部及建筑物周围地区的广告位置使用权。主办单位使用上述空间刊登广告应按饭店规定的费用标准付费。

8.3.3 终止与损失条款

合同应注明双方不能履行合同的补偿条款和仲裁条款。合同应注明，由于自然灾害等原因，会展无法进行的前提下，取消会展的一方不负违约的责任。此外，合同应明确，会展方实际租用的客房不得少于原预订客房数的百分比。如果低于合同规定的范围，会展组织者应给予饭店一定的补偿。

8.4 会议服务管理

优质的饭店会议服务必须为顾客提供方便。其中，主要包括两个方面：会展设施的便利和方便的住宿、餐饮等服务。设施的便利主要侧重于硬件方面，包括客房、会议室、停车场、坡道、入口处、过道、电梯、楼梯、餐厅、零售店及相关的服务设施等。例如，提供饮水器和登记处等。方便的服务是指会展期间，饭店为展商和参观者提供方便的服务程序和方法及方便的客房预订和离店服务与各种宴会和餐饮服务。此外，保证残疾人享有与正常与会者同样的服务待遇，得到更加细心的照顾。

8.4.1 准备工作

饭店会展部的业务主管人员应当与会议主办方协商会议召开的细节。双方应明确会场的布置、主席台、讲台、视听设备、多媒体、水杯、桌签、信笺、笔、指示牌及花木等的布置（见图8-2）。同时，对会议需要的机票、车票、住宿、会议场所和交通服务等工作制订完善的计划书并协助主办单位考察会场、客房和餐饮设施，确定会议方案，签订合同及预付订金。

会议准备工作的前提是会议组织者向饭店提供详细的会议资料。包括会议日程、报到处及工作人员与设施和用品、席位安排、贵宾名单和宴会活动等并在双方协调会的前一周交与饭店会展部。饭店在与主办单位的协商中，工作人员应保持良好的仪表仪容，和蔼大方，显示出自信心。饭店会展部应将确认的会议计划和程序包括客房与餐饮活动的安排等通知前厅部、客房部、餐饮部、保安部、财务部和总经理办公室等。会议通知单的内容如有变动，必须由主办者确认，经饭店业务部门认可和签字才可生效。此外，在会议开始前，会议服务管理人员应对设施做最后的检查，如果发现问题或偏差，及时调整。

图 8-2　桌面摆放的物品

8.4.2　服务管理

通常，饭店会议主管人员与会议组织者共同协商，设计参会者的报到程序。在饭店大厅摆放欢迎牌、签到台、指示牌和办理住宿登记等。饭店会议主管部门与商务中心准备好会议需要的资料、用品和讲稿，饭店工程部根据会议组织者的需求，完成会议室的条幅、灯光、音响、同声传译系统、会议系统或电视电话会议系统等的安装和调试，会展部准备相应的用具（如投影仪等）。会展部与餐饮部确认参会者的用餐时间、费用标准及其他用餐要求，包括民族菜或素食等，饭店应建议为由于健康原因而需要单独考虑的与会者提供特殊的饮食。如果会议有旅游需求，安排旅游线路和导游员及准备交通工具。对参会人员开放康乐设施，包括健身房和游泳池等，为会议代表准备摄影器材和人员提供秘书服务及相关的服务。饭店应建议会议组织者对参会人员安排固定的及次数较多的休息时间，让与会者利用这段时间去卫生间或方便参会者服用药物。饭店会议接待人员应全程跟踪会议以便及时与参会者保持联系并处理各种突发事件。例如，火灾、飓风、暴雨疾病和恐怖活动等。饭店应建立突发事件的处理措施。

8.4.3　会后服务

会展部应为会议组织者提供详细的各项费用说明并与会议组织者结清各项费用。会议费用通常涉及两种主要类型：一类是由会议组织者支付的费用，另一类是由参会者个人承担的费用。饭店财务部应根据会议组织者合同规定的支付内容和方法分别收取。此外，根据会议组织者的要求，饭店应制作会议通讯录。为了进一步合作，饭店应感谢会议组织者——会展部在会议结束后向会议组织者发出感谢信并征求对会议接待的意见。

8.4.4　会议室管理

1. 总体要求

会议室内的温度和湿度应适宜，温度通常为 18～22 ℃，湿度通常为 50%～60%。为了保证室内的新鲜空气，会议室应保持良好的通风。会议室应防止噪声，要求在 40 dB 以下，因此必须控制空调设施的噪声。否则，影响音频系统的性能。为了保证声音的效果，会议室内应铺有地毯、装有天花板、四周墙壁等隔音材料和双层玻璃。此外，会议室桌面应采用浅咖啡色或天蓝色的桌布,忌用白色和黑色的桌布。因为后两者对人体产生不良的视力效应。

2. 会议室布局

会议室布局主要是指会议室内桌椅的安排。为了方便开会,达到会议的效果。不同种类的会议,会议室内的桌椅摆放方法不同。通常,大型会议特别是政府和企业组织的行政管理会议,常设主席台,参会领导在主席台上就座,代表席在主席台的下方,面对主席台平行排列。学术会议,在主席台一侧设主持人席,另一侧设发言人席。研讨会议和咨询会议常安排圆形或U形的会场布局,其周围可按参会人数布置长形桌。讨论会常以圆形的会场布置。此外,饭店常根据会议组织者的要求布置会场及摆放桌椅。根据实践,相同面积的会议室,由于桌椅摆放不同,会议室可容纳的人数不同(见表8-1)。

表8-1 某饭店各会议室不同布局方法及可容纳的人数

名称	坐落位置	面积/m²	长度/m	宽度/m	剧院式布局人数	教室式布局人数	U形布局人数	宴会布局人数
上海厅	一楼	271	23.6	11.5	240	140	90	170
北京厅	二楼	113	14.9	7.6	80	60	40	40
成都厅	二楼	84	12	7	60	40	30	
天津厅	二楼	59	9	6.5	40	28	20	
青岛厅	二楼	38	6.3	6	20		10	

(1)剧院式布局(见图8-3)

剧院式布局是常用的会议布局形式,它适用各种规模的会议。在这种布局中,只摆放椅子,不摆放桌子。所有椅子按弧形或方形排列,面向主席台或面对发言者。当会议室少于100人时,每人可占1.1~1.2平方米的面积;当会议厅容纳100~300人时,空间可以降到1.0~1.1平方米;而超过300人时,空间可再降低至0.93~1.0平方米。两排椅子之间至少相隔60厘米。

(2)教室式布局(见图8-4)

教室式布局是方便参会者作会议记录的布局形式。由于这种布局既要摆放椅子,也需要摆放桌子,所以对空间的要求较大。通常,参会者少于100人时,每人可需要2.0~2.1平方米的面积;当参会者在100~300人时,空间可降低至1.9~1.95平方米;超过300人时,可以降低至为1.6~1.7平方米。教室式布局的关键是,不要在会议室内放太多的桌子,注意留有方便的走道。

图8-3 剧院式布局　　　　图8-4 教室式布局

(3) 圆桌式布局（见图 8-5）

一些会议室布置以会议桌为中心，四周摆放椅子，这种布局适合小型的董事会、信息交流会和讨论会。圆桌式布局可将桌子摆放成椭圆形或圆形，中间为空地，可摆放鲜花。椅子可摆放在桌子的外围。这样的布局有利于参会者进行互动。

(4) 接待式布局（见图 8-6）

接待式布局的会议室是会议组织者会见参会者，或上级领导与参会者会见的场所。同时也是政府之间和企业之间会见的理想场所。接待式布局摆放的方法常以 U 形为主，沿着会议室正门相对方向的两边摆放沙发，会议室中间应留有较宽敞的空间。

图 8-5　圆桌式布局

图 8-6　接待式布局

(5) 其他布局

会议室的布局除上述 4 种外，还包括四方形、马蹄形、T 形和 V 形。四方形的布局是将桌子围成正方形或长方形，椅子摆放在桌子的外部，适合于讨论会。马蹄形布局是将桌子摆放成马蹄形状或"⌒"形。该布局开口处朝向会议室的门，其内部摆放椅子。T 形的布局是将桌子摆放成大写英语字母 T，会议组织者和发言者位于 T 横线部分，参会者坐在 T 形的两边。

8.5　展览会服务管理

8.5.1　服务概述

展览会服务常显示两个含义：广义的展览会服务和狭义的展览会服务。广义的服务是指展馆租赁、广告、保安、展品运输、仓储、展位搭建、餐饮、住宿、交通运输和接待等全过程的服务；狭义的服务仅包括展馆租赁、住宿、餐饮和接待服务等。展览会服务的质量直接影响饭店与展览会组织者及参展商的合作关系。参展商作为展览会的主体，是饭店的会展收益的主要来源。因此，饭店为了展览会的顺利进行，常在服务方面尽最大的努力以取得参展商的满意和信任。当今，饭店根据展览会接待和服务专业化的要求，实现展览会服务的规范化和标准化并创立一套完整的服务体系，包括展览工程、展馆租赁等。

8.5.2 服务手册

在展览会进行中,饭店和展览会组织者应为每家参展商提供一本会展服务手册。这本服务手册既要通俗易懂,还应符合印制规范。手册内应包括所有服务的项目。这样,可提高会展工作人员和参展商的工作效率,减少饭店、展览会组织者和参展商之间的误会和摩擦。展览会手册内容应涉及展览的中英文名称,展览举办城市,饭店名称,展厅名称,展览会举办日期(包括进场、出场日期),展览会组织者名称、地址、电话和传真等并详细说明各种展厅及展览区域的租金、付款方式和展览内容等。此外,服务手册还应包括装潢、运输、安置和相关的劳务费,电力,消防,清理工作,邀请函,住宿与行程安排,视听设备、摄影、花艺和盆景的租借等事宜。

8.5.3 服务硬件

展览会期间,通信系统很重要。通常每个展厅、会议室、贵宾室、咖啡厅和临时办公室等都应具备直拨电话服务设施,保证通信的畅通。饭店内应设有完善的网络系统,为展厅内每个展位提供服务,各临时办公室、会议室、贵宾室和洽谈厅都应有网络接口,为参展商和参展观众提供服务。各展厅、办公室和咖啡厅等区域应有相匹配的空调系统,保证一年四季达到饭店的标准温度。各展厅应装有消防警报系统和消防设施并24小时对展厅各部位进行监测。各展厅应装有摄像机和自动报警系统,可对展厅进行全天的安全监控。各展厅、办公室和通道应装有音响系统,为展览会提供清晰的展会消息和背景音乐及必要的广播服务。

8.5.4 服务管理

饭店与展览会主办单位签订合同后,饭店会展部应于展览会开幕前的15天与主办单位进行沟通,了解该展览会的组织细节并根据主办单位的服务要求向饭店各职能部门传达有关的服务项目和具体要求并要求各职能部门共同协助完成。其中涉及的部门有总经理办公室、财务部、前厅部、餐饮部、房务部、保安部和会展部等。

1. 准备工作

一般而言,会展开始前15天,会展部应与饭店有关部门应制订切实可行的接待方案并以此进行筹划和安排。开展前7天至前3天,会展部现场管理组应按照规定的方案分割展馆空间,细化展位(见图8-7、图8-8)。同时,会议接待组应根据展览会的规模和服务要求准备物品,布置服务人员。

图8-7 展厅中的展位

2. 服务管理

展会服务是整个展览会经营的核心工作,因此服务应

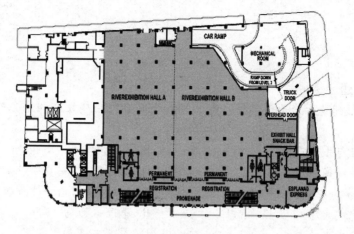

图 8-8 某饭店展厅平面图

当做到细致入微。通常，展会管理组应设立总服务台为展商提供租赁和咨询等服务。现场服务人员应进入展馆，解决现场出现的任何问题。商务中心应提供打字和复印等服务。

美工室应接收参展商的美术制作工作。保安部人员应在各厅出入口及展厅内巡视，维护展会的秩序，确保参展商和展品的安全。此外，展览会总服务台还为参展商提供相关和及时的其他服务。

3. 展会结束

会展部应为展览会组织者提供详细的各项费用说明并与会议组织者结清各项费用。同时，会展部现场管理人员应当与会展组织者按照合同规定的日期，清理展厅。根据组织者的要求制作参展商通讯录，向会展组织者发出感谢信并征求对会展服务的意见。

本章小结

会展是各种会议和展览会的总称，主要包括会议、展览会和各种节事与庆典活动。尽管会展有悠久的历史，然而会展成为独立的行业仅有50多年。当今，饭店举办的会议有多种类型，可根据会议的规模、组织形式和会议的目的分类。展览会是一种促进交流或营销的展示活动，其形式可以是展销会或交易会等。其目的在于宣传、交流和展示产品和服务。不同的会议和展览会，其主办者和参会者需求不同，饭店对其的经营策略和服务方法也不同。会展销售管理主要包括访问销售、电话销售、集中销售、会展销售、实地考察销售、广告与手册宣传和网络营销等方法。

会展合同是饭店与会展组织者双方所接受的特定条款的文本，会展合同必须明确会展活动的每一个细节以免饭店遭受经济损失。优质的饭店会议服务必须为顾客提供便利，主要包括设施的便利和服务的便利。展览会服务包括广义的服务和狭义的服务。广义的服务包括展馆租赁、广告、保安、展品运输、仓储、展位搭建、餐饮、住宿、交通和运输等全过程的服务；狭义的服务仅包括展馆租赁、住宿、餐饮、会议和接待等服务。

思考题

1. 单项选择题

(1) 邀请会展组织者来饭店参观，使他们感受饭店的会展设施和服务的销售活动属于（　　）。

  A. 广告与手册宣传　　　　　　B. 实地考察
  C. 会展销售　　　　　　　　　D. 访问销售

(2) 以会议桌为中心，四周摆放椅子，适合信息交流会和讨论会的布局是（　　）。

  A. 剧院式布局　　　　　　　　B. 教室式布局
  C. 接待式布局　　　　　　　　D. 圆桌式布局

2. 多项选择题

(1) 关于会展发展叙述正确的是（　　）。

  A. 会展是古老的活动，其发展取决于经济发展并服务于经济
  B. 世界上最早的展览会是于公元629年在法国巴黎近郊的圣丹尼斯举办的交易会
  C. 改革开放以来，我国会展经济以年均约10%的速度递增
  D. 尽管会展有悠久的历史，然而会展成为独立的行业仅有50余年

(2) 下列关于展览会的叙述错误的是（　　）。

  A. 根据举办形式，展览会可分为展销会和交易会
  B. 根据会议主题，展览会可分为国际展览会、国家展览会、地区展览会和本地区展览会
  C. 行业展览会也称作专业展览会，它专业性强，规模通常要比综合展览会大一些
  D. 展览会通常分为定期展览会与不定期展览会

3. 名词解释

会展　　剧院式布局　　教室式布局　　圆桌式布局　　接待式布局

4. 问答题

(1) 简述会议的种类与特点。
(2) 简述展览会的种类与特点。
(3) 总结与分析会展销售的不同方法及其特点。
(4) 论述会议服务管理。
(5) 论述展览会服务管理。

案例分析

会议房间的保证预订

某年10月6日，马里特饭店总台接待员约翰接到销售部史密斯经理的电话，要求在10

月8日为参加某会议的团队预订21个普通单间房,该团队在下午1:30到达饭店并且要求确定房号。约翰了解相关信息后,立即在房态表上做了预订并将该团队的房号告知了销售部经理。8日中午11:40,总台接待员约翰按照惯例,对每个当日离店的顾客进行了检查。当他发现315房间仍没有退房时,他打电话至315客房,房内无人接听。随后,他通知房务中心检查315房间。当时,房务中心反馈的信息是房间内有行李。由于该客房是会议团队预订的房间。因此,约翰立即与315房间的顾客——查理先生进行了联系。然而,查理告知,他的业务活动超出了预期的时间,仍在进行中。因此,他不能如期退房,要继续住宿3天。于是约翰只得在饭店所有的客房中查找与315客房同类型的房间,准备为查理换房。但是,没有找到任何可以调整的房间。此时,约翰求助了前厅部业务主管。当这位管理人员了解到查理是马里特的回头客且经常惠顾马里特饭店时,他建议将查理先生的标准单间房免费升级为商务单间房并得到了前厅部经理的批准。当此信息反馈给查理先生后,他欣然同意。

讨论题:
1. 讨论马里特饭店对会议预订房间的保证措施。
2. 评价马里特总台的房间日常检查制度。
3. 评价马里特饭店对顾客的服务技巧与策略。

参考文献

[1] 朱国勤. 会展视觉系统设计. 北京:化学工业出版社,2009.
[2] 向国敏. 会展实务. 上海:上海财经大学出版社,2005.
[3] 彭家平. 新编现代企业管理. 2版. 北京:北京理工大学出版社,2013.
[4] 李启明. 现代企业管理. 4版. 北京:高等教育出版社,2011.
[5] 俞华. 会展学原理. 北京:机械工业出版社,2005.
[6] 戈德布拉特. 国际性大型活动管理. 北京:机械工业出版社,2003.
[8] 沈燕云,吕秋霞. 国际会议规划与管理. 沈阳:辽宁科学技术出版社,2001.
[9] 潘杰. 中国展览史. 成都:电子科技大学出版社,1993.
[10] 罗松涛. 会展管理实务. 北京:对外经济贸易大学出版社,2007.
[11] 赖利. 管理者的核心技能. 徐中,译. 北京:机械工业出版社,2014.
[12] 希尔. 管理学. 李维安,译. 北京:机械工业出版社,2009.
[13] 张河清. 会展服务管理. 广州:中山大学出版社,2010.
[14] RUE L W. 管理学技能与应用. 刘松柏,译. 13版. 北京:北京大学出版社,2013.
[15] GOLDBLATT D J. Special events. 3rd ed. New York:John Wiley & Sons Inc.,2002.
[16] GOLDBLATT, MCKIBBEN J C. The dictionary of event management. New York:Van Nostrand Reinhold, 1996.
[17] ZACCARELLI, HERMAN E. Foodservice management by checklist, a Handbook of control techniques. New York:John Wiley & Sons, 1991.
[18] BURROW. Business principles and management. Mason:Thomson Higher Education, 2008.
[19] BARROWS C W. Introduction to management in the hospitality industiy. 9th ed. New Jersey:John & Sons Inc., 2009.

[20] HAMILTON C. Communicating for results. Mason: Thomson Higher Education, 2008.
[21] GITLOW H S. Quality management. 3rd ed. New York: Mcgraw-Hill Inc., 2005.
[22] RUSSELL R S. Operations management. 4th ed. New Jersey: Prentice Hall Inc., 2003.
[23] BARAN. Customer relationship management. Mason: Thomson Higher Education, 2008.
[24] OKUMUS F. Strategic management for hospitality tourism. Ma: Elsevier Ltd, 2010.
[25] SHORE L M. The Employee-organization relationship. New York: Taylor & Francis Group, 2012.
[26] DAVIS B, LOCKWOOD A. Food and beverage management. 5th ed. New York: Routledge Taylor & Francis Groups, 2013.
[27] WALKER J R. Introduction of hospitality, management. 4th ed. New Jersey: Pearson Education Inc., 2013.

第 9 章 饭店质量管理

本章导读

现代饭店质量管理已成为经营战略之一。饭店产品由满足顾客的物质实体和非物质形态服务构成。饭店产品质量是指饭店设施和服务的适用性，即饭店产品适合顾客需求的程度。通过本章学习可了解现代饭店产品的组成和特点，掌握饭店全面质量管理、饭店服务质量管理和顾客满意的质量管理战略等。

9.1 饭店产品质量概述

9.1.1 饭店产品质量的含义

质量是用来表达产品本质的规定性和数量上的规定性概念。质是产品所固有的、特点方面的规定性，量则是关于产品的范围和程度的规定性。

饭店产品质量是指饭店产品的适用性，即饭店产品适合顾客需求的程度。例如，菜肴在新鲜度、营养成分、外观、形状、工艺、色泽、气味、数量和包装等方面满足顾客的程度。由于顾客对饭店产品质量的要求不同，因此质量具有相对性、时间性和空间性。所谓相对性，是指质量适应顾客需求的程度因人而异，产品相对于价格、成本或饭店等级可能是优质或一般。时间性是指随时间的变化，顾客对饭店产品的质量要求有所不同。由于科学技术的进步，旅游业和饭店业的发展，人们生活水平的提高，顾客对饭店产品质量会提出不同或更高的要求。因此，饭店产品质量具有时间的动态性。空间性是指顾客对饭店产品质量要求因地域环境而异。我国东部地区、西部地区、经济发达城市或欠发达地区及由于生活方式、风俗习惯不同对质量要求有所不同。此外，饭店产品质量常以一定的技术指标来表示，即质量标准或技术标准。优质的饭店产品质量标准应是"产品适用性"的一种定性和定量的表现。但是，由于技术、经济、环境和心理等原因，同一质量标准对某一顾客适宜，而对另一顾客可能不适宜。这就要求企业在严格遵守统一质量标准的前提下，千方百计地满足不同顾客的需求。现代饭店产品质量建立在满足顾客的需求上，使产品性能和特征总体具有满足特定顾客需求的能力。饭店产品质量的实质是产品满足顾客需求的程度，顾客需求是确定产品质量高低的标准。

饭店产品质量不仅是指房务产品、餐饮产品和会展产品等产品质量，还包括其工作质量和工序质量。工作质量是指为保证和提高产品质量，实施的技术工作、管理工作和组织工作的质量、效率和效果。工作质量常反映在产品质量的高低和不合格的产品数量等因素上。工序质量是指满足产品生产质量的程序。例如，影响房务产品质量的工序质量有迎宾质量、行李服务质量、前台接待质量和客房清洁质量等；影响餐饮产品质量的工序质量有原料采购和储存质量、原料初加工质量、原料切配质量、菜肴烹调和服务质量等。优质的工作质量和工序质量是饭店产品质量的保证。

9.1.2 饭店产品质量影响因素

1. 职工素质

当今，世界已进入知识经济时代，旅游业和饭店业发展迅速，饭店产品不断地发展与创新。特别是在饭店设施、餐饮服务、前厅预订、客房设施和家具、客房服务、会展设施等方面。然而，不论是服务还是技术的创新都必须由饭店职工进行操作和完成，因此，饭店必须强调职工的业务素质。职工的业务素质包括职工的专业知识、质量意识、责任心和职业道德等。

2. 设备性能

在饭店市场激烈的竞争下，饭店设施和设备的性能、效率和质量直接影响饭店的产品质量。例如，使用多功能烹调灶生产的西餐菜肴可降低能源成本和人工成本并可提高菜肴的质量和特色，提高企业的竞争力。

3. 原料与用品

饭店的产品质量与产品原材料紧密相关。例如，餐饮原料品种、新鲜度、规格和部位等都是影响菜肴质量的基本因素；而客房的家具与用品的安全性、实用性和舒适性等直接影响房务产品的质量。

4. 技术与工艺

饭店产品质量受生产工艺、服务规程和操作规范等因素的影响。合格的饭店产品必须根据饭店的工艺纪律、服务规程和操作规范进行。因此，为了保证饭店产品的质量，饭店必须规范各项服务的质量标准和工作程序。例如，办理入住客房的标准服务程序、电话问讯服务规范和菜肴初加工的工艺纪律等。

5. 质检方法

为了保证饭店产品质量，饭店例行质检是必要的。但是，产品质检首先应由本部门实施，然后再由饭店质检部进行抽检。通常，饭店各业务部门的质检手段和方法不同。例如，房务部的质检方法和手段首先由客房清洁员根据客房清洁标准自查。当清洁员每完成一间客房的清洁时，必须检查各项清洁质量标准并查看摆放的物品是否完整。然后，客房清洁主管人员每天检验每间客房的清洁质量并填写质量检查表。餐饮部的质检方法是，根据菜肴生产程序，由下一道工作人员检验上一道生产工序的质量。在菜肴制成后，由厨房业务主管做最后的检验，通过观察其外观质量检验其工艺，判断其味道和气味。然后，由服务员送往餐厅。根据成功质检经验，饭店质检部必须重视产品质检手段和方法，并且每天抽查客房部、餐饮部、会展部和康乐部的产品质量。

6. 饭店环境

饭店产品质量受饭店坐落环境、生产环境和服务环境的影响。优秀的饭店必须坐落在理想的营销环境或地区。理想的环境首先是交通方便、清洁文明、方便停车、周围环境与饭店级别和种类相协调。根据调查，饭店内部环境的温度、湿度和噪声等因素也都会影响饭店产品的质量。

9.1.3 饭店质量管理发展

我国饭店产品质量管理的发展大致可分为质量检验阶段、统计质量管理阶段和全面质量管理阶段。

1. 质量检验阶段

质量检验阶段是饭店质量管理的早期阶段，20 世纪 70 年代我国饭店质量管理仅限于业务部门内部的质量管理。当时重视技术管理，产品标准化程度差。管理手段依靠各部门经理和主管人员的质量检验和技术把关。然而，随着科学技术和饭店市场的发展，质量检验阶段显露了一些问题和不足点，主要表现在产品质量没有得到有效的预防和控制。

2. 统计质量管理阶段

20 世纪 90 年代中期，我国饭店业进入了质量统计管理阶段。在客房的写字台和餐厅的餐桌，到处可看到顾客的意见单。同时，在饭店大厅有前厅副理负责接待顾客投诉。随着我国饭店业的发展，饭店成立了质检部，检验各业务部门的产品质量。同时，还通过各种投诉渠道，将得到的质量问题信息进行数理统计，将事后质量把关的管理方法发展为预防为主和防检结合的质量管理策略。此外，饭店制定统一的产品标准，使各部门严格按照统一的标准进行生产和服务。饭店质量统计管理实际上是由饭店技术标准管理阶段发展到产品质量标准管理阶段。

3. 全面质量管理阶段

20 世纪 90 年代后期，我国旅游与饭店管理水平迅速发展，顾客对饭店产品质量水平的要求不断提高，这些都对传统的质量管理方法提出了挑战。这一阶段，职工的质量意识强，并以满足顾客的需求为前提，注重产品的适用性和产品生产的全过程管理。同时，饭店管理人员认识到，产品质量的保证与提高决不能仅仅依靠检验和统计方法，必须实施多种方法和多种手段，包括人才开发和培训、技术创新、产品创新等；而产品质量责任不应限制在一线人员，必须包括管理人员。

9.1.4 饭店质量管理意义

饭店产品质量管理是确定和达到产品质量所必须的全部的职能管理，包括饭店内部微观管理，同时受社会多种因素的影响。例如，受国家主管部门和地区管理机构的质量政策指导，受政府有关部门的质量审核和质量监督等。当今，我国饭店业正面对国际饭店集团的竞争，这些集团以连锁和特许经营方式扩大他们的市场。由于著名的国际饭店集团的优秀产品影响了顾客，因此，国内顾客对饭店产品质量的要求不断提高。同时，饭店产品质量管理是企业发展和国家发展的需要，由于产品质量决定企业的生存和发展，也代表国家的竞争能力

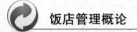

和经济实力，所以，饭店产品质量在当前激烈的市场竞争中不应停留在原有位置，必须不断地改进和提高。

9.1.5　饭店质量管理的错误理念

　　至今，一些饭店管理人员对产品质量管理的理解存有一些误区。主要表现为，质量问题是一线生产或服务人员的责任，质量管理工作应当由饭店的质检部门负责。他们将质量管理工作看成是高星级饭店的管理工作。他们认为，低星级饭店利润低，难以提高产品质量。同时，传统的饭店产品都是成功的经验，其产品质量经久不衰，不存在质量问题。一些管理人员对饭店产品质量的理解不全面且不完整。他们认为，质量是指饭店建筑物和设施的精美设计或周到的饭店服务。此外，还有一些管理人员认为，高质量的产品必须采用豪华的设施和高价的原材料，使用一般的设施和原料不会提高饭店产品质量。少量的管理人员认为，饭店质量管理工作是浪费人力，浪费时间，小题大做，增加了不必要的成本，对经营和竞争很不利。只要本企业的产品符合国家和地方的质量标准就是优秀的产品等。

9.1.6　不同质量管理观

1. 传统质量管理观念

（1）防守型质量观

　　防守型质量观处于被动管理地位。当顾客对产品质量进行投诉后，管理人员才研究和改进有关的产品质量。这种观念对饭店产品质量的管理不全面，不彻底，应付了事，没有长远的目标和全面规划。防守型质量观经常搞突击型的质量攻关，对产品不研制、不开发且不创新，等待抄袭，依赖仿造及谋求引进。

（2）进攻型质量观

　　通常，持进攻型质量观的饭店管理人员主动积极并有计划地提高饭店产品质量，主动调查市场需求，调查产品的发展趋势，调查本企业质量在同行业中的位置和本企业产品质量存在的问题并及时调整经营方向，不断地改进和提高产品质量。

2. 现代质量管理观念

　　管理人员强调创新精神，强调不断地创新并持续保持产品的质量水平。饭店将提高产品质量水平与开发新产品相结合并不断使用新技术、新工艺、新原料、新设施、新家具、新布局和新的结构等创新饭店产品。

9.2　饭店全面质量管理

9.2.1　饭店全面质量管理的含义

　　饭店全面质量管理是指一个饭店或饭店集团以产品质量为中心，以全员参与为基础，通过顾客满意使本企业的全体职工和全社会获得应得到的利益，使企业获得长期经营成功的管理途径。

9.2.2 饭店全面质量管理的特点

1. 从追求狭隘的质量到追求完整的质量

传统饭店质量观认为只要产品符合饭店规定的技术标准即为合格的产品。全面质量管理观考虑到产品的完整性，不能简单地使用服务指标来评价饭店产品质量的优劣，只有当产品主要的性能和特点都符合顾客的需要时才可成为优质的产品。同时，现代饭店产品质量的概念还必须考虑到供应链和全社会所有受益者的期望与需要。其中，任何一方利益受到损害，都会影响企业的发展。因此，饭店应明确产品在形成过程中的质量管理，采取有效措施保证工作质量。现代饭店质量观体现了顾客至上的理念，体现所有部门在质量经营中的责任。因此，全面质量管理包括产品生产与服务全过程的管理，形成一个综合性的产品质量管理体系。因此，饭店产品全面质量管理是一项细致工作，它涉及各环节和各岗位，涉及经营中的各方面。同时，控制产品质量必须动员全体职工关心产品质量并对自己担负的工作高度负责，充分调动职工积极性，培训和激励职工，做好产品质量管理的基础工作。

2. 从追求高的指标到追求高的使用价值

传统的饭店质量观念认为，产品技术指标是评价饭店产品质量优劣的主要依据。因此，许多饭店在没有对顾客需求进行周密的调查和产品定位的前提下，主观确定产品的技术性能指标并片面地认为标准越高越好，造成饭店产品质量定义不明确或由于不能满足顾客的需求而经营不善。这样，由于产品技术标准过高而导致产品成本和价格上升，失去竞争力或企业技术力量和设施不能保证质量，最终无法有效经营。

现代饭店全面质量、管理观念认为，产品质量应由消费者定义，并非技术标准越高越好，应保持适宜的和较高的使用价值并能充分满足目标顾客的需求。实践证明，多数顾客在购买房务产品、会展产品和餐饮产品时，首先考虑的是其价值和功能。从社会角度分析，产品功能剩余过大，必然带来资源浪费。所以，适用的产品质量是最佳的并可满足顾客的实际需求。在市场经济条件下，饭店的生存和发展离不开顾客。尽管饭店面对相同市场和环境，但是其自身的资源和素质各不相同。所以，每个饭店都应明确适合本企业消费的目标群体。这样，饭店必须对顾客、竞争对手和本企业的资源等因素进行系统的研究并以本企业目标市场需求为核心确定本企业的产品质量标准、技术标准和营销策略等。

3. 从强调产品质量到完善保证能力

传统的饭店质量观认为，如果饭店产品通过检验并符合企业规定的标准，该产品的质量应当是优秀的。因此，饭店采取措施，增加检验环节并督促职工认真工作等。但是，实践证明这种方法不能保证产品质量，质量波动依然较大，而且费用高。

全面质量、管理策略是指企业在准确定义产品质量水平的基础上必须完善质量保证能力。由于影响饭店产品质量的因素很多并且在不断变化，所以饭店必须建立完善的质量保证体系，从而对影响产品质量的各种因素进行系统和有效的控制。根据成功的经验，系统工程是全面质量管理的理论基础之一，在饭店管理中推行全面质量管理要依靠系统工程的理论和方法，遵循管理原因保证结果的指导思想。基于完善的产品保证能力策略，饭店不断地完善生产质量和工作质量以保证其产品质量，完善开业前的准备工作保证其营业质量。由于饭店产品质量是在生产和服务中逐步形成的,因此其质量水平与生产和服务有直接的关系。现代饭店质量观认为,传统的产品质量管理只抓产品的后期质量,不从根本上解决质量问题;而全面质量管理要求防检结合,以防为主的质量管理方针,把质量管理从生产和服务后的控制转移到生产和服务前的预防,把影响产品质量的因素和环节全部有效地控制起来,把不合格的产品消灭在它形成的过程中。这样,做到早期预防,防患于未然,形成一个稳定的质量管理系统以保证产品质量。

4. 从对顾客负责到对全社会负责

传统饭店质量观认为,饭店的服务对象是顾客,企业的任务是满足顾客的需求,而顾客能为企业带来利润。因此,一些饭店在经营中只关心本企业的近期发展,很少关注本企业经营行为对社会的影响及本企业的可持续发展等问题。现代饭店全面质量管理观强调,企业必须注重环境质量、社会效益和生态质量。饭店作为社会经济的细胞,要对全社会有所贡献,不仅要为社会创造物质财富和解决就业问题,还应该对社区生活和社会公益事业提供支持。此外,应确保本企业经营不会对环境造成危害,不造成资源的浪费。现代饭店在质量管理中,应积极保护企业的品牌和信誉,认真对待产业链和横向关联单位的关系,树立顾客第一和顾客至上的服务方针。在生产、服务数量和质量的关系中,饭店采取质量第一的经营策略;在质量控制和质量预防的关系中,饭店实施预防第一的经营策略;在近期和长远的经营关系中,饭店实施长远的经营战略。此外,饭店全面质量管理采用简单而科学的质量改进方法,以事实和数据为依据,有一套收集、处理数据的方法和科学系统的质量管理措施。

5. 从追究职工责任到追究管理者责任

传统饭店质量观认为,质量事故主要是一线职工造成的。因此,质量责任应由职工承担。在经营中发生质量问题时,应将责任归咎于客房清洁员、厨师和餐厅服务员等。现代饭店全面质量管理观认为,产品质量问题必须追究管理者的责任。职工作为企业人力资源的一部分,其生产和服务规范应由饭店质量标准文件加以规定并且职能部门有责任对其职工进行培训。在确定质量问题的责任或根本原因时,管理者应明确企业是否对质量体系进行过整体的策划。一些饭店的产品质量管理体系存在严重的缺陷。例如,工作的随意性、职务责任不明确、产品质量标准不规范等。这些问题都是直接导致质量失控的原因。在这样的环境下,职工不可能有效地控制产品质量。根据调查,80%以上的产品质量事故由管理者造成,其余20%的质量责任也与管理者有间接的联系。此外,饭店管理者应明确,企业的产品质量还受人员素质、生产与服务设备、投入的资金、产品质量信息及工作环境等因素影响。

6. 从产品检验到提倡零缺陷服务

传统的质量观认为,饭店产品必须通过质量检验,产品存在少量的质量问题不可避免,质量对顾客的需求不会完全满足。现代饭店的质量观强调产品质量应以预防为主并追求零缺陷服务。成功的企业家认为,零缺陷的产品质量反映了在市场经济下的饭店经营理念。企业应以顾客对产品的需求为核心,从而使顾客达到100%的满意度。当然,饭店全面质量管理是以企业获得更多的经济效益为目的,失去了经济效益而造成亏损的质量管理没有任何意义。

7. 从岗位管理到企业全员和全过程管理

传统的饭店质量观认为,质量是生产出来的,是检验出来的,也是职工工作结果的反映。如今,饭店管理人员逐步认识到,产品质量在设计阶段已经开始,其重要性甚至超过了产品生产和服务的过程。同时,产品质量问题已不是饭店某部门或某个岗位的局部问题。它涉及企业所有部门、全体职工及生产和服务的全过程。因此,饭店管理人员必须树立全面的服务意识。表现在以下3个方面:第一,上一道工序为下一道工序服务;第二,管理部门为业务部门和服务人员服务;第三,饭店要为顾客服务。因此,现代饭店质量管理要求前一道工序的产品质量必须满足下一道工序的质量要求。每项工序的产品质量都必须为下一项工序打好基础,在产品质量上坚持高标准和严要求,努力为顾客服务。

9.2.3 饭店全面质量管理内容

饭店全面质量管理内容包括建立各项产品标准、实施标准计量工作、进行有效的质量培训、开展质量信息工作、健全质量责任制度、严格质量检验工作并加强质量管理协调和建立质量控制小组。饭店产品质量管理不仅是企业内部的微观管理,而且还受社会许多因素的影响。例如,国家和地区的主管部门对饭店产品的质量政策、质量审核和质量监督以及颁发经营许可证等。有效的质量管理应将饭店产品的生产和服务等各阶段的工作进行科学的组合,保证为顾客提供优质的产品和服务以取得顾客对企业的信任,维护顾客的利益。

1. 建立各项产品标准

饭店应对各种设施和服务的细节制定出标准并严格执行。对于设施而言,饭店建筑结构与布局、共用系统、房务、康乐与餐饮设施及家具和照明等应符合中华人民共和国《旅游饭店星级的划分与评定》(GB/T 14308—2010)的标准(见表9-1)。服务标准是饭店业根据我国《旅游饭店星级划分与评定》服务质量评定标准对本企业各项服务所规定的质量标准制成的标准服务文件(服务质量管理文件),其中包括各项服务名称、服务内容、服务程序与方法等(见表9-2),同时,应建立标准食谱和标准酒谱(见表9-3)。标准食谱和标准酒谱是对饭店所生产和销售的各种菜肴和酒水所规定的各项质量标准文件。标准食谱内容包括菜肴名称、菜肴份数标准、原料标准、制作程序标准及成本标准等;标准酒谱应包括酒水名称、容量标准、原料标准、配制程序标准和成本标准等。

表9-1　4星级饭店客房设施标准

1. 至少有40间(套)可供出租的客房
2. 70%的客房面积(不含卫生间)不少于20平方米
3. 装修豪华,有豪华的软垫床、写字台、衣橱及衣架、茶几、座椅或简易沙发、床头柜、床头灯、台灯、落地灯、全身镜和行李架等配套家具。室内铺满高级地毯或优质木地板。采用区域照明且目的物照明度良好
4. 有卫生间,装有高级抽水马桶、梳妆台(配备面盆、梳妆镜)、浴缸并带淋浴喷头,配有浴帽、晾衣绳。采取有效的防滑措施。卫生间的地面采用豪华建筑材料。墙面色调高雅调和,采用分区照明且目的物照明度良好。有良好的排风系统、110/220 V电源插座和电话副机。配有吹风机并24小时供应冷热水
5. 有可直接拨通的国内和国际长途电话设施。电话机旁备有使用说明及市内电话本
6. 有彩色电视机和音响设备并有闭路电视演播系统。播放频道不少于16个。其中,有卫星电视节目或自办节目
7. 具备十分有效的防噪声及隔音措施
8. 有内窗帘及外层遮光窗帘
9. 有单人间和套间,有至少3个开间的豪华套间
10. 有残疾人客房。该房间内能满足残疾人生活起居的一般要求
11. 有与饭店本身星级相适应的文具用品、服务指南、价目表、住宿规章、本市旅游景点介绍、本市旅游交通图和相适应的报纸与杂志

表 9-2　某 5 星级饭店中餐厅点菜服务标准

当顾客点了酒水后，餐厅领班应及时将菜单递给顾客。有时顾客喜欢在餐厅外部的酒吧喝饮料、谈话并在酒吧内点菜。当顾客所点的菜肴即将上桌时，服务员应通知顾客进餐厅用餐

服务程序	服 务 标 准
1. 递送菜单	在顾客的右边将菜单打开，用双手将菜单递给顾客。先递给女士，再递给男士，并说："请看菜单，您用些什么？"
2. 介绍菜肴	表达清楚并注意逻辑性，语言应简练。应说："我们餐厅有新鲜的海鲜。例如，龙虾、螃蟹和三文鱼等，还有特色菜肴，请您先看菜单。然后，我再给您写菜单。"
3. 让顾客看菜单	给顾客 3～5 分钟的时间看菜单；然后为顾客点菜和写菜单。有些顾客不想自己看菜单，希望立刻点菜。这时，应当立即为顾客点菜
4. 点菜（写菜单）	服务员应说："先生/女士，现在我可以为您点菜吗？"声音应适量
5. 介绍菜肴	服务员应说："我建议您先点凉菜，××怎么样？这个菜在上星期刚推出，顾客反映良好。然后，点个××菜和××菜，再点个××汤，这个汤配××菜很适合。"服务员实施点菜服务时应了解顾客的需求并考虑顾客对原料、工艺和味道及价格等的需求
6. 重复点菜内容	将顾客所点的全部菜肴重复一遍，请顾客确认，防止差错，然后对顾客表示感谢，离开餐桌

表 9-3　某 4 星级饭店西餐厅标准食谱

马铃薯沙拉（Potato Salad）

（生产 10 份，每份重量约 120 克，不包括沙拉酱）　　　　开胃菜 A-17 号

原料	洗净的生菜叶 10 片， 煮熟的去皮鸡蛋 10 个， 熟火腿肉丁 100 克， 酸黄瓜丁 20 克， 马乃司 200 克， 细盐 8 克，	甜味红色辣椒条 20 条， 煮熟的带皮马铃薯 500 克， 芹菜丁 50 克， 洋葱末 50 克， 法国沙拉酱 120 克， 白胡椒粉 8 克
制法	1. 将 10 片生菜叶分别放入 10 个冷的沙拉盘中，放在沙拉盘的中部，作底菜 2. 将马铃薯去皮，切成 1 厘米边长的丁并与马乃司和法国调味酱、盐、胡椒粉搅拌在一起 3. 将煮熟的鸡蛋切成丁 4. 将鸡蛋丁、火腿肉丁、芹菜丁、洋葱丁和酸黄瓜丁与搅拌好的马铃薯轻轻地搅拌在一起，制成马铃薯沙拉 5. 将马铃薯沙拉平放在 10 个沙拉盘中，放在生菜叶的上面 6. 在每盘沙拉的顶部放两条红色甜辣椒，作装饰品	

2. 实施标准计量工作

饭店应重视各种计量工作，完善各种量具，包括各种温度计、重量量具和容量量具。在饭店的公共场所应实施标准温度。例如，前厅、会议室、展厅、楼道和餐厅等通常是 23～25 ℃。菜肴和酒水应实施标准温度。热的菜肴、汤、咖啡和茶水的温度应

在 80 ℃以上，白葡萄酒的温度是 8～12 ℃，香槟酒和葡萄汽酒的温度是 4～8 ℃，红葡萄酒的温度常为 16～24 ℃。在欧美各国常使用的温度单位是华氏，而我国常用的温度计量单位是摄氏温度。

3. 进行有效的质量培训

饭店产品质量保证的前提是对全体职工的质量培训且理论联系实际。通常，培训内容有入店培训、礼节礼貌培训、专业技术培训、服务技能培训和新的服务项目培训等。

4. 开展质量信息管理工作

在现代饭店产品质量管理中，必须强调产品质量的信息管理。随着饭店市场细分，新产品不断增加，饭店需要经常对本企业的产品种类、特色和质量标准进行评估和决策。根据调查，著名的饭店集团都有自己的特色产品和产品质量标准。由于现代饭店产品生命周期的不断缩短，顾客消费心理和需求不断变化，这些因素要求饭店必须及时获得准确的产品质量需求信息。落后的客房布局、呆板的正宗菜肴、失实的产品质量、个人的产品偏好和传统的经验等一般都不适用于企业的产品质量标准。当然，不同地区、不同等级和消费水平的饭店产品质量标准也不同。此外，企业应不断地调查国内外饭店产品发展的趋势及市场需求的变化并及时掌握本行业产品质量动态和市场对本企业产品质量的评价等。

5. 健全质量责任制度

饭店应加强对产品质量责任的管理并制定各部门和各职务的质量责任。通常，饭店总经理或分管产品质量的副总经理对饭店产品质量负有全部责任。采购部对饭店的设施和原料负有质量责任。保管员对用品和食品原料负有保管的质量负责。房务部对房务产品生产和服务质量管理负有责任。餐饮部对餐饮产品负有生产和服务质量责任。工程部对饭店各种设施、设备及其运行与保养负有质量责任。保安部对饭店财产、顾客及其财产安全、职工及其财产的安全负有质量责任。

6. 严格质量检验工作

质量检验是饭店产品质量控制的重要手段。现代饭店管理强调，饭店产品生产和服务中的各阶段、各环节的质量检验。饭店质检部应控制产品的生产和服务各环节的质量。通常，饭店产品生产必须通过 4 个阶段：采购、验收、生产和服务。

7. 加强质量管理协调

饭店应强调职工在产品质量保证中的作用，招聘和选拔优秀的管理人员和职工，制定严格的工艺纪律，这是保证饭店产品质量的前提。营销部和质检部在掌握行业的质量动态中共同合作并及时掌握本饭店产品质量的动态，将本企业落后于市场的产品消灭于萌芽中。饭店质检部应严格执行质量检验的制度和方法，严格检验设施与原材料的采购质量。采购部应制定设施和原材料的质量标准。餐饮部与质检部应共同合作，一起制定各种菜肴和酒水的质量标准，严格各项服务工作的检查，制定各项服务标准程序和方法。房务部和餐饮部等业务部门应做好生产和服务的工序质量管理，及时发现不合格的产品并纠正。饭店应加强对不合格产品的管理，找出不合格产品产生的原因和责任人，采取措施并及时改正。饭店应指派一名副总经理负责饭店整体的质量管理工作，加强部门之间的协调，协调各生产和服务环节，贯彻和执行饭店制定的产品质量标准。此外，由于高质量的饭店产品不是经久不变的，因此全面质量管理是长期和持久的，应作为企业的经营战略之一。

8. 建立质量控制小组

质量控制小组由饭店各部门内工作性质相近的职工组成。其工作任务是监督、检验和改进本组内生产的产品。饭店质量控制小组对饭店质量管理的作用可分为两类（见表9-4）：一类称为外显作用，而另一类称为支持作用。外显作用可直接提高产品质量；支持作用可对饭店产品质量起支撑作用。饭店管理班子应重视质量管理小组的建设和组织管理并对该小组成员进行认真培训，对取得成绩的成员及时奖励。

表9-4 质量控制小组作用

外显作用	提高产品质量 提高工作效率 降低产品成本 减少各种浪费
支持作用	提高职工士气 加强部门沟通 改善人际关系 降低职工流动 提高服务技能 创造企业文化

9.2.4 全面质量管理体系

1. 饭店质量管理体系的含义与作用

饭店质量管理体系是指为实现饭店质量目标而开展的质量管理和控制活动的特定系统。该系统依靠饭店组织机构，把饭店各职能部门、各工作环节的质量管理活动紧密地组织起来，形成一个有明确任务、职责和权限，可互相协调并互相促进的质量管理有机整体。饭店质量管理体系主要的作用表现在，可有效地组织全体职工参与质量管理，将工作质量和产品质量有机地结合，使饭店质量管理标准化、程序化、制度化和高效率。

2. 饭店质量管理体系类型

（1）根据产品生产过程分类

根据生产程序，饭店产品质量管理体系可以划分为3个过程。采购过程的质量保证体系、生产过程的质量保证体系和服务过程的质量保证体系。

（2）根据管理层次分类

根据管理层次，饭店产品质量管理体系可以划分为班组质量管理体系、部门质量管理体系和饭店质量管理体系。

（3）根据工作范围分类

根据工作范围，饭店产品质量管理体系可以划分为不同的职能部门管理体系。例如，房务部、餐饮部和会展部等。

3. 饭店质量管理体系工作内容

（1）建立专职的质量管理机构

饭店应建立质检部并培养专职的质检员。质检部应在饭店总经理或专职副总经理的领导下组织、计划、检查和协调各部门的质量管理活动，帮助各职能部门开展质量管理工作。此外，质检部应与培训部合作，实施质量培训工作并做好质量信息反馈工作及掌握质量管理体系活动的动态。

（2）制订明确的质量计划

饭店的质量计划通常包括质量目标计划、质量指标计划和质量改进计划。质量目标计划也称作质量发展计划。它是指导和组织饭店质量管理体系的战略目标，是向全体职工提出的长远质量奋斗的方向。例如,产品的更新换代、产品质量升级等目标。质量指标计划是根据饭店质量发展的目标,分别按年、季度和月的质量指标制订的计划。质量改进计划是实现质量指标的物质技术基础。它根据产品类型制订,每一项产品又包括若干个工作内容。质量改进计划中应规定每一类产品完成的时间和进度、负责实施的部门及管理者、成本费用及预期的效果等。

(3) 建立严格的质量责任制

质量责任制是明确规定各岗位和每个职工在产品质量方面的职责、任务和权限,使质量工作事事有人管及人人有专责。这样,饭店将各种产品质量相关的工作和全体职工的积极性结合在一起,形成一个严密的质量管理责任制度。

(4) 完善质量管理的标准和程序

完善质量管理的标准和程序是饭店质量管理的基础和保证。管理标准化是把重复出现的质量管理工作按工作性质分类和归纳,形成规章制度和工作规范并作为全体职工共同工作的准则。管理程序化是把质量管理过程所经过的环节、岗位、工作步骤制成统一的工作程序,使之系统化。饭店经过完善质量管理的标准和程序使其质量管理工作制度化、系统化和经常化。

(5) 建立完善的质量信息系统

质量信息系统是指饭店质量管理体系的各环节应按照工作顺序输送质量信息,作为质量管理的依据。质量信息系统按其来源及信息流动方向,可分为内部信息系统和外部信息系统。饭店质量管理体系的运转和协调,必须依靠准确的信息传递和反馈系统提高质量管理和控制的能力。

(6) 开展质量管理小组活动

在饭店质量管理中,质量管理小组具有重要的意义。质量管理小组是由各职能部门中的班组职工组织起来的基层组织。其成员运用质量管理理论和方法实施产品质量的保障工作,质量管理小组是饭店质量活动的有效形式,是质量保证体系的群众基础。

(7) 做好合作单位的质量管理

饭店为了提高产品质量,除保证企业内部各环节和各工序的工作质量外,还要保证合作单位的产品质量。例如,供货商提供给饭店的设施和原料的质量。

4. 质量管理体系的工作程序

质量管理体系是一个动态体系,简称 PDCA 循环体系。该体系由美国质量管理专家戴明(W. E. Deming)首先使用,因此也称为戴明循环。PDCA 循环体系反映了饭店质量保证运转所应遵循的科学管理程序。该体系包括 4 个工作阶段和 8 个步骤。在 PDCA 循环体系中,饭店各职能部门和各工作环节的质量管理体系推动了饭店的整体质量管理体系的运转,而饭店整体质量管理体系会带动各职能部门和各工作环节的质量管理工作(见图 9-1)。根据饭店质量管理体系的工作原理,PDCA 循环每转动一周,饭店产品质量就提高一步。如此循环,饭店产品质量将得到持续的改进和提高(见图 9-2)。4 个管理阶段和 8 个步骤的具体工作如下。

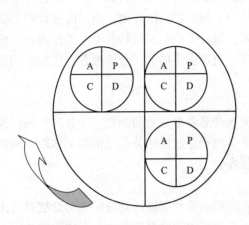
图 9-1　PDCA 循环图

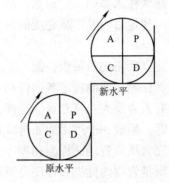
图 9-2　PDCA 循环持续转动图

（1）计划阶段（Plan）

这一阶段是以提高产品质量、控制各种成本和费用为目标，制定产品的质量目标。其工作计划和管理措施包括以下 4 个方面：

① 分析产品质量现状，找出存在的产品质量问题；
② 分析产生各种产品质量问题的原因；
③ 从各种原因中找出造成产品质量问题的主要原因；
④ 针对造成产品质量的主要原因，制订改正措施和计划并确定目标。

（2）执行阶段（Do）

根据饭店制订的产品质量实施计划，并严格落实。

（3）检查阶段（Check）

把提高产品质量的工作结果与预期的质量目标对比，检查措施和效果并及时发现问题。

（4）处理阶段（Action）

肯定质量改进和调整中的成功经验，其中包括两个方面：

① 总结经验，巩固成绩并提出存在的问题；
② 将未解决的质量问题转入下一个循环中解决。

9.2.5　全面质量管理统计与分析方法

饭店全面质量管理常用的统计与分析方法有排列图法、因果分析法和层次分析法等。

1. 排列图法

（1）排列图的概念

排列图全称为主次因素分析图，又称作帕累托图（Pareto Diagram）。该方法是寻找和总结影响饭店产品质量主要因素的一种有效工具。排列图最早由意大利经济学家——帕累托（Pareto）用来分析社会财富分布状况。他发现大部分社会财富掌握在少数人手中，即所谓"关键的少数和次要的多数"关系。后来，美国质量管理学家——朱兰博士把这一原理引入到质量管理中，因而得名。

(2) 排列图的格式

排列图是由两个纵坐标、一个横坐标、几个直方图和一条曲线构成。排列图的横坐标表示影响产品质量的因素或项目，按其影响程度的大小，从左到右依次排列。排列图左边的纵坐标表示发生质量问题的频数（次数或件数），右边的纵坐标表示频率，即百分比。直方图的高度表示某因素或项目的影响大小。从高到低，从左到右，顺序排列。这样，将各种影响因素或项目发生的累积百分比连接起来，从左到右逐渐上升形成一条曲线，这条曲线称为帕累托曲线。根据帕累托曲线所对应的累积百分数，可划分3个区域：累计百分数0~70%的区间为A区，70%~90%的区间为B区，90%~100%的区间为C区。

(3) 排列图的制作

① 制作排列图时，首先应确定要调查的主要质量问题、质量不合格的项目及其频数、时间安排（从××月××日至××月××日）、收集数据的方法（顾客投诉单、质检部记录、顾客意见单），然后制成数据记录表，表中设有各项质量不合格的项目、累计质量不合格项目的总数、各项质量问题的百分比及累计百分比。

② 在排列图中，将影响饭店产品质量的因素分为A、B、C共计3项，A类因素所占频数应高于50%，否则将失去以寻找影响产品质量主要因素为主题的统计与分析意义。

③ 为了简化图表，一般将不重要的多项质量问题合为一项（其他项），放在横坐标的最右端。

(4) 排列图分析

例如，某饭店在2014年，根据质检部的检查报告和顾客意见单及顾客投诉记录总结出：A类问题，即饭店餐饮与房务产品质量问题是当前存在的最主要问题，累积件数为48，占企业产品质量总问题的64.9%；B类是会展和康乐产品的质量问题，累积件数为21，占企业产品质量总问题的28.4%；C类产品质量是商务中心等产品的质量问题，累积件数为5，占企业产品质量总问题的6.7%。通过分析发现该饭店主要的产品质量问题发生在其主要的业务中，即餐饮和房务产品并占该饭店产品质量问题的64.9%（见表9-5和图9-3）。然后，可以通过因果分析法继续分析影响其产品质量的主要原因。最后，饭店质量管理部门应决定要采取的措施。

表9-5　某饭店2014年11月不合格产品排列图计算表

(1) 项目	(2) 不合格件数	(3) 累计件数	(4) 比例	(5) 累计比例
餐饮	31	31	41.9%	41.9%
房务	17	48	23%	64.9%
会展	12	60	16.2%	81.1%
康乐	9	69	12.2%	93.3%
其他	5	74	6.7%	100%
合计	74		100%	

2. 因果分析法

因果分析法（见图9-4）是分析饭店产品质量常用的方法。使用这一方法是，先找出影响产品质量的主要原因，再从主要原因中找出次要的原因，从次要的原因中找出细小的原因，直至找出具体解决这些质量问题的方法。应用因果分析法分析饭店产品质量，应采用民

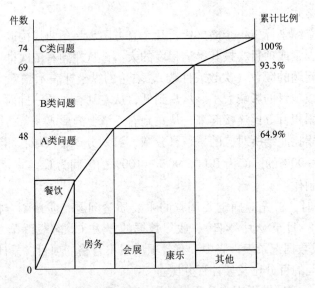

图 9-3 排列图法

主的方法，广泛听取有关职工的意见，记录和整理大家的意见。在饭店产品中，产生质量问题的主要原因通常来自 6 个方面：人员、设备、环境、技术、原料和服务。在这些主要原因的基础上应再逐步细化为次要原因和细小的原因。

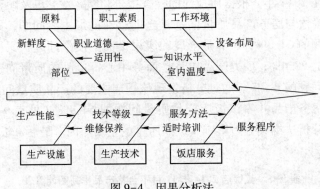

图 9-4 因果分析法

3. 层次分析法

层次分析法是把收集来的数据按不同的目的和要求加以分类。这样，把性质相同且条件相同的数据归类在一起进行分析。通过分析可以使杂乱无章的数据和错综复杂的因素系统化和条理化以便找出主要的质量问题。然后，采取措施，解决问题。一般按下列原则将数据进行分层分析。

① 按人员分层：新职工、老职工；男职工、女职工及不同技术等级的职工。
② 按部门分层：餐饮部、客房部、工程部和保安部等。
③ 按管理层次分层：部门经理、业务主管、领班和一线职工。
④ 按设备和原材料分层：供应商 A、供应商 B 等。
⑤ 按不同的班次分层：早班、中班和晚班。

⑥ 其他的分层方法：季节、客源、淡季与旺季、散客与团队等。

9.3 顾客满意的质量战略

9.3.1 顾客满意的质量战略含义

顾客满意的质量战略是指饭店以顾客对产品质量满意为目标的经营战略。在这种战略的指导下，饭店开展各项经营活动都要以顾客的需求和利益为核心。通过顾客持续的长期满意，获得对企业的忠诚，进而实现饭店长期发展的目的和效果。

9.3.2 顾客对产品的需求分析

所谓顾客，是指接受或可能接受某一饭店所提供的产品的个体或团队，称为外部顾客。包括习惯上使用的"消费者""客户"，及未来可能购买本企业产品的顾客。同时还包括饭店内部职工，即企业内部顾客。通常，饭店根据顾客对产品的满意度和忠诚度，可将顾客分为5个类型：破坏者、囚禁者、随从者、图利者和传道者（见图9-5）。破坏者是指对某一饭店满意度和忠诚度低，甚至做出劝说他人不要购买这一企业产品的购买者；囚禁者是指尽管顾客对某一产品不满意，然而由于某种原因却仍继续的购买者；随从者是指对某一饭店产品满意度不明确的顾客；图利者是指尽管对产品很满意，但是忠诚度却不高的顾客；传道者是指对产品满意度高且忠诚度高的顾客。

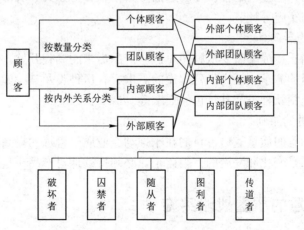

图 9-5 饭店顾客分类

根据市场调查，顾客对饭店产品质量的需求总是由低向高的方向发展，在满足了最基本的质量需求后，会有更高的质量要求。顾客对饭店产品质量的需求通常是随着他们生活水平的提高和需求的变化而发展和变化的。通常，顾客对饭店产品的需求可分为两个层次：基本需求和个性化需求（见图9-6）。基本需求是顾客购买饭店产品的原动力，个性化需求是顾客购买的续动力。因此，饭店管理人员了解和分析顾客的不同购买需求可进一步掌握顾客对饭店产品的追求和期望，从而为企业制定产品质量标准提供宝贵的依据。

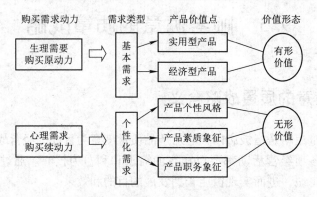

图 9-6　顾客对饭店产品的需求

9.3.3　顾客满意的产品质量原则

在顾客满意的产品质量战略的指导下，饭店应围绕顾客的需求开展企业的经营活动，将顾客满意的产品质量理念引入现代饭店的质量管理中。因此，开展顾客满意的质量战略应遵循以下原则。

1. 全过程管理原则

饭店实施顾客满意的质量管理战略必须贯穿于饭店产品生产和服务的全过程。从饭店的选址和建筑设计开始，包括设施和设备的采购与布局、客房家具和装饰、餐饮原材料的选择及饭店的服务设计与实施等环节。

2. 以顾客需求为导向

实施顾客满意的质量战略需要从顾客对饭店产品需求的调查开始。饭店应认真调查顾客对饭店所处地理环境的需求、饭店经营规模的需求、客房种类及其设施的需求、会议室和展厅及其设施的需求及餐饮种类及其特色的需求等。

3. 持续质量改进的原则

饭店实施顾客满意的质量战略，目的在于推动企业质量管理的提高和改进。由于顾客对饭店产品质量的需求是变化和发展的，因此企业必须持续地对产品质量进行改进。

9.3.4　顾客满意的质量战略实施

实施顾客满意的质量战略，饭店应做好以下 3 方面的管理工作。

1. 建设以顾客对质量满意为中心的企业文化

饭店实施顾客满意的质量战略，其经营活动应从满足顾客对质量的需求为出发点。通过搜集顾客潜在的质量需要，设法用改进的产品质量吸引顾客，使顾客感受到意想不到的满意。同时，饭店在调查顾客需求的基础上，建立顾客满意的经营理念、顾客满意的经营行为、顾客满意的视听系统和顾客满意的产品质量。其中，饭店满意的经营理念是为以顾客需求为基础，建设相适应的企业文化。具体表现在企业经营宗旨、经营方针和经营哲学上并贯穿于企业的质量、服务、社会责任和人才培养等各种经营观念中。其中包括以下具体内容。

（1）顾客满意的经营理念

① 客人永远是对的。美国斯泰特勒饭店（Statler Hotel）的饭店经营理念。

② 在喜来登饭店里小事是大事。

③ 集体的价值高于自我价值，普通岗位的价值高于权力的价值。

④ 饭店知名度的价值高于利润的价值。

⑤ 饭店的利益要服从顾客的利益，个人的利益应服从集体的利益。

⑥ 照顾好你的职工，他们就会照顾好你的顾客。

（2）顾客满意的经营行为

① 关注企业经营所带给内外顾客的满足情况。

② 关注饭店的视觉环境，包括色调、采光、照明、装饰品等方面。饭店应营造庄严、高雅、富贵、热情、喜庆、幽雅和舒适的气氛。

③ 建设幽雅的环境，包括花卉和盆景、假山和瀑布、壁画、内部装饰等。饭店应塑造舒适、安静的听觉环境。

④ 创造清新宜人的空气和适中的温度和湿度，使顾客产生舒服和愉快的心理。

⑤ 创造优秀的工作作风、民主气氛和合作氛围，使职工得到尊重。饭店管理者应加强个人修养。

（3）顾客满意的企业视觉

顾客对饭店的可视形象满意，包括名称、标志、标准字、标准色、象征造型与图案等。

2. 建立以顾客对质量满意的经营组织

组织是饭店质量管理的基本职能，是饭店一切管理活动的保证和基础。饭店实施顾客满意的质量战略必须在组织上予以保证，以适应饭店管理决策和经营目标的需要。因此，在实施该项战略时，饭店必须健全企业质量管理体系，保持组织内部的沟通渠道并养成激励和创新的经营行为。同时，建立对顾客质量需求的反应机制，使之能满足顾客的实际要求。

3. 培养高素质并充满活力的职工队伍

根据调查，顾客购买饭店产品过程是一个不断在消费中寻求尊重的过程。饭店职工对企业经营活动的参与程度和积极性，很大程度上影响着顾客对饭店产品质量的满意度。实践证明，高素质并充满活力的职工队伍及良好的硬件设施可使顾客的满意度不断提高，进而赢得企业理想的业绩。

本章小结

饭店产品质量管理是确定和达到其产品质量所必需的全部职能的管理活动。饭店产品质量是指饭店产品或服务的适用性，即饭店产品适合顾客需求的程度。例如，菜肴在新鲜度、营养成分、外观、形状、工艺、色泽、气味、数量和包装等方面满足顾客的程度。由于顾客对饭店产品质量的需求不同，因此质量具有相对性、时间性和空间性。饭店全面质量管理是指一个饭店以质量为中心，以全员参与为基础，目的是通过顾客的满意，使本企业全体职工、股东和全社会获得应得的利益，从而获得成功经营的途径。顾客满意的质量战略是指饭店以顾客对产品质量满意为目标，使各项经营活动都要以顾客的利益为核心并通过顾客持续的长期满意，获得顾客对企业的忠诚，进而达到企业长期发展的目的。

1. 单项选择题

（1）班组质量管理体系与部门质量管理体系的划分是按照（　　）进行的。
　　A. 产品生产过程　　　　　　　　B. 工作范围
　　C. 生产程序　　　　　　　　　　D. 管理层次

（2）尽管对产品很满意，但是忠诚度却不高的顾客类型属于（　　）。
　　A. 图利者　　　　　　　　　　　B. 随从者
　　C. 囚禁者　　　　　　　　　　　D. 传道者

2. 多项选择题

（1）影响饭店产品质量的因素叙述正确的内容是（　　）。
　　A. 饭店强调职工业务素质，包括职工质量意识、责任心、技术熟练程度等
　　B. 饭店产品质量与产品原材料和用品质量紧密相关
　　C. 饭店产品质量受生产工艺，服务规程和操作规范等因素影响
　　D. 为了保证产品质量，饭店质检部负责饭店所有部门的产品质量管理

（2）饭店全面质量管理特点不包括（　　）。
　　A. 从追求高使用价值到追求高指标
　　B. 从追究职工责任到追究管理者责任
　　C. 从追求完整质量到追求狭隘质量
　　D. 从强调产品质量到完善保证能力

3. 名词解释

质量　　工作质量　　工序质量　　饭店产品质量　　饭店全面质量管理

4. 问答题

（1）简述现代饭店产品的特点。
（2）简述影响饭店产品质量的主要因素。
（3）简述饭店质量管理的发展。
（4）论述饭店全面质量管理的特点。
（5）论述饭店全面质量管理的内容。
（6）论述顾客满意的质量战略。

里兹·卡尔顿饭店的全面质量管理

里兹·卡尔顿饭店的经营成功与其实施的全面质量管理密不可分。里兹·卡尔顿饭店的服务质量理念来源于其创始人——凯撒·里兹。其服务创新建立了豪华饭店的产品质量标

准,包括客房的个人浴室、服务员特色工服、公共区域鲜花、华丽的前厅、精美的菜肴和酒水等。里兹·卡尔顿把美国式的豪华饭店的环境特色与欧洲式的精细服务进行了完美的结合。里兹·卡尔顿饭店建立于1992年。该饭店曾获得国家质量奖。这项奖是在美国国会授权下,由美国国家技术与标准学会设立,是最有权威的企业质量奖。

里兹·卡尔顿饭店全面质量管理的内含包括5个方面:第一,关注顾客,包括外部购买产品的顾客和内部顾客——员工;第二,持续地改进产品质量;第三,改进工作质量;第四,精确地度量产品;第五,职工授权管理。全面质量管理实际上是持续地改进产品质量,不仅包括最终产品,并且与设施和原料的采购质量及关注顾客的投诉等紧密相关。同时,包括餐饮产品的原材料配制和饭店环境的温度控制等采用度量技术,制订标准数量、重量、个数、温度、尺寸等。高层管理者应确保每一个员工都投身于质量管理工作,把产品质量放在饭店经营的第一位。

里兹·卡尔顿饭店高层管理人员组成了企业的质量指导委员会,业务部门组成了质量管理小组。他们定期召开有关例会,制定、协调与研究房务和餐饮产品等质量管理方法和措施,了解顾客的满意情况,分析饭店营销活动,评价产品各项成本和利润等并将饭店运营管理中的1/4时间用于与质量管理有关的工作。同时,制定质量策略以保证产品质量领先于市场。此外,高层管理者还亲自指导员工的质量培训。该饭店总经理认为,全面质量管理的第一步是由最高管理层承担饭店的质量管理责任,培育产品质量文化,满足或超越顾客对产品质量的需求和期望。他们认为,产品质量不仅应体现在产品质量方面,还应体现在工作质量、工序质量、环境质量、社会效益和生态质量中。里兹·卡尔顿饭店将顾客对产品和服务的需求作为企业的质量标准。里兹·卡尔顿饭店的全体职工认为,使顾客得到真实的关怀和舒适是其最高的使命。

讨论题:
1. 里兹·卡尔顿饭店的全面质量管理特点。
2. 里兹·卡尔顿饭店的全面质量管理内容。

参考文献

[1] 范明. 现代企业理论. 北京:社会科学文献出版社,2007.
[2] 龚益鸣,蔡乐仪. 质量管理学. 上海:复旦大学出版社,2007.
[3] 特罗特. 创新管理与新产品开发. 北京:中国市场出版社,2007.
[4] 李适时. 中华人民共和国产品质量法释义. 北京:中国法制出版社,2000.
[5] 韩福荣. 现代质量管理学. 北京:机械工业出版社,2004.
[6] 邱礼平. 食品原料质量控制与管理. 北京:化学工业出版社,2009.
[7] 刘雄. 食品质量与安全. 北京:化学工业出版社,2009.
[8] 陆力斌. 生产与运营管理. 北京:高等教育出版社,2013.
[9] 刘宇. 现代质量管理学. 北京:社会科学文献出版社,2009.
[10] 陈国华. 现场管理. 北京:北京大学出版社,2013.
[11] 王景峰. 质量管理流程设计与工作标准. 2版. 北京人民邮电出版社,2012.
[12] 郭斌. 创造价值的质量管理. 北京:机械工业出版社,2013.

[13] 赖朝安. 新产品开发. 北京：清华大学出版社, 2014.

[14] 克劳福德. 新产品管理. 王彬, 等译. 9版. 大连：东北财经大学出版社, 2012.

[15] 温卫娟. 采购管理. 北京：清华大学出版社, 2013.

[16] EVANS J R, DEAN J W. 全方位质量管理. 吴蓉, 译. 北京：机械工业出版社, 2004.

[17] COOPER R G. Winning at new products: creating value through innovation. 4th ed. New York: The Perseus Books Group, 2011.

[18] GITLOW H S. Quality management. 3rd ed. New York: Mcgraw-Hill Inc. , 2005.

[19] BURROW. Business principles and management. Mason: Thomson Higher Education, 2008.

[20] DAVIS B, LOCKWOOD A. Food and beverage management. 5th ed. New York: Routledge Taylor & Francis Groups, 2013.

[21] WALKER J R. Introduction of hospitality management. 4th ed. New Jersey: Pearson Education Inc. , 2013.

[22] WALKEN G R. The restaurant from concept to operation. 5th ed. New Jersey: John wiley & Sons, Inc. , 2008.

[23] BARROWS C W. Introduction to management in the hospitality industry. 9th ed. New Jersey: John & Sons Inc. , 2009.

[24] JENNINGS M M. Business ethics. 5th ed. Mason: Thomas Higher Education, 2006.

[25] KAUFMAN T J. Timeshare management: the key issues for hospitality managers. Burlington: Butterworth-Heinemann, 2009.

[26] GITLOW H S. Quality management. 3rd ed. New Jersey: Mcgraw-Hill Inc. , 2005.

[27] RUSSELL R S. Operations management. 4th ed. New Jersey: Prentice Hall, Inc. , 2003.

[28] BARAN. Customer relationship management. Mason: Thomson Higher Education, 2008.

[29] JENNINGS M M. Business ethics. Mason: Thomson Higher Education, 2006.

[30] BURROW. Business principles and management. Mason: Thomson Higher Education, 2008.

[31] WALKEN G R. The restaurant from concept to operation. 5th ed. New Jersey: John wiley & Sons, Inc. , 2008.

[32] DOPSON L R. Food & Beverage cost control. 4th ed. New Jersey: John wiley & Sons, Inc. , 2008.

[33] BARROWS C W. Introduction to management in the hospitality industry. 9th ed. New Jersey: John & Sons Inc. , 2009.

第 10 章 饭店战略管理

本章导读

饭店战略是企业为寻求和维持竞争优势而做出的全局的重大计划和谋略。饭店战略涉及饭店的生存和发展，涉及饭店的整体经营目标，涉及带有共性和指导全局作用的决策和行动。饭店战略的选择与制定关系到饭店的资源配置、竞争优势和协同作用。通过本章学习，可了解饭店战略的含义、实质与特征，掌握饭店战略环境分析和制定，熟悉饭店战略的实施与控制。

10.1 饭店战略概述

10.1.1 饭店战略的含义与实质

饭店战略，是以企业未来为基点，在分析外部与内部环境的基础上，为寻求和维持竞争优势而做出的全局重大计划和谋略。饭店战略的实质是使企业建立竞争优势，保持强大而灵活的经营态势。饭店战略涉及饭店的生存和发展，涉及饭店整体经营目标，涉及带有共性和指导全局作用的决策和行动。1982 年，鲁滨逊（Robinson）经过了三年对 101 家小型的服务企业的研究，发现实施战略管理的企业要比没有实施战略管理的企业在销售、利润和经营效率方面有着显著的改善和提高。当今，饭店正在从劳动密集型企业向知识密集型企业发展，饭店管理者已经认识到，企业的发展和赢利能力取决于其准确选择与制定的战略，以及动态地适应市场环境变化的能力。

10.1.2 饭店战略的特征

通过饭店战略的定义及特征可知，饭店战略的基本含义始终关联企业全局和未来，是企业根本性的重大决策。战略不同于策略，这二者之间既有紧密的联系，又有明显的区别。战略是指对饭店经营目标的途径和手段的总体谋划，而策略是指实现战略的手段，注重当前和局部，时间跨度短，服从于战略。例如，饭店为达到某一经营目标，在投资、技术改造和人才培训等方面采取的措施和办法称为投资策略、技术改造策略和职工培训策略。饭店战略的主要特征表现在以下几个方面。

1. 全局性与纲领性

饭店战略以企业全局为目标，根据总体发展需要而制定。它所规定的是饭店总体行为，它所追求的是饭店总体效果。虽然它包括各部门的经营战略，如营销部、房务部、餐饮部和会展部等，但是这些局部活动是饭店总体战略目标的有机组成部分。同时，饭店战略规定企业总体的长远目标、发展方向和前进道路及所采取的基本行动方针、重大措施和基本步骤。这些都是原则性和概括性的规定，具有行动纲领的意义。

2. 长远性与稳定性

饭店战略注重企业的长远利益，是企业谋取长远发展的反映。虽然它以当前的经营环境为出发点对生产经营进行指导。但是，这一切是为了更长远的发展。因此，评价饭店战略的一个重要标准就是看其是否有助于企业长期目标的实现及保证长期利益的最大化。同时，为了实现饭店的可持续发展，饭店战略应具有相对稳定性，不能朝令夕改，避免企业经营中发生混乱而造成损失和风险。当然，饭店经营实践是动态过程，指导经营实践的战略应该也是动态的。因此，饭店战略应具有相对稳定的特征。

3. 竞争性和合作性

饭店战略的主要目的是占领市场，取得发展。其基本功能是使企业能在激烈的市场竞争中不断发展和壮大，获取新的优势。因此，竞争性是企业战略的本质特征之一。同时，现代市场经济要求饭店在彼此竞争之中寻求和保持某种方式、某种程度的相互合作，以取得双赢效果。因此，饭店战略也应体现合作性。

4. 现实性和创新性

根据经验的总结，饭店战略不是脱离企业实际的主观臆造或构想，而是立足于企业现实，通过对企业当前的外部环境和内部条件的科学分析与未来变化的预测为企业制定长期发展目标。由于每个饭店的内外环境和条件都具有本身特殊性。因此，企业之间总是存在着各种各样的差别。同时，饭店所处的环境及自身条件总在不断地变化，因此不存在对饭店普遍适用和一成不变的经营战略。饭店战略只有具备创新性，才能使企业在日趋复杂和激烈的市场竞争中永远立于不败之地。

10.1.3 饭店战略结构

1. 企业总体战略

企业总体战略也称作公司战略，是某一饭店公司的总体战略规划，是企业高层管理人员指导本企业一切经营活动的最高行动指南，是饭店公司根据本企业的使命和愿景，选择可竞争的经营领域及决定企业的整体业务和核心业务以促使下属经营单位和职能部门相互支持和相互协调的纲领文件。

2. 经营单位战略

经营单位战略处于饭店战略结构中的第二层次，有时也称为事业部战略或子公司战略。这一战略位于饭店公司的总体战略框架内，为企业总体战略目标服务。例如，一个饭店集团可能下设3个具有独立经营权的子公司，每个子公司经营着具有总公司特色的饭店产品，从而每个子公司都应当根据总公司的总体战略制定本企业的经营战略。实际上，经营单位战略是有效地利用本单位的自身资源，针对不断变化的市场环境及总公司战略规定的目标和任务，制定本单位的战略目标和任务并使其与总体战略相协调。

3. 职能部门战略

职能部门战略也称为职能层战略，是为了贯彻和实施企业或总公司的整体战略而在职能领域中制定的战略。职能部门战略的特点是结合本部门的专业和职责，将企业总体战略具体化。例如，饭店的营销部、人力资源部、财务部、工程部、客房部、餐饮部和会展部等的经营战略。一些大型饭店还设有采购部、培训部、中餐部和西餐部等。

10.1.4 饭店战略类型

1. 发展型战略

发展型战略是指提高饭店经营规模的战略，表现在增加销售额和提高市场占有率等。发展型战略以饭店的创新作为竞争手段，致力于通过谋求开发新产品、新市场、新工艺等追求经营的高效率。饭店实施横向扩张或纵向扩张更容易获得较好的规模效益或区域优势，从而更大幅度地降低经营成本，获得较高的利润。然而，饭店实施发展型战略，必须有充足的管理能力和资源以满足饭店发展的需要，包括物质资源、人力资源、信息资源及良好的企业文化等。同时，饭店应当避免盲目地发展。盲目地追求发展会因为企业新增机构、设备、人员而出现内部协调和经营效率等方面的问题。此外，这一战略很可能使企业更多地注重投资、收益和市场等，而忽视产品和服务质量。饭店发展型战略包括一体化战略、集中型战略和多元化战略。

（1）一体化战略

一体化战略也称为整合战略，是指饭店充分利用自己的产品、技术和市场等优势，向经营深度和广度发展的一种战略。一体化战略主要包括纵向一体化战略和水平一体化战略。纵向一体化战略是从饭店整体经营业务出发，向前或向后扩展以扩大经营规模。当饭店向前接近顾客或用户时，它在执行前向一体化战略；当饭店向后接近供应商时，即执行后向一体化战略。实施前向一体化战略的有效方式是特许经营（Franchising）。特许经营是一种分销饭店产品和服务的营销模式，由特许经营者（饭店或饭店集团）将自己的品牌和管理技术等授权给被特许经营者使用，双方共担风险，分享利润。当然，也可与旅行社、航空公司和其他中介进行合作，销售饭店产品。当饭店产品在市场上有明显的竞争优势并继续扩展市场或供应商在原材料和服务等方面不能满足企业需要时，饭店可实施后向一体化战略。这样，饭店加强对供应商的控制或进行合作以满足企业对原材料的需求。水平一体化也称作横向一体化，是饭店与其他企业在某方面业务的联合以减少竞争对手、扩大经营规模及增加本企业实力与资源的战略。目前，一些实力雄厚的饭店或饭店集团将水平一体化作为促进企业快速发展的重要战略。通过与同类企业的合并、收购和接管，进一步提高企业的经营规模，优化资源配置水平。近年来，全球掀起的并购浪潮就是横向一体化战略广泛实施的体现。当然，水平一体化战略还包括饭店向其他相关或不相关的行业扩张的战略。例如，饭店业向房地产业、农业和旅游业方向扩张与发展等。

（2）集中型战略

集中型战略也称作集约化战略，其特点是饭店在现有产品和市场的基础上，通过市场渗透、市场开发和产品开发等战略扩大企业经营规模，增强企业的竞争优势。采用集中型战略可使饭店经营不断发展和壮大。这一战略强调充分地利用外部环境，利用本企业专业化特点，努力挖掘和运用企业内部资源，促使饭店向高水平和高经营效率等方面发展。集中型战略需要不断地投入资源，扩大产销规模，提高市场占有率，增强企业的竞争力。集中型战略主要包括市场渗透战略、市场开发战略和产品开发战略。市场渗透战略是指饭店在利用现有的产品和市场的基础上，通过改善服务质量，强化促销手段，扩大市场份额。这种战略特别适用于产品的成长期。市场开发战略是指饭店依靠原有产品寻找潜在的市场，吸引新客户，争取新市场。这种战略适用于成熟期的产品。产品开发战略是指在原有市场的基础上不断改善原有的产品、开发新产品的方法。这种战略多用于成熟后期或衰退期的产品。

（3）多元化战略

多元化战略是饭店为了降低主营业务风险而进行的多元经营的战略。这种战略包括相关多元化战略和非相关多元化战略。相关多元化战略是指饭店以现有设施和技术为基础，增加与现有产品相近的房务产品、餐饮产品和会展产品等。采用相关多元化战略可保持饭店整体业务的发展水平，分散经营风险。非相关多元化战略是指饭店增加与现有产品无关的产品战略。例如，饭店增加房地产业务、商品批发与零售、农业与畜牧业和旅游业项目等。这种战略可分散企业的经营风险，使企业经营综合化，改善企业整体盈利效果，提高企业应变能力。但是，它带来的后果是，组织结构和管理复杂化。此外，饭店在新业务中缺乏管理经验，缺乏部门之间的协调，可能使饭店总体经营效果下降。

2. 稳定型战略

饭店稳定型战略是指企业所遵循的经营方向、经营产品和市场领域按既定的目标执行，基本保持不变或以较小幅度增长的战略执行。稳定型战略的特点是，饭店对过去的经营业绩表示满意，决定追求既定的或与过去相似的经营目标。与增长型战略不同，这种战略在市场占有率保持不变的情况下可略有增加，从而稳定和巩固企业现有竞争地位。采取稳定型战略的饭店通常面临比较稳定的市场需求及行业结构或由于企业资源不足而不得不采用相对保守的战略，以避免开发新产品或扩展市场需要的资源。稳定型战略不必考虑原有资源的调整，可为企业提供一个较好的休整期，从而降低企业风险。但是，长期的实施这一战略容易降低管理人员对风险的敏感性，忽略饭店市场的变化，培养害怕风险和回避风险的企业文化，不利于饭店的发展。

3. 防御型战略

防御型战略是指饭店从目前的战略经营领域进行收缩或撤退。实施这一战略的原因与目的主要有企业现有经营状况、资源条件及未来发展的前途不适应外部环境的变化。同时，目前的经营状况不能为企业带来效益，甚至影响企业的发展。防御型战略的特点是，对饭店现有的产品和市场实行收缩、撤退或调整，缩小市场范围，甚至完全退出目前经营领域。防御型战略的重点是改善企业现金流量，对各项费用采取严格控制和削减的措施，使企业顺利渡过难关，降低损失，实行结构调整和资产优化组合等。防御型战略主要有收缩战略、剥离战略、清算战略。收缩战略是指通过缩小产销规模和市场占有率，对原有经营领域进行压缩，控制成本，改善现金流量，为新的业务提供资源的战略。此外，当原材料价格上涨、成本上升、需求下降时，也有必要实施收缩战略。剥离战略是指摆脱那些盈利少、需要大量资源的业务。剥离战略已成为饭店普遍采用的战略，可剥离不良资产，集中企业的核心能力，降低多元经营的风险。清算战略是指饭店受到全面威胁、濒临破产时，将企业的资产转让或停止企业经营的活动。清算战略的实施通常在其他战略无作用时才被迫采用。清算战略适用的准则是，饭店已采取收缩和剥离战略，但均未收到预期的效果。

4. 竞争型战略

（1）成本领先战略

成本领先战略也称为低成本战略。该战略的实施使企业的总成本低于竞争对手的成本。低成本战略常用于饭店业的竞争，由于饭店业产品已基本标准化，产品之间差异小，价格竞争成为竞争的主要方式之一。更由于大多数顾客愿意购买实惠的饭店产品，而且顾客由购买高价产品转向低价产品所发生的转移费用很少或几乎没有。所以，该战略的实施效果显著。这种战略主要的优势是，有利于在价格竞争中击败对手进而夺取市场，有利于争取更多的顾客。由于低成本，企业产品销量大，对原材料需求量大，从而能获得供应商的价格优惠。此外，低成本战略能阻止潜在竞争者和替代品的进入。成本领先战略的风险是饭店需要大量投资以保持设备的先进性，从而保证高效率、高质量的生产和经营。同时，饭店把主要精力投入低成本战略，忽视顾客的其他方面需求，容易被竞争对手用其他战略击败。当然，低成本战略容易被竞争对手模仿。

（2）差异化战略

这种战略使饭店的产品与其他企业相比，具有独特性和个性。这些独特性常表现在地理位置、设施和设备、安全和卫生、时间与效率、服务方式及餐饮特色等方面，由此获得顾客的向往与青睐。同时，使其他企业在短期内很难模仿。产品差异化战略的优点是，利用顾客对产品个性化的向往，分散顾客对价格的注意力，避开市场的价格战，使其他企业难以模仿，形成了独家经营的局面而降低替代品的威胁。实施这种战略，产品既能以较高的价格出售，又能保持较大的销售量，使饭店保持竞争优势，获得理想的利润。然而，实施这一战略，企业必须增加对产品研发资金的投入，应用新技术、新设备和新原料。

（3）集中化战略

这种战略又称产品专一化战略。实施该战略的饭店，将经营项目集中在某些细分市场或某些区域的特定产品需求。例如，经济型饭店、度假饭店或商务饭店等都是面对细分市场的产品。根据调查，某些饭店集团只在某一区域，对特定的细分市场服务。例如，希尔顿饭店集团只在各国的大都市经营高星级的商务饭店。这种战略的优势在于饭店能够控制某种产品的营销范围，使竞争对手难以进入，竞争优势比较稳定，经营目标集中便于经营管理。这样就能集中企业的人、财、物、知识与技术，进行专项产品的开发和研究，使产品技术含量高，质优价廉，可提高规模经济效益，降低成本，增加效益，对目标顾客和竞争对手情况比较熟悉，可确定合适的竞争战略，提高饭店的竞争能力。这种战略的风险是对环境适应能力差，当市场需求发生变化或替代品出现时，会导致该产品的销售量大幅下降，竞争能力减弱，企业会受到严重的冲击而陷于困境。

10.2 饭店战略环境分析

饭店战略环境分析是饭店制定战略的基础,是饭店对其所处的外部与内部竞争环境进行分析,以明确企业的发展方向,使企业的能力与环境相适应,达到饭店的经营目标。

10.2.1 饭店外部环境分析

饭店外部环境是指存在于企业周围并影响饭店经营发展的多种客观因素的总和。饭店识别外部环境的目的是了解企业面临的发展机遇和威胁,从环境的组成进行分析并对环境做出必要的反应。饭店外部环境分析包括宏观环境分析、产业发展分析和产业结构分析等;饭店内部环境分析包括饭店资源分析、饭店核心竞争力分析、饭店经营状况分析和业务组合分析等。

1. 宏观环境分析

宏观环境分析称为 PEST 分析,是对政治环境(Political)、经济环境(Economical)、社会文化环境(Social and Culture)和技术环境(Technological)的综合分析,PEST 中的每个字母分别是以上 4 个英语单词的缩写。政治环境是制约和影响企业的各种政治要素及其运行所形成的环境系统。饭店或饭店集团面临的政治环境是决定、制约和影响企业生存和发展的极其重要的因素。正确且充分地适应和利用所面临的政治环境,是饭店健康发展的保证,也是实现经营战略的重要前提。法律环境是指与饭店相关的社会法律系统及其运行状态。法律既保护饭店的正当利益,又监督和制约着企业的行为。饭店的生产、运营和服务等活动都必须自觉遵守有关的法律规定,否则就要受到法律的制裁。经济环境是指饭店在经营过程中所面临的多种经济条件、经济特征和经济联系等客观因素。饭店在制定经营战略时,必须对地区的经济政策、经济体制、国民生产总值、就业水平、物价水平和消费支出等有深刻的了解。技术环境是指一个地区的技术水平、技术政策、新产品开发能力及技术发展的动向等。对于一个饭店而言,应特别关注行业的技术发展动态和竞争者的技术开发及新产品的开发动向。

2. 产业发展分析

产业状况是直接影响饭店发展的环境。通常,饭店或饭店集团的经营状况会受产业整体发展状况的影响。因此,饭店战略的制定首先要判断自己所处的产业是否有发展机会并根据产业的寿命周期来判断产业的发展阶段。产业寿命周期同样可以按照产品寿命周期理论进行分析。产业的寿命周期是一个产业从出现到完全退出社会经济领域所经历的时间。产业寿命周期可分为 4 个阶段:导入期、成长期、成熟期和衰退期。这 4 个阶段的划分是按照社会对该产业产品的需求而决定的。某一产业随着对其产品的需要而诞生。同样,随着社会对该产业产品的需求消失而退出。产业所处寿命周期的不同阶段,具有不同的环境特征。饭店业在导入期,产品设计尚未定型,销售增长缓慢,产品开发和推销的成本高,利润低甚至亏损,竞争者少,风险大。在成长期,顾客对其认知的程度不断提高,销售和利润迅速增长,经营成本不断下降,经营能力出现不足,市场竞争已经形成,饭店应对风险的控制能力也得到增强。在成熟期，重复购买成为顾客消费的重要特征，产品销售趋向饱和，利润不再增长，生产能力开始过剩，市场竞争激烈，企业面临的风险较小。在衰退期，销售和利润大幅度下降，经营能力严重过剩，竞争的程度由于某些企业的退出而趋缓，企业可能面临一些难以预料的风险。

3. 产业结构分析

饭店业由生产和经营相近的并可替代的住宿产品和会展产品的企业组成。例如，常住饭店的住宿产品可替代商务饭店的住宿产品，度假饭店的会议产品可替代会议饭店的会议产品等。此外，不同饭店的餐饮产品常可互相替代。这说明，饭店除面临广泛的宏观环境因素影响外，还面临直接环境因素——产业结构的影响。因此，饭店业结构对饭店竞争原则和战略的制定有着强烈的影响。通常，饭店的激烈竞争不是偶然巧合，而是来自产业内部的基础经济结构，包括 5 种竞争力量：潜在的进入者、替代品的威胁、购买者的讨价还价能力、供应商的讨价还价能力及现有竞争者的强度。根据具体情况，每种基本竞争力量对某一企业的重要性可能不同，这 5 种基本竞争力量的状况及它们之间的相互作用的强度，决定着行业竞争的激烈程度和企业获利的能力。在竞争激烈的区域，各饭店很难获得较高的利润，而在竞争相对不激烈的地区，各饭店普遍能获得较高的利润。如果某一地区的饭店业竞争不断加剧，将会降低企业投资收益率。如果企业的投资收益长期低于最低收益率，会使投资者退出该地区的饭店业，可能将资本转入其他行业。相反，企业投资收益率长期高于最低收益率，将会吸引新的资本流入该产业，包括新加入者的投入和现有竞争者增加的投资。因此，饭店在选择和制定战略时，要认真分析以上 5 种竞争力量，要透过现象看本质，分析每种竞争力的来源，制定适应产业环境的有效战略（见图 10-1）。

战略分类 内部因素 外部因素	优势（S） 列出优势因素	劣势（W） 列出劣势因素
机会（O） 列出机会因素	SO 战略 利用机会，发挥优势	WO 战略 利用机会，克服劣势
威胁（T） 列出威胁因素	ST 战略 利用优势，回避威胁	WT 战略 减少劣势，回避威胁

图 10-1 饭店经营状况分析

（1）潜在进入者

潜在进入者是饭店业的重要竞争力量之一，对企业有巨大的威胁。这种竞争力与进入障碍及原有企业的反击力度相关联。如果进入障碍高，原有企业反击力强，潜在进入者难以进入该产业。总结饭店业的进入障碍，可来自规模经济、产品差异优势、资本需求、转换成本、销售渠道及其他因素 6 个方面。首先，规模经济能阻止潜在的进入者，因为进入者面临大规模的生产并承担原有企业反击的风险或进入者以高成本的劣势进行小规模生产等。产品差异优势是指原有饭店的广告、服务和产品特色或商业信誉及顾客忠诚上的优势。根据研究，产品差异优势一旦形成了进入者的障碍，就会迫使进入者耗费大量的资金树立自己的信誉。资本需求所形成的进入障碍是指饭店业不仅需要大量资金，而且风险大。转换成本是指顾客变换供应者所支付的一次性成本，这些成本会引起买方对变换供应者的抵制。在销售渠道方面，如理想的销售渠道已被原有企业所占有，新建的饭店要进入这些渠道，必须通过让

饭店管理概论

价或协同分担广告费用等方法。然而，这样会降低新企业的利润。其他因素还包括专利权和特有技术等。

(2) 饭店业内部

饭店业的内部总是存在着竞争，而且这种竞争在5种竞争力量中是比较强大的。当产业内饭店数量多且规模相当时，一些企业为了占领更大的市场份额和增加营业收入会采取竞争手段排斥其他企业，引起企业之间的激烈竞争。由于饭店业在我国是个成熟的产业，企业效益增长较缓慢。这样，企业为了保证自身的发展，必须增加市场占有率和销售额。同时，饭店业的固定成本较高且产品不耐久，企业为降低单位产品的固定成本，会持续地扩大市场份额和增加销售量，常引发价格战，使企业间的竞争加剧。此外，饭店产品比工业产品差异性小，顾客对产品的偏好和忠诚度相对较低，更由于顾客对饭店产品的转换成本较低，顾客选择产品有很大的空间，因此这也是引起饭店的竞争原因之一。此外，当经营困难的饭店从行业退出所遇到的障碍大时，也会增加企业间的竞争。这里的退出障碍主要是指专业化的固定资产处理的难度。

(3) 替代品

替代品是指能够满足顾客需求的其他产品和服务，包括行业内更新换代的产品、其他行业提供的相同功能的产品。根据调查，除了企业之间的竞争，饭店业与房地产业也存在一定的竞争。由于饭店业替代品的存在，为产品价格设置了上限，当某产品价格超过这一上限时，顾客将转向替代品。例如，当常住饭店的客房价格上涨，一些顾客就会购买公寓或向房地产经营商租用房间。当替代品价格下降或顾客改用替代品的转换成本下降时，替代产品为饭店业带来了更大的压力。此外对于饭店业，供应商的产品质量、价格和服务效率的下降也会影响企业的盈利水平。尤其是在供应者少、合适的替代品少或改用其他替代品转换成本较高时更是如此。通过市场调查，购买者或顾客的购买行为常引起饭店之间的竞争。当顾客或客户分布集中、规模较大或大批量购买饭店产品时，他们的讨价能力将引起饭店业的竞争，饭店会提供更优惠的价格和更周到的服务来赢得顾客的忠诚。对于在住宿产品、餐饮产品、会展产品质量和特色方面差异小的饭店而言，顾客拥有更强大的讨价能力并可能在产品价格和服务等方面提出更苛刻的要求。

10.2.2 饭店内部环境分析

1. 饭店资源分析

饭店资源是指饭店向社会提供产品或服务过程中所拥有的并用于实现饭店战略目标的各种要素的集合。资源反映企业的经营实力，是饭店完成使命和目标必不可少的因素。饭店的运营离不开其拥有的资源，而饭店拥有的资源决定其战略选择与制定及竞争优势。饭店资源主要包括有形资源和无形资源，有形资源容易被识别且易于价值的估算。例如，饭店建筑物和设施、设备和家具等。无形资产不容易被识别，然而它是饭店在持续竞争中取得优势的源泉，且竞争对手难以模仿。例如，饭店品牌、企业文化、企业信誉、技术资源及企业形象等。作为饭店管理人员，在考虑有形资源的价值时，不仅要看到其数量多少和账面上的价值，更重要的是评估它在竞争中产生的价值潜力。由于各饭店管理人员和技术人员的构成差异，对有形资源的利用能力也不同。因此，同样的有形资源在不同的饭店会表现出不同的战略价值。无形资源常是企业长期经营中积累的宝贵财富，饭店管理人员应当重视本企业的无形资源。不仅如此，饭店应不断地创造新的资源并实现各种资源的整合。总之，在饭店战略环境分析中，饭店资源分析具有重要的意义。

表 10-1 为某饭店中餐厅内部资源分析。

表 10-1　某饭店中餐厅内部资源分析

＊方便顾客就餐 　方便与安全的停车服务 　交通方便 　特色的外部环境 ＊创造愉快环境 　高雅的摆台设计 　方便的吧台 　科学的内部布局 　摆放艺术品 　显示生态环境	＊个性化的服务方式 　消遣式排队方式 　欢迎问候 　免费饮料 　菜单介绍 ＊优质的菜肴与酒水 　新鲜的原材料 　营养搭配 　讲究食品安全 　特色的味道与装饰	＊高质量的服务标准 　优秀的厨师与服务员 　高效的培训系统 　专业的管理人员 　讲究服务质量与特色 　摆放调味品 　高效的收款系统 　制定服务规范	＊高效的营销能力 　满足顾客需求 　适合的菜单尺寸 　讲究菜单制作材料 　讲究菜肴份额 　适合需求的成本与价格 　菜肴与酒水的合理搭配

2. 核心竞争力分析

饭店核心竞争力（Core Competence）是指饭店在某一领域或某一方面领先于竞争对手的特殊能力，是长期积累且独自拥有并且是其他竞争对手难以模仿的能力。饭店竞争力可为企业创造长期的价值和主动权，是饭店内的互补性资源、多方面技能和运行机制的有机融合。饭店核心竞争力理论是饭店战略管理理论发展的新阶段。

1）饭店核心竞争力的特点

（1）异质性且不易复制

这种资源或能力只是某一企业独有。因为，核心竞争力是饭店在长期的经营管理中，沿着特定的技术和管理模式积累起来的。它深深地融于企业文化中，很难被竞争对手所模仿或复制。

（2）动态性且具有持续的特点

饭店核心竞争力一旦形成，在较长的一段时间内将会保持稳定。然而，它会随着企业内部的积累和外部环境的变化而变化。因此，饭店应持续地创新核心竞争力，使其不断地提升和更新。

（3）不可替代且不可分割

在饭店经营中，核心竞争力取决于组织内多种职能之间的合作，而不存在于某项特别技术、某项专利或者某个高层管理人员。一旦某一饭店的核心竞争力培育成，在较长的时间内是很难被其他竞争力所替代的。有些饭店的核心竞争力还是其个性化的历史产物，深深扎根于企业内部，具有较强的持久性和进入壁垒。同时，具有核心竞争力的企业归属性决定了它的不可分割性。例如，经营理念、良好的公众形象和企业声誉等。

（4）优越性可为企业带来丰厚的利润

核心竞争力非常富有战略价值。因为，它能为顾客提供实质性的利益和效用，从而为企业创造长期性的竞争主动权，带来丰厚的利润。

2）核心竞争力的评价

（1）管理方面

包括对人力资源管理、组织管理、财务管理、创造性地解决问题、领导水平、信息管理和团队精神等的评价。

（2）技术方面

包括对获得、选择、应用和改进技术等方面的竞争力的评价。

（3）营销方面

包括对营销渠道、营销策略、产品开发和企业声誉等的评价。

（4）核心价值观

核心价值观位于饭店核心竞争力的中心。对饭店核心竞争力的整体建设起着关键作用，它指导着饭店的经营理念和行为规范。

（5）物质方面

饭店的建筑物、地理位置和交通的便利情况、饭店的设施和设备、满足细分市场需要的住宿产品、餐饮产品及会展产品的质量与特色等的评价。

3. 饭店经营状况分析

饭店经营状况分析也称为饭店SWOT分析（见图10-1）。其中，S和W是指通过对饭店拥有的内部资源分析，评价企业目前的优势（Strengths）和劣势（Weaknesses），以便识别本企业的核心竞争力或优势及存在的问题；O和T是指在饭店外部环境分析的基础上评价本企业可利用的市场机会（Opportunities）及面临的威胁（Threats）。

饭店经营状况分析的目的是判定饭店内在的资源优劣及外在与环境的机会和威胁，从而组织好应对当前经营状况的有效战略并进一步调整本企业市场位置的管理对策。此外，通过饭店的SWOT分析可以了解饭店内部与外部环境的共同作用，明确企业自身的战略地位，为选定具体的经营战略奠定基础。这种分析方法可将饭店外部环境的机会和威胁与其内部的优势与劣势进行科学的组合，形成4种可选择的战略。

（1）优势与机会战略（SO战略）

SO战略是指饭店发挥内部优势与利用外部环境机会的战略。通常，饭店管理者都希望本企业处于这种环境。由于其外部的市场环境为企业发展提供了最好的机会，而企业又具有利用外部环境的资源。这时，饭店管理者应通过最佳的资源组合来获得竞争优势，或通过提供资源来强化已有的竞争优势，从而使饭店制定与选择发展型或增长型战略。

（2）劣势与机会战略（WO战略）

WO战略是指饭店利用外部的机会改进企业内部劣势的战略。饭店管理者可通过两种方式来权衡对机会的取舍：一是加强投资将劣势转化为优势；二是放弃机会给对手，采取转向型战略以最大限度地利用外部机会。

（3）优势与威胁战略（ST战略）

ST战略是指饭店采用自身优势回避或降低外部环境造成威胁的战略，饭店可通过重新构建企业资源以获得竞争优势，将威胁转为机会。当然，也可采取防守战略及多种经营战略以分散环境带来的威胁。

（4）劣势与威胁战略（WT战略）

WT战略是管理人员常采取的防御型战略。其目的是弱化企业内部资源的劣势和外部市场的威胁。当然，处于这种经营状况的饭店生存面临着严重的困难。这种战略通常有两种选择：一是主动进取，争取领先；二是主动放弃。

4. 业务组合分析

饭店是以住宿业务为基础的经营多种业务的企业，不同种类和级别的饭店其业务组合不同。例如，房务、餐饮、会展等。饭店应定期对本身的业务组合进行分析和评价，准确把握其经营方向以取得理想的经营效果。饭店业务组合分析常以波士顿矩阵（BCG Matrix）为工具进行。该矩阵由美国波士顿咨询公司（Boston Consulting Group）于20世纪60年代提出。波士顿咨询公司认为，企业应对本身的每一项业务制定一个独立的经营战略。制定战略时应考虑两个参数：某项业务的市场需求增长率和企业在该项业务的相对市场份额。该矩阵横轴代表相对市场份额，纵轴代表市场需求增长率，4个方框分别将企业的各项业务的经营状况总结为现金牛型业务、明星型业务、问题型业务和瘦狗型业务（见图10-2）。饭店业务组合分析可帮助管理人员分析企业当前的投资项目是否合理。如果一个饭店没有明星型的业务项目，说明这家企业在业务的发展方向存在问题；如果一个饭店没有现金牛型的业务项目，说明这家饭店缺乏资金来源。同时，饭店业务组合分析还可帮助管理人员更深刻地了解饭店各项业务的经营状况和发展情况，从而提高管理人员对饭店资源的分析能力并可及时地调整其业务组合。

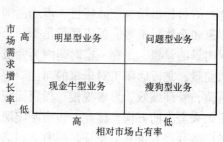

图10-2　波士顿矩阵

（1）明星型业务（Stars）

明星型业务是指市场需求增长快的业务项目，并且饭店在该项业务中市场占有率较高。因此，饭店只要投入较多的资源，进行科学管理并击败竞争对手，该项业务很可能为饭店提供较高的营业收入和利润，也将为饭店的发展带来理想的机遇。当然，明星业务对某一饭店而言，通常是新开发的业务项目，投入的成本比较多。

（2）现金牛型业务（Cash Cows）

现金牛型业务是指在成熟并低速增长的市场上，某饭店在此项业务中有较高的市场份额。由于这项业务市场发展比较慢，企业不需要大量的投资。因此，这项业务为饭店带来较多的营业收入和利润，从而成为饭店主要的资金来源和主要的业务项目。

（3）问题型业务（Question Marks）

问题型业务是指某项业务在市场需求不断发展的前提下，饭店在该项业务只有较低的市场份额。由于该项业务是饭店刚刚进入的新项目，因此在制定战略时应当慎重。管理人员应当认真地调查和分析这项业务的发展潜力及对比分析竞争对手与本企业的竞争实力，然后可采取必要的投资或与其他企业合作促使该项业务成为明星型业务。

（4）瘦狗型业务（Dogs）

瘦狗型业务是指在某项业务的低市场增长率前提下，饭店占有较低的市场份额。这项业务对饭店而言，既没有市场吸引力，又不能为企业创造理想的收入和利润，而维持该项业务需要投入较多的资源。因此，饭店管理人员应当减少或淘汰这一类型的业务。

10.3 饭店战略管理环节

饭店战略管理环节主要包括：饭店使命与愿景的确定、饭店战略环境分析、饭店战略的选择与制定、饭店战略的实施和饭店战略控制五个环节。

10.3.1 饭店使命与愿景确定

饭店使命也称作饭店任务，可揭示本企业与其他饭店在经营总体上的差异。主要由饭店的经营哲学和经营宗旨构成。其中，经营哲学是指饭店的价值观，而经营宗旨是指饭店的社会责任和服务范围。不同规模和经营模式的饭店，其使命的内容和形式也不同，包括明确本企业的目标市场、产品特色、市场范围、技术优势、企业发展、经营模式、核心理念、企业形象和全体职工等。饭店愿景是指一个饭店或饭店集团完整的战略目标体系，是饭店对其发展前景的设想，是在一定时间内为完成饭店使命而达到的预期效果，是用文字描绘企业的未来前景，是饭店职工对未来的向往。它系统而具体地规定了饭店在战略管理中应达到的市场地位、管理绩效、发展规模、投资回报率、企业竞争力和企业形象等目标，从而为饭店指明了未来努力的方向。因此，饭店制定愿景时必须严肃和认真，发动全体职工，上下结合，集思广益并经专家充分论证。同时，饭店制定的愿景应具体化和定量化，使目标明确，抓住企业的长远发展目标，分清主次，突出重点。此外，饭店的愿景应建立在市场环境允许的基础上，经过努力能够达到并体现企业奋发向上和不断进取的精神风貌，使目标具有超前性和激励性，鼓舞全体职工为实现企业的经营目标而奋发工作。

10.3.2 饭店战略环境分析

饭店战略环境分析既是饭店制定战略规划的前提，又是战略实施条件的基础。这一环节包括饭店外部环境分析、饭店内部环境分析。通过战略环境分析，饭店管理人员应明确企业的优势与威胁，寻找和发现有利于饭店发展的机会并充分利用这一机会。饭店内部环境分析是指企业本身所具备的素质分析，包括饭店的地理位置、设施与设备、产品特色、组织结构、企业文化、管理能力和营销能力等的分析。其目的是为了发现企业内部所具备的优势或弱点以便在制定和实施战略时能扬长避短，有效地利用自身的资源。

10.3.3 饭店战略的选择与制定

饭店要选择与制定正确的战略必须与饭店的使命与愿景相结合。这样，可有效地协调各职能部门的工作，改善职工与企业的关系，使全体职工产生共有的价值观，使饭店的任务具体化和定量化，从而为饭店战略的执行提供评价标准和考核依据。

1. 战略选择与制定的原则

在选择与制定饭店战略时，应遵循战略的适用性、可行性和可接受性。饭店战略的选择与制定必须保证企业可适应外部和内部的经营环境，使饭店能充分利用外部的机会和内部的资源，回避外部环境的风险及内部的劣势条件以保持和提高饭店的竞争与发展。同时，依靠企业现有资源和能力，保证饭店能达到预订的战略目标。因此，饭店选择战略的基础是考虑投资人、管理人员、全体职工和各部门对企业的期望，关注财务状况变化及对利益相关者的影响，关注饭店的战略收益和风险的回避。

2. 战略选择与制定方式

饭店战略的选择与制定可根据其经营特点与规模，采用不同的组织方式。通常包括自上而下、自下而上、上下结合、建立规划小组4种工作方式。自上而下方式，先由饭店高层管理人员选择企业总体战略，然后各职能部门根据总体战略要求，结合各自的职能制定部门的战略。这种方式的特点是，由饭店高层领导决定企业总体战略目标并对各职能部门提出达到总体目标的具体要求，使总体目标集中和明确。其缺点是，容易忽视下级部门对总体战略的影响因素。自下而上的方式可充分发挥下级部门的积极性，集思广益。但是，由于各职能部门的业务局限性，提出的方案可能是片面的，需要饭店高层管理人员重新分析和调整。上下结合式常用于小型饭店，协调效果好，可缩短战略制定的时间。通常，为了集中精力与时间，饭店通常成立由总经理直接领导、各职能部门参与的战略规划小组，专门从事饭店战略的制定工作。这种方式的特点是，上下结合，发挥各方面积极性，适合各种规模和类型的饭店。

10.3.4 饭店战略实施

饭店战略的实施是指将饭店战略方案转化为战略行动的过程，是贯彻执行既定的饭店经营战略所必需的各项工作的总称。显然，精心制订的战略方案如果不能付诸实践或不能很好地得到实施，就是一纸空文。反之，正确并有效地实施战略方案，战略的预期目标就可以顺利实现，而且还可能克服原有战略方案的不足之处，使之完善并获得成功。饭店的战略实施应解决以下问题：如何在企业内部及各部门和层次之间分配和使用现有资源；如何获取和使用饭店的外部资源；如何对当前的组织结构、工作人员、市场营销和运营模式等进行调整或创新以实现战略的使命与愿景；如何塑造或重构企业文化以保证饭店战略的成功实施。

1. 建立相适应的组织

饭店战略实施的成功，主要取决于组织能否适应战略实施的要求。因此，饭店必须建立与战略一致的组织机构并配备管理人员，明确责任和权利，建立相应的规章制度。

2. 制定规划和预算

实施饭店战略，首先需要一套完整的战略计划体系，包括中期战略计划、年度战略计划、项目战略计划和财务预算计划等并根据不同阶段的战略规划制定相应的财务预算。饭店必须为各职能部门配备充足的资源。职能部门应根据承担的战略任务，科学地规划并制定工作进度。战略规划的内容应包括详细的战略项目和行动计划、资金投入、人力资源计划和市场开拓计划等。财务预算是战略实施计划的费用。财务预算和战略规划是相互联系的两个因素，正确的战略资源配置要考虑未来环境变化引起的战略变动，使预算和规划有一定的灵活性。

3. 调动职工积极性

在实施战略计划中，调动职工的积极性很重要。饭店应采取措施改变企业传统的管理模式，建立适合新战略的行为规范、工作方法和价值观念等。饭店应培养职工追求高实绩的目标，建立部门的实绩考核标准，运用激励方法使职工奋发进取，包括增加工资、奖金、津贴及其他激励方式；对于不称职的职工应及时调离。饭店应建设并实施相适应的企业文化。

10.3.5 饭店战略控制

战略控制是战略实施的保证，使战略实施的结果符合预期目标。在战略控制中，饭店高层管理人员的首要任务是制定科学而有效的战略控制方法，及时获取有关信息，保证饭店按照战略规划的标准与质量去执行。同时，对战略实施的状况进行全面评价，及时发现偏差并加以纠正。饭店战略控制程序可分为制定效益标准、衡量实际效益、评价实际效益和调整战略计划。战略控制措施包括战略实施前的控制、战略实施中的控制、战略实施后的控制。战略控制内容包括财务控制、运营控制、质量控制和成本控制等。饭店战略控制常采用的手段包括财务预算、统计分析、专题报告、战略审计和现场观察等。

此外，在饭店战略实施过程中，需要随时将每一部门和每一层次的战略取得的结果或绩效同预期的目标与绩效进行对比，及时发现偏差并采取有效的措施进行调整。如果原有的战略分析有误，战略方案不周或企业内部的条件发生了变化，需要重新对饭店的经营环境进行分析，对原战略目标和方案做出相应的调整。事实上，在战略管理中使命与愿景的确定、战略分析、战略制定、战略实施和战略控制等环节彼此联系、相互渗透和循环往复，是不断完善与创新的过程。

本章小结

饭店战略的实质是使企业建立竞争优势，保持强大而灵活的经营态势。饭店战略涉及饭店的生存和发展及整体经营目标，涉及带有共性和指导全局作用的决策和行动。饭店的总体战略是指独立经营的饭店或饭店集团的总体战略规划，是企业高层管理人员指导企业一切经营活动的最高行动指南，是饭店集团及独立经营的饭店根据企业使命（任务）和愿景（目标），选择可竞争的经营领域及决定企业整体业务和核心业务以促使下属各经营单位相互支持、相互协调的纲领文件。饭店总体战略包括发展型战略、稳定型战略和防御型战略。饭店运营战略处于战略结构中的第二层次，有时也称为饭店竞争战略。饭店运营战略包括成本领先战略、产品差异化战略和产品集中化战略。职能部门战略称为饭店职能层战略，是为了贯彻和实施企业的整体战略而在职能领域中制定的战略。这一战略是指在企业的总体战略中的使命和愿景框架内的各项职能工作的运营战略。

思考题

1. 单项选择题

（1）使饭店能在市场竞争中不断发展并寻求和保持相互合作的战略特征是（　　）。

    A. 全局性与纲领性　　　　　　　　B. 竞争性和合作性

    C. 长远性与稳定性　　　　　　　　D. 现实性和创新性

（2）现金牛型业务是指（　　）。

A. 市场需求增长快的业务项目并且在该项业务中市场占有率较高
B. 在成熟并低速增长的市场上，在此项业务中占有较高的市场份额
C. 某项业务在市场需求不断发展的前提下，占有较低的市场份额
D. 在某项业务低市场增长率的前提下，占有其较低的市场份额

2. 多项选择题

（1）关于饭店战略的正确叙述内容是（　　）。
A. 饭店战略应以企业全局为目标，根据总体发展需要而制定
B. 饭店战略应规定企业总体的长远目标、发展方向和采取的基本行动方针
C. 饭店战略注重企业长远利益，不需要以当前的经营环境为出发点
D. 为了实现饭店的可持续发展，饭店战略应具有相对的稳定性

（2）关于饭店内部环境叙述正确的内容是（　　）。
A. 饭店资源主要包括有形资源和无形资源，无形资源可观察到并可数量化
B. 核心能力是指饭店长期积累且独自拥有，其他竞争对手难以模仿的能力
C. 在饭店经营中，经营理念、领先的技术、良好的公众形象等不容易被替代
D. 产业结构分析常采用BCG矩阵分析法，该方法是由微软公司提出的

3. 名词解释

饭店战略　　发展型战略　　稳定型战略　　防御型战略　　成本领先战略

4. 问答题

（1）简述饭店战略特征。
（2）简述饭店战略结构。
（3）简述饭店业务组合的分析特点。
（4）论述饭店外部环境分析。
（5）论述饭店内部环境分析。
（6）论述饭店战略实施与控制。

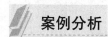

凤凰饭店面对入世后的运营战略

凤凰饭店是某城市四星级商务饭店。其总经理认为，中国入世是世界经济一体化、全球化的需求，而参与国际经济竞争是我国改革开放的必然选择。中国加入世贸组织，一方面为我国饭店业带来了机遇，促进了饭店产品质量和管理水平的提高；另一方面，给中国的饭店业带来了经营中的挑战和市场压力。凤凰饭店面对入世做了以下几方面工作。

一、加强职工的专业知识和技能培训

入世对饭店业最明显的影响是人才竞争。凤凰饭店加强了对员工的外语沟通能力、专业知识和技术的培训。凤凰饭店总经理认为，提高人力资源的业务能力和专业素质是饭店管理的首要任务。饭店应培养和开发具有国际运营视野、宽广的专业知识和丰富的实践经验的管理人才，以保持饭店人力资源水平的稳步发展。同时，根据多年的运营经验，凤凰饭店高层管理人员总结出，没有培训就没有管理，也没有产品质量和高品质的服务。因此，职工培训

是凤凰饭店的发展战略的基础。员工通过培训可提高职业道德修养、文化素质、业务能力、技术水平和服务意识等。饭店培训可形成职工的向心力和凝聚力，推动和促进凤凰饭店可持续发展。

二、加强信息化和自动化建设

凤凰饭店总经理认为，饭店管理必须关注信息化和自动化，它不仅为宾客带来更方便、快捷、舒适和个性化的服务，还满足了新世纪顾客对饭店产品的需求。饭店信息化和自动化提高了饭店的管理效率，降低了成本并利于饭店的销售。同时，知识经济改变了顾客的价值观念和消费观念。饭店必须利用信息技术和自动化技术提高产品质量。

三、开发与创新饭店产品

凤凰饭店管理人员认为，国际著名的饭店集团常采用产品发展战略，使其产品层次化，为消费者提供较丰富的产品系列。例如，假日集团的产品组合包括豪华型（皇冠广场系列）、中档型（假日饭店和度假村等）、经济型（假日快车和假日花园等）。饭店产品开发与创新战略的优势在于针对不同的细分市场发展本企业独特的产品，使营销更有针对性。对于凤凰饭店，可通过顾客的潜在需求改变现有的产品组合，调整餐饮和会展设施，改变现有客房种类，开发与创新餐饮原材料及生产工艺、开发与创新客房设施、家具与用品，实施精细化与个性化服务等以增强自己的经营实力。

四、实施品牌构建与发展战略

凤凰饭店管理人员认为，品牌发展战略目标是开发顾客需要的产品、创造良好的饭店形象、提高饭店的知名度，是饭店在经营管理中经过长时间的努力而形成的。它是饭店高水准的经营管理和优质产品的体现，是信得过、靠得住、经得起检验并在饭店业中享有较高的信誉及被社会公认的。因此，凤凰饭店决定实施品牌发展战略并积极地与其他企业合作和资源共享以寻求联合并创建饭店集团。

讨论题：
1. 凤凰饭店面对入世，在人力资源管理方面采取哪些措施？为什么？
2. 讨论饭店信息化和自动化建设及其作用。
3. 探讨我国饭店品牌建设的意义和方法。
4. 讨论凤凰饭店实施的战略的类型及特点。

参考文献

[1] 赵春明. 企业战略管理：理论与实践. 北京：人民出版社，2009.
[2] 聂锐. 管理学. 北京：机械工业出版社，2008.
[3] 戴佳. 战略管理. 北京：清华大学出版社，2009.
[4] 范明. 现代企业理论. 北京：社会科学文献出版社，2007.
[5] 姚莉娜. 新编现代企业管理. 北京：北京大学出版社，2012.
[6] 彭家平. 新编现代企业管理. 2版. 北京：北京理工大学出版社，2013.
[7] 李启明. 现代企业管理. 4版. 北京：高等教育出版社，2011.
[8] 格里芬. 管理学. 9版. 北京：中国市场出版社，2008.
[9] 田建军. 现代企业管理与发展. 北京：清华大学出版社，2008.

[10] 卢进勇. 跨国公司经营与管理. 北京：机械工业出版社，2013.

[11] 克拉耶夫斯基. 运营管理.9 版. 北京：清华大学出版社，2013.

[12] 丁宁. 企业战略管理.3 版. 北京：清华大学出版社，2013.

[13] 王天佑. 饭店管理概论.2 版. 北京：北京交通大学出版社，2010.

[14] 李建华. 现代企业文化伦理与实务. 北京：机械工业出版社，2012.

[15] 杨劲松. 饭店战略管理. 北京：机械工业出版社，2013.

[16] 陆力斌. 生产与运营管理. 北京：高等教育出版社，2013.

[17] 希尔. 管理学. 李维安，译. 北京：机械工业出版社，2009.

[18] RUE L W. 管理学技能与应用. 刘松柏，译.13 版. 北京：北京大学出版社，2013.

[19] RUSSELL R S. Operations management. 4th ed. New Jersey：Prentice Hall, Inc., 2003.

[20] KOTAS R, JAYAWARDENA C. Food & Beverage management. London：Hodder & Stoughton, 2004.

[21] HARRISON J S. Hospitality strategic management：concepts and cases. New Jersey：John Wiley & Sons, Inc., 2005.

[22] WALKEN G R. The restaurant from concept to operation. 5th ed. New Jersey：John Wiley & Sons, Inc., 2008.

[23] DOPSON L R. Food & Beverage cost control. 4th ed. New Jersey：John Wiley & Sons, Inc., 2008.

[24] BARROWS C W. Introduction to management in the hospitality industry. 9th ed. New Jersey：John & Sons Inc., 2009.

[25] POWERS T. Management in the hospitality industry. 8th ed. New Jersey：John Wiley & Sons, Inc., 2006.

[26] OKUMUS F. Strategic management for hospitality tourism. Ma：Elsevier Ltd, 2010.

[27] BURROW. Business principles and management. Mason：Thomson Higher Education, 2008.

[28] WALKER J R. Introduction of hospitality management. 4th ed. New Jersey：Pearson Education Inc., 2013.

第11章 饭店文化管理

本章导读

饭店文化作为一种经营手段，对于企业发展具有导向、规范、约束、凝聚和融合作用。市场环境是形成饭店文化的最大因素，不同的市场环境会塑造不同的饭店文化。通过本章学习，可了解饭店文化特征和功能，熟悉饭店文化形成的要素和组成，掌握饭店文化建设。

11.1 饭店文化概述

11.1.1 饭店文化的含义

文化是多义的名词，其内容包括实物、知识、信仰、艺术、道德、法律和风俗等。饭店文化是饭店职工根据企业的客观条件，从长期经营中创造和积累的、具有企业特色的物质财富和精神财富的总和。它是以价值观为核心的经营理念文化、行为文化和物质文化的综合文化。饭店文化作为企业文化的分支，体现了现代饭店经营管理的水平。饭店文化不同于一般的企业文化，而是具有特定的目的和内涵，是高度理性化的住宿企业的管理文化或管理理论。此外，当饭店文化内涵不完整或凝聚力差时，这种文化显示出弱势饭店文化；而内涵完整并具有理想的凝聚力和核心价值观的饭店文化显示出强势饭店文化。

11.1.2 饭店文化的发展

20世纪90年代，我国饭店管理进入了文化管理阶段，饭店管理的对象为知识化和学习型的劳动者。其主要的管理策略是建立企业的共同愿景和价值观，提高职工的凝聚力和奉献精神。但是，在20世纪80年代以前，我国饭店管理基本上是经验管理阶段。饭店管理主要凭借管理人员的传统经验和意志，进行家长式和带有一定的随意性的管理。这种管理模式，其管理效果完全依靠管理者的素质、经验和努力。20世纪80年代，我国饭店业的经济体制进行了改革，确立了饭店作为企业，体现了饭店业自主经营、自负盈亏的经营方针。同时，我国饭店管理进入科学的管理阶段，采用科学的管理策略和方法，强调理性、制度与市场需求等。当今，管理人员已经认识到，饭店要想在竞争中取得成功，必须建立具有本企业特色的文化。

饭店管理的3个阶段如图11-1所示。

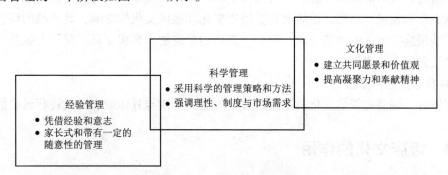

图11-1　饭店管理的3个阶段

11.1.3　饭店文化的特征

1. 具有管理软件特征

饭店文化的管理软件特征主要表现在两个方面。其一，饭店文化构成要素具有管理软件的特点。由于它构成了饭店的价值观、经营理念和工作习俗等，而这些因素都属于软件要素。其二，饭店文化在饭店管理中的作用不是外在的强制作用，而是通过职工的自觉性发挥理想的经营作用。所以，饭店文化具有管理软件的特征。这种特征可提高职工的工作积极性，促进职工人格的健康发展并在此基础上提升饭店整体的管理水平和竞争力。

2. 培育良好的习惯

饭店文化具有激发职工主动性和自觉性的作用。由于饭店文化的核心是职工共有的价值观，如果这种价值观被全体职工高度地认同和长期地运用，最终它可成为一种经营习惯。这一习惯不仅体现在全体职工的思维和判断中，还体现在职工日常的经营行为中。最终，通过传播和复制，构成饭店管理模式。根据调查，良好的饭店经营习惯可给予职工和顾客安全感。一旦他们离开了这样的文化环境会感到焦虑、不稳定、不安全和不适应。但是，正是这一安全感和适应感，使部分职工可能抵制饭店的任何变革，导致因循守旧。

3. 具有稳定性和灵活性

饭店文化具有一定的稳定性，体现在饭店文化的继承性。例如，老字号企业的传统经营理念和著名的产品等。但是，饭店文化不是一成不变的，有一定的灵活性。这种灵活性体现在其可塑性和创新性。当饭店经营环境发生变化或企业经营目标调整时，饭店文化会随之变化，其经营理念、价值观和经营行为也会随之调整。

4. 具有综合性和实践性

饭店文化具有综合性。这种综合性常以各种形式表现，包括饭店的建筑物、设施与设备、客房与家具、餐饮和服务模式等。同时，饭店文化具有调整职工的经营理念和服务行为的作用，并使职工对企业产生信任和依赖，增加其归宿感。此外，饭店文化具有实践性。它来自经营实践且作用于经营实践，从而作用于产品开发、生产和销售并以目标市场为中心，满足顾客的实际需求。

5. 具有时代性和民族性

根据研究，饭店的经营理念和行为受特定的时代和环境影响并随着时代的进步和经济发展而不断调整和发展。当然，饭店文化受民族文化和地区文化的影响，其产品的特色和经营方式常反映民族和地区的消费需求。例如，饭店的建筑物、客房家具、餐厅设施及菜肴和酒水等都会受到以上因素影响。

6. 具有融合性和渗透性

根据统计，强势的饭店文化具有改造其他饭店文化或与其他饭店文化进行融合的功能。

11.1.4 饭店文化的作用

饭店文化作为一种经营手段或管理模式，常贯穿在企业经营的全过程，从而有效地实现企业的经营目标。尽管饭店文化中的一些内容不一定都是直接的表现因素，但是它们对于饭店的发展具有导向、规范、约束、凝聚和融合等重要的作用。

1. 使企业持续发展

饭店文化的直接作用可向社会展示企业的价值观，满足目标市场的文化需求，帮助企业有效地实现经营目标，促进企业的业绩增长。同时，通过创建优秀的企业文化提升饭店的形象，促进顾客和职工对企业的认同并接受其产品、服务和管理模式，从而使企业更有效地实现经营目标。同时，优秀的饭店文化可使企业摆脱困境，走出低谷并持续发展。

2. 为企业指引方向

任何企业文化都是一种价值取向。这种价值取向规定着企业所追求的目标，因此具有导向功能。根据调查，饭店文化规定着饭店所追求的目标。优秀的饭店文化具有崇高的经营理念和追求，引导企业向正确的且具有发展前途的经营方向发展；拙劣的或弱势的饭店文化引导企业迎合落后的或没有发展前途的市场，最终使饭店经营失败。此外，优秀的饭店文化既对职工有约束力，也对职工有所激励。它使全体职工不仅满足于合理的经济效益。同时，也赋予职工优秀的职业道德。

3. 协调企业内外关系

由于饭店文化可使企业全体职工具有共同的价值观并对经营目标和战略的认同趋向一致，从而增强了企业与外部环境的协调，也取得了政府、利益相关者和顾客的信任。同时，饭店文化对企业内部的部门之间、上下级和职工之间具有协调作用。这样，通过文化建设以适应和满足目标市场对产品不断变化的需要。

4. 增强企业凝聚力

饭店文化有规范作用和融合作用。这两种作用的综合效果是提高饭店的凝聚力。通常，饭店文化可通过规章制度和伦理规范约束其产品质量和经营行为。通过饭店文化把职工个人的职业发展目标与企业的发展目标相协调，建立共同的价值观，从而有效地激励职工。

5. 美化饭店环境

传统的饭店文化理念把职工的生活与职工的工作分开，而现代饭店文化建设中，管理人员不断探讨职工的生活环境和工作环境之间的联系。管理人员认为，饭店既是工作场所，又是职工的生活区域。饭店应为职工创造优秀的工作环境，这种环境不仅表现在硬件方面，更应当表现在愉快且和谐的工作关系中。

6. 培养管理人才

文化具有培育优秀职工的功能。饭店文化可使职工的精神境界和道德素养不断提高。一些饭店管理人员认为："如果有人问你，你的饭店有哪些特点，你应当回答，我们饭店有舒适的客房、特色的菜肴、配套的健身和娱乐设施，还有众多优秀的工作人员。"

7. 提高企业声誉和形象

饭店文化具有提高企业声誉和形象的作用。根据调查，优秀的饭店文化不仅对其内部的经营管理发挥着重要的作用，而且还对其知名度和顾客满意度方面产生重要的影响。通常，它的建筑、设施和产品及其经营行为和服务等都会反映其在社会上的形象。

11.1.5 饭店文化的形成要素

1. 市场环境

市场环境是指饭店经营所处的社会环境，包括顾客、竞争者、政府和利益相关者等。市场环境是形成饭店文化最大的因素，不同的市场环境会塑造不同的饭店文化。因此，在不同的市场环境中，饭店要想取得成功必须建设优秀的企业文化。

2. 典范榜样

典范榜样是指企业应当培养一批能体现和倡导饭店价值观的优秀职工。通常，典范榜样是一个饭店文化的支柱和希望。典范榜样的作用是向职工和社会展示饭店的经营行为，调动职工的积极性，塑造饭店的凝聚力和持久的影响力。

3. 习俗和礼仪

习俗和礼仪是饭店全体职工的传统，是没有明文规定的经营行为，也是饭店价值观的体现。习俗和礼仪包括职工之间的问候、对完成工作或晋升职务等职工的表彰、每天例会及日常事务的管理程序、庆典仪式、年会和讨论会、上下级和职工之间的聚餐、新职工的培训程序等。尽管饭店习俗和礼仪常在轻松的环境中实现，然而，它的本质是严肃的。习俗和礼仪作为饭店文化组成的要素，实质上是将饭店中的重要工作程序化。在强文化的饭店中没有不重要的工作。这样，习俗和礼仪可给职工施加影响，使他们的语言、行为、工作和服务程序化和标准化，从而使饭店的价值观和严谨的工作作风影响到饭店的每一个职工。

4. 文化网络

文化网络是指饭店内部的非正式组织的沟通渠道和方式。该渠道常以故事和猜测等形式传播信息。通过职工的传播，使信息更生动和更有效。其目的是加强管理者和职工之间的联系，扩大人际交流，增进职工的友谊和凝聚力，从而传播饭店的价值观。

11.2 饭店文化组成

饭店文化包括精神文化、行为文化和物质文化 3 个方面（见图 11-2），形成有机的整体。其中，精神文化是饭店文化的深层文化，是饭店文化的核心；饭店行为文化是饭店浅层文化；饭店物质文化是饭店的表层文化。饭店精神文化以饭店价值观为核心，有了这样一个核心，饭店文化才有活力。

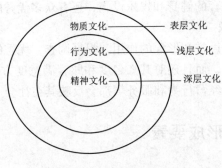

图 11-2　饭店文化结构图

11.2.1 饭店精神文化

饭店精神文化是以饭店精神形态体现出来的企业文化。饭店精神形态与饭店物质形态不一样，它本身就是文化形态。因此，饭店精神文化要比物质文化容易理解。饭店精神文化主要包括饭店价值观、饭店理念、饭店精神和饭店经营目标等。

1. 饭店价值观

饭店价值观主要是指饭店全体职工共同认同和遵守的行为准则，是一个企业的基本观念和信仰，是以具体的词语给职工规定其职业发展之路并在企业内支撑经营成功的标准。同时，饭店价值观是饭店文化的核心，是其长期经营实践的概括。正确的饭店价值观有鼓舞士气、激发斗志的作用，是饭店精神文化发挥作用的前提。一个饭店的价值观愈鲜明，就愈能对职工产生吸引力，使大家能够集中到饭店的经营目标。反之，职工的注意力就会分散。而错误的价值观会降低职工士气。饭店价值观包括个人价值观、群体价值观、组织价值观、企业价值观等。职工个人拥有的价值观称为个人价值观；影响个人和企业行为的正式或非正式组织的价值观称为群体价值观；企业价值观是某一饭店或饭店集团整体所拥有的价值观。

2. 饭店理念

饭店理念是饭店经营理念的简称，是饭店全体职工认同和遵守的世界观和经营哲学。不同饭店有不同的经营理念。饭店理念需要把握行业特点，强调饭店的坐落位置、产品质量、企业信誉、产品和服务特色等。饭店经营理念是饭店经营的原则，应体现激励作用，引导职工行为，提高职工凝聚力和号召力。

3. 饭店精神

饭店精神是饭店经营理念的核心，是饭店经营中为谋求自身生存和发展而长期形成并为职工认同的群体意识、优良传统和工作作风。饭店精神统一于全体职工的价值观，是饭店文化的重要表现形式。饭店精神集中体现着一个企业独特的、鲜明的经营思想和个性风格，代表了企业的发展方向。饭店精神具有号召力、凝聚力和向心力，是企业最宝贵的精神财富。一个精神境界很高的饭店，其做出的选择也必然是高水平的并能够实现所选择的价值。

4. 饭店经营目标

经营目标作为饭店使命和经营效果的具体标准，是某一饭店在特定时期希望达到的预期成果。饭店经营目标作为一种意念传达给饭店所有职工并且引导他们的行为，反映着饭店从当时到未来时间的经营战略和预期的成效。饭店经营目标集中反映饭店群体的价值观、企业伦理和饭店形象等。饭店经营目标一经传达给全体职工，便成了他们的共同目标，促使全体职工沿着饭店经营目标前进。此外，在职工工作遇到困难时，饭店经营目标会激发职工克服困难的信心。当经营目标实现后，给职工以荣誉感和成就感，推动饭店向新的目标前进。

11.2.2 饭店行为文化

饭店行为文化是饭店职工与运行制度结合而形成的文化。高效的饭店行为文化既要适应饭店物质文化，又要塑造饭店精神文化。

1. 饭店制度文化

制度是一种行为规范，是为了达到某种目的，维护某种秩序而人为制定的程序化、标准化的行为模式及运行方式，是通过外在强制手段要求职工执行的内容并以书面形式表达出来。因此，饭店制度文化属于饭店行为文化范畴。制度的基本属性是精确、稳定和权威。制度内容应明确，具有可操作性和稳定性。饭店制度是根据企业特点，为保证正常的经营秩序，提高经营效益而制定的适用于本企业的行为规范，是饭店在长期经营和管理实践中形成的一种行为文化，是饭店行为文化的基础，对饭店文化传承和落实有着制衡作用。饭店制度具有价值观导向的功能，是引导职工行为的准则，是实现饭店经营目标的保障。在现代饭店经营中，经营工作环环相扣，没有科学和统一的规范，就不可能把各职能部门统一，也不可能实现经营目标。饭店制度是调节企业人际关系的基本准则，指导饭店实行规范化管理，实施职工定岗、定责和定薪并将竞争机制引入各部门和各职务以打破传统的工资管理模式。同时，可以较好地调节职工的薪酬和人际关系。

2. 民主管理方法

饭店民主管理作为饭店文化的一个方面，包括职工的民主意识、民主权利和民主义务等。饭店民主的核心是以人为本的价值观和行为规范。它使饭店每个职工都深深感到这一精神支柱、这种文化和民主气氛，从而在思想上归属企业，为企业做出贡献。许多饭店请全体职工参与经营中的大事，在定期的例会中请职工代表提建议。同时，定期的高层管理人员和职工的对话制度使职工畅所欲言，增强了饭店的向心力。此外，饭店民主管理还有利于确立职工主人翁地位，使职工有发言权、监督权和辩护权，从而增加了饭店的活力。饭店民主管理还有利于改善管理人员与职工的关系，提高饭店在市场竞争中的应变能力。现代饭店经营技术复杂，组织严密，协作面广。因此，在当前的市场竞争中要做出正确的经营决策，仅依靠

饭店管理概论

少数管理人员的个人经验远远不够，必须集中饭店多方面人才的智慧。

3. 人际关系文化

饭店人际关系是饭店经营中形成的人与人之间的交往关系，是饭店经营的一种表现形式并在不同的经营条件和社会意识下呈现不同的人际关系特征。饭店人际关系的基本形式包括：管理人员的上下级关系，即纵向关系；部门之间与岗位之间的横向关系；饭店与社会和相关利益者之间的协调关系等。在纵向关系中，虽然关系双方的角色和地位不同，其工作行为有主动与被动之分，但就人际关系而言，双方应平等，上级管理者在这种关系中起主导作用。横向关系也称平行关系，它与上下级的纵向关系构成了企业纵横交错的人际关系，即饭店的人际关系结构。横向关系的双方有共同活动空间，有着相同的权利和义务，因而在地位上是平等的。重视横向关系建设有利于饭店形成良好的群体氛围，使职工和睦融洽地工作。

11.2.3 饭店物质文化

饭店物质文化由饭店的环境、设施、用品及其产品等构成，是一种以物质为形态的表层文化。饭店环境、设施、用品和产品作为企业精神文化的载体，一方面受饭店精神文化和行为文化制约，具有从属性和被动性；另一方面具有形象性，是使顾客感受到饭店文化的外在形式。饭店物质文化主要包括饭店内外环境、客房、会议室、餐厅及康乐设施等文化，用品文化，产品文化和名称及标识文化等。

1. 饭店环境文化

饭店环境是饭店文化的一种外在文化，体现饭店精神文化和饭店行为文化的个性，具有综合性特点。饭店环境文化包括工作环境文化和生活环境文化。工作环境文化是指饭店外观及其周围的环境文化。饭店工作环境包括经营环境，如大厅、客房、通道、会议厅、宴会厅、各种餐厅及办公环境等。饭店生活环境包括职工宿舍、休息室、职工餐厅、培训和娱乐设施等。生活环境文化对职工的健康、归属感具有直接的影响。

2. 饭店产品文化

饭店产品本身不仅具有实用价值，还具有文化价值。实用价值是满足顾客最基本的住宿、餐饮和会议的效用及需求，文化价值满足顾客对饭店产品的文化需要和个性需求。随着我国经济的发展，物质产品越来越丰富，人们的精神需要、文化需要日益突出，顾客对房务产品、会议产品、餐饮产品等地区文化、民族文化和具有特色的产品文化需求不断提高。因此，饭店产品文化价值需求愈加明显。

3. 饭店设施与用品文化

饭店设施与用品文化主要是指饭店经营与服务设施、家具、用具、办公用品和交通工具等的文化。饭店经营与生产设施一方面为饭店经营服务，另一方面表现饭店的等级、饭店种类和饭店产品个性等。例如，现代厨房设施不仅作为生产菜肴的设施，还具有展示和营销菜肴的功能。现代饭店改造传统的厨房，使其成为具有营销作用的透明厨房并向顾客展示某一餐饮生产文化；而餐具与酒具、客房家具和各种用品、办公用品和交通工具等是饭店物质文化的重要内容。这些物质文化直接面向顾客，反映特色的饭店文化。饭店工作用品是饭店物质文化不可忽视的内容。例如，交通工具、工作服、办公用品、信封、信纸和名片等，其形状、颜色和材料都是显示饭店文化的媒介。

4. 饭店标识文化

饭店标识是体现饭店文化的物质符号，具有高度的规范性和标准性。它包括饭店名称、标志、招牌和旗帜等内容。饭店名称作为一种无形资产，应由专用名称和通用名称两部分构成，前者用来区别同类企业，后者说明行业归属。饭店标志实际是带有特征的符号，是浓缩的饭店精神的物质标记，必须与产品特色统一并直接以企业名称构成，也可以由英语字母、图形等形式构成。例如，"S"是喜来登饭店的标识。招牌与旗帜是饭店传达特色文化的媒体之一，是指引性和标识性的文化符号。通常安置在饭店营业场所门口或展示厅等地方。饭店招牌具有吸引力，使顾客能从众多饭店中认定自己心目中的企业，直接寻找购买目标。一些饭店在饭店门口处或饭店大厅摆放象征物或艺术品以反映饭店独特的文化。

11.3　饭店文化建设

11.3.1　饭店文化建设步骤

1. 分析与诊断，提出文化建设目标

建设饭店文化，首先要对饭店现存的文化进行自我诊断，系统分析，分析传统的作风和行为模式特点，总结现有饭店文化的积极因素与消极因素。根据对饭店当前经营状况的综合分析，提出适合的文化建设目标，使饭店文化富有鲜明个性和地区特点并能使职工有良好的价值观，形成饭店内部和谐的环境气氛。

2. 归纳和总结，设计饭店文化体系

将饭店文化中最优秀的内容加以完善和条理化，用寓于哲理的语言表达出来，形成制度规范、口号和守则。在现有饭店文化的基础上，根据本企业的经营特色，发动职工参与饭店文化的设计，通过各种方案的归纳、比较、融合、提炼，集经营信条和行为准则于一体，融企业目标、社会责任和职业道德为一体，设计出实用且有特色的饭店文化体系。

3. 传播与渗透，不断优化饭店文化

通过各种文化活动，有效地传播饭店文化，使新观念深入人心。同时，管理人员用各种方法将新的价值观渗透到经营管理的全过程，使之约定成俗，为广大职工所认同和接受。用新的价值观指导经营实践，进一步将实践变成理论，不断地提高饭店文化的层次。在企业不同的发展阶段，饭店文化应有不同的内容和风格，饭店文化应不断地更新和优化以适应市场环境的需要，使饭店永远充满活力。

11.3.2　饭店文化建设原则

由于每个饭店所处的市场环境不同，饭店文化形成的过程也不同。综上所述，饭店文化建设应遵循以下基本原则。

1. 目标与价值原则

每个饭店都有一个明确而崇高的目标，并且使职工目标与饭店目标联系在一起，使他们为实现饭店目标而努力工作，在实现饭店目标中得到满足。制定饭店目标必须有益于社会、顾客、投资人、职工和利益相关者。每个饭店职工都有共同的价值观念，这是饭店全体职工共同的信仰和遵循的价值标准。价值可使每一个职工把自己的行动与饭店的价值标准联系起来，使职工明确自己所做的每一项工作都有价值。

2. 紧密与参与原则

每个顾客和职工都有互相关心和互相帮助的需要，紧密原则就是要满足顾客和职工的这种需要。饭店与顾客之间、职工之间、上下级之间应互相关心和高度信任。职工应了解上级管理人员的意图，而管理者应把握下级职工的需求。这种紧密关系就像一条无形的链条把管理人员和职工紧密地连成一个整体。传统的饭店管理方式基本是命令式，缺乏民主，管理者提出任务，职工不折不扣地执行任务，职工的工作基本是消极和被动的。与此相反，现代饭店文化建设应遵循职工参与原则，让职工参与管理，参与讨论问题和解决问题。管理人员在决策前要广泛征求职工的意见，集中他们的经验和智慧。这不仅有利于提高饭店经营决策的质量，也有利于决策的实施，还调动了各方面的积极性。

3. 创新原则

与时俱进、开拓创新是现代饭店发展的战略方针。饭店必须注入创新和变革的意识，使职工永不满足于现有的成绩。饭店管理者要为企业提出更高的要求，引导广大职工奋发向上。

11.3.3 饭店精神文化建设

1. 培养饭店精神

优秀的饭店从来不是消极地等待饭店精神自然形成，而是积极寻求，全力以赴，坚持不懈地进行培养和构建。饭店精神的构建至少要完成3个程序：寻找最适合本饭店发展或对本饭店最有价值的精神；将饭店精神变成全体职工的精神财富；以饭店精神从事饭店经营并在实践中丰富和发展。饭店精神的表达方式可以通过简短的口号和富有寓意的箴言。优秀的饭店精神表达应简练明确，容易记忆，富于个性，形象生动。例如，美国斯泰特勒饭店（Statler Hotel）的精神是"客人永远是对的"（The guest is always right）；喜来登饭店（Sheraton Hotel）的精神是"在喜来登饭店，小事是大事"（At Sheraton, little things mean a lot）；法国地中海俱乐部（Club Mediterranean）的精神表达为"我们的天职是为顾客创造幸福"（Happiness is our business）。培养饭店精神首先要围绕饭店经营理念开展一系列的活动，运用各种方式对职工施加影响。饭店精神是否成为职工的信念和自觉行动，主要取决于饭店管理人员对饭店精神传播的态度和饭店信息沟通渠道的作用。

2. 树立饭店价值观

饭店价值观称为企业共同价值观或群体价值观。在饭店经营中，技术力量、销售力量、资金力量及人才力量等虽然都是饭店经营成功的影响因素，但是支撑企业发展的最根本的因素是正确的价值观。职工价值观的重要性远超过技术资源、物质资源和组织结构等。正确的饭店价值观——服务的价值高于利润的价值。饭店的目的、使命和价值在于向社会提供实用且价格合理的产品和服务；利润不应成为饭店的最终目的，只应作为社会对饭店的回报。共同协作的价值高于独立工作的价值，因为共同协作会适应于现代饭店经营的社会性。集体的价值高于自我的价值，饭店是一个整体，如果个人要自我膨胀，在饭店中总会产生失落感。普通岗位的价值高于权力的价值，最清楚怎么做事的是一线职工。饭店知名度的价值高于利润的价值，牺牲某些利润来提高饭店知名度，最终可以获得更多的利润；牺牲知名度而获取利润，就永远不会有饭店的历史。维持职工队伍稳定的价值高于赚钱的价值。一个繁荣时招聘、萧条时解雇职工的饭店不能赢得人心，不能留住人才，不能形成饭店共识；萧条时不解雇职工的饭店，尽管牺牲了一些利润，但留住了人才，赢得了人心，达成了共识。

11.3.4 饭店行为文化塑造

饭店行为文化是饭店职工在经营和人际关系中产生的文化。饭店行为文化是以动态形式存在的精神文化和物质文化。饭店的行为文化不断地转化成精神文化和物质文化。饭店行为文化的塑造首先要明确饭店的经营目标，加强民主建设和开展文化活动，建立良好的人际关系。

1. 工作环境设计

优化饭店工作环境，为职工提供良好的工作氛围，是饭店行为文化的首要内容。优化工作环境主要有3个作用：提高工作效率和经济效益，提高职工的凝聚力，保证职工的身心健康。优化工作环境，首先，应根据工作环境需要，利用色彩改善工作环境；其次，保证工作环境空气新鲜，保证空气的含氧量达到健康的标准，因为污浊空气容易造成安全事故；再次，注重工作环境的照明度，降低噪声，保持合理的温度，利用音乐调节工作环境；最后，改善职工的生活条件，配备丰富的服务设施，丰富业余文化生活，增强职工的自豪感和归属感，增强饭店的凝聚力和吸引力，搞好环境卫生、绿化和美化工作。一个富丽堂皇、装饰华丽及音乐优美的饭店，如果职工精神不振，工作松懈，饭店形象不会完美。因此，职工越来越受到现代饭店管理人员的重视。某饭店工作环境如图11-3所示。管理者应以人为本，真正把职工作为饭店的主人。

图 11-3 某饭店工作环境

2. 确定经营目标

饭店经营目标的组成有多方面。从饭店长期的发展可划分为10年以上的长期经营目标、

5年中期经营目标和1年期的短期经营目标。从内容上划分，可分为饭店整体目标和部门目标等。饭店经营目标应具有竞争性和适当超前性、可行性并带有激励作用。制定和贯彻饭店经营目标要解决好经济效益与社会效益的关系问题。饭店是一个以盈利为基本任务的经济组织，又是一个具有文化和社会等多种职能的企业。它除了要通过经营获得利润外还要向社会提供各种服务，盈利是饭店的主体任务，而社会责任是饭店的主导任务。经济效益和社会效益应该互补和协调。饭店经营目标的制定应关注市场的发展，考虑饭店经营的复杂性、现实性和饭店经营目标的最优化。饭店经营目标制定后要分解为部门及职务的具体目标。饭店要合理控制部门和职务目标，用总目标指导分目标，用分目标保证总目标的实现。

3. 饭店制度建设

饭店制度建设是饭店行为文化建设的关键环节，可分为工作制度和责任制度。工作制度包括财务管理制度、人力资源管理制度和设备管理制度等；责任制度主要包括各职能部门责任和工作岗位责任。制定饭店制度应将职工作为饭店的主人，不应就制度论制度，把职工视为制度的附属物。饭店制度应科学化、定量化、规范化、系统化，鼓励职工工作的自觉性和创造性。然而，饭店制度的制定越是周密，对职工行为的限制就越大，它可以防止职工的错误行为，同时也束缚了职工的积极性，进而影响到职工内在的自觉性和创造性的发挥。

4. 民主管理建设

民主管理建设作为饭店文化建设的一个重要领域，非常重要。它的建设主要包括3个方面：民主意识的培育、民主文化的塑造和民主管理体制的建设。在饭店民主意识的培育中，管理人员应将职工作为企业的主人，让职工参与饭店的决策和管理。塑造饭店民主文化，应使饭店利益与职工利益相一致，建立民主制度，形成民主观念和民主作风。饭店民主管理体制的建设必须认真执行饭店的民主制度，明确饭店职工的义务并且搞好饭店经营和分配方面的民主管理。饭店的重大决策应与职工商量，有关职工切身利益的问题，如工资调整、奖金分配、福利待遇、规章制度等要体现饭店职工的意愿，保证职工的权益。饭店行为的塑造，需要全体职工共同努力。职工一旦受到饭店的关心、尊重和鼓励，会把自身的利益与企业利益相结合，从而产生对企业的忠诚。

5. 公共关系建设

加强饭店公共关系，首先应建立内部和谐的人际关系。这样不仅有利于饭店向心力的凝聚，还有利于职工的心理健康。饭店人际关系要求管理者与被管理者通过互相体验对方工作来理解对方的心境，实现情感融洽。以现代饭店管理为角度，沟通是感情的投资，是协调良好人际关系的最佳方式。现代饭店管理已不是单纯的命令式管理，要求管理者与被管理者双方的理解与支持，需要不断地进行沟通。同时，做好饭店与政府、供应商、营销中介及社区等外部公关活动。饭店公关活动包括建立饭店及产品的信誉与知名度，通过各种渠道收集和整理市场信息，协调饭店与社会关系，加强社会交往，为饭店创造和谐融洽的社会环境。饭店公关活动的策划必须根据市场环境，突出饭店的经营特色。

6. 重视职工培训

饭店文化建设是饭店全体职工共同遵守的饭店规范和行为准则。但是，每个职工的经历、教育背景、性格、兴趣、特点都各不相同。饭店要达到职工统一的行为规范就必须加强职工教育和培训。饭店培训必须着眼于提高全体职工的整体素质，把行为规范教育与职业道德教育、业务知识培训和业务技能培训相结合,从整体上提高职工的能力,使职工具有良好的外观形象和内在的气质与修养。仪表、仪容是行为规范的重要因素。饭店职工整洁的仪表仪容和优秀的气质及全心全意为顾客服务的情感,既体现了职工个人风貌,也反映了饭店的整体素质。因此,饭店必须制定职工的仪表、仪容规范并加强管理。良好的行为举止首先表现在服务中,即忙而不乱,职工无论在前台、客房或是在餐厅服务时,都应稳重而有修养,工作效率高,谈话的气氛轻松、活跃、融洽,谈笑有节,热情大方,宽容大度,善于理解顾客,遵守各种礼节规范。

7. 规划服务标准

服务是饭店的无形产品,是塑造饭店文化和提高饭店知名度的重要因素。良好的饭店文化的基础在于饭店为顾客提供优质的产品与个性化服务。当今服务已成为饭店行为的重要组成因素。优质的服务可带来顾客的长期信任,从而长期购买饭店产品,带来长期的利润回报。饭店服务包括的内容很多,如前厅服务、客房服务、商务服务、会议服务和餐饮服务等。饭店服务质量的关键是服务的规范和特色。因此,规范和设计有特色的饭店服务是饭店行为文化设计的关键内容之一。

8. 注重广告文化

饭店广告是饭店行为文化不可忽视的内容,是饭店行为识别的要素之一。饭店广告可吸引顾客、投资者及社会公众对饭店的关注、信赖和合作。饭店的管理哲学、价值观念及其精神文化等常通过广告向社会传播。饭店理念广告对饭店内部产生凝聚力,对外会产生号召力;饭店设施、饭店服务、饭店技术和饭店营销等方面的实力通过广告形式向公众展示。而饭店对社会公共事业和公益事业做出的贡献及社会责任的履行也是通过广告对社会产生积极影响。此外,饭店举办的各种推销活动是通过广告显示饭店的特色以提高饭店或产品的知名度和信誉度,使公众增强对该饭店及其产品的信任和购买欲望。

11.3.5 饭店物质文化建设

1. 饭店建筑物设计

饭店建筑物不仅是饭店经营的场所而且是饭店文化的象征(见图11-4)。一般而言,饭

图11-4 某商务饭店的外观

店建筑物的风格清楚地向顾客表达了饭店的形象、特征和文化内涵。由于建筑物与环境是饭店固有的营销媒介，因此建筑物文化的塑造要力求向社会公众和饭店职工传达饭店的经营文化和产品文化。当然饭店的建筑物表现得端庄、稳重、可靠和有个性，充分体现饭店工作井井有条、办事效率高、实力强的特点，增加公众的信赖感。同时，饭店设施的造型、布局、保养方法、清洁度、使用规则等都反映饭店不同的物质文化。

2. 饭店产品文化规划与开发

饭店产品文化规划与开发是饭店行为文化建设的重要工作。饭店产品文化规划包括产品名称、等级、原材料、工艺和外形及服务等的开发与设计，是饭店文化中的产品文化建设。饭店产品文化直接关系到公众对饭店的总体印象，良好的产品文化给饭店发展带来理想的外部环境。饭店产品文化建设可分为有形文化建设和无形文化建设。有形文化建设指建筑物、设施、客房、菜肴、酒水和职工的仪表仪容等文化建设；无形文化建设指饭店品牌、声誉和服务等文化建设。饭店产品规划是一门应用科学，它集现代科学技术、文化和艺术为一体并从社会、经济和需求等角度进行构思与创造。饭店新产品构思应参考专家、顾客、营销人员等的意见，强调产品的物质功能和精神功能的统一，遵循顾客愉悦原则。

3. 饭店标志设计

在饭店文化建设中，标志不仅具有物质文化要素的主导力量，也是统一饭店视觉文化的核心。饭店标志集中体现饭店的形象和个性。饭店标志内容具有经营主导作用，它贯穿和应用于饭店所有的经营环节中，具有权威性，代表饭店精神、经营理念和产品特点，还具有同一性和识别性，统一于产品的各要素，传达饭店文化。因此，饭店标志设计不容忽视。饭店标志确定后，要随之展开一系列的工作，其中包括标志与其他基本设计要素的组合。饭店标志必须具有时代性，符合社会消费文化的发展。设计饭店标志，首先对饭店的内部和外部环境进行调查和分析，了解饭店经营理念、经营内容、产品和服务特色、市场占有率、现有知名度等，结合饭店的发展期望，突出饭店形象和精神内涵，图案简洁，集中概括，简洁生动，富于个性并易于识别。饭店标志设计应符合美学原理，适应大众审美心理，注意图形比例、对比与协调等问题，避免过分强调传统的形态语言而造成国际顾客沟通上的困难。

4. 饭店招牌与旗帜设计

饭店招牌应体现饭店个性文化。可采用灯箱、霓虹灯等立体化形式，也可采用塑料和有机玻璃等材料制成。招牌的字体起着很重要的作用。不同的字体会产生不同的效果，关键是要富有特色。招牌的颜色要便于公众感知，招牌色彩必须与饭店名称和字体相协调。饭店旗帜是饭店的象征物，通常采用适合户外使用的，既轻飘又结实的材料。其色调和标准字应与饭店主体色调和标准字相符。

5. 饭店标准字设计

标准字作为一种符号，包括名称标准字、产品标准字和活动标准字等。名称标准字将饭店的名称和地址等用相同字体统一，包括中文和外文（见图11-5）。为了表现每个产品的功能和特性，应将产品的名称设计成标准字以便传播和宣传。饭店活动采用的标准字是为饭店周年纪念、节日庆典、展示活动等设计的标准字。为了使标准字的风格独特，创意新颖，需

图11-5　饭店标准字

要掌握设计要领并融合设计师丰富的经验与设计技术，创造符合饭店形象的字体造型。标准字的造型与饭店标志造型应相互协调。

标准字的设计要有个性。在标准字的设计中最主要的是要注意字与字之间的协调和均衡，并传达饭店经营理念和饭店文化。饭店标准字应统一设计，周密规划以取得平衡的空间与和谐的结构。饭店标准字应易读，内容简要，具有视觉传达效果。标准字的字体应根据国家颁布的汉字简化标准，力求准确规范，避免随意性，追求创新感、亲切感。

6. 饭店标准色设计

饭店标准色是指通过色彩文化表现饭店的经营理念和产品特色。标准色象征着饭店经营文化和物质文化，它具有强烈的识别效应。例如，金黄色的大堂透过一丝阳光，点缀着碧绿的植物和五颜六色的鲜花，给人们光明、希望和喜庆的感觉；浅褐色的客房家具给人以温馨和舒适的感觉；鸡尾酒的各种颜色洋溢着青春、健康和欢乐。饭店标准色是饭店理念的象征。目前，饭店标准色已应用在饭店网络上，与饭店标志和标准字等视觉要素相结合，形成饭店物质文化识别系统。饭店标准色的设计应符合饭店经营理念、经营特点和市场需求。心理学研究表明，各种色彩对人的感觉、注意力和思维都会产生不同的影响。色彩作用于人的感知，具有感染力、诱惑力和象征力。通常，人们从感觉上将色彩分为冷、暖两类，暖色系统包括红色、橙色和金黄色。红色象征着欢乐、幸福和喜庆；橙色是色彩中最温暖的颜色，象征饱满、热情和辉煌，使人感觉欢快和幸福；金黄色醒目，显示富有、高贵、豪华和威严。冷色系统包括绿色、蓝色和白色。绿色象征青春，给人以活泼、充实、平静和希望。蓝色表现力量和智慧，是现代科学的象征色彩；白色象征着纯洁、纯真、高雅和朴素。

7. 职工服装设计

饭店职工服装不仅具有服装的一般功能，而且含有深刻的文化内涵。在饭店形象战略中，职工服装已成为饭店重要的物质文化之一。现代饭店职工服装要体现饭店的经营风格和产品特点，因此在设计职工服装时力求通过造型、面料、色彩和配件，创造出鲜明的饭店文化和产品个性。例如，迎宾员的制服应个性鲜明，体现亲切感；前台服装应庄重、大方、亲切、严谨和简洁；客房服务员服装应清洁和稳重；餐厅服务员工服装应显示餐厅特色和菜肴风格。职工服装文化建设应与饭店文化的总体风格、饭店标准色等因素协调。

8. 饭店办公用品设计

饭店办公用品随时都在传达饭店的文化，具有扩散面广、传播率高、渗透力强、使用时间持久等特点，其稳定性和时效性是其他任何媒介所不及的。饭店办公用品具有双重功能，既有公务上的实用功能，又有视觉识别功能。由于饭店各种管理工作都离不开办公用品，因此饭店办公用品必须规范，设计新颖，画面应单纯和简洁。饭店办公用品包括信封、信纸、便条、订单、票据、收据和印鉴等。

9. 饭店交通工具设计

交通工具具有传达信息的作用，有活动范围大、宣传面广、持续时间长等特点。饭店信息可随车辆的流动而深入到城市、社区各个角落。交通工具已成为了饭店物质文化识别系统之一。饭店交通工具外观应有明确的饭店标志，用饭店的标准字和标准色统一规划。

11.4 现代饭店跨文化管理

11.4.1 饭店跨文化管理含义与内容

饭店跨文化管理是指两种或两种以上的不同文化群体或职工,在工作中达到互相理解、沟通、协调和融合而实现有效的经营管理活动。跨文化饭店管理,管理的主体是企业,管理的手段是文化。通过文化手段,在交叉文化条件下,实行管理的各项职能。跨文化管理的对象是具有不同文化背景的群体。这些群体不仅包括企业的职工,甚至包括政府主管部门、相关企业和消费者等。饭店跨文化管理的目的是在不同文化群体中,寻找有效的管理文化。饭店跨文化管理的内容可分为饭店内部跨文化管理和饭店外部跨文化管理,主要包括跨文化人力资源管理、跨文化产品研发管理、跨文化运营管理、跨文化产品质量管理、跨文化组织管理、跨文化营销管理、跨文化公共关系管理及跨文化广告管理等。

11.4.2 文化差异对饭店管理的影响

管理是人类有意识的活动,受人的价值观念、伦理道德、行为规范和社会习俗的影响。因此,管理与文化紧密相关,管理活动与不同文化相结合可形成不同的管理哲学和管理风格。一些管理学家认为,不同国家和地区的管理观念、管理方法的差异源自文化差异。在成功的跨文化管理中,合作各方的价值取向、经营行为和思维方式不同。因此,管理的重要因素之一是管理者之间、职工之间的相互信任和理解。如果双方缺乏信任,甚至误解和猜疑,会形成矛盾和冲突。如果各方都找不到问题的根源,不能正确地面对这些问题,最终可导致经营和合作失败。根据调查,文化冲突可使饭店失去市场机会,增加交易成本,降低经营效益。此外,不同背景的文化冲突还会影响饭店的长远发展和国际发展战略的实施。然而,根据研究,文化差异也可为饭店带来理想的经营效果。首先,文化冲突提高了饭店自身解决问题的能力。由于来自不同文化背景的职工和管理人员,其接收的知识和积累的经验不同,对同一经营管理问题有着不同的思考和管理视角。因而,对于饭店管理而言,可更为深刻、全面和透彻地理解经营中出现的问题,提高解决问题的能力。其次,文化差异有利于饭店的创新活动,使饭店管理人员更容易产生新的观点和方法而利于企业的产品创新、管理模式创新和营销策略创新等。最后,来自不同背景的职工和管理人员对所属文化领域比较熟悉,使饭店在开展国际营销方面可以更好地与顾客沟通,开发更适合目标顾客的产品,从而提高饭店的业绩。

11.4.3 饭店跨文化管理的必要性

目前,我国旅游业与饭店业进入快速发展期,旅游信息技术高度发达,区域经济一体化和 WTO 等多边贸易协定的建立,使各国各地区的旅游市场统一起来,成为真正的世界市场。越来越多的中国饭店和餐饮集团与其他国家建立直接或间接的业务联系，一些饭店已跨出国门，投入世界饭店市场。因此，现代饭店管理人员必须具备全球化的知识、全球化的经营意识和全球化的经营技巧。目前，在跨文化经营的饭店或饭店集团中，管理者几乎都面对不同文化群体的矛盾和冲突，由于这些企业由不同文化背景的职工与管理人员组成，有着不同的文化、语言、教育、宗教信仰和生活习俗，不同的工作态度和追求，不同的管理方法、技巧和经验等，因此饭店如何进行跨文化沟通、协调和管理已成为直接影响饭店经营效果的重要方法与技术。此外，跨文化饭店不仅要满足不同文化的消费者需求，还要适应东道地区的风俗习惯和法律制度。这样，如何在多元文化条件下经营，一直是跨文化饭店管理探讨的课题。此外，境内饭店也面临跨文化管理。这是因为饭店产品要在不同的地区销售，在销售中面临外来产品的冲击。随着我国加入WTO，越来越多的境外旅游企业来投资和入股，其过程必然涉及跨文化管理。

由于跨文化管理饭店是在不同文化背景下的共同经营管理，共同承担风险及分享收益，这种饭店要取得成功，需要各方共同努力。从饭店跨文化经营的实际出发，以各方不同的管理文化为基础，构筑适合本企业的、有效的运行方式和管理文化。根据实践，跨文化饭店的合作内涵远非资金、设备、技术、工艺和产品等内容，其实质是职工之间的合作关系。由于人的行为源于个人内在心理动机及所处环境的共同作用，这样，在饭店的筹建、成长和发展中，合作各方必然带有本身的背景文化，因而不可避免地在管理中产生摩擦。饭店要想解决以上问题，首先需要双方管理人员、技术人员共同实施管理，高层管理人员应进行文化协调，部门经理应主动合作，使饭店运营得到有效控制。不仅如此，跨文化管理的饭店还必须引进和吸收前沿知识和先进技术，以提高企业决策水平。

11.4.4 现代饭店跨文化管理

1. 现代饭店跨文化管理程序

（1）分析文化对饭店管理的影响

根据调查，不同的文化背景决定了职工不同的价值观和行为准则，导致职工对各项管理职能的不同态度。饭店要有效地管理不同文化背景的职工，首先要了解他们各自的需求、价值观和行为模式，分析各种文化的特点，以便有针对性地采取措施，减少文化冲突和矛盾，构建和谐的管理文化。同时，不同文化背景决定了饭店管理者的价值观体系，从而决定了其不同的经营理念和行为模式并渗透到管理的各项职能中。因此，有效的跨文化管理必须分析不同文化对饭店管理各项职能的影响，从而有针对性地减少管理障碍，取得理想的管理效果。

（2）调查外来文化的容忍度

在跨文化管理的饭店中，职工拥有不同的文化背景，只有通过调查职工对外来文化的容忍度，才能制定管理规范，避免和减少文化冲突。此外，总结不同文化的相同点，作为跨文化沟通和文化整合的基点。饭店经营的最终目的是完成社会责任，为企业带来经济回报。因此，跨文化管理的饭店经营目标基本相同，管理者应以此为契机进行文化整合，形成双方都能接受的、高效的管理文化。

（3）选择适合的管理文化

管理文化的整合应因地制宜，应选择最适合本企业及其所处环境的管理文化。影响饭店管理文化的因素很多，最重要的是文化特点及其管理效率。通常，在选择初期，可保留部分对本企业不适合的外来文化，运行一段时间后，可由其他优秀的管理文化替代。同时，饭店应积极吸收先进且高效的管理文化。此外，应根据合作各方文化的共同点及职工对外来文化的容忍度，确定合作各方都能接受的经营理念和管理文化。最后，将整合后的管理文化制成企业的运行准则并通过各种激励和约束手段，使之成为饭店的独特管理文化。

（4）建立反馈系统并进行检验

整合后的饭店管理文化应具有高效的运行功能，而不是仅解决文化矛盾问题。因此，新的管理文化系统必须经过实践检验，对产品质量、营销效果、企业利润和社会效益等方面进行全面的测量和评价。

2. 跨文化管理基本原则

（1）因地制宜原则

跨文化管理的饭店必须以双方不同的文化背景为基础，针对东道国的宏观环境、企业微观环境和职工接受能力，因地制宜地建立适合本企业的管理文化。另外，随着企业的发展、内外环境的变化，原有共同管理的文化不一定永远适应本企业的发展，应适时调整。

（2）坚持平等互利

饭店是一个开放系统，由相互联系且共同工作的各职能部门和各岗位组成。管理文化作为一个完整的系统，常设立一个总经理和一个管理班子。然而，双方不同的投资动机会形成不同的利益观，处理好合作各方的利益并使其统一是饭店经营成功的关键。因此，在跨文化管理的饭店中应坚持平等互利，发挥各方优势并主动让利，使合资者增强合作信心并维护本企业的合理权益。

（3）相互了解和尊重

在跨文化管理的饭店中，管理双方应对各方的文化背景、管理理念、风俗习惯等情况有较深的了解。这样，有利于因人而异，因势利导并增强合作。当然，相互尊重是合作各方诚意与信誉的保证，对于合作方提出的任何疑问，都应尽快答复，不能立即答复的，要申明理由以促进双方和谐工作。

（4）相互协商和信任

在跨文化管理的饭店中，合作各方应相互了解管理文化，应协商共事，相互信任、相互理解、相互尊重。在一定程度上，相互信任是共同管理饭店的重要机制。作为自主经营、自负盈亏、自我发展的中外合作饭店，在合作期内的战略决策应当是长期的。否则，会影响到企业的发展，合作各方应以企业的长期发展为前提，进行共同决策和管理控制。

3. 跨文化管理方法

（1）决策权共享

决策权共享是跨文化管理的特色，也是饭店取得成功的保证。占有多数股权的合作方与占有董事长位置的一方不应强行以表决方式通过决策。由于合作方共同决策体现着跨文化饭店相互制衡的经济关系，所以执行共同决策机制首先在董事会和高层管理人员中展开。

（2）提高管理人员素质

跨文化管理的前提是管理人员的高素质。因此，饭店应选拔德才兼备的优秀人才作为高层管理人员，加强对部门经理和业务主管的培训。在合作开始阶段就使管理人员学习有关跨文化管理的知识并了解合作方的文化背景。在跨文化饭店的经营中，更需要通过培训达到管理人员的业务素质要求。此外，应建立相应的考核制度，通过考评管理人员，增强其工作责任和管理能力。因此，培训工作在跨文化饭店管理中起着关键的作用。在引进和共建先进管理文化的过程中，由于合作方管理人员在教育水平、管理能力和技能素质上的差距，为共同管理饭店带来一定的困难，所以加强各类人员培训直接关系到饭店跨文化管理的水平。

（3）促进信息交流

由于跨文化管理饭店的特点是共同决策，共同管理，因此合作各方的信息交流就显得十分重要。信息交流可使不同文化背景的管理人员互相借鉴，互相学习，融合不同的管理理念和管理方法并形成新的管理模式和管理文化。同时，加强筹备期的合作，努力在管理中积累经验是跨文化管理饭店的基本管理实践。各方人员应克服封闭的、自以为是的管理文化，在相互尊重与信任的环境下，以诚恳的态度加强文化交流，促进和谐共事。一般而言，举办研讨会可使各方管理人员加深了解，促进合作，为共同探讨管理文化和企业运行规律创造条件。研讨会是饭店跨文化管理不可缺少的交流措施。此外，促进信息交流必须加强饭店工作环境建设，包括经营环境和人际环境建设，以及做好部门和职务的职责权力和工资报酬规范与标准。

（4）加强制度建设

饭店管理文化最终是以具体的管理制度体现的，饭店规章制度直接约束着组织结构、经营行为和工作准则。现代饭店管理的正规化、规范化要求企业形成一套科学而合理的、全体职工共同遵守的规章制度。在跨文化管理饭店中，制度化是统一不同管理文化的有效手段。制度化即以企业规章制度的形式将各方管理人员的不同管理理念和方法统一为有效的管理模式，使合作方都能按规章制度办事，达到统一的标准和准则，从而有利于建立统一的管理文化。此外，正规化管理是制约跨文化饭店随心所欲的工作模式及解决部门矛盾的有效方法。这一管理方法有利于权利的分享、管理的一致性、民主管理及提高合作效率。跨文化管理的饭店正规化应以书面形式，采用标准的工作程序，制定岗位职责和财务预算等。但是，跨文化饭店正规化管理必须加强合作方的整体利益，提高企业凝聚力，注意东道国或企业所在地区的地域文化和民族文化。饭店的规章制度应适应东道国及经营地区的实际情况。

本章小结

20世纪90年代开始，我国饭店管理已进入文化管理阶段，饭店管理对象为知识化和学习型的劳动者，主要的管理策略是建立共同的愿景和价值观，提高职工的凝聚力和奉献精神。饭店精神文化是以饭店精神形态体现出来的企业文化。饭店行为文化是饭店职工与企业运行制度结合而形成的文化。饭店物质文化由饭店环境、饭店设施、饭店用品及产品等文化构成，是一种以物质为形态的表层文化。饭店跨文化管理是指两种或两种以上的不同文化群体或职工，在工作中达到互相理解、沟通、协调和融合，从而实现有效的经营管理。在跨文化管理的饭店中，管理的主体是企业，管理的手段是文化。通过文化手段，在交叉文化条件下，实行管理的各项职能。

思考题

1. 单项选择题

（1）饭店理念是指（   ）。
   A. 饭店全体职工认同和遵守的世界观和经营哲学
   B. 饭店全体职工共同认同和遵守的行为准则，是一个企业的基本观念和信仰
   C. 饭店为生存和发展长期形成并为职工认同的群体意识、优良传统和工作作风
   D. 饭店使命和经营效果的具体标准，是某一饭店在特定时期希望达到的预期成果

（2）（   ）是饭店行为文化建设的关键环节。
   A. 公共关系建设   B. 民主管理建设
   C. 饭店制度建设   D. 工作环境设计

2. 多项选择题

（1）下列属于饭店文化功能的是（   ）。
   A. 采用文化经营方式，使企业文化与目标市场文化对接，塑造饭店文化
   B. 满足顾客文化需求，帮助饭店更有效地实现经营目标，促进饭店业绩增长
   C. 树立典范榜样、发现英雄人物
   D. 增强饭店的凝聚力

（2）下列属于饭店文化组成的是（   ）。
   A. 物质文化   B. 行为文化
   C. 举止文化   D. 接待文化

3. 名词解释

饭店文化   精神文化   行为文化   物质文化   跨文化管理

4. 问答题

（1）简述饭店文化的特征和功能。
（2）简述饭店文化构成要素。
（3）简述饭店跨文化管理含义与内容。
（4）论述饭店文化建设。
（5）论述饭店跨文化管理原则。

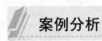 案例分析

饭店集团期待的职业经理人

一次，在某城市举行的饭店人力资源论坛上，饭店总经理和人力资源总监聚集一堂，讨论全球的饭店业竞争发展趋势。其中，多名国际饭店集团的总裁参与了座谈，他们探讨了国际饭店业的发展及所需要的职业经理人。

与会的管理人员一致认为，当今的饭店集团经营模式与过去相比，其挑战性或困难程度不断增加。因此，现代饭店管理人员必须拥有综合的知识和技能，使他们在瞄准更高的经营战略目标时发挥重要的作用。同时，培养造就国际型职业管理人至关重要，没有精通业务的

管理者支持饭店集团的管理工作，国际饭店集团运营会遇到许多问题。

一些企业家认为，当今国际饭店业的市场发生了很大的变化，饭店集团必须接受新时代的挑战，热情地引领企业的发展和变革。由于饭店业是为消费者服务的企业，而消费者总是需要产品和服务的创新，因此要打造消费者理想的产品和服务，重要的就是人事管理的创新。作为跨国饭店集团的管理人员必须能综合职工和消费者双方的期望，才能在管理中做出成绩。

一些企业家认为，饭店集团必须有可信的企业愿景，而且能传达给所有职工。企业在管理中只强调利润和股东价值是不够的，还必须使职工看到企业与职工的共同目标。作为跨国饭店集团的新成员，应当得到有价值的认识，即什么是跨国公司的愿景。然而，在日常管理中，许多问题在于，呆板的组织机构和官僚的管理作风使管理人员无法在全球范围内思考问题。

在讨论饭店集团的管理职能时，一些管理人员总结出，必须尽可能地多与本土职工打交道。这虽然是一种挑战，但是很必要。那些具有创新思想的年轻经理人，他们来自不同的文化背景，将在一起生活和工作。作为饭店集团的领导，应该给他们提供机会而不是强加约束。同时，企业愿景必须有说服力，简单而易于理解，而不是单纯地关注营业收入。饭店集团传达愿景时，需要集团的高层管理人员亲自参与，到每个地区的企业去传达，说明企业的真正目标。

一些集团的人力资源总监认为，随着当前全球网络的建立，企业需要强有力的黏合剂，使各实体保持在一起并不断地发展与壮大。对于跨国饭店集团而言，必须确保组织中所有国籍的职工都得到平等的晋升和薪酬待遇。跨国饭店集团不应仅由一两个国家的管理人员来管理，应建立共同的目标。跨文化管理的饭店集团的合作基础远非资金、设备、技术、工艺和产品等内容，其关键内容是职工之间的合作关系。当今，饭店业非常需要国际型的职业经理人。许多与会者认为，通过协调个体差异建立有效的组织要胜过普遍致力于让每个职工都拥有像世界公民那样的行为和思维方式，因此管理者应当基于互相了解与尊重，决策权共享，相互协商与信任等条件下，实施管理的各项职能。

讨论题：
1. 根据与会者强调的"企业愿景"，总结国际饭店集团的愿景设计。
2. 对现代饭店集团跨文化管理进行讨论。

参考文献

[1] 罗长海. 企业文化学. 3版. 北京：中国人民大学出版社，2006.
[2] 李玉海. 企业文化建设. 北京：清华大学出版社，2007.
[3] 叶生. 破译企业文化. 北京：清华大学出版社，2006.
[4] 赖利. 管理者的核心技能. 徐中，译. 北京：机械工业出版社，2014.
[5] 摩登. 管理学原理. 崔人元，译. 北京：中国社会科学文献出版社，2006.
[6] 赵普. 管理伦理与企业文化. 北京：中国财政经济出版社，2010.
[7] 李少惠. 企业文化. 上海：上海财经大学出版社，2013.
[8] 希尔. 管理学. 李维安，译. 北京：机械工业出版社，2009.

[9] 姚莉娜. 新编现代企业管理. 北京：北京大学出版社，2012.
[10] 彭家平. 新编现代企业管理. 2版. 北京：北京理工大学出版社，2013.
[11] 卢进勇. 跨国公司经营与管理. 北京：机械工业出版社，2013.
[12] 克拉耶夫斯基. 运营管理. 9版. 北京：清华大学出版社，2013.
[13] 焦晓波. 现代企业管理理论与务实. 合肥：合肥工业大学出版社，2009.
[14] 魏江. 管理沟通：成功管理的基石. 北京：机械工业出版社，2010.
[15] 李建华. 现代企业文化伦理与实务. 北京：机械工业出版社，2012.
[16] SCHEIN E H. Organization culture and leadership. 2nd ed. New Jersey：John Wiley & Sons, Inc., 2006.
[17] RAO M M. Knowledge management tools and techniques. Ma：Elsevier Inc., 2008.
[18] HAMILTON C. Communicating for results. Mason：Thomson Higher Education, 2008.
[19] BURROW. Business principles and management. Mason：Thomson Higher Education, 2008.
[20] BARROWS C W. Introduction to management in the hospitality industry. 9th ed. New Jersey：John & Sons Inc., 2009.
[21] OKUMUS F. Strategic management for hospitality tourism. Ma：Elsevier Ltd, 2010.
[22] SHORE L M. The Employee-organization relationship. New York：Taylor & Francis Group, 2012.
[23] WALKER J R. Introduction of hospitality management. 4th ed. New Jersey：Pearson Education Inc., 2013.
[24] POWERS T. Management in the hospitality industry. 8th ed. New Jersey：John Wiley & Sons, Inc., 2006.
[25] OKUMUS F. Strategic management for hospitality tourism. Ma：Elsevier Ltd, 2010.

第 12 章 饭店伦理与职业道德建设

本章导读

饭店既是一个负有经济责任的主体，又是一个负有道德责任的主体。饭店要想获得持续的发展，其追求的目标应当是经济目标与伦理目标的统一。实践证明，饭店经济目标和伦理目标是相辅相成的。

12.1 饭店伦理概述

12.1.1 饭店伦理含义

饭店伦理是企业伦理的一个分支，是指经营主体在经营活动中所应具备的基本职业道德。实际上，饭店伦理是关于饭店及其职工经营行为的规范，是正确处理饭店与社会及相关利益者关系的原则，是在饭店长期经营中积累并涵盖企业内外道德关系而形成的伦理理念、道德意识、道德规范和道德实践的总和。其中，"伦"是指人、群体和社会及他们之间的关系，"理"是指道理、规范和原则等。饭店伦理渗透于饭店经营活动的全过程和各环节，外现于饭店的产品及服务，对内贯穿于饭店整体的经营管理。同时，饭店伦理涉及饭店和饭店集团的高层管理者、职能部门经理和全体工作人员的职业道德水准及其所有的经营管理行为。

12.1.2 饭店伦理发展

饭店伦理产生于 20 世纪 90 年代。由于当时饭店业面临全球化的竞争，技术和产品不断创新，能源成本持续增长，职工要求公平待遇的敏感度显著增强，而一些饭店的利润却不断下降。一些饭店业为了生存和发展，保持整体的盈利水平，降低产品质量，夸大产品功能，降低职工薪酬和报酬等，导致了饭店经营伦理问题的发生。当今，国际社会和各国政府正在

饭店管理概论

关注饭店经营中的伦理问题。包括饭店对顾客和社会的责任，饭店对职工的政策，饭店与消费者和组织购买者之间的关系，饭店对股东、供应商和债权人的责任等。21世纪，国际饭店业的使命由单纯地追求利润向与社会整体协调方向发展。在这种趋势和变化的影响下，饭店管理人员开始考虑如何使企业经营活动更具有伦理意义并确保不发生伦理问题。他们认识到，饭店需要创造一个有利于实施伦理行为的营销环境，通过建立伦理规范约束其经营行为。目前，一些著名的饭店集团和饭店已经建立了职业道德标准和相关的伦理管理机制。

12.1.3 饭店伦理的作用

1. 提高企业的信誉度和知名度

饭店讲究伦理可满足企业成功地转换经营机制的需要，可帮助饭店解决经营活动中的职业道德问题。随着我国旅游经济的发展和饭店业经营机制的转换，饭店业开始向自主经营、独立核算、自负盈亏、自我完善的方向发展。饭店的经营效果在于面向市场，满足消费者与组织购买者的实际需求。因此，饭店必须采取相应的管理措施，转变经营理念和策略，提高企业的信誉度和知名度，强化产品质量和特色。因此，饭店要完成以上的经营目标和任务，伦理建设是基础。经济学家俞承久认为："交换行为，从市场经济观之，是经济行为；从道德角度观之，是道德行为。"

2. 公平参与市场竞争的需要

伦理不是虚构的并可以转化为经营效益。因此，为树立企业伦理观，可以让人们尊重财富，认知和尊重创造财富的人。现代饭店产品已从传统的，仅以提供基本服务功能为导向的产品发展为以满足顾客综合需求为目标的各种房务产品、会展产品和餐饮产品等。房务产品由各种客房与其内部设施、家具和用品及房务服务构成。会展产品由各种会议室、各种展厅及内部的多媒体与视听设备及相应的服务构成。餐饮产品由各种餐厅、酒吧、服务设施、菜肴、酒水和餐饮服务等构成。同时，现代饭店的经营管理朝向个性化和特色化的方向发展以满足细分市场需求。例如，商务饭店、会展饭店、度假饭店和汽车饭店等。然而，饭店市场竞争的法则是公平竞争，任何一家饭店要想在激烈的市场竞争中战胜对手，求得生存和发展，就必须提高企业的核心竞争力，而饭店实施伦理管理正是为了提高企业的核心竞争力，从而提高饭店的经营效益。许多优秀的企业家认为，竞争和进取是现代市场经济体制的内在要求，是生产力不断发展的推动力，也是饭店伦理的一项基本要求。在市场经济条件下，饭店业公平竞争，积极进取，有益于调动企业职工的积极性和创造才能，从而促进饭店产品的开发与创新。

3. 保证饭店产品质量的需要

现代饭店产品综合体现顾客需求、资源利用、环境保护及企业利益和社会效益等各方面的需求。饭店产品质量是企业技术水平、管理水平和营销水平的综合反映，更是饭店伦理水平的重要标志。在饭店经营中，饭店应深入调查和满足目标顾客的需求，保证产品的功能与质量，完善服务质量及讲究企业的信誉。同时，消费者和组织购买者有权要求饭店提供安全的房务产品、餐饮产品和适用的会展产品，并有权要求饭店对其环境布局、服务设施、产品性能和特点及餐饮原材料等的安全和质量指标做出明示。当顾客购买了不满意的产品时，有向企业投诉及要求退赔的权利。因此，饭店应保证其产品和服务不会给客户造成身体和心理上的伤害，不使顾客造成经济损失，不会造成环境污染等。

4. 保证饭店产品价格的需要

根据调查，饭店是暴利行为常出现的地方。从饭店经营的角度，饭店为产品制定合适的价格是为了获得满意的回报。而消费者认为，产品价格应符合产品价值，满足消费者和组织购买者的利益。从饭店伦理方面分析，饭店的利润来自社会对企业有效利用资源的奖励，是社会对饭店的优质产品、良好服务、高效管理和承担风险给予的回报。然而，求利与取义作为经营活动的主体，是饭店伦理的两种态度。当然，饭店追求利润是正当的经营活动。但是，这种利润应符合饭店伦理和经济伦理。

5. 保证投资者和职工利益的需要

饭店管理者应爱惜企业资产，努力提高营销效益，保证投资者的合理回报，正确处理长期投资与短期效益之间的关系，提高产品的市场占有率。现代饭店伦理理论认为，职工是创造饭店财富的主体。饭店管理人员应尊重各部门职工的建议并善于与其沟通，应通过有效的经营为职工创造良好的工作环境。

6. 协调政府与相关者关系的需要

我国著名的伦理学家——孔子认为"宽则得众"。饭店应自觉执行国家和地区的法令和法规，依法纳税，向政府提供真实的经营信息，支持政府的工作，为社会提供就业机会，支持社区建设，对供应商和中间商恪守信誉并严格执行合同。同时，饭店应与竞争对手展开公平的竞争，不使用诽谤手段诋毁竞争对手，安置残疾人就业，保护生态环境。根据研究，如果社会认为企业没有为社会增加价值，而是正在损害和剥夺社会价值，社会将采取行动取消企业的经营权（弗杰里·贝尔，2003）。

12.1.4 影响饭店伦理的因素

1. 管理者职业道德水平

饭店管理者的职业道德水平严重影响饭店或饭店集团及全体职工的职业道德观念和职业道德的执行。通常，遵守职业道德的管理者具有明确的是非观念，有良好的道德习惯，履行社会责任，对企业忠诚，有强烈的敬业精神并爱护职工。

2. 饭店伦理文化

饭店伦理文化是指饭店或饭店集团在生产和营销中为保持与员工、供应商、消费者（组织购买者）、投资者、社会公众和公共环境等一系列利益相关者和谐互利的共生关系所遵循的价值观、社会责任和道德规范。饭店伦理文化对饭店或饭店集团经营有着深刻的影响。不同饭店伦理文化对产品质量和市场营销及对处理企业的各种矛盾有着不同的道德观。研究表明，在不重视企业文化和职业道德的饭店中，即使职工有很高的职业道德标准，饭店也会偏离伦理方向，出现伦理问题。

12.2 饭店伦理问题

市场竞争的结果就是优胜劣汰，这就要求饭店提高职工的整体道德素质，提高饭店伦理管理水平，并运用伦理理念来开展经营管理工作。然而，目前仍有部分企业为了追求眼前的利益，不重视学习知识和技术，不关注企业的伦理，而是在经营中采取各种不正当的营销手段，造成严重的职业道德问题。究其本质，这些企业缺少职业道德意识，是严重的利己主义思想在支配着企业的经营活动。

12.2.1 饭店产品中的伦理问题

在饭店经营中，产品策略是饭店的最基本策略，是市场营销组合的核心。产品的质量与功能直接影响产品价格策略、渠道策略和促销策略等。因此，产品伦理在饭店伦理中起着至关重要的作用。通常，消费者与组织购买者要求饭店产品货真价实，而少数饭店对经营中的产品存在着假冒、隐瞒和夸大等现象。例如，一些饭店隐瞒客房装修材料与家具及相关设施的安全与环保信息；一些饭店将非绿色食品原料假冒为绿色食品原料，将食品原料的规格和数量夸大，将不新鲜或变质的食品作为菜肴的食品原料；一些饭店在客房使用质量伪劣的洗发液和其他洗浴用品。此外，一些饭店对有潜在安全问题的场所没有提前告知顾客。例如，没有提示顾客在床上吸烟危险，没有提示顾客将贵重物品放在保险箱内等。当然，饭店没有提供与价格相符的菜肴品质，菜单上的菜名、原料与工艺信息不真实及饭店没有聘用和培训与饭店级别相适应的管理人员和技术人员，没有及时解聘那些对顾客有潜在威胁或伤害的职工等都属于产品伦理问题，或者与饭店产品伦理有牵连。一些饭店在追求市场份额和销售量时，不关心顾客的真正需求而强制性地或有计划地淘汰一些顾客需要的饭店产品。相反，一些饭店未考虑市场是否真正需要而提高饭店的星级以使顾客增加了购买成本等。这些现象或经营行为都属于饭店产品伦理问题的范畴。

12.2.2 产品价格中的伦理问题

价格竞争是饭店业市场竞争的必要的方式之一。然而，当饭店的定价方式超过了理性的界限，将会为其正常的经营活动带来灾难性的后果。基于饭店业的伦理管理分析，饭店或饭店集团在制定产品价格时，必须保证消费者和组织购买者的正当权益，提供真实的价格信息，承担社会责任，避免出现价格伦理问题。饭店产品价格中的伦理问题主要包括歧视价格、串谋价格、误导价格和暴利价格。歧视价格是指对同一种类与规格的饭店产品向不同的顾客索要不同的价格；串谋定价是指该饭店与其他同类企业订立价格协议，共同操纵市场价格以获高额利润。当今，一些饭店采用"高-低定价法"，即先提高产品价格，然后进行打折。然而，一些产品打折后的价格比原价格还要高。实际上，这种定价方法是误导价格，属于价格欺诈行为。暴力价格主要是由于饭店或饭店集团的垄断行为、声誉高的品牌企业不正当地提高产品价格等因素形成。在饭店业，由于其产品含有大量的服务成分，而服务是无形的，其质量与价格的评价比较困难。从而为一些饭店滋生牟取暴利的机会，失去其职业道德，违反了价格伦理。

12.2.3 营销渠道中的伦理问题

营销渠道中的伦理问题常产生于饭店或饭店集团与渠道成员间的权力及管理等的运用与实施过程，主要涉及饭店与中间商之间互相未能完全履行合同的一些问题。例如，一些加盟企业在进入连锁饭店集团时，集团总部为其承诺的各项营销指标得不到兑现，而个别饭店集团营销目标的建立脱离了市场实际，被夸大或偏离了市场需求。一些加盟企业每年交与饭店集团一定的服务费，而饭店集团对加盟企业的服务条款常是虚设或夸大。一些饭店对销售渠道成员的管理过分苛刻或压榨。相反，一些旅行社等中间商不能及时将销售款交予饭店或饭店集团也属于饭店分销渠道的伦理问题。此外，一些中间商与顾客也存在着一些伦理问题。例如，旅行社或其他中间商对顾客的空头承诺、误导信息、价格同盟及不履行售后服务等问题。

12.2.4 促销策略中的伦理问题

广告在饭店营销中起着十分重要的作用，广告伦理的基础是诚信。只有那些合乎伦理的广告才能为饭店或饭店集团带来真正的利益。因此，饭店或饭店集团在促销活动中，传播夸大或不真实的产品功能和优点的信息，传递虚假的宣传内容，隐瞒产品的缺陷等误导消费者和组织购买者均属于广告伦理问题。当然，在广告中，使用贬低和诽谤竞争对手的手段来提高本企业形象也属于广告伦理问题。同样地，在人员推销中，推销人员和服务人员没有及时地将真实的产品信息或确切的价格告知顾客属于人员推销中的伦理问题。例如，某经济型饭店的某间客房没有窗户，在顾客预订时，没有告知顾客，待顾客入住时发现问题，再与该饭店前厅部进行沟通和退换时，时间已晚，其他客房都已经销售出去。这种对顾客极不负责任的服务方式或推销方式属于严重的伦理问题。同时，饭店服务人员高压劝说、顾客歧视、误导宣传等都是人员推销中的伦理问题。公共关系在饭店或饭店集团的营销活动中起着重要的支撑作用。凡是饭店或饭店集团对消费者和组织购买者进行欺骗性的宣传，夸大产品的真实性，捏造产品的功能及通过商业贿赂销售饭店产品等行为都构成了公共关系伦理问题。因此，基于公共关系伦理，饭店或饭店集团应当运用职业道德标准进行信息宣传和传播，使本企业的产品适应目标消费者和组织购买者的需求，使目标消费者和组织购买者青睐本企业生产和销售的产品。当然，一些饭店或饭店集团营销部在促销中，通过促销活动销售过期的食品和饮料，销售设施不完善的房务产品及向消费者与组织购买者传送垃圾邮件也都属于伦理问题。

12.2.5 个人信息的伦理问题

个人隐私保护问题是饭店伦理中的一个重要方面。通过顾客消费记录和市场调研，饭店可以获得顾客的一些信息与数据。然而，一些饭店或饭店集团缺乏必要的客户隐私保护措施，以至于将顾客提供的个人身份、联系方式及消费情况等信息被他人窃取和侵犯，甚至个别企业把这些信息有偿或无偿地向外扩散。这些信息的扩散对顾客隐私构成了侵害，造成了个人信息的伦理问题。

12.3 饭店的社会责任

饭店的社会责任是指饭店在经营中应不仅追求自身经济效益，还应对社会承担相应的义务。饭店在经营中注重职业道德和社会责任对其可持续发展很有帮助。弗里德曼（Friedman，1907）提出，企业注重伦理和社会责任可使企业长期利润最大化。1988年梅诺（Menon）等提出善因经营的理念（Cause-related Marketing）。他认为，企业应承担一定的社会责任。例如，保护环境、扶贫等，并借助社会舆论和广告宣传提高企业形象、提升企业知名度、增加顾客忠诚度以增加企业销售额和利润。这一经营方法体现了饭店业的社会责任观。这种观念不仅注重经营效率和效果，还考虑了社会与职业道德问题。

近年来，一些著名的国际饭店集团不断地加强经营中的伦理管理，他们不仅强调各企业管理人员的经济责任和法律责任，还强调其道德责任。当今，一些成功的饭店管理人员认为，在经营中可持续发展的饭店或饭店集团不仅应追求企业利润，还必须遵守法律和重视伦理。由于饭店的生存和发展需要在市场中去实现，因此最能检验饭店社会责任的经营行为是饭店在经营中的伦理行为。实际上，饭店承担社会责任有助于树立饭店良好的公众形象，得到良好的口碑，促使饭店销售额和利润上升、稳定发展。当然，这样的企业更容易筹集资金，形成良好的社会关系，稳定和留住优秀的职工，为饭店增添市场吸引力。近年来，我国一些行政管理部门颁布了一系列的保护公众和消费者利益的法律和法规。例如，反暴利法、反不正当竞争法、消费者权益保护法、合同法和产品质量法等。综上所述，利润最大化不应成为饭店的第一目标，而应是为了保证企业自身生存和发展。因此，为了保证饭店的可持续发展，饭店和饭店集团在经营中必须承担社会责任。饭店的社会责任主要包括以下6个方面。

12.3.1 保证顾客的消费利益

饭店作为旅游企业，其服务对象是消费者或组织团队，饭店的价值和利润来自于顾客。因此，饭店应对顾客负责任。首先，饭店应深入调查顾客的需求并尽力满足其需要。其次，饭店应保证其产品的功能与质量，讲究企业信誉。最后，广告和宣传应反映饭店真实的信息，价格应合理，为顾客提供所需要的和有价值的产品和服务。

12.3.2 承担环境保护责任

随着旅游业和饭店业的发展，饭店的数量和规模不断扩大，饭店对能源的需求持续增长，对环境的污染愈加严重。因此，饭店在经营中必须具备环境保护意识并采取有效的措施，消除对空气、水和其他生态环境的污染并研制和开发节能设施以保证本企业对环境保护的责任。

12.3.3　保证投资者回报

饭店管理人员应爱惜企业资产，努力提高经营效益，保证投资者的合理回报，不断地提高企业的市场占有率和经营效益。

12.3.4　真诚与政府合作

政府是公众利益的代表。因此，饭店在经营中应自觉地执行国家和地区的法令和法规，支持地方政府的工作，保护环境并为社会提供就业机会和支持社区的建设。

12.3.5　关心合作伙伴利益

饭店应对供应商和中间商恪守信誉，严格执行合同，立足长远利益及利益共享。饭店的经营管理人员应对每一利益相关者建立信誉关系而与其股东、客户、竞争者、员工、债权人、工会和供应商等进行真诚的合作。

12.3.6　实施合作与公平竞争

市场经济不仅是竞争经济，更是一种合作经济。当今，在经济全球化的背景下，饭店与饭店集团间的竞争变得愈加激烈。这种竞争不仅在国内企业之间进行，还存在于国内企业与国外企业之间。因此，饭店应与竞争者公平竞争与合作，通过产品质量和有效的营销进行市场竞争。饭店不应利用自身优势进行价格垄断，不应利用行政权力干扰市场，不应使用诽谤手段诋毁竞争对手。

12.4　饭店职业道德建设

饭店的职业道德是社会道德体系的重要组成部分，在人们的社会生活中起着重要的作用。饭店作为企业，其职业道德可调节管理人员与被管理人员之间的关系、部门之间的关系和同事之间的关系。通过调节，使企业内部各种关系保持和谐共进，达到相互信任、相互支持、相互合作和协调统一。同时，饭店职业道德可调节饭店经营中的人与物的关系。例如，饭店职业道德要求职工爱护设备，节省原材料及生产优质的产品。此外，饭店职业道德还具有调节社会关系的作用。由于饭店管理作为社会上的一种职业不是孤立的，是与顾客和相关企业等互相影响和互相作用而形成的，因此饭店的职业道德必须从职业的特点出发，为顾客提供优质的服务并在服务中求得职业的生存和发展。综上所述，饭店职业活动必须根据相应的社会要求去进行，以服从社会整体利益为前提。

12.4.1 道德概述

道德的原意是风俗和习惯,后来发展成为原则、行为和品质等代名词。道德是非制度化的规范。通常,法律规范和制度规范是国家和团体的章程,是特殊的社会制度或组织制度。而道德不同,它不被颁布、制定或规定,而是处于同一社会或工作环境的人们在长期生活中逐渐积累形成的意识、行为和原则。道德评价的标准是善与恶、公正与偏私、诚实与虚伪、正义与非正义等。道德是受经济基础决定的社会意识形态,是人类完善自身的活动。一些学者认为道德的本质既不是人性的表现,也不是人的"良知良能",更不是"神的意志",而是为物质资料的生产方式所决定的社会意识。一定时代的生产关系,只能产生与之相适应的并化作人们内心信念的道德原则和规范。道德源于现实,又超越现实。因此,道德是理想与现实的统一体。同时,道德作为实践精神并以其理想和目的指引人们的行为而将理想转化为现实。道德在表现形式上是一种规范体系。虽然在人类社会生活中,以行为规范方式存在的社会意识形态有法律和政治,但道德具有不同于这些行为规范的显著特征。首先,它同法律、政治一样,也是调整个人之间、个人同社会之间的利害关系的手段。但它同法律、政治的不同之处在于,道德追求的不是个人利益,而是他人利益和社会利益。其次,道德行为规范是依靠人们内心的信念来维系的,其约束力不像法律那样需要一种特殊的外在强制力量,而主要来自人们的道德自觉性。当然,也需要靠社会舆论、传统习俗来维系。道德具有渗透性,无论是个人生活、集体生活,还是社会生活都有道德的存在。道德具有实践性,必须向人们的行为实践转化,从意识形态进入人们的心理和现实活动。判断一个人的道德水平,不应仅根据他能背诵多少道德戒律和格言,也不应根据他自夸的高尚道德动机,只能根据他的实际道德行为。如果道德不能指导人们的实践活动,其本身就失去了存在的意义。

12.4.2 饭店职业道德特点

饭店职业道德是调整饭店与社会、饭店与顾客、职工之间关系的行为规范,是一种内在的价值观念和一种非制度化的规范。它不被颁布、制定或规定出来,而是由饭店价值观决定,是饭店各种规章制度的补充。饭店职业道德表现在职工的视、听、言、行方面,而蕴含于职工品质和工作中。饭店职业道德不以强制的手段发挥作用,而是通过舆论、说服、示范和教育等方式进行。饭店职业道德建设有利于饭店经济效益与社会效益的统一,利于激发职工的主人翁精神和社会责任感。饭店职业道德来源于职业实践。其中,职业是指人们对社会所承担的一定职责和所从事的专门业务。饭店职业道德主要有以下几方面特点。

1. 历史性和实践性

饭店职业道德表现为饭店业特有的道德传统和道德习惯,从而表现为饭店经营者所特有的道德品质。饭店中的这种特定职业所具有的道德传统、道德心理和道德准则,还常在这一职业中世代相传。例如,饭店中的客房服务程序和规范等。

2. 丰富性和多样性

随着现代科学技术的发展,社会文明的进步,饭店职业道德内容更加丰富,形式多样。饭店职业道德从本专业的特点出发,对职工提出具体的道德要求,规定他们负有的不同的道德义务。由于现代饭店产品不断丰富，饭店职务的种类更加复杂，每个职务都充当着特定的职业角色。

3. 连续性和规范性

饭店职业道德常表现为世代相传的职业美德，成为稳定的职业心理和习惯。饭店职业道德的稳定性和连续性绝不是偶然的，是因为在不同的时代，其职业道德大体相似。饭店规范由饭店约定俗成或有意识地制定。饭店规范包括服务规范、产品规范、设备规范、技术规范、语言规范和礼节礼貌规范等。规范性的特征是饭店职业道德共有的特征。由于饭店职务是多方面的、复杂的，所以饭店职业道德也是复杂的。然而，饭店的职业道德规范是具体的和鲜明的。

12.4.3 饭店职业道德内涵

1. 职业理想

职业理想是指饭店职工对自己未来职业的选择和向往及在职业活动中所追求的事业成就和奋斗目标。职业理想是职业道德的基础，职工只有树立崇高的、合理的职业理想，才可能正确地对待自己从事的职业，才能敬业、乐业和勤业，以及在工作中表现出良好的道德品质，从而对企业做出应有的贡献。通常，人们在确立职业理想时总是希望自己在未来的事业中能够为社会做出贡献，获得物质和精神双重满足，因此，职业理想与价值观紧密相关。但是，一个人在选择职业时，一方面要考虑所选职业必须与人们共同的社会理想一致，这是选择职业的现实要求。另一方面，还应考虑到个人的身心条件、能力及爱好。通常，职工对职业的要求包括3个方面：维持生活、发展个人职业和承担社会义务。如果职工仅从维持生活出发，只能形成低层次的职业理想。虽然会产生一定的动力，可能做出一些成绩，但是，当个人发展的目标与企业发展的目标矛盾时，就可能做出不利于社会或企业的行为。因此，职工只有以社会义务为基础，又兼顾自己事业的发展，才能树立崇高的职业理想，为良好职业道德提供精神动力。

2. 职业态度

职工职业态度是指职工的工作态度，是职工对社会、对投资者及对顾客履行职业义务的基础。饭店职工的工作态度是在多种因素下形成的。这些因素包括主观和客观两个方面。主观因素有工作价值观念、受教育程度、文化技术水平、工作能力和兴趣爱好等。客观因素包括企业所有制状况、职工地位、具体工作内容、工作环境和条件、企业用人制度和薪酬制度等。

3. 职业责任

职业责任是指从事一定职业的人们对社会和他人所负的职责。社会上的每一个职业都对社会和职业担负着一定的使命和职责，饭店更是如此。职业责任常是通过具体法律和行政效力的职业章程或职业合同来规定。职工能否履行职业职责说明其是否称职。职业责任常被称为职业义务，这两个概念的含义基本相同。职业责任规定了职业人员职业行为的具体内容，是他们实施职业义务的依据。职工通过对职业责任的认识和体验，产生了职业责任感，这对职工在职业活动中的道德行为产生重大影响。职工只有认识到自己所担负的责任，把它变成内心的道德情感和信念，才能自觉自愿地从事本职工作。从而，表现出良好的职业道德行为。

4. 职业技能

饭店职业技能是指饭店职工从事职业活动和完成职务应有的知识文化和技术能力。它是从事饭店经营管理的基础。在职业发展中，饭店职工正是凭借自己所学的知识、掌握的服务技能，为社会和顾客做出贡献。因此，职业技能具有深刻的道德意义，是职业道德体系的内容之一。

5. 职业纪律

饭店职业纪律是指为维持饭店经营的正常秩序，履行职业责任的行为准则，是饭店职业道德不可缺少的内容。一个自觉用职业道德约束自己的职工，也必然是一个严格遵守职业纪律的职工。职业纪律与职业道德紧密联系，相互补充，相互促进。职业道德是用榜样的力量倡导某种行为，而职业纪律是以强制手段去禁止和惩处某种不道德的行为。

6. 职业良心

职业良心是饭店职工在经营和服务中，其内心所形成的职业道德责任感和职业道德行为的自我评价和自我调节能力，是职业道德观念、职业道德情感和职业道德意志在个人意识中的统一。饭店职业良心的形成，很大程度取决于职工的自我教育、自我锻炼和自我修养。饭店职业良心一旦形成，可控制职业道德行为，贯穿在职业行为的全过程。

7. 职业价值

伦理学认为，饭店职业应成为社会生活的有机组成部分，促进人类进步，增进社会繁荣。因此，正确认识职业在整个社会生活中的地位、意义和重要性，是饭店职工道德品质形成和发展的基础。一旦职工具备了职业价值感，会产生约束自己道德行为的自觉性，会履行职业道德义务并在做好本职工作中产生强烈的责任感。荣誉是社会对职工履行义务和贡献的评价，是道德行为的价值体现或价值尺度。饭店职业荣誉是对饭店职业行为的社会价值做出的客观评价及正确的主观认识。

8. 职业作风

饭店职业作风是指饭店职工在职业实践和职业生活中所表现的一贯态度。职工一旦形成良好的职业作风，就能在工作中自觉按照职业道德规范进行服务，表现出良好的职业道德品质。饭店有了优良的职业作风，可以使职工互相教育，互相影响，互为榜样，互为监督并形成风尚。从而，发扬优秀的行为和品质，抵制不良行为。

9. 职业情感

饭店职业情感是指职工在职业生活中对事物进行善恶判断所引起的内心体验，包括对职业的荣誉感、幸福感、责任感和良心感等。职业情感是一种精神活动，是联系认识与行为的桥梁。职业情感是在长期的道德实践中形成的。职工有了这种情感会按照一定的道德要求，自觉自愿地进行工作。职工在职业良心和职业荣誉感的激励下，会更加尽职尽责。因此，饭店职工对本职业的情感和热爱，是做好本职工作的强大动力，也是职业道德的基本要求。

10. 职业意志

意志是指人们按照自己的意向，决定自己去行动的能力。这里的职业意志是指饭店职业道德意志，这种意志是根据职业道德观念所形成，是履行职业义务和职业责任的坚韧精神。饭店职业意志要求职工要以坚强的毅力克服工作中的困难，以百折不挠的精神对待工作中的挫折和失败，在自己所从事的职业中做出成绩并对社会有所贡献。

11. 职业行为

职业行为是指职工在职业道德情感、意志和信念等支配下采取的工作行为，是职工职业道德品质外在的具体表现，是衡量职工职业道德素质高低的重要标志，是饭店职业道德培养的根本目的，也是职工创造物质财富和精神财富的根本目的。因此，饭店职工必须不断地提高自己的文化素养和业务素质，办事缜密，防止差错，在具体的职业实践中，不断地完善自己。

12.4.4 饭店职业道德建设

1. 职业道德教育和培训

作为饭店的职工，不仅是经济人，还是文化人和伦理人。未来的饭店市场竞争，首先是职工的伦理素质和业务能力的竞争。因此，饭店应加强职工伦理素质的培养，特别是对管理人员和一线业务部门人员的职业道德方面的培训，使他们树立崇高的职业理想，正确地对待自己从事的职业。同时，饭店应培养饭店全体职工的职业良心，培养他们对所从事职业的责任感、荣誉感和敬业精神并在各自岗位上尽心尽责和努力完成本职工作。另外，饭店应激励全体职工在道德修养和业务知识上勇于进取，在专业技能上日臻完善。再有，饭店应有一套具体的伦理培训计划。在培训结束后，职工必须在本企业伦理规范上签字以示认同。加强饭店伦理教育是饭店或饭店集团实施道德经营的重要前提。为了使全体职工树立良好的伦理道德观念，管理人员应在日常工作中对他们进行必要的伦理教育，培养他们的价值观和道德观，教育方式要生动形象，可采取灵活多样的活动。例如参观访问、案例分析等。

2. 形成正确的经营效益观

许多学者认为，伦理非但不对利益采取漠视态度，相反，伦理与利益有着本质的相关性。饭店的社会责任应在提高利润的同时，增加和保护社会福利。众所周知，饭店经济效益的产生是以尽可能少的劳动和物资消耗，提供尽可能多的符合社会需要的产品和服务。因此，现代饭店应以先进的技术和管理，勤俭好学，追求长期的经济效益。同时，有效的经营离不开利饭店相关利益者的参与，只有互惠互利，饭店与利益相关者之间的合作才能成功。因此，饭店在经营中必须信守合同，不损害利益相关者的合法权益，向顾客提供理想与优质的产品和服务，向职工提供良好的工作环境与设施等。当然，饭店还应以某种方式回报社会。饭店只有在公众对其满意和信任的前提下，才能生存和发展。所以，饭店不应只顾眼前的利益而忽视长远的发展及所应承担的道德责任。

3. 树立集体主义观念

个人利益与集体利益的关系是饭店伦理的一个基本问题。其中包括业务部门与其他职能部门的关系、个人与集体的关系、部门与企业的关系、企业与集团的关系、企业与地区和国家的关系等。经济伦理学认为，企业要兼顾国家利益、集体利益和个人利益。个人利益应服从集体利益，饭店利益应服从社会利益，暂时利益应服从长远利益。饭店应尊重顾客，尊重职工，人尽其才。饭店经营的成功需要全体职工的齐心协力才能取得成效。其中，管理者与被管理者应相互理解，相互支持，营销部、房务部、餐饮部和会展部与人力资源部和后勤部门之间应相互体谅和合作。同时,高层营销管理者应营造一个有效的内部工作环境。学者卢凤认为:"伦理道德与企业不是互斥的,而是相容的。"著名的思想家荀子认为:"人之生,不能无群。能群者存,不能群者灭;善群者存,不善群者灭。"

4. 实施诚信的营销手段

根据研究,市场经济越是发展就越需要信任,应把信任看作是商业活动中最重要的财产。因此,信誉是饭店经营成功的基础。美国《财富》杂志认为,信誉因素比财务业绩更能提升企业的声誉。诚信原则是饭店经营之本,饭店的生存与发展有赖于利益相关者长期和可靠的合作。诚信原则要求不欺诈,货真价实,不作虚假广告,讲究质量,注重信誉。公平原则要求饭店之间的公平竞争。饭店管理人员应秉公办事,廉洁自律,公正待人,诚心诚意为社会和顾客尽职尽责。饭店应为顾客提供价格适中、优质的产品及服务,保证产品及服务的新颖和实用。饭店为了圆满地完成经营目标,应树立信心和责任心,提升顾客满意度,理解并遵守饭店伦理以提高顾客和社会对饭店的信任度,不做有损社会、顾客、相关利益者的任何事情。

5. 建立职业道德制度与伦理规范

根据调查,90%的《财富》500强企业都制定了道德制度与伦理规范。饭店道德制度是指饭店或饭店集团所确立的合乎道德原则的各种管理制度,包括质量管理制度、生产管理制度、营销管理制度、人力资源管理制度、财务管理制度等。饭店应制定合理的伦理道德制度并在企业内部严格执行。这意味着饭店或饭店集团需要逐步建立起一套稳定的、完整的、有效的道德奖罚机制和道德激励机制并以职业道德为基础,推动饭店伦理的实现。同时,建设以伦理规范为核心的饭店伦理文化,形成"重道德,讲信誉"的伦理氛围,把饭店伦理渗透到全体职工的经营管理中,把执行伦理规范作为企业的经营责任,推动经营中的每一项工作。根据研究,饭店的伦理规范,必须根据经营中的各职能领域或业务流程而具体制定。目前,国际饭店业都将伦理标准融入日常运营的管理中。我国的一些饭店以自己传统的道德原则为基础,借鉴旅游发达国家的成功经验,建立了饭店道德规范。包括重视契约,严守信誉,顾客至上,诚实经营和承担社会责任等。国际饭店管理者对本企业的经营活动常以下面5个基本问题进行评价:饭店的盈利水平、合法法规、交易公平、对利益相关者的影响、对环境的影响。

6. 建立职业道德审计机构

为了落实饭店伦理的管理,国际饭店业常设立相应的职业道德管理组织或伦理审计部门对饭店经营中的伦理进行指导、培训和评估。一些饭店由总经理办公室或人力资源部管理饭店的伦理审计工作、制定职业道德评估体系,其中包括伦理规范的制定和审计。饭店职业道德审计部门的职责主要包括:对企业员工进行职业道德培训,为一线业务部门提供伦理方面的咨询、建议和审计,对违反企业职业道德行为的部门和职工进行调查和处理。一些饭店或饭店集团成立伦理管理小组或委员会。该部门的管理人员主要包括高层管理者和人力资源部门的负责人。其职能是:定期召开例会,讨论企业的各种伦理问题,研究处理经营中的道德问题,向全体职工和管理人员进行相关培训;对违反职业道德准则的行为等进行检查和审计;审议和调整本企业的道德规范等。此外,当企业准备进入新的市场领域或需要做出重大的营销决策时,通常要通过道德管理组织做出审计和评价。

本章小结

饭店伦理是企业伦理的一个分支,是指经营主体在经营活动中所应具备的基本职业道德。实际上,饭店伦理是关于饭店及其职工经营行为的规范,是正确处理饭店与社会及相关利益者关系的原则,是在饭店长期经营中积累并涵盖企业内外道德关系而形成的伦理理念、道德意识、道德规范和道德实践的总和。饭店伦理的作用包括提高企业的信誉度和知名度、保证市场竞争公平、保证饭店产品质量、保证饭店产品价格、保证投资者和职工利益、协调政府与相关者关系等。饭店的社会责任是指饭店在经营中应不仅追求自身经济效益,还应对社会承担相应的义务。当然,饭店在经营中注重职业道德和社会责任对其可持续发展很有帮助。饭店的社会责任主要包括保证顾客的消费利益、承担环境保护责任、保证投资者回报、真诚与政府合作、关心合作伙伴利益及实施合作与公平竞争。饭店职业道德是调整饭店与社会、饭店与顾客、职工之间关系的行为规范,是一种内在的价值观念和一种非制度化的规范。它不被颁布、制定或规定出来,而是由饭店价值观决定,是饭店各种规章制度的补充。饭店职业道德表现在职工的视、听、言、行方面,而蕴含于职工品质和工作中。饭店职业道德不以强制的手段发挥作用,而是通过舆论、说服、示范和教育等方式进行。饭店职业道德建设有利于饭店经济效益与社会效益的统一,利于激发职工的主人翁精神和社会责任感。饭店职业道德来源于职业实践。

思考题

1. 单项选择题

(1) 饭店要转变经营理念,提高企业的信誉度和知名度,强化其产品质量和特色。然而,要完成以上的各项工作,(　　)是基础。

    A. 伦理建设   B. 战略策划   C. 营销策略   D. 产品开发

(2) 饭店产品价格中的(　　)主要包括歧视价格、串谋价格、误导价格和暴利价格。

    A. 产品问题   B. 营销问题   C. 财务问题   D. 伦理问题

2. 多项选择题

(1) 饭店职业道德主要表现为(　　)。

    A. 历史性和实践性   B. 丰富性和多样性

    C. 灵活性和不定性   D. 连续性和规范性

(2) 饭店的社会责任主要包括(　　)。

    A. 保证顾客的消费利益   B. 保证投资者回报

    C. 关心合作伙伴利益   D. 实施公平与合作竞争

3. 名词解释

饭店伦理   社会责任   职业道德

4. 问答题

(1) 简述饭店伦理的作用。

(2) 简述影响饭店伦理的因素。

(3) 论述饭店的社会责任。
(4) 简述饭店出现的伦理问题。
(5) 论述饭店职业道德建设。

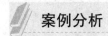

案例分析

酒水推销与职业道德

　　根据饭店业调查，现代餐饮服务应体现对顾客的尊重和职业道德。因此，餐厅推销酒水时应与顾客购买的菜肴和消费能力相结合。同时，餐厅服务员在推销餐饮产品时，应与顾客互相理解、互相沟通以达到顾客对餐饮服务满意的程度。通常，餐厅服务员在推销产品时，应当诚心诚意地为顾客服务。服务员应熟悉本餐厅所有菜肴与饭店的特色产品和价格，熟悉菜肴与酒水的搭配并具有帮助顾客点菜和购买酒水的创造力。其中，特别要提出的是，服务员对顾客服务必须对顾客和企业同时产生价值，给顾客留下良好的印象。当今，饭店服务实际上是饭店营销的过程。许多饭店管理人员认为，进入21世纪，不能使顾客满意的企业在营销活动中将无立足之地。然而，某日傍晚，几个顾客走进某饭店的中餐厅，迎宾员立即将顾客带到一张餐桌，请顾客入座。服务员小张及时给顾客上茶，然后将菜单递送给顾客。顾客阅览后，小张面带微笑地等待顾客点菜。顾客点了几个冷菜后，在点主菜时，不是十分熟悉，似乎不知道哪些菜适合他们。当顾客询问服务员小张时，小张一时也回答不上来，仅回答说："本餐厅海鲜菜肴品种较多，您还是自己看菜单点菜吧。"小张的回答使顾客有些失望。顾客点完菜后，小张询问顾客："请问先生用些什么酒和饮料吗？"顾客点了啤酒后并询问："你们餐厅都有哪些饮料？"小张这时似乎来了灵感，忙说："本餐厅最近进了一批法国矿泉水，质量很高。""矿泉水？"顾客感到有点意外。"先生，这是全世界最著名的矿泉水。"顾客听了后，觉得不能在朋友面前丢面子。便问了一句："哪个品种较好？""有一种带汽的矿泉水！""那就来10瓶法国矿泉水吧。"客人接受了小张的推销。

　　服务员把啤酒和矿泉水服务到桌后，冷盘、菜肴、点心等也随之上桌。在主人的盛情款待下，这些顾客完成了一次宴请活动。最后，当顾客结账时，没有想到的是，在1600多元的消费中，10瓶矿泉水竟占了450元！主人不自觉地说出了"矿泉水的价格怎么这么高啊？""那是世界上最好的法国名牌矿泉水，45元一瓶"，服务员解释说。"哦，原来如此。不过，刚才你可没有告诉我们矿泉水的价格呀。"客人显然不太满意，付完账后便不愉快地离去。

　　讨论题：
　　1. 基于饭店职业道德，评价服务员小张在推销餐饮产品中出现的伦理问题。
　　2. 讨论饭店服务人员的推销技巧。

参考文献

[1] 周祖城. 企业伦理学. 北京：清华大学出版社，2009.
[2] 刘可风. 企业伦理学. 武汉：武汉理工大学出版社，2011.

[3] RICHARD T. 企业伦理学. 7 版. 北京：机械工业出版社，2012.
[4] 杰夫·马杜拉. 商业伦理与社会责任. 北京：人民邮电出版社，2007.
[5] 姚莉娜. 新编现代企业管理. 北京：北京大学出版社，2012.
[6] 彭家平. 新编现代企业管理. 2 版. 北京：北京理工大学出版社，2013.
[7] 李启明. 现代企业管理. 4 版. 北京：高等教育出版社，2011.
[8] 里基·W. 格里芬. 管理学. 9 版. 北京：中国市场出版社，2008.
[9] 田建军. 现代企业管理与发展. 北京：清华大学出版社，2008.
[10] 卢进勇. 跨国公司经营与管理. 北京：机械工业出版社，2013.
[11] 李·J. 克拉耶夫斯基. 运营管理. 9 版. 北京：清华大学出版社，2013.
[12] 丁宁. 企业战略管理. 3 版. 北京：清华大学出版社，2013.
[13] 王天佑. 饭店管理概论. 2 版. 北京：北京交通大学出版社，2010.
[14] 李建华. 现代企业文化伦理与实务. 北京：机械工业出版社，2012.
[15] 杨劲松. 酒店战略管理. 北京：机械工业出版社，2013.
[16] 陆力斌. 生产与运营管理. 北京：高等教育出版社，2013.
[17] 查尔斯. 管理学. 李维安，译. 北京：机械工业出版社，2009.
[18] LAURIE J L. Management and organizational behavior. 9th ed. Essex：Pearson Education Limited，2010.
[19] ROBERTA S R. Operations management. 4th ed. New Jersey：Prentice Hall，Inc.，2003.
[20] JEFFREY S H. Hospitality strategic management：concepts and cases. New Jersey：John Wiley & Sons，Inc.，2005.
[21] CLAYTON W B. Introduction to management in the hospitality industry. 9th ed. New Jersey：John & Sons Inc.，2009.
[22] TOM P. Management in the hospitality industry. 8th ed. New Jersey：John Wiley & Sons，Inc.，2006.
[23] FEVZI O. Strategic management for hospitality tourism. Ma：Elsevier Ltd，2010.
[24] BURROW. Business principles and management. Mason：Thomson Higher Education，2008.
[25] JOHN R W. Introduction of hospitality management. 4th ed. New York：Pearson Education Inc.，2013.

参考答案

第 1 章
1. (1) B (2) C 2. (1) ABD (2) AD 3 与 4，略

第 2 章
1. (1) D (2) C 2. (1) ABCD (2) BCD 3 与 4，略

第 3 章
1. (1) C (2) A 2. (1) ABCD (2) ACD 3 与 4，略

第 4 章
1. (1) C (2) B 2. (1) ABCD (2) ABC 3 与 4，略

第 5 章
1. (1) A (2) D 2. (1) AD (2) AB 3 与 4，略

第 6 章
1. (1) C (2) A 2. (1) BD (2) BC

第 7 章
1. (1) B (2) D 2. (1) ABCD (2) BC 3 与 4，略

第 8 章
1. (1) B (2) D 2. (1) ABD (2) BC 3 与 4，略

第 9 章
1. (1) D (2) A 2. (1) ABC (2) AC 3 与 4，略

第 10 章
1. (1) B (2) B 2. (1) ABD (2) BC 3 与 4，略

第 11 章
1. (1) A (2) C 2. (1) ABD (2) AB 3 与 4，略

第 12 章
1. (1) A (2) D 2. (1) ABD (2) ABCD 3 与 4，略